Kohlhammer

Alois Niederstätter

Geschichte Österreichs

Verlag W. Kohlhammer

Umschlag:
Mittleres österreichisches Reichswappen zur Zeit Kaiser Franz Josephs I.

Alle Rechte vorbehalten
© 2007 W. Kohlhammer GmbH Stuttgart
Umschlag: Data Images GmbH
Gesamtherstellung:
W. Kohlhammer Druckerei GmbH + Co. KG, Stuttgart
Printed in Germany

ISBN 978-3-17-019193-8

Vorwort

Staaten der Gegenwart und ihre Grenzen decken sich nur selten mit historischen Territorien oder Bezugsräumen. Vor diesem Problem steht auch, wer eine Geschichte Österreichs schreiben will. Gibt die heutige Republik den Rahmen ab, sind darin zwar das babenbergische *Ostarrichi* als historischer Nukleus, im Großen und Ganzen die Herzogtümer Österreich, Steier und Kärnten enthalten, wie sie die Habsburger im Spätmittelalter in ihren Besitz brachten, nicht aber deren Hausgüter im alemannischen Westen, an der Adria und nur ein Teil der Grafschaft Tirol. Das Territorium der Erzbischöfe von Salzburg lag hingegen bis zum Beginn des 19. Jahrhunderts außerhalb Österreichs. Mit dem Erwerb der Wenzels- und der Stephanskrone verknoteten sich schließlich die böhmische und die ungarische Geschichte für Jahrhunderte untrennbar mit der österreichischen. Im europäischen Kontext spielten nicht erst Kaiserstaat und österreichisch-ungarische Doppelmonarchie des 19. Jahrhunderts eine gewichtige Rolle, zumal ja die Habsburger von der Mitte des 15. Jahrhunderts an beinahe durchgehend auch das Oberhaupt des Heiligen Römischen Reichs stellten. Für einen historischen Längsschnitt, der von der Eingliederung des Ostalpenraums in das römische Reich bis zur Gegenwart reichen soll, bleibt somit nur der Kompromiss, das Schwergewicht auf das heutige Staatsgebiet zu legen, aber auch weiter auszugreifen, wo es nötig erscheint. Um dem vielschichtigen Begriff »Österreich« einigermaßen gerecht zu werden, sind über die dynastisch-territorialen Aspekte hinaus zentrale Themen der Sozial-, Wirtschafts- und Kulturgeschichte zumindest im Ansatz zu erörtern.

Beschränkt durch die Vorgabe des Umfangs, ließ sich freilich nur ein sehr knapper Überblick, eine Orientierungshilfe durch gut zwei Jahrtausende Geschichte des »österreichischen« Alpen- und Donauraums realisieren. Auf eine Fülle von Ereignissen, Daten, Fakten und Strukturen musste ganz verzichtet werden, vieles ohne nähere Erläuterung bleiben. Besondere Bedeutung erhält infolgedessen der Verweis auf die im Anhang beigegebene Auswahlbibliographie. Er fällt umso leichter, als jüngst der 14. und letzte Band der seit 1994 von Herwig Wolfram herausgegebenen »Österreichischen Geschichte« erschienen ist, die den Stand der Forschung auf breiter Basis repräsentiert.

Frau Monica Wejwar vom Kohlhammer-Verlag danke ich herzlich für die Betreuung und das engagierte Lektorat, meiner Familie bin ich für das – wie schon so oft – entgegengebrachte Verständnis sehr dankbar.

Dornbirn, im Januar 2007　　　　　　　　　　　　　Alois Niederstätter

Inhalt

Vorwort 5

An der Peripherie des römischen Reichs
(1. Jahrhundert v. Chr. bis 5. Jahrhundert n. Chr.) 11

Auflösung und Integration: Raumbildung in den
Ostalpen und an der Donau (5.-10. Jahrhundert) 18

Ostarrichi: von der babenbergischen Mark zum
Herzogtum (10. Jahrhundert bis 1246) 27

Herzogtümer, Marken und Grafschaften
(10.–12. Jahrhundert) 35

Das »österreichische Interregnum« – König Otakars
Glück und Ende (1246–1278) 39

Konsolidierung und Ausbau der Habsburgerherrschaft 42
    König Rudolf I., seine Söhne und Enkel (1278–1358) . . 42
    Herzog Rudolf IV. 50
    Familienstreitigkeiten und Länderteilungen (1365–1493) 56

Das Erzstift Salzburg im Spätmittelalter 67

Fürst und Land: die Entstehung der Stände 70

Die mittelalterliche Gesellschaft 74

Die Kultur des Mittelalters 89
    Schriftlichkeit und Geschichtsschreibung 89
    Bildungswesen 90
    Dichtung 91
    Architektur und bildende Kunst 93

Vom Mittelalter zur Neuzeit:
Die Herrschaft Maximilians I. (1493–1519)   97

Österreich unter Ferdinand I. und seinen Söhnen –
Reformation, Bauernkriege und Türkengefahr
(1519–1576) 102

Das Zeitalter der Gegenreformation 109
   »Langer Türkenkrieg« und »Bruderzwist im
   Hause Habsburg« 109
   Der Dreißigjährige Krieg (1618–1648) 113
   Das Wiederaufleben der Türkenkriege,
   die zweite Belagerung Wiens (1683) und der
   Spanische Erbfolgekrieg (1701–1714) 120
   Das Erzstift Salzburg 126

Auf dem Weg zum »modernen« Staat –
die Habsburgermonarchie im 18. Jahrhundert 130
   Pragmatische Sanktion (1713), wechselnde Bündnisse
   und die Fortsetzung der Türkenkriege 130
   »Kaiserin« Maria Theresia: die Kriege um die
   österreichische Erbfolge und um Schlesien sowie
   der Beginn der großen Reformen 133
   Joseph II. und sein Reformwerk 140

Sozialer und kultureller Wandel in der Frühneuzeit . . 145

Koalitionskriege, das Kaisertum Österreich und
die Neugestaltung Europas beim Wiener Kongress . . . 162

»Vormärz« und Revolution (1814–1849) 172
   Das »System Metternich« 172
   Biedermeier – Gesellschaft und Kultur in der
   ersten Hälfte des 19. Jahrhunderts 175
   Die Revolution von 1848 179

Das Zeitalter Kaiser Franz Josephs I. (1848–1916) 183
   Der Neoabsolutismus (1848–1859) 183
   Staatliche Neuordnung und die Lösung der
   deutschen Frage 185

Der »Ausgleich« mit Ungarn 1867 und die liberale Ära (bis 1879)	188
Die konservative Regierung Taaffe (1879–1893)	193
Auf dem Weg in die Katastrophe	196
Sozialer Wandel	202
Bildung und Wissenschaft	206
Historismus und Moderne – das künstlerische Schaffen	209

Erster Weltkrieg und Zusammenbruch der Donaumonarchie ... 213

Die Erste Republik (1918–1938) ... 218

Et ce qui reste, c'est l'Autriche – Die Gründung der Republik Österreich und ihre Entwicklung bis 1933	218
Der »Ständestaat« (1934–1938)	226
Kunst und Wissenschaft zwischen den Weltkriegen	229

»Anschluss« an Hitlerdeutschland, nationalsozialistische Herrschaft und Zweiter Weltkrieg (1938–1945) ... 232

Die Zweite Republik (ab 1945) ... 238

Österreich unter alliierter Besatzung (1945–1955)	238
Staatsvertrag und österreichische Nation	246
Von der großen Koalition zur ÖVP-Alleinregierung	247
Die Ära Kreisky (1970–1983)	250
Stagnation und Umbruch – Österreich an der Wende zum 21. Jahrhundert	253

Literaturverzeichnis ... 263

Zeittafel ... 279

Karten

Karte 1: Römische Provinzen im Ostalpen- und Donauraum	13
Karte 2: Das Herrschaftsgebiet der Babenberger	28
Karte 3: Der Machtbereich der Habsburger im ausgehenden 14. Jahrhundert	57
Karte 4: Die habsburgischen Besitzungen im Reich 1648	117
Karte 5: Das Habsburgerreich nach dem Spanischen Erbfolgekrieg	125

Karte 6: Der habsburgische Machtbereich 1815 169
Karte 7: Der österreichisch-ungarische »Ausgleich« 1867 ... 189
Karte 8: Die Nachfolgestaaten der Donaumonarchie 219
Karte 9: Besatzungszonen 1945–1955 239

Karten 1, 2, 3, 7, 8, 9 Peter Palm, Berlin
Karten 4, 5, 6 entnommen aus: Michael Erbe, Die Habsburger, 1493–1918.
Eine Dynastie im Reich und in Europa. Verlag W. Kohlhammer, Stuttgart 2000,
Urban-Taschenbücher, Band 454.

Stammtafeln

Stammtafel 1: Die Babenberger 285
Stammtafel 2: Die Habsburger: von Rudolf I. bis
Maximilian I. 286
Stammtafel 3: Die österreichische Linie der Habsburger
(16.–18.Jahrhundert) 287
Stammtafel 4: Das Haus Habsburg-Lothringen 288
Stammtafel 5: Der kaiserliche Zweig des Hauses
Habsburg-Lothringen 289

Stammtafeln Peter Palm, Berlin

Register 290

An der Peripherie des römischen Reichs (1. Jahrhundert v. Chr. bis 5. Jahrhundert n. Chr.)

Als bedeutendstes politisches Gebilde im Ostalpenraum bestand vor der römischen Okkupation das *Regnum Noricum*. Ihm gehörten das Volk der Noriker sowie weitere keltische Stämme an, die unter der Hegemonie des norischen Königs standen. Der Kernbereich seiner Macht lag in Kärnten mit der Siedlung auf dem Magdalensberg (in römischer Zeit *Virunum*). Im Westen griff Noricum bis ins Salzburgische sowie über Osttirol ins Pustertal, im Norden und Osten über den Donauraum bis zum Westrand der ungarischen Tiefebene aus. Die norischen Könige waren Verbündete Roms, ihr Herrschaftsbereich diente den Römern als Pufferzone sowie als wirtschaftliches Einzugsgebiet, das sich auf eine exportorientierte Produktion hochwertigen Eisens sowie auf Goldvorkommen stützte. Das nordöstliche Österreich mit dem Wiener Becken erfasste das Siedlungsgebiet der Boier. Im Tiroler Raum sowie im Alpenrheintal lebten kleinere Verbände, die vielleicht dem südalpinen Volk der Räter angehörten, aber zumindest in den Jahrzehnten vor der Zeitenwende starkem keltischen Einfluss unterlagen.

Die im Verlauf des 1. Jahrhunderts v. Chr. zunehmenden Kontakte mit dem Süden veränderten die Lebenswelten in den Ostalpen nachhaltig, vor allem seit C. Julius Caesar die Erschließung der Gebiete am Südostrand der Alpen mit Nachdruck vorantrieb. Wegen der gallischen Kriege wuchs das Interesse der Römer an norischem Eisen, während die alpinen Kelten vom technologischen Vorsprung des Mittelmeerraums profitierten. Die unmittelbare Eingliederung des Alpenraumes in das römische Reich wurde erst mit dem Beginn der Kaiserzeit ein politisches und militärisches Anliegen. Kleinere Unternehmen dienten der Vorbereitung des für den Sommer des Jahres 15 v. Chr. geplanten Feldzugs unter dem Kommando von Drusus und Tiberius, der Stiefsöhne des Kaisers Augustus. Drusus rückte, wie angenommen wird, von Oberitalien über das Etschland, den Vinschgau und den Reschenpass ins Inntal vor, um dann über den Fernpass und den Seefelder Sattel ins Alpenvorland zu gelangen. Tiberius kam dagegen aus Gallien, führte seine Verbände dem Hochrhein entlang an den Bodensee und schließlich weiter zu den Donauquellen. Über das tatsächliche Ausmaß der Kampfhandlungen ist wenig bekannt. Das bei La Turbie (Monaco) als Siegesdenkmal für Augustus errichtete *Tropaeum Alpium* nannte fast 50 Stämme, die damals besiegt worden seien. Nicht wenige von ihnen haben sich angesichts der Übermacht des Gegners wohl kampflos der römischen Herrschaft unterstellt. Das dürfte auch für das *Regnum Noricum* gelten, das dafür eine Art innere Autonomie behielt. Die nördlich der Donau ansässigen Germanenstämme der Markomannen und Quaden wurden durch Verträge an Rom gebunden.

In den ersten Jahrzehnten nach der Eroberung des Ostalpenraums trug das Militär das Hauptgewicht seiner Eingliederung. Die im alpinen bzw. voralpinen Raum verbliebenen Kelten stellten aber weiterhin den Kern der Provinzialbevölkerung und behaupteten auch unter römischer Herrschaft ihre kulturelle Identität. Als langlebig erwiesen sich besonders die religiösen Vorstellungen. Insgesamt schritt die Romanisierung südlich der Alpen rascher voran als im nördlichen Alpenvorland, wo sie in der ersten Hälfte des 2. Jahrhunderts weitgehend zum Abschluss kam. Voraussetzung dafür war die Schaffung bzw. der Ausbau eines Straßennetzes, vor allem von Nord-Süd-Verbindungen über den Alpenhauptkamm: Den äußersten Westen des heutigen Österreich berührte die Straße von Mailand dem Comosee entlang über den Splügen durch das Alpenrheintal an den Bodensee, sodann über Kempten nach Augsburg. Weiter östlich führte die Via Claudia Augusta durch das Etschtal über den Reschenpass ins Inntal und von dort über den Fernpass ins bayerische Alpenvorland. Von Friaul gelangte man über den Plöckenpass oder über Tarvis nach Kärnten sowie in weiterer Folge ins Salzachtal bzw. auf der »Norischen Hauptstraße« über den Neumarkter Sattel, die Triebener Tauern und den Phyrnpass an die Donau.

Unter den Kaisern Tiberius und Caligula verfestigten sich zivile Verwaltungsstrukturen, die schließlich unter Claudius (41–54 n. Chr.) die Einrichtung von Provinzen ermöglichten. Vom heutigen Österreich gehörten Vorarlberg und der Großteil Tirols zu Rätien, außerdem das Alpenvorland bis zur Donau und Gebiete der Ostschweiz. An Rätien schloss sich im Osten die Provinz Noricum an. Ihre Nordgrenze bildete die Donau, im Süden reichte sie bis zum Kamm der Karnischen Alpen und der Karawanken, weiter östlich bis an die Save. »Österreichische« Gebiete der Provinz Pannonien, die durch die Teilung der Provinz Illyricum entstand, waren das Burgenland und das Wiener Becken. Das norische Zentrum *Virunum* wurde im Zuge der Schaffung der Provinz vom Magdalensberg ins Zollfeld östlich der Glan (zwischen Klagenfurt und St. Veit, Kärnten) verlegt. Neben der »Provinzhauptstadt« entstanden noch in claudischer Zeit *Teurnia* (westlich von Spittal an der Drau, Kärnten), *Aguntum* (im oberen Drautal, Osttirol) sowie nördlich der Alpen *Iuvavum* (Salzburg). In flavischer Zeit kam *Flavia Solva*

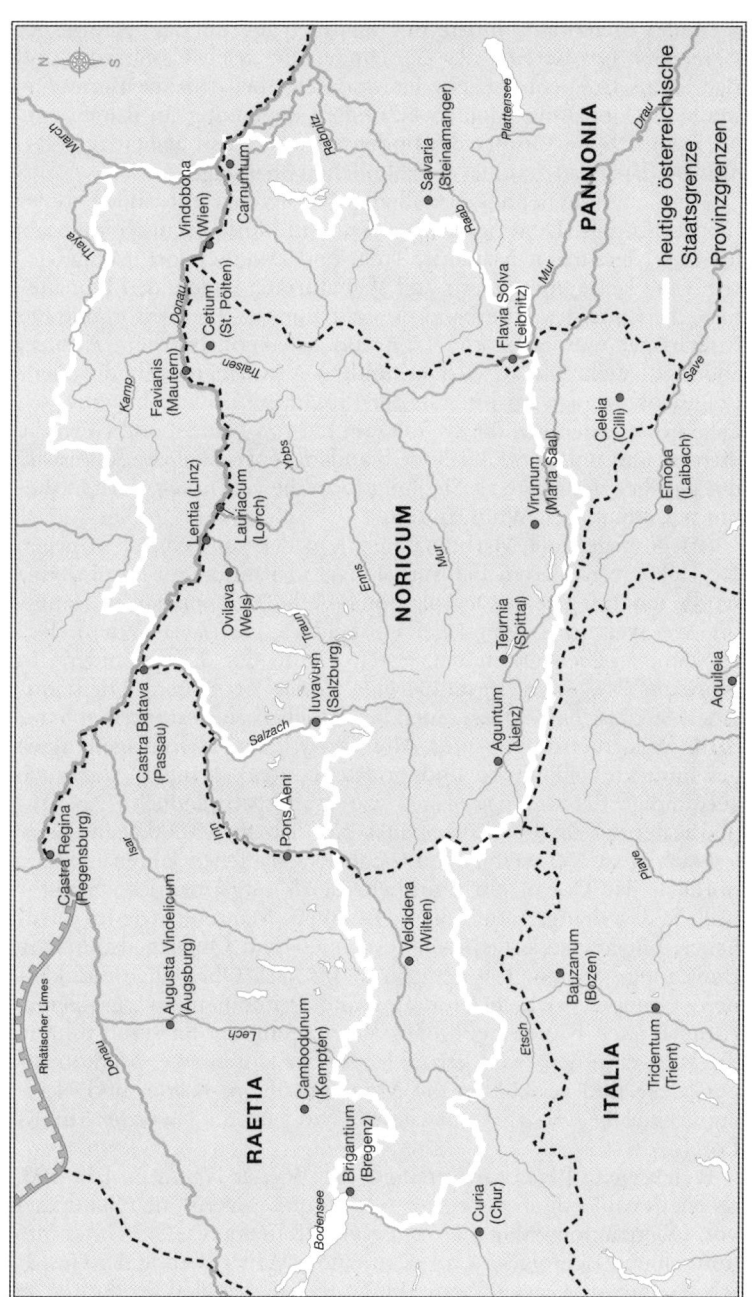

Karte 1: Römische Provinzen im Ostalpen- und Donauraum

(Leibnitz, Steiermark) hinzu. In Pannonien gewann das Legionslager *Carnuntum* (im Bereich der Gemeinden Petronell-Carnuntum und Bad Deutsch-Altenburg, Niederösterreich), bei dem die Bernsteinstraße die Donau überquerte, besondere Bedeutung. In Rätien entwickelte sich am Ostufer des Bodensees aus einem Militärlager *Brigantium* (Bregenz) zu einer stadtähnlichen Siedlung.

Zur Sicherung der anfangs offenen Nordgrenze entstanden an der Donau Kastelle. Derartige Anlagen sind in Noricum unter anderem für Linz, Traismaur, Mautern, Tulln und Zwentendorf nachgewiesen. Eine Kette von Lagern und Wachtürmen bildete den Donaulimes, die Limesstraße verband die Stützpunkte. Zur Versorgung der Militärlager wurden Dörfer (*vici*) von teils beträchtlichem Ausmaß angelegt. Während des 1. Jahrhunderts verdichtete sich die Siedlungsstruktur auch im Inneren der Provinzen, in verkehrsgünstigen Lagen entstanden *vici*, die als Stützpunkte von Handel und Gewerbe dienten und teils zentralörtliche Standards entwickelten. Außerhalb der Dörfer dominierte als Siedlungsform die *villa rustica*, der Gutshof mit teils luxuriösen Wohnbauten.

Kriege gegen die Markomannen, Quaden und vor allem gegen die Daker veränderten die Verhältnisse in Pannonien. Die Provinz wurde um 106 geteilt, Oberpannonien erhielt *Carnuntum* als Hauptort, ein weiteres Legionslager entstand in *Vindobona* (Wien). Dazu kamen gleichfalls in der ersten Hälfte des 2. Jahrhunderts in Noricum *Ovilava* (Wels) und *Aelium Cetium* (St. Pölten). Die städtischen Siedlungen besaßen einen beachtlichen zivilisatorischen Standard. Wasserversorgung und Abwassersysteme, Heizanlagen, reich geschmückte öffentliche und private Bauten, Tempel, aber auch aufwändige Befestigungsanlagen waren selbstverständlich. Das Amphitheater der Zivilstadt *Carnuntum* bot Platz für 13 000 Menschen.

Nach etwa 150 weitgehend friedlich verlaufenen Jahren entstand nördlich der Donau ein Unruheherd, als ostgermanische Stämme nach Süden drängten und die in Böhmen, Mähren sowie im nördlichen Ungarn ansässigen Markomannen und Quaden dadurch in Bewegung gerieten. 169 drangen sie bis nach Oberitalien vor, kleinere Gruppen suchten Noricum und Pannonien, in geringerem Ausmaß auch Rätien heim. Zur Bereinigung der Situation führten die Römer in den sechziger und siebziger Jahren zwei Markomannenkriege und verstärkten die Militärpräsenz in Rätien und Noricum; neue Legionslager entstanden, wie jenes in *Lauriacum* (Enns-Lorch).

Reichsweite Bedeutung erlangte der Wiener Raum im Jahr 193, als die donauländischen Legionen Septimius Severus, den Statthalter von Oberpannonien, in *Carnuntum* zum Kaiser ausriefen. Unter ihm und seinen Nachfolgern kam es zu einer »Militarisierung der Gesellschaft« (Verena Gassner/Sonja Jilek), die die sozialen Strukturen in den Grenzprovinzen veränderte. Gleichzeitig erfolgte der weitere Ausbau des Limes an der Nordgrenze von Rätien und Noricum. Einfälle der Alamannen nach Rätien (213 und 233) waren die Vorboten einer tief greifenden Veränderung: Innere Wirren und Machtkämpfe im Zeitalter der rasch wechselnden »Soldatenkaiser« (235–284), der bedrohliche Aufstieg des persischen Sassanidenreichs und die Einbrüche der Goten an der unteren Donau destabilisierten die Grenzverteidigung, was Kriegs- und Plünderungszüge germanischer Verbände, vor allem der Alamannen und Juthungen, nach Süden auslöste. Die zunehmende Bedrohung der Donaugrenze ließ den Lebensstandard der Provinzialbevölkerung allmählich sinken, Siedlungen schrumpften oder wurden ganz aufgegeben. Nach dem Zusammenbruch des rätischen Limes erfolgte der Ausbau der Verteidigungslinie an der Donau-Iller-Grenze. Zur Sicherung strategisch wichtiger Punkte entstanden auch im Hinterland Kastelle, wie etwa jenes von Wilten (*Veldidena*, bei Innsbruck).

Die Reform des römischen Staatswesens unter Kaiser Diocletian (284–305), mit dem die Spätantike begann, und seinen Nachfolgern hatte die Teilung der Provinzen Rätien und Noricum zur Folge. Zur *Raetia Prima*, dem westlichen Teil mit der Hauptstadt *Curia* (Chur, Schweiz), gehörte Vorarlberg, zur *Raetia Secunda* Tirol bis zum Ziller. Noricum zerfiel fortan in *Noricum Ripense* (Ufernoricum) nördlich und *Noricum Mediterraneum* (Binnennoricum) südlich des Alpenhauptkamms. Zum Verwaltungsmittelpunkt von Ufernoricum dürfte *Lauriacum* (Enns-Lorch) aufgestiegen sein. In Binnennoricum erlangte vorerst *Celeia* (Celje/Cilli, Slowenien), schließlich aber *Teurnia* eine führende Rolle. *Carnuntum* behielt seine militärische Funktion als Standort eines *dux*, der *praeses* der Provinz Oberpannonien residierte dagegen in *Savaria* (Szombathely/Steinamanger, Ungarn).

Im heutigen Niederösterreich nördlich der Donau bildeten über längere Zeit stabile Germanensiedlungen eine Art Vorfeld, das sowohl wirtschaftliche wie soziale Kontakte zur Provinzialbevölkerung unterhielt. Hier errichteten die Rugier im dritten Viertel des 5. Jahrhunderts ein freilich kurzlebiges »Reich«.

Aus der Zeit der diocletianischen Christenverfolgungen des Jahres 304 stammen erste Nachrichten über christliche Gemeinden im heutigen Österreich. Damals wurde Florianus, ein ehemaliger römischer Beamter, zusammen mit 40 weiteren Christen hingerichtet. Während des 4. Jahrhunderts verbreitete sich das Christentum wahrscheinlich in den meisten größeren Siedlungen des Alpen- und Voralpenraums. Frühchristliche Bischofssitze entstanden in *Lauriacum* (Enns-Lorch), *Aguntum*, *Teurnia* und *Virunum*.

Tief greifende Veränderungen der Siedlungsstrukturen kennzeichnen die Spätantike. Teile der ländlichen Bevölkerung suchten in oder bei den militärisch gesicherten Städten Schutz, Dörfer und Höfe verödeten. Die Bewohner der Zivilstadt von Enns-Lorch (*Lauriacum*) übersiedelten nach dem Abzug eines Teils der Truppen in das benachbarte Legionslager. Ähnliches gilt wohl auch für *Carnuntum*, das noch im Jahr 308 Schauplatz einer Kaiserkonferenz gewesen war. Charakteristisch für die letzte Phase der römischen Herrschaft (Ende 4./Anfang 5. Jahrhundert) ist im Alpenraum die Anlage befestigter Höhensiedlungen.

Obwohl sich die römische Verwaltung allmählich auflöste und südlich der Donau die Zahl der Angehörigen germanischer Völker, die sich als Söldner oder Föderaten dort aufhielten, wuchs, »blieben Land und Leute römisch« (Herwig Wolfram). Das Gros der Bevölkerung setzte sich aus *Romani*, aus freien Provinzialen, zusammen, die ihren Boden selbst bestellten, es gab eine Oberschicht, meist Großgrundbesitzer, aber auch Sklaven. Die Romanen waren weitgehend christianisiert, römisches Heidentum hielt sich allenfalls noch im ländlichen Raum, vor allem in den Alpentälern.

Eine eindrückliche Schilderung der Lebensumstände im österreichischen Donauraum am Ende der Antike bietet die *Vita Sancti Severini*, die Lebensbeschreibung des hl. Severin, die dessen Schüler Eugippius 511 verfasste. Der aus senatorischem Adel stammende charismatische »Gottesmann« war bald nach der Mitte des 5. Jahrhunderts nach Ufernoricum gekommen, wo er in *Favianis* (Mautern) eine klösterliche Gemeinschaft ins Leben rief. Die instabilen Verhältnisse erforderten sein Eingreifen auch in weltlichen Belangen. Es mangelte an Nahrungsmitteln und Kleidung, Überfälle von Germanenverbänden waren an der Tagesordnung. Es bestanden allerdings auch friedliche Kontakte. So besuchten die Römer die Wochenmärkte der germanischen Rugier jenseits der Donau. Severin, der bei Romanen und Germanen gleichermaßen in Ansehen stand, kümmerte sich um die Aufrechterhaltung der Ordnung, versuchte, die Versorgungslage zu verbessern und setzte sich des öfteren bei germanischen Fürsten für die ufernorische Bevölkerung ein. Interessante Schlaglichter wirft die Severins-Vita auch auf das religiöse Leben. Neben dem Bischofssitz Enns-Lorch werden klösterliche Kirchen in *Favianis* (Mautern), in *Boiotro* bei Passau und wohl auch bei *Iuvavum* (Salzburg) sowie ein Reihe von Gemeindekirchen genannt.

Mit dem Untergang des weströmischen Reichs im Jahr 476, als der skirische Fürst Odoakar Romulus Augustulus absetzte, wurde die Donaugrenze allmählich unhaltbar. 488 musste Ufernoricum aufgegeben werden, Truppen Odoakars evakuierten die auswanderungswilligen Romanen nach Italien. Auch die Mönchsgemeinschaft Severins, der Anfang 482 gestorben war, verließ mit den Gebeinen des Heiligen das Land und ließ sich bei Neapel nieder. Damit brachen die letzten römischen Verwaltungsstrukturen zusammen, die verbliebene Bevölkerung kam unter germanische Herrschaft, was vorerst freilich keine einschneidenden Veränderungen der Lebensverhältnisse, sondern eher eine gegenseitige kulturelle Anpassung nach sich zog. Nach dem Zusammenbruch des »Reichs« der Rugier gegen Ende des 5. Jahrhunderts traten im österreichischen Donauraum vor allem Eruler sowie Langobarden auf. Auch Binnennoricum und die beiden Rätien waren nun weitgehend auf sich selbst gestellt.

Auflösung und Integration: Raumbildung in den Ostalpen und an der Donau (5.–10. Jahrhundert)

493 entschieden die Ostgoten unter Theoderich dem Großen den Kampf um Italien zu ihren Gunsten. Theoderich herrschte, nachdem er Odoakar beseitigt hatte, nominell im Auftrag von Byzanz als *patricius* in der Präfektur Italien mit Ravenna als Mittelpunkt, er konnte seinen Einfluss aber auch auf den Ostalpenraum und die den Alpen nördlich vorgelagerten Gebiete ausdehnen. Erst als die Ostgoten 536/37 die Schutzherrschaft über das rätisch-westnorische Gebiet an die Franken abtraten, endete dort die Römerzeit.

In die Herrschaftszeit Theoderichs fällt die Entstehung des Volks der Bayern, das sich an der Wende vom 5. zum 6. Jahrhundert im Raum von Regensburg und Straubing als eine neue Einheit mit eigener, ethnisch verstandener Tradition bildete. An diesem Prozess waren verschiedene germanische sowie romanische und slawische Elemente beteiligt. Zum Kernland der Bayern wurde die voralpine *Raetia Secunda*. Noch vor 600 gelangten sie auch in das westliche Binnennoricum. Seit dem Beginn des 7. Jahrhunderts umfasste das Land der Bayern – *Peigirolant* – das Gebiet zwischen dem Lech im Westen sowie der Enns und der oberen Drau im Osten, südwärts wurde Bozen erreicht. 555 erscheint Garibald aus dem Geschlecht der Agilolfinger als erster Bayernherzog. Wohl schon vor der Mitte des 6. Jahrhunderts gerieten die Bayern aber unter den Einfluss der austrasischen Merowingerkönige.

In den Alpentälern blieben romanische Bevölkerungsgruppen präsent: die Churräter oder Churwalchen unter anderem in Vorarlberg, die Breonen im Tiroler Inntal sowie namenlose Romanengruppen im Salzburgischen. An der Wende vom 6. zum 7. Jahrhundert setzten sich slawische Kriegerverbände südlich des Alpenhauptkamms an der Drau fest, formten sich zum Volk der Karantanen und erweiterten in der Folge ihren Machtbereich auf mehr als ein Drittel des heutigen österreichischen Staatsgebiets (Kärnten, große Teile der Steiermark, Osttirol, das südliche Ober- und Niederösterreich sowie den Salzburger Lungau). Die seit etwa 740 urkundlich genannten Karantanenfürsten wurden unter Mitwirkung der politisch handlungsberechtigten Bevölkerung in der Karnburg eingesetzt. Der dabei verwendete »Fürstenstein«, ein römisches Säulenfragment, ist das älteste in Österreich erhalten gebliebene Staatssymbol.

Um 568 verließen die Langobarden ihre Siedlungsgebiete im österreichischen Donauraum, die ihnen zwei Jahrzehnte zuvor von Byzanz übertragen worden waren, und eroberten das nördliche Italien. An ihre Stelle rückten die Awaren, ein polyethnischer Verband wohl turkvölkischen Ursprungs. Durch Siege über die Bayern 595 und um 610 festigten die Awaren ihre Westgrenze an der Enns, während die Karantanen, schließlich auch von den Bayern unterstützt, ihre Selbstständigkeit behaupten konnten. In den Zwanzigerjahren des 7. Jahrhunderts nutzte der Franke Samo eine Schwächeperiode der Awaren, stellte sich an die Spitze eines Aufstands gegen ihre Herrschaft und errichtete ein slawisches Reich, das vom böhmisch-mährischen Raum wohl auch auf das nördliche Österreich ausgriff. Es zerfiel nach Samos Tod um 660. Ein letzter Vorstoß der Awaren über die Enns nach Westen erfolgte 711/12.

Am Beginn des Mittelalters war das Gebiet des heutigen Österreich somit in mehrere Machtzonen aufgeteilt: Innerhalb des fränkischen Merowingerreichs lagen – grob gesprochen – Vorarlberg, Tirol sowie weite Teile Salzburgs und Oberösterreichs. Was davon östlich des Arlbergs und des Lechs lag, gehörte dem Herzogtum Bayern an. Als einer der Residenzorte der bayerischen Agilolfinger, die ihren Herrschaftsbereich zeitweise auf mehrere Linien aufgeteilt hatten, fungierte – neben Regensburg und Freising – Salzburg. Der Norden Vorarlbergs stand unter der Kontrolle des alamannischen Herzogtums, der Süden zählte zu Churrätien, wo das Geschlecht der Viktoriden (oder Zacconen) durch Generationen das Amt des Churer Bischofs wie auch die weltliche Führungsposition des *praeses* innehatte. Jeweils eigene Rechtssysteme entstanden: Alamannen lebten nach alamannischem Recht, Bayern nach bayerischem, die Romanen Churrätiens nach ihrem romanischen Recht. Kodifikationen waren der *Pactus Alamannorum* aus dem ersten Drittel des 7. Jahrhunderts, die *Lex Alamannorum* (727/730) und die *Lex Baiuvariorum* (741/43). Jenseits der Grenzen des Frankenreichs, östlich der Enns und südlich der Alpen erstreckten sich die Gebiete der Awaren und der slawischen Karantanen.

Der Wirkungsbereich der Bayernherzöge war während des 7. Jahrhunderts nur verhältnismäßig lose an das Merowingerreich angebunden. Nur gelegentlich erscheint das fränkische Königtum präsent, so als die Bayern auf Befehl Dagoberts I. 631/32 mehrere Tausend vor den Awaren zu ihnen geflohene Bulgaren töteten. Hingegen bestanden enge, durch mehrere Heiraten begründete verwandtschaftliche Beziehungen zu den oberitalienischen Langobarden. Bei den Kriegszügen, die die Franken im späten 6. Jahrhundert gegen die Langobarden führten, kämpften die Bayern daher an ihrer Seite. Zur Sicherung dynastischer Interessen griffen die Agilolfinger 680 und 712 in langobardische Thronkämpfe ein, andererseits scheuten sich auch die Langobarden nicht, Schwächeperioden der Bayern zu Interventionen zu nutzen.

Das römische Christentum hatte die massiven Veränderungen, die die Zeitenwende zum Frühmittelalter bewirkte, zumindest punktuell überstanden. Ohne Unterbrechung reicht die Bischofsliste von Chur, dem einzigen Suffragan Mailands in den Ostalpen, bis in die Spätantike zurück. Die Bischofssitze von Säben und Trient scheinen zwar erst im 6. Jahrhundert auf, dürften aber gleichfalls älter sein. Wohl bald nach 614 entstand das Bistum Konstanz, zu dessen Sprengel das nördliche Vorarlberg zählte. 610/11 führte eine Missionsreise den Iren Columban und seine Gefährten, darunter der hl. Gallus, im Auftrag des austrasischen Merowingers Theudebert II. nach Bregenz. Die Vita des Heiligen, die Jonas von Susa um 641 niederschrieb, nennt Bregenz als ersten österreichischen Ort nach den Wirren der Völkerwanderung. Columban habe Bregenz als eine zerstörte Stadt vorgefunden, was wohl weniger den Zustand der Baulichkeiten, als jenen der römisch-christlichen Strukturen meinte. Manche der Bewohner seien Heiden gewesen, die ihrem Gott Wotan Bier opferten, andere zwar getauft, aber »in heidnischem Irrtum befangen«, also dem Synkretismus verfallen. In Salzburg gründete der hl. Rupert, Bischof von Worms, um 700, vielleicht aus der Wurzel einer bereits bestehenden Kommunität, das Kloster St. Peter, das in weiterer Folge Sitz von Abtbischöfen war. Auf seine Nichte Erentrudis geht das Frauenkloster auf dem Salzburger Nonnberg zurück. Ruperts Wirken diente nicht nur der Reform des Christentums und dem Ausbau kirchlicher Strukturen unweit der Grenze zu den heidnischen Slawen und Awaren, in deren Siedlungsgebiet das antike Christentum gänzlich untergegangen war, sondern auch der Festigung der Herrschaft des Bayernherzogs Theodo.

Im Jahr 739 ordnete der hl. Bonifaz in päpstlichem Auftrag sowie mit Einverständnis Herzog Odilos das bayerische Kirchenwesen, indem er die Bistümer Regensburg, Passau, Freising und Salzburg einrichtete. Damit erhielt Salzburg den ersten »regulären« Bischof. Während Freising nach Tirol ausgriff, forcierte Salzburg unter den Bischöfen Virgil (746/47–784) und Arn (785–822, seit 798 Erzbischof und damit Metropolit der bayerischen Kirchenprovinz) die Mission der Karantanen. Als weitere Brennpunkte klösterlichen Lebens entstanden drei agilolfingische Eigenklöster: im heutigen Oberösterreich Mondsee (vor 748) und Kremsmünster (777) sowie Mattsee (um 770) im Salzburger Mattiggau.

Als sich das fränkische Reich unter den karolingischen Hausmeiern zu Beginn des 8. Jahrhunderts konsolidierte, wuchs der Druck auf die Herzogtümer der Alamannen und Bayern. 722 sei, wie die Quellen berichten, Karl Martell (714–741) mit Heeresmacht gegen die beiden Völker gezogen und habe sie unterworfen. 730 fiel der Alamannenherzog Lantfried als Empörer gegen die Karolinger. Wenig später schien Alamannien der Herrschaft Karl Martells soweit untergeordnet, dass er es seinem Sohn Karlmann vermachen konnte. Nach Karl Martells Tod erhoben sich die Alamannen neuerlich und fanden die Unterstützung des Bayernherzogs Odilo, der wohl der alamannischen Linie der Agilolfinger entstammte. 743 schlugen die Hausmeier Pippin und Karlmann ihre Gegner nach erbitterten Kämpfen am Lech. Während sich Odilo in seinem Machtbereich behaupten konnte, schalteten die Karolinger 746 die Alamannenherzöge endgültig aus und bezogen Alamannien unmittelbar ins fränkische Reich ein.

748 starb Herzog Odilo. Auf ihn folgte sein Sohn Tassilo III., vorerst unter der Vormundschaft seines Onkels Pippin, der 751 das fränkische Königtum von den Merowingern an sich brachte. 763 kam es zum Bruch: Tassilo verließ mit seinen Bayern das königliche Heer, das sich an der Loire zu einem Feldzug nach Aquitanien sammelte, ohne die Erlaubnis Pippins abzuwarten. Ein Gegenschlag unterblieb. Verbündet mit seinem Schwiegervater, dem Langobardenkönig Desiderius, und gesichert durch einen Freundschaftsvertrag mit Karl dem Großen, der seinen Vater Pippin beerbt hatte, schien Tassilos Herrschaft ungefährdet. 772 beendete er siegreich einen dreijährigen Krieg gegen die Karantanen, die sich gegen die Missionierung zur Wehr gesetzt hatten, 778 nahm er am Feldzug Karls nach Spanien teil. Zu Beginn der Achtzigerjahre begann sich das Blatt zu wenden; der Frankenkönig plante, nachdem er das Langobardenreich unterworfen hatte, »eine Flurbereinigung großen Stils« (Herwig Wolfram), zu der auch die Eingliederung der Bayern zählte. Nach umfassender diplomatischer Vorbereitung standen 787 drei Heersäulen zur Invasion bereit. Angesichts der Übermacht des Gegners musste sich Tassilo, der auch den Rückhalt eines Teils der Seinen verloren hatte, unterwerfen und Karls Vasall werden – eine für den Bayernherzog unerträgliche Demütigung. Als einzigen Ausweg sah er ein Bündnis mit den Awaren. Auf einer Reichsversammlung in Ingelheim 788 ließ ihn sein König und Vetter ersten Grades unter anderem deswegen anklagen. Zusammen mit seiner Familie wurde Tassilo zum Tode verurteilt, schließlich aber zu lebenslanger Klosterhaft begnadigt. Da das Verfahren gegen den Bayernherzog offenkundig mit schweren Mängeln behaftet war, zwang man ihn 794 anlässlich einer Synode in Frankfurt zum ausdrücklichen Verzicht auf alle seine Rechte, womit das agilolfingische Herzogtum der Bayern auch nominell endete.

Die Sicherung Bayerns, das als politische Einheit, als Volk und Herzogtum bestehen blieb, bereitete Karl dem Großen keine Mühe. Einige Oppositionelle gingen in die Verbannung, enge Vertraute des letzten Agilolfingers wie der Abt von Kremsmünster wussten sich zu arrangieren, die agilolfingischen Eigenklöster Mondsee, Kremsmünster und Mattsee gelangten in den Besitz der Karolinger. Ein Angriff der Awaren, die Tassilo zu Hilfe kommen wollten, verebbte an der Grenze ihres Reichs. Einen neuen Herzog gab Karl den Bayern nicht, er setzte vielmehr seinen Schwager Gerold I. als Präfekten ein. Die Ostgrenze gegen die Awaren sicherten in fränkischem Auftrag die Grafen Graman und Otachar. Auch innerhalb Bayerns amtierten Grafen nunmehr als jederzeit wieder abberufbare königliche Mandatsträger. Sie hatten, wie anderswo im Karolingerreich, für die Gerichtsbarkeit Sorge zu tragen, die an den König zu entrichtenden Steuern einzuheben und den Heerbann ihrer Sprengel aufzubieten. Die Schaffung der bayerischen Kirchenprovinz mit Salzburg als Metropolitansitz und die Ernennung Arns zum Erzbischof im Jahr 798 vollendete die Integration Bayerns in das Frankenreich.

791 ging Karl der Große gegen das durch innere Auseinandersetzungen geschwächte Awarenreich in die Offensive; fränkische Heere, denen auch die Bischöfe von Freising und Salzburg angehörten, drangen bis an die Kamp, den Wienerwald und sogar bis an die Mündung der Raab in die Donau vor. Weitere Feldzüge folgten, in deren Verlauf der *Hring*, der zwischen Donau und Theiß gelegene Herrschaftsmittelpunkt der Awaren, eingenommen wurde. Bei einem Gegenschlag der Awaren fiel zwar 799 der Präfekt Gerold, doch erlahmte deren Widerstand bald nach der Wende zum 9. Jahrhundert.

Vorerst bildeten die Enns, die Kalkalpen Oberösterreichs und Salzburgs sowie der Alpenhauptkamm die Grenze zwischen dem alamannisch-bayerischen Altsiedelland und dem durch die Siege über die Awaren der Kolonisation geöffneten »Ostland«, einem von Awaren, Slawen, Germanen, Romanen und Angehörigen anderer Völker multiethnisch, aber insgesamt nur mehr dünn besiedelten Gebiet. Nach dem Tod Gerolds I. wurde der Osten neu organisiert: Der westlich der Enns gelegene Traungau wurde einem Grafen zusammen mit der Verantwortung für den eroberten Donauraum übertragen, sodass um 800 zur bayerischen Präfektur eine »Ostlandpräfektur« trat, deren Einfluss bis an die Raab reichte und der auch die seit 741/42 unter bayerischer Botmäßigkeit stehenden slawischen Fürsten Karantaniens zugehörten. An deren Stelle traten schließlich ab 828 fränkisch-bayerische Grafen.

Von einer Neuordnung wurde auch Churrätien betroffen, das Karl der Große 806 zu einer Grafschaft machte. Der Bischof von Chur verlor einen beträchtlichen Teil seiner weltlichen Herrschaft sowie die Verfügungsgewalt über zahlreiche Kirchen und Klöster. Als erster Graf in Rätien amtierte Hunfrid, ein enger Vertrauter des Kaisers.

Unter dem Ostlandpräfekten Ratpot (832/33–854) werden Strukturelemente im Inneren erkennbar: mit Tulln ein Zentrum seines Handelns, seine nun schon territorial aufgefasste Grafschaft sowie eine ihm nachgeordnete Grafschaft um Steinamanger/Szombathely. Andererseits trat ein neues slawisches Gemeinwesen ins Licht der Geschichte: das sich unter dem Fürsten Rastislav rasch konsolidierende, nach Niederösterreich ausgreifende mährische »Reich«, über das die Karolinger die Oberhoheit beanspruchten.

Ratpot, wohl zu mächtig geworden, stürzte 854 über sein zeitweise allzu enges Verhältnis zu den Mährern. König Ludwig der Deutsche übertrug die Verwaltung des Ostlands daraufhin seinem Sohn Karlmann, der aber diese Machtbasis für eine gegen den Vater gerichtete Politik nützte. Dazu gehörte auch ein Bündnis mit den Mährern. Die innerfamiliären Machtkämpfe erschütterten den Südosten des Frankenreichs auf längere Zeit; sie forderten im Adel zahlreiche Opfer, nützten hingegen der Kirche, weil Ludwig zur Stärkung seiner Position in großem Stil Königsgut an geistliche Einrichtungen vergab. Erst die Versöhnung zwischen Vater und Sohn auf der Grundlage der Reichsteilung von 865 – Karlmann erhielt das ostfränkische Teilreich Bayern als *dux* (Herzog) zugewiesen – ermöglichte ein gezieltes Vorgehen gegen die Mährer. Sie schienen unterworfen, als Zwentibald, ein Neffe Rastislavs, 870 sein Teilfürstentum dem Ostfränkischen Reich unterstellte und seinen Onkel den Franken auslieferte. Allerdings brachte Zwentibald nun das Mährerreich unter seine Führung und bereitete fränkisch-bayerischen Heeren verlustreiche Niederlagen, die die Führungsschicht des bayerischen Ostlands massiv schwächten. Ein 874 geschlossenes Übereinkommen bestätigte den Status des mährischen Reichs als Tributärfürstentum des ostfränkischen Reichs mit völliger innerer Autonomie, ermöglichte aber auch weiteres Wachstum, so 890 den Zugewinn von Böhmen.

876 übertrug Karlmann seinem illegitimen Sohn Arnulf die Regentschaft über das Ostland. Die Geschichtsschreibung gab ihm nach seinem Machtzentrum in Karantanien, wo er aufgewachsen war, das Prädikat »von Kärnten«. Da aber der fränkische Graf Aribo im Besitz seiner Grafschaften im Traungau und an der Donau blieb, war das Ostland nunmehr in zwei Einflusszonen geteilt.

880 starb Karlmann, 882, noch im Jahr seines Herrschaftsantritts als Unterkönig in Bayern, Ludwig der Jüngere. Seinen Tod nutzten die Wilheminer, ein im österreichischen Donauraum begütertes Adelsgeschlecht, zum Krieg gegen Aribo, der sich aber, gestützt auf Karl III., den letzten noch verbliebenen legitimen ostfränkischen Karolinger, und den Mährerfürsten Zwentibald, gegen seine Widersacher behaupten konnte. Im Zuge dieser Auseinandersetzungen verwüstete Zwentibald das arnulfinische Pannonien. Ein 885 mit

Mähren geschlossener Frieden machte Arnulf den Rücken frei, um auf Einladung des Adels seinen kranken Onkel Karl III. (seit 881 Kaiser) zu stürzen und das ostfränkische Königtum zu gewinnen. Das militärische Gewicht seiner Bayern und Slawen reichte dazu aus. 896 krönte Papst Formosus mit Arnulf erstmal einen römischen Kaiser mit »österreichischen« Wurzeln. Als Vertrauter Arnulfs wirkte im Ostland Markgraf (*marchio*) Luitpold, neben ihm blieb auch Graf Aribo weiterhin präsent.

Bald nach der Mitte des 9. Jahrhunderts tauchte im Osten mit den Ungarn, die sich selbst Magyaren nannten, ein neuer Gegner auf. Die Ethnogenese der »neuen Hunnen« um einen finnisch-ugrischen Kern war wohl in der Steppenzone am Schwarzen Meer erfolgt, wenig später setzten sie sich im pannonischen Raum südlich der Donau fest. 881 kam es zu Kämpfen mit den Ungarn bei Wien, das bei dieser Gelegenheit seine erste mittelalterliche Erwähnung findet. Im Herbst 900 überschritten sie die Enns und verwüsteten den Traungau. Dass die Bayern den obersten Herrscher der Ungarn bei einem Gastmahl ermordeten, konnte die herannahende Katastrophe nicht verhindern. Am 4. Juli 907 vernichteten die Ungarn bei Pressburg den bayerischen Heerbann. Unter den Gefallenen waren Markgraf Luitpold, Erzbischof Theotmar von Salzburg, die Bischöfe von Freising und Säben. Auch das mährische Reich überstand den Ungarnsturm nicht. Die Gebiete östlich der Enns gingen an die Sieger verloren; Karantanien blieb hingegen großteils bayerisch. König Ludwig, der seinem Vater Arnulf im Jahr 900 als sechsjähriges Kind auf den ostfränkischen Thron gefolgt war, konnte nicht verhindern, dass die Ungarn 909/10 über Bayern bis nach Alamannien vordrangen. Die Grenze an der Enns blieb freilich durchlässig, auch scheint sich ein Teil der bayerisch-slawischen Bewohner im nunmehr ungarischen Ostland gehalten zu haben.

Mit dem Tod König Ludwigs 911 endete im ostfränkischen Reich die Karolingerzeit. Sie hatte im Südosten einen intensiven, zumeist von Grundherrschaften getragenen Erschließungsschub mit sich gebracht. Ausgehend von den alten Siedlungskernen, auch von keltoromanischen Strukturen, hatte er sich vor allem in der Anlage von Einzelhöfen und Hofgruppen niedergeschlagen. Nördlich der Donau sowie im Südosten waren Bayern und Slawen an diesem Prozess beteiligt, wobei im Verlauf des 9. Jahrhunderts die Germanisierung stark zunahm. Archäologische Funde dieses Zeitraums aus dem östlichen bzw. südöstlichen Österreich werden der slawisch-frühdeutschen, nach einem Gräberfeld am Semmering benannten »Köttlacher Kultur« zugewiesen.

Wesentlichen Anteil am materiellen wie ideellen Landesausbau hatten geistliche Einrichtungen. Die Bischöfe von Passau, Salzburg, Freising und Regensburg, Klöster wie Mondsee, Kremsmünster,

Mattsee, St. Emmeram in Regensburg, Herrieden oder Niederaltaich erwarben und erhielten umfangreiche Güter im Ostland, vor allem in der Wachau, einem ertragreichen Weinbaugebiet, sowie in den Ebenen jenseits des Wienerwalds. Die Landschaften an der Donau gehörten zum Sprengel von Passau, für Karantanien war hingegen Salzburg unmittelbar zuständig. Unter Karl dem Großen hatte die Eingliederung des Bischofssitzes von Säben (später Brixen) in den bayerischen Metropolitionverband ihren Abschluss gefunden. Sie ermöglichte – wenn auch wesentlich später – die Entstehung eines über den Alpenhauptkamm greifenden Landes Tirol.

Die Verdichtung des Netzes an höherrangigen weltlichen Strukturen war an Grafen und – in den Grenzgebieten – an Markgrafen, die ihrerseits wieder über Grafen gebieten konnten, geknüpft. Die mit dem Grafenamt verbundene Königsunmittelbarkeit schätzte der hohe Adel besonders, bot sie doch weitere Aufstiegschancen. Allmählich zeichneten sich auch Ansätze zu genealogischer Kontinuität, zur Bildung von Dynastien ab: Nach Leitnamen benannte Geschlechter wie die Luitpoldinger, die Aribonen oder die Sighardinger entstanden.

Arnulf, der Sohn des 907 gegen die Ungarn gefallenen Markgrafen Luitpold, konnte bald nach der Katastrophe von Pressburg das bayerische Herzogtum wiedererrichten. Sowohl König Konrad wie auch sein Nachfolger Heinrich I. scheiterten mit dem Versuch, den Herzog enger sich zu binden. Auch Arnulfs Politik gegenüber den Ungarn war eigenständig: Kampfhandlungen wechselten mit Phasen friedlicher Koexistenz, die der Bayernherzog, wie es scheint, gegebenenfalls auch mit der Gewährung ungehinderten Durchzugs nach Westen erkaufte.

Arnulfs Bruder Berthold amtierte zunächst als Unterherzog südlich der Alpen. 938 folgte er ihm auf Geheiß des Königs nach. Den Tod Bertholds im Jahr 947 nützte König Otto I., um Bayern den Luitpoldingern zu entziehen und seinem Bruder Heinrich zu verleihen. Damit übernahm eine Seitenlinie der Ottonen für längere Zeit die Herrschaft über Bayern. Auch Schwaben kam damals in die Hand der Königsfamilie, Otto setzte dort seinen Sohn Liudolf als Herzog ein.

Im Rahmen des bayerischen Herzogtums hatte Karantanien eine gewisse Autonomie bewahren können. Unter Berthold wie unter dem Ottonen Heinrich amtierten dort »Sonderbeauftragte«. 976 ernannte Otto II. Bertholds Sohn, den Luitpoldinger Heinrich, zum Herzog von Kärnten, was zwar noch nicht die territoriale Abtrennung Kärntens vom Herzogtum Bayern bedeutete, diese aber einleitete. Bereits zwei Jahre später wurde – nach einem Aufstand Heinrichs – Otto von Worms, ein Neffe des Königs, nominell Herzog in Kärnten. Ihm folgten sein Sohn Konrad und ein gleichnamiger Enkel in dieser Würde nach. Daneben bestand in Karantanien aber bis über die Jahrtausendwende hinaus das Amt des *waltpoto* (»Gewaltboten«), der, mit königlichem oder herzoglich-bayerischem Mandat ausgestattet, im Zentralkärntner Raum präsent war. Von dort aus richtete sich die Expansion nach Süden und Osten, wo zur Grenzverteidigung Marken in Krain, an der Mur und an der Sann eingerichtet wurden. Auch die Marken Friaul, Istrien und Verona unterstanden im 11. Jahrhundert dem Kärntner Herzogtum.

Ostarrichi: von der babenbergischen Mark zum Herzogtum (10. Jahrhundert bis 1246)

In den Dreißiger- und Vierzigerjahren des 10. Jahrhunderts war es neuerlich zu Kämpfen gegen die Ungarn gekommen. Die Entscheidung brachte schließlich der Sieg, den Otto I. am 10. August 955 auf dem Lechfeld bei Augsburg über sie errang. Der ungarische Expansionsdrang war gebrochen. Zwei Jahrzehnte später ließ sich König Géza taufen – gemeinsam mit seinem Sohn und Thronerben, der den Namen Stephan erhielt und als der »Heilige« die Christianisierung Ungarns einleitete.

Nun war auch die Wiedergewinnung des bayerischen Ostlands jenseits der Enns möglich geworden. Um 960/62 entstand die Mark an der Donau, in der Burchard als erster Markgraf wirkte. Nach einem Konflikt zwischen König Otto II. und dem Bayernherzog Heinrich »dem Zänker«, der diesem das Amt kostete, verlor auch Burchard seine Stellung. 976 übertrug der König die Grenzmark an Leopold I. (Luitpold), den Grafen des bayerischen Donaugaus, einen »Babenberger«. Den Namen des Geschlechts führte der Historiograph Bischof Otto von Freising (*um 1112, †1158), selbst ein Babenberger, auf Adalbert von Bamberg (902 wird Bamberg erstmals *Babenberch* genannt) zurück.

Es war ein überschaubarer Komplex, in dem Leopold das Sagen hatte, orientiert an den Fixpunkten Melk, Krems und Klosterneuburg, mit der Donau, dem Verkehrsweg zwischen Altbayern und Pannonien, als Rückgrat. Nördlich und südlich davon erstreckten sich Kolonisationsgebiete bis zur Thaya bzw. an den Alpenrand und die Leitha. Die Enns bzw. Linz an der Donau markierten die Westgrenze. Im Osten reichte Leopolds Macht bis zum Wienerwald, unter seinem Sohn und Nachfolger Heinrich kam die unmittelbare Umgebung Wiens hinzu, um die Mitte des 11. Jahrhunderts bildete die March die Grenze.

Am 1. November 996 schenkte Kaiser Otto III. dem Bistum Freising in der kleinen Ortschaft Neuhofen im heutigen Niederösterreich 30 Huben Land. Um den Ort genauer zu lokalisieren, hält die darüber ausgefertigte Urkunde fest, er liege in der Mark und Grafschaft des Grafen Heinrich, des Sohnes des Markgrafen Leopold, in einer Gegend, die man volkssprachlich *Ostarrichi* (»Gebiet im Osten«) nenne. Schon vor dem 10. Jahrhundert waren die bayerischen

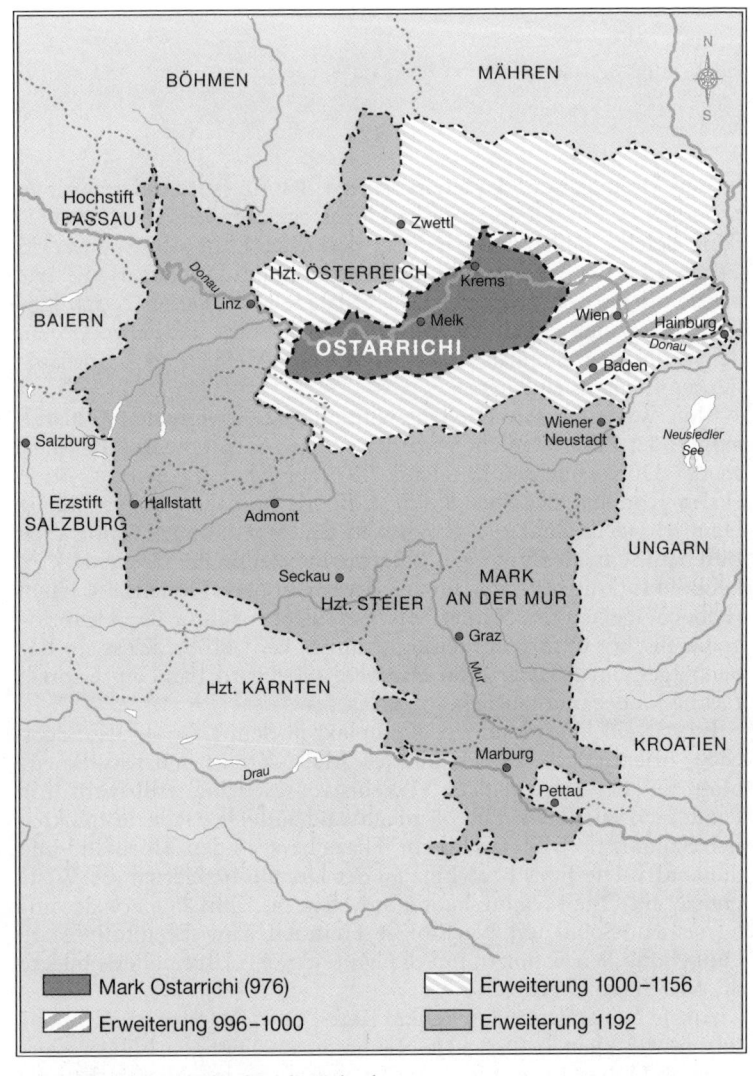

Karte 2: Das Herrschaftsgebiet der Babenberger

Ostgebiete *plaga orientalis* (Ostland) genannt worden, *Austria* scheint dagegen erstmals 1147 auf. Andere zeitgenössische Begriffe waren *Osterlant, terra* bzw. *regnum orientalis*; der im 19. und 20. Jahrhundert viel strapazierte Name »Ostmark« ist hingegen nicht mittelalterlichen Ursprungs.

Es gehört zum bis in den Gegenwart gerne gepflegten Bild, dass die Geschichte Österreichs mit der Mark an der Donau ihren Anfang genommen, Wien von Beginn an das Zentrum abgegeben habe und die österreichischen Alpenländer kraft innerer Vorherbestimmung an dieses Österreich gefallen seien – eine staatstragende, deswegen aber nicht weniger anachronistische Sicht. Mit der Babenberger Mark an der Donau hatten die Besitzungen des Salzburger Erzbischofs, hatten Kärnten und die ihm bis an die Adria vorgelagerten Marken, hatten die Einflusszonen der Bistümer Freising, Brixen und Trient in Tirol »verfassungsrechtlich« letztlich nur zwei Dinge gemeinsam: die Zugehörigkeit zum Herzogtum Bayern sowie genealogische Beziehungen hochadeliger Geschlechter. Wer westlich des Arlbergs im heutigen Vorarlberg siedelte, ob Romane oder Alamanne, zählte hingegen zum schwäbischen Herzogtum.

Das babenbergische Ostarrichi war beileibe kein in sich geschlossener Herrschaftssprengel. Die Macht der Markgrafen reichte so weit, wie ihre freien und unfreien Dienstleute Raum und Menschen zu kontrollieren vermochten. Neben den Babenbergern besaßen große und kleine edelfreie Geschlechter Güter, Rechte und Einkünfte verschiedenster Art und Herkunft. Einige von ihnen führten den Grafentitel. Dazu kamen die ausgedehnten, mit Immunitätsrechten ausgestatteten und damit dem markgräflichen Einfluss entzogenen Besitzungen der Hochstifte Salzburg (vor allem in der Wachau), Passau (Enns, St. Pölten, Herzogenburg, Amstetten und Mautern), Freising (im Ybbstal und Marchfeld) und Regensburg (an der Erlauf) sowie von Klöstern, unter denen Tegernsee, Niederaltaich, Mattsee und Mondsee hervorragten. Kooperation, aber auch scharfe Konkurrenz bestimmte das Verhältnis der regionalen wie der überregionalen Mächte. So nützte etwa das gespannte Verhältnis Kaiser Konrads II. zu den Babenbergern ihren adeligen Mitbewerbern. Gemeinsam war den Großen Ostarrichis, dass sich ihre Interessen weit darüber hinaus erstreckten. Landesausbau erforderte den Einsatz beträchtlicher personeller Ressourcen, die man dort einsetzte, wo sie den größten Nutzen versprachen.

Auf Markgraf Leopold I., der 994 gestorben war, folgten seine Söhne, zuerst der ältere Heinrich I. (994–1018), dann der jüngere Adalbert I. (1018–1055). Während Heinrich vor allem eine feste Grenze gegen die Ungarn einrichten hatte können, bemühte sich Adalberts Sohn Ernst (1055–1075) erfolgreich um die Konsolidierung der babenbergischen Machtstellung. In die Wirren des Investiturstreits geriet Markgraf Leopold II. (1075–1095), als er sich auf die päpstliche Seite stellte und daher vom Herzog von Böhmen sowie vom Bischof von Regensburg bekriegt wurde. Eine Folge der Niederlage, die Leopold bei Mailberg 1082 erlitt, war die Ausbildung der weitgehend noch heute bestehenden österreichischen Nordgrenze zu Mähren. Ungeachtet der »großen« Politik schritt der Landesausbau voran, wurden die Siedlungsränder nach Norden wie nach Süden vorgeschoben, entstanden Rodungsinseln. Als Organisatoren fungierten der Adel und die Kirche, das Königtum beschränkte sich auf Landschenkungen.

Einen ersten Höhepunkt erreichte die Babenbergerherrschaft unter Leopold III. (1095–1136). Seine Heirat mit Agnes, der Schwester Kaiser Heinrichs V., Witwe des Staufers Friedrich, Herzog von Schwaben, brachte ihm einen beträchtlichen Prestigegewinn und wohl auch eine entsprechende Mitgift, die ihm den weiteren Ausbau der Markgrafschaft ermöglichte. Siedlungen wie Stein, Krems, Tulln, Wien und Hainburg erhielten den Charakter von Städten. Umfangreichen Schenkungen an geistliche Einrichtungen sowie seinen Klostergründungen – vor allem Klosterneuburg und Heiligenkreuz – verdankt er den Beinamen »der Fromme«. Freilich dienten diese Zuwendungen an die Kirche auch weltlichen Zwecken. Mit ihren Hausklöstern, zu denen das von Leopold besonders geförderte Melk zählte, erweiterten die Babenberger ihren Handlungsspielraum beträchtlich, die Grundlage für ihr Landesfürstentum war gelegt. So sprach Leopold von seinem *regimen* über die *orientalis marchia*, zuletzt formulierte er ausdrücklich den Anspruch auf den *principatus terrae istius*: auf das Fürstentum über dieses Land. Herrschaftszentrum wurde Klosterneuburg, wo Leopold III. eine Pfalz errichten ließ. Zuvor hatten Melk, Gars und Tulln als Mittelpunkte gedient. Nach dem Tod seines kaiserlichen Schwagers, mit dem er lange Zeit engen Kontakt gepflegt hatte, kam der Babenberger 1125 sogar als Reichsoberhaupt ins Gespräch. 1485 erreichte Kaiser Friedrich III. die von den Habsburgern bereits seit längerem angestrebte Heiligsprechung Leopolds, der 1663 zum österreichischen Landespatron wurde.

Als die Fürsten 1137 nach dem Tod Lothars III. einen neuen König zu wählen hatten, entschieden sie sich für den Staufer Konrad, den Halbbruder der Babenberger Leopold IV. (1136–1141) und Heinrich II. »Jasomirgott« (1141–1177). In der *orientalis marchia* war zunächst Leopold IV. seinem gleichnamigen Vater gefolgt, dann Heinrich, der zuvor als Pfalzgraf bei Rhein eine wichtige Position bekleidet hatte. Zwei weitere Brüder machten als Geistliche Karriere: Otto trat nach dem Studium in Paris dem Zisterzienserorden bei und wirkte von 1138 an als Bischof von Freising. Er gilt als einer der bedeutendsten Geschichtsschreiber des Hochmittelalters. Konrad war zunächst Bischof von Passau (1148–1164) und dann bis zu seinem Tod 1168 Erzbischof von Salzburg.

Die enge Bindung an das staufische Königshaus brachte den beiden Babenbergern einen beträchtlichen Machtzuwachs: Im Dezember 1138 entzog König Konrad III. dem Welfen Heinrich dem Stolzen das Herzogtum Bayern und übertrug es zu Beginn des folgenden Jahres seinem Halbbruder Leopold; 1143 wurde Heinrich Jasomirgott mit Bayern belehnt. Heinrich nahm am – katastrophal verlaufenen – zweiten Kreuzzug teil, unterwegs heiratete er die byzantinische Prinzessin Theodora Komnena, eine prestigeträchtige, aber auch in kultureller Hinsicht bedeutsame Verbindung. Unter Heinrich wurde Wien zum Zentrum der Babenbergerherrschaft in Österreich.

1152 folgte Friedrich I. »Barbarossa« seinem Onkel Konrad als römischer König nach. Das neue Reichsoberhaupt war zunächst an einem Ausgleich mit den Welfen interessiert, da er sich den Rücken für seinen Romzug zum Empfang der Kaiserkrone freihalten wollte. Daher erkannte er 1154 den Anspruch Heinrichs des Löwen, eines Sohns Heinrichs des Stolzen, auf das Herzogtum Bayern an. Der widerstrebende Babenberger Heinrich musste auf andere Weise entschädigt werden. Auf einem prunkvollen Hoftag in Regensburg stellte ihm der König das auf den 17. September 1156 datierte *Privilegium minus* aus. Es erhob die Mark Österreich (*marchia Austrie*) zum Herzogtum (*ducatus*), beschränkte die Vasallenpflichten des neuen Herzogs auf den Besuch von Hoftagen in Bayern und die Heerfolge nur in die Nachbarländer, garantierte die Erblichkeit des Herzogtums auch in weiblicher Linie sowie die freie Verfügungsgewalt im Fall der Kinderlosigkeit und bestimmte, dass die Gerichtsbarkeit nur dem Herzog und jenen, denen er sie delegiert, zustehe. Für den nunmehr wieder auf Österreich beschränkten Babenberger mag das Privileg ein schwacher Trost gewesen sein, auch wenn ihm und seinen Nachfahren Herzogstitel und reichsfürstlicher Status erhalten blieben. Heinrich der Löwe hingegen musste die Abtrennung der Mark an der Donau, des nunmehrigen Herzogtums Österreich, von Bayern hinnehmen. Abgesehen von dieser – freilich im Rahmen des Reichs – vollzogenen Verselbstständigung bot das *Privilegium minus* eine willkommene Grundlage, die von anderen Machtträgern beanspruchten Gerichtsrechte auf die herzogliche Landeshoheit zurückzuführen und damit die innere Konsolidierung der werdenden Territorialherrschaft voranzutreiben. Die Beschränkung der Babenberger auf Österreich hatte auch den von der Mitte des 12. Jahrhunderts an erkennbaren Ausbau von Wien nach Regensburger Vorbild zur Stadt und Residenz zur Folge. Als geistlicher Mittelpunkt entstand dort 1155 das mit irischen Mönchen aus Regensburg besiedelte Schottenkloster, das auch Grablege des Herzogs und seiner Frau wurde.

Wichtige Gebietszuwächse verzeichnete Heinrich »Jasomirgotts« Sohn und Nachfolger Leopold V. (1177–1194). Als 1180 ein Fürstengericht dem Welfenherzog Heinrich dem Löwen Bayern entzog, weil er dem Kaiser 1176 in Italien die Heerfolge verweigert hatte, fiel das Herzogtum zwar an die Wittelsbacher, Österreich wuchs aber im heutigen Oberösterreich nach Westen und Norden. 1186 schloss Leopold einen Erbvertrag mit dem kurz zuvor zum Herzog erhobenen, aber unheilbar kranken und kinderlosen Otakar IV. von Steier ab. Der Vereinbarung gemäß sollten dessen Herrschaftsgebiete, zu denen vor allem der oberösterreichische Traungau, weite Teile der Steiermark bis nach Slowenien sowie das südliche Niederösterreich gehörten, nach seinem Tod an die Babenberger fallen. Der Erbfall trat 1192 ein. Die damit verbundene Stärkung der babenbergischen Position ermöglichte eine expansive Politik, die vor allem zu Lasten des Herzogtums Bayern ging. So konnte das altbayerische Gebiet zwischen Hausruck und Enns auf Dauer gewonnen werden.

1189 brach Kaiser Friedrich Barbarossa zum Kreuzzug auf. Der Weg der Kreuzfahrer führte der Donau entlang über Wien nach Kleinasien, wo der Kaiser bei einem Bad im Fluss Saleph (heute Göksu/Türkei) den Tod fand. Beim Rest der kaiserlichen Truppen, die Akkon belagerten, befand sich auch der Babenberger Leopold V. Nachdem König Philipp II. von Frankreich und König Richard II. »Löwenherz« von England mit frischen Truppen eingetroffen waren, kapitulierte die Stadt. Dass Richard Löwenherz die deutschen Ritter nicht an der Beute beteiligen wollte, kränkte den Babenberger schwer, er verließ daraufhin den Kreuzzug. Um Akkon ranken sich zwei österreichische Geschichtslegenden. Die eine besagt, der Engländer habe Leopold beleidigt, indem er das österreichische Banner von einem von ihm eroberten Turm habe herabreißen lassen. Die andere führt das rot-weiß-rote österreichische Wappen, den »Bindenschild«, auf den weißen, jedoch mit Ausnahme des vom Schwertgurt abgedeckten Streifens blutgetränkten Waffenrock des Herzogs zurück. Beide sind zwar erst später erfunden worden, aber bis heute lebendig geblieben.

Es dauerte nicht lange, bis Leopold V. die Gelegenheit erhielt, sich zu revanchieren. Richard Löwenherz erlitt bei der Rückreise aus dem Heiligen Land an der oberen Adria Schiffbruch und versuchte, sich nach Norden durchzuschlagen. Bei Wien erkannt, fiel er im Dezember 1192 in die Gefangenschaft des österreichischen Herzogs. Auch König Heinrich VI., der seinem Vater Friedrich Barbarossa nachgefolgt war, profitierte von Leopolds Fang, durch den eine antikönigliche, von den Welfen ausgehende Fürstenopposition

ihre wichtigste Stütze verlor. Das enorme Lösegeld, das Richard für seine Freilassung Anfang 1194 aufbringen musste, teilten sich König und Herzog. Weil sie sich an einem Kreuzfahrer vergriffen hatten, verfielen freilich beide dem Kirchenbann. Leopold verwendete seinen Anteil an der Beute unter anderem zur Erweiterung und Neubefestigung von Wien sowie zur Gründung von Wiener Neustadt.
 Leopold V. starb Ende des Jahres 1194 an den Folgen eines Jagdunfalls. Seine Söhne teilten die Herrschaft: Friedrich I. erhielt Österreich, Leopold VI. die Steiermark. Nach Friedrichs Tod 1198 trat sein Bruder an die Spitze beider Länder. Wie schon sein Großvater heiratete er eine byzantinische Prinzessin, Theodora. Leopold gründete das Zisterzienserkloster Lilienfeld, sein religiöser Eifer fand außerdem bei der Verfolgung häretischer Bewegungen in Österreich, aber auch bei Zügen gegen die südfranzösischen Albigenser, die Mauren, ins Heilige Land und nach Ägypten ein Betätigungsfeld. Versuche, Landesbistümer für Österreich und die Steiermark einzurichten, scheiterten hingegen am Widerstand von Passau und Salzburg. Erfolgreicher war Leopold gegenüber dem österreichischen Adel, einige prominente Geschlechter wurden beerbt bzw. enteignet. Von geistlichen und weltlichen Grundherren erwarb er die Städte Lambach, Wels, Linz und Freistadt. Wien erhielt ein Stadtrecht, andere Städte wurden privilegiert. Durch Erwerbungen in Krain näherte sich die Babenbergerherrschaft der adriatischen Küste, in Friaul gewann Leopold Pordenone hinzu.
 Im Reich hatten die Doppelwahl von 1198 (Philipp von Schwaben, Bruder Heinrichs VI., und der Welfe Otto IV.), die Ermordung Philipps, die erfolgreiche Erhebung Friedrichs II. gegen Otto und schließlich die Streitigkeiten zwischen Kaiser und Papst schwierige Rahmenbedingungen geschaffen. Dennoch gilt die lange Regierung Leopolds VI., des »glorreichen Herzogs«, als Höhepunkt der Babenbergerzeit. Die Herrschaft des Herzogs war in beiden Territorien, die große Erträge abwarfen, gefestigt, der Adel weitgehend integriert. Leopold erscheint dabei freilich als »Nutznießer, der die Früchte der Politik seiner Vorgänger ernten konnte« (Max Weltin). Der Wiener Hof hatte sich zu einem bedeutenden, überregional wirksamen Zentrum höfischer Kultur entwickelt. Reichpolitisch stand Leopold, wie es der Babenberger Tradition entsprach, im staufischen Lager, eine Beziehung, die durch die Ehe seiner Tochter Margarete mit dem Kaisersohn Heinrich (VII.) vertieft wurde.
 Die Wende kam, als Leopold VI. 1230 in San Germano/Cassino starb, nachdem er einen Frieden zwischen Kaiser Friedrich II. und Papst Gregor IX. vermittelt hatte. Die Nachfolge trat Friedrich II. »der Streitbare« an, der jüngste und einzige überlebende Sohn Leopolds. Wenig später griffen Böhmen und Ungarn – offenbar grundlos – Österreich an, außerdem sah sich der Babenberger mit einem

Adelsaufstand konfrontiert. Um die Mittel für die Kriegführung aufzubringen, hielt er sich an die Städte und Klöster – und schuf sich dort weitere Gegner. Ein Konflikt mit Kaiser Friedrich II., dessen eigentlicher Ursprung nicht mehr ergründet werden kann, brachte den österreichischen Herzog schließlich an den Rand des Untergangs. Da die mit der Exekution der 1236 über ihn verhängten Reichsacht betrauten Nachbarn erfolglos blieben, kam der Kaiser 1237 selbst nach Wien, um den Sturz des Herzogs zu betreiben. Die Babenbergerresidenz, in der der Kaisersohn Konrad IV. zum römischen König gekrönt wurde, erhielt den Status einer Reichsstadt, das Gros des Adels stellte sich auf die Seite des Staufers. Dennoch behauptete sich Friedrich und nahm, nachdem sich das Reichsoberhaupt nach Italien begeben hatte, die Wiedergewinnung seiner Länder in Angriff, woraufhin sich der Kaiser 1239 mit ihm versöhnte. Angesichts der schwierigen Lage, in die Friedrich II. wegen der Auseinandersetzungen mit Papst Innozenz IV. geraten war, erwog er, die babenbergischen Länder als Belohnung für weitere Unterstützung zu einem Königreich zu erheben. Die Rangerhöhung kam nicht zustande, weil sich Gertrud, die Nichte Friedrichs des Streitbaren, weigerte, den vom Papst exkommunizierten Kaiser zu heiraten. Am 15. Juni 1246 fiel Herzog Friedrich der Streitbare in der – für das österreichische Heer siegreichen – Schlacht an der Leitha gegen die Ungarn.

Herzogtümer, Marken und Grafschaften (10.–12. Jahrhundert)

Den Kern der späteren Steiermark bildete die Mark an der mittleren Mur. Sie war um das Jahr 1000 in der Hand des Eppensteiners Adalbero, Herzog von Kärnten, weshalb sie dem Herzogtum Kärnten zugezählt wurde, obwohl sie reichsrechtlich eindeutig zu Bayern gehörte. Nach seinem Sturz 1135 kam die Mark an die Grafen von Wels und Lambach und schließlich zur Mitte des 11. Jahrhunderts an den Chiemgauer Otakar I. († 1075). Nach seinem im Traungau gelegenen, von den Wels-Lambachern herrührenden Herrschaftsmittelpunkt Steyr (heute in Oberösterreich) nannten sich er und seine Nachkommen *marchiones de Stire* – Markgrafen von Steyr. Auch die Grafschaft im Ennstal gehörte zum Machtbereich der steirischen Otakare. Wirtschaftlichen Nutzen zogen sie insbesondere aus den Salinen bei Admont und im Ausseerland. 1122 beerbten die Markgrafen Otakar II. (1082–1122) und Leopold »der Starke« (1122–1129) die Eppensteiner und erhielten Besitzungen an der oberen Mur um Judenburg und Knittelfeld, ebenso die Grafschaft im Mürztal und die Grafschaft Leoben. Leopolds Ehe mit der Welfin Sophie platzierte die Otakare im höchsten Reichsadel: Friedrich Barbarossa und Heinrich der Löwe waren damit ihre Neffen. Nach dem Tod ihres Mannes sicherte die energische *marchionissa* dem minderjährigen Otakar III. die Nachfolge. Burgenbau, der Ausbau des Gerichtswesens, die Ausübung von Klostervogteien (Garsten, Rein, Gleink, St. Lambrecht, Vorau, Gairach, Seitz) und vor allem die Vergrößerung der markgräflichen Dienstmannschaft, in die sich auch Angehörige edelfreier Geschlechter integrieren ließen, dienten der Verdichtung der markgräflichen Herrschaft. Mit der Erweiterung von Graz entstand ein neues Zentrum. 1147 erbte Otakar von Bernhard von Spanheim große Gebiete an der Drau, zu deren Sicherung er die Feste Marburg (slowenisch: Maribor) errichten ließ. 1158 kam mit dem Aussterben der Grafen von Formbach-Pitten das Pittener Gebiet nördlich des Semmerings hinzu. Als Otakar III. 1164 starb, war sein Machtbereich ein »Land«, das sein Symbol im Pantherwappen des Landesherrn gefunden hatte.

Unter seinem gleichnamigen Sohn wurde daraus ein Herzogtum. Nach dem Sturz Heinrichs des Löwen im Jahr 1180 und der Übergabe des Herzogtums Bayern an die im Rang unter den steirischen

Otakaren rangierenden Wittelsbacher, verselbstständigte Friedrich Barbarossa die Steiermark, wodurch ihre Inhaber zu Herzögen aufstiegen. Bald zeigte sich aber, dass Herzog Otakar IV. unheilbar krank war und ohne Nachkommen sterben würde. Um Streitigkeiten vorzubeugen, schloss er nach längeren Verhandlungen, in die auch die steirische Ministerialität einbezogen war, mit kaiserlicher Zustimmung eine Erbvereinbarung mit Herzog Leopold V. von Österreich. In diesem Zusammenhang entstand als erste Verfassungsurkunde der Steiermark am 17. August 1186 die »Georgenberger Handfeste«, die die Interessen der Dienstmannen und der Kirche wahren sowie die Unabhängigkeit der beiden künftig durch die Person des Landesfürsten verbundenen Fürstentümer gewährleisten sollte. 1192 starb Otakar IV., wenig später erfolgte die Belehnung der Babenberger, in deren Hand die Steiermark bis 1246 blieb.

In Kärnten wechselten sich in rascher Folge Angehörige der Luitpoldinger, der Salier, der bayerischen Linie des ottonischen Kaiserhauses sowie der Eppensteiner als Herzöge ab. Auf Heinrich III., den letzten Eppensteiner, folgten 1122 die Spanheimer. Die materielle Basis, die das von Besitzungen geistlicher Fürsten und weltlicher Adeliger durchsetzte Herzogtum Kärnten zu bieten hatte, war jedoch schmal. Die Erzbischöfe von Salzburg verfügten über die Eigenbistümer Gurk und Lavant sowie über ausgedehnte Immunitätsherrschaften. Zentrum der Salzburger Güter war Friesach, die älteste und vorerst bedeutendste Stadt Kärntens. Im Herzogtum reich begütert waren außerdem die Bischöfe von Bamberg. Ihre Schwerpunkte lagen im Raum um Villach und im oberen Lavanttal. Unter dem Adel ragten zunächst die Grafen von Lurn, dann die Grafen von Görz, die Ortenburger und Heunburger als Konkurrenten der Herzöge hervor. Weder ihre Stauffertreue noch der zeitweise Besitz der Markgrafschaft Istrien konnte die Position der Spanheimer grundlegend verbessern. Sie gründeten St. Veit an der Glan, das zur Landeshauptstadt wurde, weitere wichtige Stützpunkte waren der Markt Klagenfurt sowie die Klöster St. Paul im Lavanttal und Viktring.

Als geistliches Fürstentum etablierte sich der weltliche Machtbereich der Erzbischöfe von Salzburg, deren Herrschaften und Territorien das so genannte »Erzstift« bildeten. Ein beträchtlicher Teil der ursprünglichen, aus Schenkungen der Könige und des Adels herrührenden Besitzungen lag weit entfernt, in Kärnten, der Steiermark, in Tirol und Bayern. Die Verleihung der Immunität befreite diese Güter vom Zugriff der königlichen Amtsträger, an deren Stelle erzbischöfliche Vögte traten. Große, unmittelbar den Erzbischöfen unterworfene Herrschaftssprengel entstanden in weiterer Folge durch Rodung in den alpinen Regionen südlich des Bischofssitzes, vor allem im Pongau und im Tennengau. Im Osten wurde das obere

Ennstal erreicht, bald nach 1000 setzte die Erschließung des Lungaus ein. Die Grafenrechte im Lungau und im Pinzgau erhielt das Erzstift in der ersten Hälfte des 13. Jahrhunderts. Bis zum Ausbruch des Investiturstreits stützte sich die Herrschaft der Erzbischöfe auf ihre edelfreie Gefolgschaft. Als danach aber der Adel mit dem Aufbau eigener Herrschaften begann, reagierten die Erzbischöfe mit der Errichtung von Burgen – vor allem Hohensalzburg und Hohenwerfen – sowie mit dem verstärkten Einsatz unfreier Dienstmannen in Verwaltung, Rechtssprechung und Kriegsdienst. Als Folge dieser Maßnahmen und der Parteiungen im Investiturstreit kam es zu schweren Auseinandersetzungen, in denen die Erzbischöfe letztlich die Oberhand behielten und die edelfreien Geschlechter weitgehend verdrängten. Während Gebhard I. (1060–1088), Thiemo (1090–1101), Konrad I. (1106–1147) und Konrad II. (1164–1188) im Gegensatz zum weitgehend kaisertreuen Salzburger Adel auf päpstlicher Seite standen, setzte sich Eberhard II. (1200–1246) vorbehaltlos für Kaiser Friedrich II. ein. In kirchlicher Hinsicht festigte er die Position Salzburgs durch die Schaffung der Eigenbistümer Chiemsee, Seckau und Lavant nachhaltig. Als Fürst legte er durch den Erwerb von Grafschaftsrechten den Grundstein zur Entwicklung eines geschlossenen erzstiftischen Herrschaftsgebiets. Die finanzielle Grundlage für seine Politik bezog Eberhard aus dem Salzbergbau am Dürnberg bei Hallein, der unter seiner Regierung einen bedeutenden Aufschwung erlebte. Unbestrittenes Zentrum der Erzbischöfe von Salzburg war die gleichnamige Siedlung am Fuß der Bischofsburg an der Salzach, die unter Konrad I. zur Stadt wurde.

Trotz vergleichbarer Ausgangslage nahm der Tiroler Raum, der mit dem Brenner und dem Reschen zwei der wichtigsten Alpenpässe besaß, letztlich eine andere Entwicklung. Die mit reichem Grundbesitz ausgestatteten Bischöfe von Brixen (vor der Mitte des 10. Jahrhunderts in Säben) und Trient erhielten 1027 von Kaiser Konrad Grafschaftsrechte: An Trient gingen die Grafschaften Vinschgau und Bozen, der Bischof von Brixen erhielt jene im Eisack- und im Inntal. 1091 kam auch die Grafschaft im Pustertal hinzu. Die Grafschaft im Unterinntal war in der Hand des Hochstifts Regensburg. Vom Reichsoberhaupt eingesetzte Bischöfe sollten diesem die Alpenübergänge offen halten. Der Tiroler Adel trat – wie seine Salzburger Standesgenossen – seit dem Investiturstreit durch die Schaffung eigener Herrschaften in Konkurrenz zu den Bischöfen, die sich aber, gestützt auf zahlreiche Burgen und eine starke Dienstmannschaft, in diesem Wettstreit vorerst behaupten konnten.

Das mächtigste Tiroler Adelsgeschlecht waren zunächst die aus Bayern stammenden Grafen von Andechs. Sie besaßen die Vogtei über das Bistum Brixen und, als Brixener Lehen, die Grafschaften im Inn- und Pustertal. Im ausgehenden 12. Jahrhundert gründete Berthold von Andechs Innsbruck. Darüber hinaus verfügten die Andechser über Herrschaftsrechte in weitem Umkreis, darunter die Marken Istrien und Krain. Als Herzöge von Meranien erhielten sie fürstlichen Rang. Ihr Sturz – 1209 wurde Heinrich von Andechs, Markgraf von Istrien, der Teilnahme an der Ermordung König Philipps beschuldigt und geächtet – öffnete den Weg für die Grafen von Tirol, die Ende des 11. Jahrhunderts ihren namengebenden Stammsitz oberhalb von Meran errichtet hatten. 1210 wurde Albrecht III. von Tirol Vogt über das Hochstift Brixen, 1248 beerbte er seinen Schwiegersohn (!), Otto VIII. von Andechs-Meranien, 1253 den letzten Grafen von Ulten. Erstmals war damit das Inntal mit den Tälern der Etsch, des Eisack und der Rienz herrschaftlich verbunden. Nach Albrechts Tod fiel sein Machtbereich an den zweiten Schwiegersohn, den Grafen Meinhard von Görz, auf den schon bald dessen gleichnamiger Sohn folgte. Meinhard II. von Tirol-Görz (*um 1238, †1295) ging schließlich mit großer Härte gegen die Bischöfe von Trient und Brixen sowie gegen den noch verbliebenen Adel vor und schuf so ein verhältnismäßig geschlossenes Herrschaftsgebiet, das rasch den Charakter eines selbstständigen, vom Herzogtum Bayern losgelösten Landes erhielt.

In der zum Herzogtum Schwaben zählenden Bodenseeregion dominierte seit dem 9. Jahrhundert das Geschlecht der Udalrichinger, das die Grafenrechte in Rätien, im Rhein-, Argen-, Alp-, Nibel- und Linzgau besaß. Um 920 wurde die Burg Bregenz zum Herrschaftsmittelpunkt, vor der Mitte des 11. Jahrhunderts spalteten sich die Udalrichinger in mehrere Linien, darunter einen Bregenzer Zweig, der sein Macht- bzw. Einflussgebiet östlich und südlich des Bodensees bis nach Unterrätien hatte. Als letzter der Grafen von Bregenz starb Rudolf um 1150. Das Bregenzer Erbe kam über Rudolfs Schwiegersohn, den Pfalzgrafen Hugo von Tübingen († 1182), an dessen Sohn Hugo, der sich von Montfort nannte, Stammvater der Grafen von Montfort und von Werdenberg wurde und zu Beginn des 13. Jahrhunderts die Stadt Feldkirch gründete. Linienteilungen der Montforter und Werdenberger ließen im Gebiet des heutigen Vorarlberg mehrere zwar reichsfreie, aber nur kleinräumige Herrschaftssprengel entstehen.

Das »österreichische Interregnum« – König Otakars Glück und Ende (1246–1278)

Als Friedrich der Streitbare, der letzte männliche Babenberger, 1246 in der Schlacht an der Leitha fiel, hatte er keine Verfügungen über die Erbfolge in Österreich und Steier getroffen. Daher kam seiner Schwester Margarete und seiner Nichte Gertrud eine Schlüsselrolle bei der Lösung der Nachfolgefrage zu. Gertrud heiratete den Markgrafen Hermann von Baden, der sich aber ebenso wenig durchsetzen konnte wie ein vom Kaiser, der die Länder als heimgefallene Reichslehen ansah, eingesetzter Verweser. Das Rennen machte der böhmische Prinz Přemysl Otakar (*um 1233, von 1253 an König von Böhmen). Nachdem er den Adel Österreichs mit beträchtlichen Zugeständnissen für sich gewonnen hatte, konnte er 1251 als Herzog von Österreich gelten. Zur Legitimation heiratete er 1252 die wesentliche ältere Margarete. Im Herzogtum Steier scheiterte Otakar vorerst, es wurde im Vertrag von Ofen 1254 Belá IV. von Ungarn zugesprochen. Bald aber machte sich Belá beim steirischen Adel so unbeliebt, dass es zu einem Aufstand gegen ihn kam. Ein böhmisch-österreichisches Heer schlug die Ungarn, im Frieden von Wien erhielt Otakar 1261 auch die Steiermark. 1266 besetzten seine Truppen Eger und das Egerland. Nach dem Tod Herzog Ulrichs III. von Kärnten eroberte er unter Berufung auf einen mit ihm geschlossenen Erbvertrag 1269/70 Kärnten und Krain. 1272 ließ er sich zum Generalkapitän von Aquileia wählen und ging daran, seine Herrschaft auf Friaul auszudehnen. Die kinderlos gebliebene Ehe mit Margarete brachte nun keinen weiteren Nutzen, der Böhmenkönig trennte sich daher von ihr und heiratete, als Rückendeckung nach Osten, Kunigunde, eine Enkelin König Belás IV. von Ungarn.

Das anfänglich gute Einvernehmen zwischen dem österreichischen Adel und dem Landesfürsten litt seit den Sechzigerjahren unter den Veränderungen, die Otakar zum Nachteil der Großen des Landes vornahm, indem er ihre 1254 sanktionierten Rechte schmälerte und schließlich Statthalter und Militärkommandanten aus Böhmen einsetzte. Gegen echte oder vermeintliche Verschwörungen ging er mit aller Härte vor.

Diese Phase der Konfrontation sagt freilich wenig über die allgemeinen Grundzüge der Politik Otakars aus. Sie wird heute wegen einiger »moderner« Kriterien durchaus positiv gesehen. Weil aber diese »Modernität« auf eine straffere Organisation, auf Zentralisierung abzielte, lief sie den Interessen des hohen Adels entgegen und nährte dessen Befürchtung, die südlichen Herzogtümer könnten unter Otakars Herrschaft zu Nebenländern der böhmischen Krone werden.

Als die Kurfürsten 1273 zusammenkamen, um einen allgemein anerkannten König zu wählen und damit das Interregnum zu beenden, entschieden sie sich nicht für den – allzu mächtigen – Otakar, sondern für den Grafen Rudolf von Habsburg (*1218, †1291). Er gehörte zwar nicht dem Fürstenstand an, zählte aber mit seinen südwestdeutschen Besitzungen zu den bedeutenderen Territorialherren im Reich. Auch die Herkunft des neuen Königs war vornehm genug: Rudolf stammte unmittelbar von den Saliern ab, ebenso von Karl dem Großen, mit den Welfen und Staufern war er gleichfalls eng verwandt. Außerdem hatte sich der Habsburger als Politiker, als Kriegsmann in unruhigen Zeiten vielfach bewährt. Sein fortgeschrittenes Alter – er war bereits 55 Jahre alt, als ihn die Kurfürsten wählten – galt gleichfalls nicht als Nachteil.

Neben der Sicherung des Landfriedens war die Revindikation entfremdeten Reichsgutes eine zentrale Aufgabe des neuen Reichsoberhaupts. Damit erhielt der Habsburger die Möglichkeit, gegen Otakar von Böhmen vorzugehen. Der Přemyslide hielt nach wie vor die babenbergischen Länder in seinen Händen – reichsrechtlich ohne hinreichende Legitimation, da er nie formell mit ihnen belehnt worden war. Außerdem erkannte er das Königtum des, so die böhmische Propaganda, »ungeeigneten Grafen« nicht an, was für den Habsburger angesichts der Machtmittel, über die Otakar verfügte, eine latente Gefahr bildete.

Schon bald nach der Krönung unternahm das Reichsoberhaupt erste Schritte gegen Otakar. Im November 1274 ließ sich Rudolf auf einem Hoftag beauftragen, entfremdetes Reichsgut nötigenfalls mit Gewalt zurückzugewinnen. Außerdem wurde gegen den Böhmenkönig wegen Unterlassens des Lehensempfangs aus Ungehorsam Klage erhoben. Da Otakar nicht einlenkte, erklärte ihn eine Reichsversammlung Mitte Mai 1275 der Reichslehen Böhmen und Mähren für verlustig; die Herzogtümer Österreich und Steier sollten als heimgefallen gelten. Wenig später verhängte Rudolf die Reichsacht. Ein Jahr nach der einfachen Ächtung war die letzte Frist für eine Rechtfertigung verstrichen, am 24. Juni 1276 verfiel der Böhmenkönig der Aberacht, der Reichskrieg gegen ihn konnte beginnen. Als Rudolf sein Heer nach Österreich führte, ging der größte Teil des Adels zu ihm über; einzig Wien leistete Widerstand. In die Steiermark rückten die Grafen von Tirol-Görz als Verbündete des römischen Königs ein. Auch dort hatte sich der Adel von Otakar abgewandt. Durch eine Adelserhebung in Böhmen geschwächt, musste der Přemyslide in Verhandlungen einwilligen, die zum Wiener Frieden vom 26. November 1276 führten: Der böhmische König verzichtete ausdrücklich unter anderem auf Österreich, Steier, Kärnten und Krain, König Rudolf belehnte ihn aber mit Böhmen und Mähren. Ehen zwischen den Kindern der Könige sollten den Frieden sichern.

Es scheint, dass beide Seiten trotz des Wiener Friedens eine endgültige Entscheidung anstrebten. Otakar eröffnete die Feindseligkeiten im Sommer 1278, indem er in Österreich einmarschierte. Am 26. August standen sich die beiden Heere bei Dürnkrut und Jedenspeigen im Marchfeld gegenüber. Weil die Reichsfürsten an einer finalen Konfrontation nicht interessiert waren, musste sich Rudolf vornehmlich auf den Adel seiner schwäbischen Stammlande und den der ehemaligen Babenbergerländer sowie auf die mit ihm verbündeten Ungarn stützen. Auf Otakars Seite standen auch Ritter aus Brandenburg, Thüringen und Meißen. Nach hartem Kampf brachte der Einsatz einer taktischen Reserve die Entscheidung zugunsten des Reichsoberhaupts. König Otakar wurde – auf der Flucht oder bereits in Gefangenschaft geraten – wohl von persönlichen Feinden aus dem österreichischen Adel getötet.

Konsolidierung und Ausbau der Habsburgerherrschaft

König Rudolf I., seine Söhne und Enkel (1278–1358)

Mit Otakars Niederlage und Tod wurde die Neuordnung der Herrschaftsverhältnisse im Südosten des Reichs möglich: Böhmen und Mähren gingen an seinen Sohn Wenzel II., der mit Rudolfs Tochter Guta verheiratet wurde. Kärnten kam nominell zurück an die Spanheimer, wurde aber der Verwaltung Meinhards II. von Tirol-Görz unterstellt. Österreich und Steier sollten nach dem Willen des Königs seinen eigenen Söhnen zufallen. Als Rudolf 1281 Österreich verließ, ernannte er seinen Sohn Albrecht (*1255, †1308) zum Reichsverweser der beiden Herzogtümer. Bald darauf erhielt er von den anfangs widerstrebenden Kurfürsten die Zustimmung zur Belehnung seiner Söhne Albrecht und Rudolf (*um 1270, †1290) mit Österreich, Steier, Krain und der Windischen Mark, die er an Weihnachten 1282 feierlich vollzog. Seit der Rheinfeldener Hausordnung von 1283 herrschte Albrecht alleine über diese Länder, Rudolf sollte anderweitig abgefunden werden. Auch Kärnten ging damals nominell an die Habsburger, blieb aber in der Hand Meinhards von Tirol-Görz, der schließlich 1286 mit dem Herzogtum belehnt wurde.

Fortan führten die in den Reichsfürstenstand aufgestiegenen Habsburger den Namen des Herzogs von Österreich als den ersten und ranghöchsten ihrer Titel – aus den »Habsburgern« waren »Österreicher« geworden.

Während sich Rudolf zur Sicherung der Herrschaft gegenüber dem österreichisch-steirischen Adel großzügig gezeigte hatte, fiel seinem Sohn Albrecht die Aufgabe zu, die Zügel wieder anzuziehen, landesfürstliche Rechte zu revindizieren und gegen die zahlreichen Enklaven, die andere Mächte in den Herzogtümern besaßen, vorzugehen. Wichtige Ämter besetzte er mit »landfremden« Vertrauten aus Schwaben. Regte sich Widerstand, wandte der Habsburger Gewalt an. Die Wiener, die sich politisch und wirtschaftlich benachteiligt sahen und einen Aufstand unternahmen, verloren ihre Privilegien.

Nach dem Tod König Rudolfs am 15. Juli 1291 traten alle jene Kräfte auf den Plan, die sich vom Aufstieg des Hauses Habsburg beeinträchtigt fühlten. Der steirische Adel, der auf seine Reichsfreiheit hatte verzichten müssen, erhob sich, auch im schwäbischen Westen verbündeten sich die Gegner Albrechts. Der Herzog zwang diese aber mit schnellen, energisch geführten Kriegszügen rasch in die Knie. Schwerer wog, dass sich seine Hoffnung, dem Vater als römischer König nachzufolgen, nicht erfüllte. Die Kurfürsten entschieden sich in einer ganz gegen Habsburg gerichteten Wahl für einen schwachen König ohne hinreichende Hausmacht, den Grafen Adolf von Nassau. Albrecht akzeptierte diese Entscheidung fürs Erste, händigte die Reichsinsignien aus und huldigte dem neuen König, der ihn daraufhin belehnen musste.

Nachdem Albrecht diese anfänglichen Schwierigkeiten mit großem Geschick gemeistert hatte, wandte er sich seinen Territorien zu. Die innere Festigung der habsburgischen Landesherrschaft in Österreich und der Steiermark ging vor allem zu Lasten des hohen Adels, der »Landherren«, aber auch bis zu einem gewissen Grad zu Lasten der Kirche. Dass Albrechts Politik erfolgreich war, verdankte er auch der Unterstützung durch die nunmehr als eigene soziale Gruppe etablierten Ritter und das Bürgertum der landesfürstlichen Städte. Zur Verdichtung der Herrschaft kam eine aktive Erwerbspolitik: So stieß er in das passauische Gebiet westlich der Großen Mühl im heutigen Oberösterreich vor, erwarb die Grafschaft Litschau-Heidenreichstein im niederösterreichischen Waldviertel sowie Burgen in Kärnten.

Der römische König Adolf von Nassau geriet dagegen zusehends in Schwierigkeiten. Eine eigenständige, für den Augenblick erfolgreiche Territorialpolitik in Thüringen hatte ihm die Gegnerschaft eines Teils der Kurfürsten eingetragen. Am 23. Juni 1298 setzten die Kurfürsten von Mainz, Sachsen und Brandenburg Adolf von Nassau als römischen König ab und wählten den Habsburger Albrecht. Da der Nassauer aber seine Absetzung nicht anerkannte, mussten die Waffen entscheiden. Am 2. Juli 1298 kam es am Hasenbühel bei Göllheim zur Schlacht, in deren Verlauf Adolf von Nassau umkam. Mit seinem Tod war der Kampf, der als Gottesurteil zwischen den beiden Königen angesehen werden konnte, entschieden. Um jeden Zweifel an der Rechtmäßigkeit seines Königtums zu beseitigen, legte Albrecht nach der Schlacht den Königstitel nieder und ließ sich am 27. Juli 1298 in Frankfurt, dem traditionellen Ort der Königswahl, von den Kurfürsten neuerlich zum römischen König wählen.

Angesichts der Umstände, die zur Absetzung Adolfs von Nassau geführt hatten, war abzusehen, dass das Einvernehmen zwischen König Albrecht und den Kurfürsten nur von kurzer Dauer sein würde. Im Oktober 1300 verbündeten sich die rheinischen Kurfürsten gegen den König und erwogen seine Absetzung. Albrecht reagierte mit gewohnter Entschlossenheit. Den von der fürstlichen

Territorialpolitik bedrohten kleinen und mittleren Feudalherren verpfändete er Reichsgut und zog sie damit ebenso auf seine Seite wie die rheinischen Städte, deren Handelsinteressen die erzbischöflichen Zollstätten störten. Als Reichslandvögte setzte Albrecht erklärte Gegner der geistlichen Kurfürsten ein. Auf dieser Grundlage gelang es ihm, der Reihe nach den Pfalzgrafen bei Rhein sowie die Erzbischöfe von Mainz, Köln und Trier zu unterwerfen und sein Königtum zu sichern.

Bald nach seiner Wahl zum römischen König hatte Albrecht seine Söhne Rudolf (*um 1282, †1307), Friedrich (*1289, †1330) und Leopold (*1290, †1326) mit Österreich, Steier, Krain, der Windischen Mark und Pordenone belehnt, die Herrschaft aber de facto auf Rudolf III. als den Ältesten beschränkt. Damit endete Albrechts unmittelbare Hoheit über die habsburgischen Erblande, bereits seit seiner Königswahl nannte er sich in den Urkunden nur mehr *Albertus dei gratia Romanorum rex* – Albert von Gottes Gnaden römischer König (eigentlich: König der Römer). Die Titel *dux Austrie et Stirie, dominus Carniole, Marchie ac Portusnaonis* verwendeten fortan seine Söhne.

Die Grundzüge der habsburgischen Hauspolitik, deren wichtigstes »innenpolitisches« Ziel weiterhin der Ausbau der materiellen und militärischen Basis war, bestimmte freilich nach wie vor Albrecht. Dazu gehörten Strafaktionen gegen rebellische Adelige ebenso wie der Erwerb von Burgen, Gütern und Einkünften. In Hinblick auf die Partizipation der Landherren unterschied sich der Regierungsstil Albrechts nicht von dem seines Vaters, auch er ließ sich von einem kleinen Kreis Vertrauter beraten.

Am 21. Juli 1305 starb Wenzel II. von Böhmen. Ihm folgte sein Sohn Wenzel III. nach, der aber ein Jahr später ermordet wurde. Daraufhin rückten Albrecht und sein Sohn Rudolf III. mit starken Heeren in Böhmen ein, um die Wenzelskrone für Habsburg zu gewinnen. Der böhmische Adel, dem 1212 das Recht der Königswahl verbrieft worden war, anerkannte Rudolf als König, der sogleich die Witwe Wenzels heiratete und sich von seinem Vater mit dem Königreich Böhmen belehnen ließ. Allerdings starb der erste Habsburger auf dem böhmischen Thron bereits im Juli 1307. Albrechts Hoffnung, Böhmen mit seinen Nebenländern auch nach Rudolfs Tod an das Haus Habsburg binden zu können, erfüllte sich nicht. Die Stände wählten Herzog Heinrich von Kärnten († 1335), Sohn Meinhards II. von Tirol-Görz, zum neuen König.

Den Plan, die Wenzelskrone militärisch zurückzugewinnen, konnte Albrecht nicht mehr realisieren, am 1. Mai 1308 fiel er unweit von Baden im Aargau einem Mordanschlag zum Opfer. Täter war der eigene Neffe, Johann »Parricida«, im Verein mit einigen Adeligen aus den habsburgischen Stammlanden. Johann, der um

1290/91 geborene Sohn Rudolfs II. und der Přemyslidin Agnes, hatte zuvor vom Onkel die Herausgabe des Erbes verlangt, war aber auf später vertröstet worden. Unweit der Stelle, an der der Königsmord geschehen war, stifteten Albrechts Witwe Elisabeth, geborene von Tirol-Görz, Schwester Heinrichs von Kärnten, und ihre Tochter Agnes, verwitwete Königin von Ungarn, das Kloster Königsfelden.

Anlässlich der Erhebung Rudolfs zum König von Böhmen waren die Herzogtümer Österreich und Steier nominell an seinen jüngeren Bruder Friedrich I. »den Schönen« gekommen. Nach dem Tod des Vaters sah sich der Habsburger mit einem Bündel von Aufgaben konfrontiert: Sicherung der habsburgischen Erblande, Klärung der böhmischen Frage und die Bewerbung um die deutsche Königskrone. Angesichts des Vorbilds der väterlichen Politik erstaunt das Verhalten des Sohnes: Friedrich ließ sich seine Ansprüche auf das Königreich Böhmen von Heinrich von Kärnten finanziell ablösen, wodurch die Länder der Wenzelskrone für annähernd anderthalb Jahrhunderte außerhalb der territorialpolitischen Möglichkeiten Habsburg-Österreichs blieben. Intensivere Bemühungen, zum Reichsoberhaupt gewählt zu werden, ließ Friedrich gleichfalls nicht erkennen. Die Kurfürsten, die ohnehin keine großen Sympathien für einen Habsburger als König hegten, wählten den Grafen Heinrich von Luxemburg, einen Bruder des Erzbischofs von Trier. Der Luxemburger folgte hinsichtlich Böhmens dem Muster der habsburgischen Politik: Mit Unterstützung oppositioneller Kreise schwächte er die Position Heinrichs von Kärnten, vermählte seinen vierzehnjährigen Sohn Johann mit der Přemyslidin Elisabeth, einer Schwester Wenzels III., und belehnte ihn am 31. August 1310 mit Böhmen und Mähren. Im Januar des folgenden Jahres wurde Johann mit Zustimmung der Stände feierlich gekrönt. Heinrich von Kärnten war bereits wieder in seine Stammlande zurückgekehrt. Dieser Zugewinn wäre dem Haus Luxemburg wohl kaum so reibungslos gelungen, hätte sich Heinrich VII. nicht zuvor mit den Habsburgern geeinigt. Die Nachbarschaft Österreichs zu Böhmen ließ es ratsam erscheinen, das Verhältnis der beiden Herrscherhäuser auf eine freundschaftliche Basis zu stellen.

Nach dem Tod Heinrichs VII. im Jahr 1313 standen die Kurfürsten vor einem ähnlichen Problem wie fünf Jahre zuvor: Johann von Böhmen, den Sohn des Kaisers, zu wählen, schien ihnen bedenklich. Während die luxemburgische Partei sich schließlich auf den Wittelsbacher Ludwig IV. von Oberbayern als Kompromisskandidaten einigte, traten andere Fürsten für den Habsburger Friedrich den Schönen ein. Die beiden Fürsten waren Cousins. Am 19./20. Oktober 1314 kam es zur Doppelwahl. Sowohl Friedrich von Österreich wie Ludwig von Bayern konnten sich darauf berufen, von einer Mehrheit der Kurfürsten gewählt worden zu sein, wenn auch der Wittelsbacher die »besseren« Wähler auf seiner Seite hatte. An beiden war eine Krönung mit Bestandteilen des traditionellen Zeremoniells vollzogen worden. Da ein Verzicht kaum in Frage kam, mussten die Waffen entscheiden.

Ludwig wich dem Kampf aus, was die österreichische Position im Südwesten des Reichs deutlich stärkte. Wenig später marschierten die Habsburger in Bayern ein und zerstörten Landsberg. 1315 und 1316 lagen sich die Heere gegenüber, ohne dass es zur Schlacht kam. Ludwig verfolgte offenbar den Plan, einer militärischen Konfrontation so lange wie möglich aus dem Weg zu gehen. Seine Gegner waren dadurch zu finanziellen Anstrengungen gezwungen, die sie nur für eine beschränkte Zeitspanne verkraften konnten. 1317/18, als sich breite Kreise des böhmischen Hochadels gegen König Johann stellten, hätte es Friedrich in der Hand gehabt, den Thronstreit zu seinen Gunsten zu entscheiden. Der Habsburger nützte diese Gelegenheit freilich nicht energisch genug. Im Herbst 1319 schien die Entscheidung neuerlich bevorzustehen: Friedrich war mit seinem Heer nach Bayern vorgerückt, sein Bruder Leopold zog von Westen heran. Ihr Gegenspieler stellte seine Truppen bei Mühldorf am Inn auf. Erneut lagen sich Friedrich und Ludwig tagelang gegenüber, bis Ludwig abzog. Im Herbst 1320 trafen die Heere bei Straßburg aufeinander, wieder floh der Wittelsbacher, was seinem Prestige sehr abträglich war und bislang Unentschlossene, aber auch eine Reihe seiner Anhänger bewog, ins habsburgische Lager überzugehen.

So brachte erst das Jahr 1322 eine militärische Entscheidung. Sammelplatz der Österreicher war das bayerische Städtchen Mühldorf am Inn, wohin sich auch Ludwig wandte. Friedrichs Bruder Leopold befand sich mit seinem Heer noch einige Tagesmärsche von Mühldorf entfernt, als Friedrich, der wohl nicht mehr mit Leopolds Eintreffen rechnete, am 28. September 1322 die Schlacht annahm. Nachdem anfangs die habsburgischen Truppen im Vorteil gewesen waren, siegten zuletzt aber die des Wittelsbachers. Den letzten Akt bildete die Gefangennahme Friedrichs des Schönen, der – offenbar im Gegensatz zu Ludwig – aktiv an der Schlacht teilgenommen hatte. Auch sein Bruder Heinrich von Österreich (* 1299, † 1327) und ein beträchtlicher Teil des habsburgischen Heeres gerieten in gegnerische Hand.

Friedrich der Schöne wurde zunächst auf der heute abgegangenen Burg Sweina und später auf der Burg Trausnitz in der Oberpfalz in Gewahrsam gehalten, Heinrich kam als »Kriegsbeute« an Johann von Böhmen. Die habsburgischen Aktivitäten richteten sich fortan auf zwei Ziele. Einerseits galt es, die beiden Gefangenen zu befreien – wenn auch nicht um jeden Preis. Andererseits musste weiter gerüstet werden. Da Friedrich die Schlacht bei Mühldorf unbeschadet überstanden hatte, war der Thronkampf noch nicht endgültig entschieden.

Herzog Heinrich kam anlässlich der Aussöhnung zwischen Johann von Böhmen und den österreichischen Herzögen im September 1323 frei. Langwieriger gestalteten sich die Verhandlungen über die Entlassung Friedrichs, zumal sich die Position Ludwigs wegen seiner Auseinandersetzung mit Papst Johannes XXII. und der daraus resultierenden Exkommunikation des Königs verschlechtert hatte. Um sich für den in diesem Zusammenhang geplanten Zug nach Italien den Rücken freizuhalten, musste Ludwig aber mit Friedrich von Österreich ins Reine kommen. Am 13. März 1325 schlossen die beiden den Vertrag von Trausnitz: Friedrich verzichtete auf die Königswürde; alles in den Händen der Herzöge von Österreich befindliche Reichsgut war zurückzustellen. Sollte es Friedrich nicht gelingen, die Zustimmung seiner Brüder zu erlangen, wollte er nach Trausnitz zurückkehren. Tatsächlich fand sich Friedrich – wie vereinbart – zu weiteren Verhandlungen in Bayern ein. Am 5. September 1325 folgte der Vertrag von München. Die nunmehr getroffene Vereinbarung, dass Ludwig und Friedrich künftig als gleichberechtigte Könige nebeneinander regieren sollten, mutete so erstaunlich an, dass zeitweilig an der Echtheit des lange Zeit verschollenen Vertrags gezweifelt wurde. Aus dem Gegenkönigtum war ein Doppelkönigtum geworden. Eine derartige Doppelregierung hatte es im Reich bis dahin nicht gegeben, sie schien auch nicht praktikabel und wurde deshalb gemeinhin abgelehnt. Tatsache ist jedenfalls, dass Friedrich zwar weiterhin den Titel eines römischen Königs führte, aber in dieser Funktion nicht aktiv in Erscheinung trat – auch nicht während der Abwesenheit Ludwigs in Italien. Der Vertrag von München erlaubte es Friedrich jedenfalls, das Gesicht zu wahren. Das scheint dem Habsburger nach der Niederlage von Mühldorf, die durchaus als Gottesurteil verstanden werden konnte, und der annähernd zweieinhalbjährigen Gefangenschaft genügt zu haben, »als ob der Konflikt um die deutsche Krone ein Ehrenhandel nach Ritterart sei« (Peter Moraw).

1326 starb Herzog Leopold, der die Vorderen Lande der Habsburger verwaltet hatte, 1327 sein Bruder Heinrich; 1330 folgte ihnen Friedrich der Schöne, womit die Habsburger die römische Königskrone für mehr als ein Jahrhundert verloren. Rudolf I. und Albrecht I. hatten anlässlich der Königswahl die Herrschaft über ihre Territorien den Kindern übertragen. Ein derartiger Verzicht Friedrichs zugunsten seiner Brüder ist hingegen nicht überliefert. Friedrich legte damit den Grundstein für das »Hausmachtkönigtum« des ausgehenden Mittelalters. Von Karl IV. an verzichtete keiner der römischen Könige und Kaiser mehr – und sei es auch nur nominell – auf seine Territorien.

Unter den Söhnen Albrechts I. wurde das Beziehungsgeflecht zwischen der Dynastie und den ehemals babenbergischen Ländern allmählich dichter, nicht zuletzt in personeller Hinsicht. In der Umgebung der Habsburgerherzöge finden sich vermehrt Angehörige des österreichischen und steirischen Adels. Demgegenüber trat der bis dahin tonangebende schwäbische Beraterstab in den Hintergrund. Auch der Ausbau von Wien, das immer mehr zum integrativen Mittelpunkt der östlichen habsburgischen Hausgüter wurde, schritt voran. 1327 stiftete Friedrich der Schöne das Gotteshaus St. Augustin, eine Niederlassung der Augustinereremiten, sie wurde Hofkirche und wichtiges geistlich-geistiges Zentrum der Habsburger.

Nach dem Tod Leopolds nahm zunächst Albrecht II. (*1298, †1358) die Verwaltung des westlichen Hausguts wahr, verzichtete aber 1329 zugunsten seines Bruders Otto (*1301, †1339) und trat 1330 die Nachfolge Friedrichs des Schönen im östlichen Territorialkomplex der Habsburger an. Bereits wenige Monate später erkrankte Albrecht schwer und blieb fortan an Armen und Beinen gelähmt.

Im April 1335 starb Herzog Heinrich von Kärnten. Gemäß einer anlässlich der habsburgisch-wittelsbachischen Aussöhnung getroffenen Übereinkunft belehnte Kaiser Ludwig Albrecht und Otto von Österreich mit dem Herzogtum Kärnten und verlieh ihnen alles Zubehör. Das an die Meinhardiner verpfändete Land Krain fiel ohne besondere Verfügungen an die Habsburger zurück. Tirol blieb unter der Herrschaft von Heinrichs Tochter Margarete (*1318, †1369) und ihrem Mann, Johann-Heinrich von Böhmen.

Bevor Herzog Otto in Kärnten die Huldigung des Landes entgegennehmen konnte, musste er sich jener merkwürdigen Einsetzungszeremonie beim Fürstenstein unter der Karnburg unterziehen, die wahrscheinlich noch in die Zeit des slawischen Fürstentums Karantanien zurückreicht: Ein Bauer, der einen gefleckten Stier und ein geflecktes Pferd führte, empfing den Herzog, der mit großem Gefolge auf dem Zollfeld im Tal der Glan erschien und dort bäuerliche Kleidung überzog. Der Bauer stellte dem Herzog in *windischer rede* – in slawischer Sprache – fünf Fragen: Wer er sei, ob er ein gerechter Richter sein wolle, ob er freien Standes sei, ob er sich zum christlichen Glauben bekenne und diesen zu schützen bereit sei und mit welchem Recht er den Fürstenstein beanspruche. Nachdem diese Fragen beantwortet waren und der Herzog zugesagt hatte, dass dem Bauern die beiden Tiere, die Kleider des Herzogs und ein Geldbetrag gehören sollten, versetzte der Bauer dem Fürsten einen leichten Backenstreich und überließ ihm den Stein. Der Herzog bestieg jetzt den Stein und ergriff vom Land Besitz, indem er sein Schwert in die vier Himmelsrichtungen schwang. Die Bräuche um die Herzogseinsetzung am Fürstenstein wurden bis 1414 geübt. Sie trugen wesentlich zur Ausprägung eines starken Kärntner Landesbewusstseins bei.

Nach fünfzehnjähriger Ehe waren Albrecht II. und seine Frau Johanna von Pfirt immer noch ohne Kinder – für die Zeitgenossen eine Folge der Krankheit des Herzogs. Eine Wallfahrt nach Aachen und Köln sollte dem Paar doch noch zu Nachkommenschaft verhelfen. Tatsächlich kam am 1. November 1339 endlich der lang ersehnte Sprössling zur Welt, dem die Eltern den Namen Rudolf gaben. Angesichts der Behinderung Albrechts und der langen Kinderlosigkeit erhoben sich freilich schon bald Zweifel an dessen Vaterschaft. Es heißt, der Herzog habe von den Kanzeln predigen lassen müssen, dass Rudolf IV. sein Sohn sei. Angesichts von fünf weiteren Geburten dürften die Zweifler allmählich verstummt sein.

Albrecht war zeitlebens bestrebt, seine Herzogtümer innen- wie außenpolitisch abzusichern. Kaiser Ludwig dem Bayern blieb er freundschaftlich verbunden, ohne aber gleichzeitig mit der Kurie zu brechen. Auch mit den Luxemburgern kam er ins Reine und verlobte 1344 seinen Sohn Rudolf IV. in Wien mit Katharina, der Tochter Karls von Mähren, dem künftigen römischen König und Kaiser. Der Luxemburger belehnte Albrecht II. sowie dessen Söhne Rudolf und Friedrich, konfirmierte die Rechte und Freiheiten der Herzöge und fügte diesen wohl schon damals das Privileg *de non evocando* hinzu. Es verbot die Ladung der Untertanen der Herzöge vor alle auswärtigen Gerichte, auch die des Königs. Mit der vollständigen Gerichtshoheit bekam Albrecht ein wichtiges Instrument zum inneren Ausbau seiner Territorien in die Hand. Nach wie vor mussten die Habsburger ja bestrebt sein, die landesherrlichen Rechte, die andere Mächte in ihren Herzogtümern ausübten, zu beseitigen. Außerdem ging Albrecht gegen jene österreichischen Adelsgeschlechter vor, die für sich die Reichsunmittelbarkeit beanspruchten, insbesondere gegen die Grafen von Schaunberg und die von Hardegg.

Ein auf längere Sicht gefährlicher Gegner erwuchs den Habsburgern im Umfeld ihres Hausguts im Westen. Am Vierwaldstättersee hatten die Talschaften Uri, Schwyz und Unterwalden Anfang August 1291 ein Bündnis geschlossen, das die Forschung als einen Landfrieden mit beschränkter politischer Zielsetzung in Hinblick auf den Tod König Rudolfs interpretiert. Sie verharrten im Kriegszustand mit Albrecht, traten offen auf die Seite König Adolfs und begannen, habsburgische Gebiete und Rechte zu annektieren. Längere Zeit reagierte Habsburg auf die Expansion der jungen Eidgenossenschaft nicht. Erst als die Doppelwahl von 1314 den raschen Ausbau der Hausmacht erforderte, rückten die Waldstätte ins habsburgische Blickfeld. Nachdem die Schwyzer das unter habsburgischer Vogtei stehende Kloster Einsiedeln überfallen hatten, unternahm Herzog Leopold I. im Herbst 1315 einen Kriegszug gegen die Innerschweiz, der mit einer vernichtenden Niederlage des in einen Hinterhalt geratenen österreichischen Ritterheers endete. Die Schlacht am Morgarten, die sich in ihren Einzelheiten kaum rekonstruieren lässt, wurde zum militärischen Prototyp für die folgenden Auseinandersetzungen zwischen Habsburg-Österreich und der Eidgenossenschaft: Kampftüchtige, leicht bewaffnete und daher bewegliche Eidgenossen schlagen unter Ausnützung des Geländes ein gepanzertes, schwerfälliges Ritterheer. Auch wenn die Habsburger bis zum Ende des Mittelalters im Westen noch territoriale Erfolge verbuchen konnten, Gründung und Expansion der Eidgenossenschaft sollten sich als irreversibel erweisen, alle größeren historischen Entwicklungen im Bereich der habsburgischen Stammlande wurden fortan von den Eidgenossen mitbestimmt.

Herzog Rudolf IV.

Eben volljährig geworden, hatte Rudolf 1353 Katharina von Luxemburg, die Tochter Kaiser Karls IV., geheiratet. 1357 war er vom Vater mit der Verwaltung des westlichen Territorialkomplexes betraut worden, wo ihm die Ernennung zum Reichslandvogt im Elsass und in Schwaben durch den Schwiegervater zusätzliches Gewicht verlieh. Im folgenden Jahr wollte Rudolf vom Kaiser zum »König der Lombardei« ernannt werden, was wohl nicht nur am Widerstand der Kurfürsten scheiterte. Nach dem Tod Albrechts II. am 20. Juli 1358 begab sich Rudolf IV. nach Wien, um die Nachfolge des Vaters anzutreten, der ihm wirtschaftlich und politisch stabile Länder sowie gefüllte Kassen hinterließ.

Der Übergang der Herrschaft auf Rudolf markiert eine Zäsur in der österreichischen Geschichte. Im Gegensatz zu seinem auf Ausgleich sowie auf ein gutes Einvernehmen mit allen wichtigen Mächten bedachten Vater ging es Herzog Rudolf um die Würde des Hauses Habsburg – und vor allem um seine eigene. Mit bemerkenswerter Tatkraft schritt er an die Realisierung seines Herrschaftskonzepts, das er sich längst schon zurechtgelegt hatte. Im Winter 1358/59 fasste ein bislang unbekannter Vertrauter Rudolfs, vielleicht sein Kanzler Johann Ribi von Lenzburg (* 1310/1320, † 1374), dessen Ansprüche in einer Reihe gefälschter Urkunden zusammen. Die Urkundengruppe ist als *Privilegium maius* bzw. als die »österreichischen Freiheitsbriefe« in die Geschichtsschreibung eingegangen. Der juristisch geschulte und historisch interessierte Fälscher fand im habsburgischen Hausarchiv wichtige Vorlagen, ausgiebig benutzte er neben anderen Urkunden das im Zuge der Aktion wohl vernichtete *Privilegium minus* von 1156 sowie den als Formular erhaltenen Text der 1245 konzipierten, aber letztlich nicht vollzogenen Erhebung Österreichs zum Königreich. Der Fälschungskomplex umfasst fünf angebliche Originale mit darin inserierten Urkunden Caesars und Neros. Die Fälscher waren recht geschickt vorgegangen. Die Nachahmung der äußeren Merkmale gelang ihnen so gut, dass erst Mitte des 19. Jahrhunderts endgültig Klarheit über echt und unecht geschaffen wurde. Die vorgeblich antiken Texte stießen aber schon auf zeitgenössische Kritik: Der Frühhumanist Francesco Petrarca gab 1361, vom Kaiser um eine Stellungnahme gebeten, ein empört-abschätziges Urteil über sie ab.

Die »österreichischen Freiheitsbriefe« sollten in erster Linie die Position der Habsburgerdynastie innerhalb des Reichs verbessern. Weil der 1245 erwogene Plan, Österreich zum Königreich zu erheben, nicht realisiert worden war, wollte sich Rudolf gut hundert Jahre später wenigstens mit königlichen Symbolen schmücken, indem er für den Herzog von Österreich zum Fürstenhut eine Zackenkrone samt einem Kreuz, wie es die deutsche Kaiserkrone ziert, reklamierte. Der Titel eines »Pfalzerzherzogs« (*archidux palatinus*), den Rudolf im *Privilegium maius* erstmals beanspruchte, dokumentiert gleichfalls das Bemühen, den nach dem König von Böhmen am meisten privilegierten Reichsfürsten – dem Pfalzgrafen bei Rhein und dem Herzog von Sachsen – im Rang gleichzukommen. Rudolf hatte aber nicht nur Rangfragen im Auge, sondern plante, als »Pfalzerzherzog« das Reichsvikariat in allen habsburgischen Ländern in Anspruch zu nehmen. Die Legitimation für sein »Erzherzogtum« fand er in Kärnten. Der Herzog von Kärnten war als Reichsjägermeister Inhaber eines Reichserzamtes – wie der König von Böhmen als Erzmundschenk, der Markgraf von Brandenburg als Erzkämmerer, der Herzog von Sachsen als Erzmarschall, der Pfalzgraf bei Rhein als Erztruchseß und die Erzbischöfe von Mainz, Köln und Trier als Erzkanzler für Germanien, Italien und Burgund. Mit seinem Anspruch auf die »Pfalz« stand die Annahme des Titels eines Herzogs (*dux*) von Schwaben und Elsass in Zusammenhang, den Rudolf vom Juni 1359 an auf seinen Siegeln führte. Als Herzog von Schwaben, Reichslandvogt und Reichsvikar hätte Rudolf der österreichischen Territorialpolitik im Westen völlig neue Perspektiven eröffnen können. Darüber hinaus sollte der Fälschungskomplex die reichsrechtliche Grundlage für die weitere Intensivierung der habsburgischen Landesherrschaft bieten: Beseitigung jeglicher adeliger Ambitionen auf eine reichsfreie Stellung innerhalb der Herzogtümer, Schaffung möglichst flächendeckender lehensrechtlicher Abhängigkeit, vollständiger Ausbau der Gerichtshoheit sowie Monopolisierung des Forstregals und des Wildbanns in herzoglicher Hand. Alles in allem war das *Privilegium maius* – auch in den Augen des Kaisers – ein Katalog von Maximalforderungen, denen bereits bestehende Rechte der Habsburger zugrunde lagen. Was fehlte, waren reichsrechtlich hieb- und stichfeste Rechtstitel. Um diesem Mangel abzuhelfen und dem Splendor Österreichs die schuldige Geltung zu verschaffen, ließ Rudolf die österreichischen Freiheitsbriefe von seiner Kanzlei anfertigen. Der Habsburger handelte dabei wohl ebenso im guten Glauben wie hunderte – überwiegend geistliche – Urkundenfälscher vor ihm.

Seit 1359 benützte Rudolf nicht nur die postulierten Titel, sondern auch die von ihm beanspruchte königsähnliche Herrschaftssymbolik öffentlich und gestand erstmals offen seine Ambitionen auf die römische Königskrone ein. Damit war nicht etwa nur die Nachfolge Karls im Fall seines Todes gemeint, sondern auch das Projekt eines Gegenkönigtums angedeutet. Auf diese Herausforderung musste Karl IV. reagieren. In einem 1360 geschlossenen Vertrag verpflichtete sich Rudolf, sich fortan weder »Pfalzerzherzog« noch »Herzog in Schwaben und Elsass« zu nennen. Der Habsburger hielt sich jedoch nur halbherzig an die Abmachung, sodass der Kaiser ihn und seine Brüder nach Nürnberg vorlud. Punkt für Punkt wurden die Bestimmungen der »Freiheitsbriefe« diskutiert. Es ging dem Kaiser offenkundig nicht darum, sie als Fälschung zu entlarven, sondern zu verwerfen, was dem Reich nachteilig war, und zu genehmigen, was dem Königtum nicht schaden würde. So blieb von Rudolfs Ansprüchen wenig übrig: Was Karl nicht unmittelbar aufhob, wurde durch einschränkende Klauseln unschädlich gemacht. Erst nachdem Rudolf geschworen hatte, sich nicht anders zu verhalten als seine Vorfahren, bestätigte ihm der Kaiser alle Privilegien, ohne auf das *maius* einzugehen.

Noch einmal trotzte Rudolf, als er 1361 in der habsburgischen Landstadt Zofingen westlich von Zürich in herzoglichem Ornat einen Hoftag abhielt. Daraufhin musste sich Rudolf neuerlich vor dem Schwiegervater verantworten. Erst nachdem Rudolf versprochen hatte, in Schwaben und im Elsass nicht mehr als Herzog aufzutreten, nahm ihn der Kaiser wieder in Gnaden auf.

Von nun an verzichtete Rudolf weitgehend auf die nach außen orientierten Ansprüche des *Privilegium maius*. Nur den ohne die »Pfalz« reichsrechtlich belanglosen Titel Erzherzog (*archidux*) behielt er bei – offensichtlich mit stillschweigender Zustimmung Karls. Mit Rudolfs Tod verschwand der Titel für längere Zeit, bis ihn Ernst der Eiserne 1414 wieder aufgriff. Der Habsburger Friedrich III. bestätigte schließlich als römischer Kaiser 1453 das *Privilegium maius* und sicherte damit dem Haus Österreich die von Rudolf IV. beanspruchte Sonderstellung.

Die ablehnende Haltung Karls IV. hinderte Rudolf indes nicht, das in den Fälschungen niedergelegte Programm wenigstens innerhalb seines Herrschaftsbereichs weiter zu verfolgen. Im Zusammenhang mit seinen Bemühungen, die landesfürstliche Position auszubauen, stand außerdem Rudolfs Wirtschaftspolitik. Sie konzentrierte sich auf die Städte, nachdem Besuche in Prag, das sein Schwiegervater Kaiser Karl IV. zu einer europäischen Metropole gemacht hatte, sowie in Venedig seine Vorstellungen von Urbanität geprägt hatten. Zahlreichen habsburgischen Landstädten gewährte Rudolf IV. Sonderrechte. Im Vordergrund standen die Organisation des Handelsverkehrs, vor allem durch den »Straßenzwang«, die Pflicht zur Benützung bestimmter Routen, die Schaffung eines städtischen Gewerbe- und Handelsmonopols im städtischen Umfeld (»Bannmeilenrecht«), die Pflicht, auch zum Transit bestimmte Waren in der Stadt öffentlich feilzubieten (»Stapelrecht«), sowie zollrechtliche Begünstigungen für die Städte. Vielerorts wurden die innerstädtischen Verhältnisse neu geordnet, so durch die Erweiterung der Selbstverwaltungsrechte, die Exemtion des Stadtgebietes aus dem Landgericht und die Ausweitung des städtischen Besteuerungsrechts auf alle in der Stadt liegenden Güter. Die Wirtschafts- und Steuerkraft der Kommunen sollte gestärkt und die fürstliche Stadtherrschaft durch das Ausschalten anderer Kräfte intensiviert werden. Seine Partner waren dabei »frühkapitalistische Unternehmerkreise« feudal-adeliger wie bürgerlich-kaufmännischer Herkunft, denen er – unter Wahrung der landesfürstlichen Oberhoheit – die Regelung der innerkommunalen Angelegenheiten in weitgehender Autonomie zugestand.

Ähnliche Maßnahmen betrafen den Fernhandel. Die Warenströme sollten zum Nutzen der landesfürstlichen Mautstellen sowie der Städte über habsburgisches Territorium geführt werden. Bilaterale Abkommen mit benachbarten Mächten, etwa mit Ungarn und Polen, sowie Privilegien für die Kaufleute von Köln, Nürnberg, Regensburg und Augsburg hatten den Zweck, einen ungehinderten Güteraustausch zu ermöglichen, von dem die Städte und die landesfürstliche Kammer profitierten.

Rudolfs besonderes Interesse galt Wien. Wie sein Schwiegervater Kaiser Karl IV. legte er großen Wert auf die sakrale Zentralität seines Herrschaftsmittelpunkts. Die zum Dom ausgebaute Pfarrkirche St. Stephan sollte als *capella regia Austriaca*, als Pfalz- und Hofkirche der österreichischen Landesfürsten, religiöser Mittelpunkt Österreichs werden. Für die Vermutung, dass der Habsburger die Grundlage für ein österreichisches Landesbistum schaffen wollte, fehlen zwar unmittelbare Quellen, doch gehörten derartige Überlegungen wohl zum Gesamtkonzept rudolfinischer Machtpolitik. Nachdem Prag durch Kaiser Karl IV. 1348 eine Universität erhalten hatte, ging auch Rudolf IV. daran, sein Wiener Residenz-Konzept mit der Gründung einer Hohen Schule zu vervollständigen, deren Stiftung er 1365, kurz vor seinem Tod, vollzog. Repräsentative und praktische Erwägungen hielten sich bei diesem ökonomisch wie intellektuell anspruchsvollen Vorhaben die Waage.

Als Bestandteil einer österreichischen »Landesideologie« sollte auch ein Landespatron kreiert werden. Bereits zu Beginn seiner Regierung bat er Papst Innozenz VI. um die Heiligsprechung Markgraf Leopolds III. von Österreich († 1136), dessen Grab in Klosterneuburg eine volkstümliche Kultstätte war. Die vom Papst angeordnete Untersuchung war bei Rudolfs Tod noch nicht abgeschlossen, das Kanonisationsverfahren schlief daraufhin ein. Erst unter Kaiser Friedrich III., der auf die Bemühungen Rudolfs hinwies, erfolgte schließlich am 6. Januar 1485 die formelle Heiligsprechung Leopolds.

Die Inschrift eines dem Leichnam Rudolfs beigegebenen Bleikreuzes fügt seinem Titel und dem Sterbetag hinzu: *qui probitate sua dominio suo obtinuit comitatum Tyrolensem* – der durch seine Rechtschaffenheit die Grafschaft Tirol seiner Herrschaft gewann. Nach dem Tod Herzog Heinrichs von Kärnten im Jahr 1335 hatten dort seine Erbtochter Margarete »Maultasch« und ihr Mann, der Luxemburger Johann Heinrich von Böhmen, die Herrschaft angetreten, wobei Markgraf Karl von Mähren, der spätere König Karl IV., seinen Bruder als Wahrer luxemburgischer Interessen unterstützte. Allerdings verärgerte die »Personalpolitik« der beiden den Tiroler Adel, der sich aus den lukrativen Ämtern der landesfürstlichen Verwaltung verdrängt und von der Einflussnahme auf das junge Fürstenpaar ausgeschlossen sah. Aber auch Margarete von Tirol-Görz war mit ihrem Mann unzufrieden, den sie jedenfalls nicht als adäquaten Partner empfand und öffentlich der Impotenz bezichtigte. Obwohl die Luxemburger über eine Verschwörung informiert waren, glückte der Coup: Als Graf Johann Heinrich im November 1341 von der Jagd zurückkehrte, blieb das Tor von Schloss Tirol versperrt, die böhmischen Vertrauten ihres Mannes und ihres Schwagers ließ Margarete mit Hilfe des Adels vertreiben. Als Ersatz für den verstoßenen Ehemann fasste man in Tirol sowie am kaiserlichen Hof den Markgrafen Ludwig von Brandenburg (*1315, † 1361), den seit kurzem verwitweten Sohn Kaiser Ludwigs des Bayern, ins Auge. Einer neuerlichen Heirat stand allerdings der Grundsatz von der Unauflöslichkeit einer nach dem kanonischen Recht gültigen Ehe entgegen. Margarete musste daher im Sinn des Kirchenrechts argumentieren: Sie sei noch Jungfrau, der Luxemburger habe die Ehe nie vollzogen. An einen Prozess bei der Kurie in Avignon war angesichts des tief greifenden Zerwürfnisses zwischen dem Kaiser und dem Papst nicht zu denken. So wurden Ludwig von Brandenburg und Margarete von Tirol-Görz am 10. Februar 1342 getraut, ohne dass die erste Ehe der Meinhardinerin von der Kirche für nichtig erklärt worden wäre. Die Affäre wirbelte viel Staub auf, besonders in kurialen Kreisen war man empört: Die Verbindung Margaretes mit Ludwig galt als Ehebruch und aufgrund der engen Verwandtschaft des Paares, die aus kirchenrechtlicher Sicht den Erwerb einer Dispens notwendig gemacht hätte, überdies als inzestuöses Verhältnis. Dennoch konnte sich Ludwig in Tirol behaupten, nicht zuletzt dank der Unterstützung durch Herzog Albrecht II. von Österreich, der schließlich auch die Sanktionierung der Ehe von Ludwig und Margarete vermittelte, woraufhin deren Sohn Meinhard III. Albrechts Tochter Margarete heiratete.

1361 starb Ludwig von Brandenburg, im Januar 1363 auch sein Sohn und Nachfolger Meinhard. Zu diesem Zeitpunkt war Rudolf IV. auf dem Weg nach Tirol, wo die Nachfolgefrage bereits geregelt schien: Die Stände hatten Margarete »Maultasch« als Regentin anerkannt, de facto aber herrschte eine Gruppe einflussreicher Adeliger. Wenig später aber war Rudolf IV. Herr der Lage. Am 26. Januar 1363 vererbte Margarete mit ausdrücklicher Billigung der Stände Tirol an die Habsburger. Die Urkunde setzte Rudolf in die *gewere* der Grafschaft Tirol, die damit bereits zu Lebzeiten Margaretes österreichisch wurde. Der Herzogin blieb nur die Regentschaft im Auftrag des Habsburgers. Wenig später gelang es Rudolf, sie auch zum Verzicht auf die Statthalterschaft zu bewegen. Am 29. September 1363 beurkundete sie mit neuerlicher Zustimmung der Stände die endgültige Übergabe der Grafschaft Tirol an die Herzöge von Österreich. Wesentlich zur Festigung der habsburgischen Position trug bei, dass Rudolf 1364 seinen Kanzler Johann Ribi zum Bischof von Brixen erwählen lassen konnte. Eine militärische Intervention der Wittelsbacher scheiterte, Kaiser Karl legitimierte durch die Belehnung seines Schwiegersohns den Übergang Tirols an das Haus Habsburg auch reichsrechtlich.

Mit dem Erwerb der Grafschaft Tirol war es den Habsburgern gelungen, die Lücke zwischen dem östlichen Territorialkomplex und den alten Stammlanden im Westen erheblich zu verringern. Außerdem gewann Rudolf eine für den Nord-Süd-Verkehr überaus wichtige Landschaft. Der Brennerpass war nicht nur der am meisten frequentierte Alpenübergang, sondern auch der einzige mit Wagen befahrbare. Der Besitz Tirols bildete die Voraussetzung für die Großmachtpolitik der Habsburger an der Wende vom Mittelalter zur frühen Neuzeit.

Familienstreitigkeiten und Länderteilungen (1365–1493)

Am 27. Juli 1365 starb Rudolf IV. fünfundzwanzigjährig in Mailand. Sein Tod brachte die beiden jüngeren Brüder, den etwa sechzehnjährigen Albrecht (*1349/50, †1395) und den vierzehnjährigen Leopold (*1351, †1386), an die Macht. Gemäß der ein halbes Jahr zuvor geschlossenen Hausordnung übernahm Albrecht als ältester Habsburger die Leitung der Regierungsgeschäfte. Leopold blieb vorerst in der Umgebung seines Bruders.

Dass sich Albrecht III. und Leopold III. kompromisslos an Karl IV. anlehnten, machte sich rasch bezahlt. Mit kaiserlicher Rückendeckung und einer flexiblen, auf Ausgleich bedachten Politik gelang es den Habsburgern, die Krise, die Rudolfs früher Tod ausgelöst hatte, innerhalb weniger Jahre zu meistern. Nach dieser Phase der Herrschaftskonsolidierung glückten bedeutende Erwerbungen: 1368 unterstellte sich Freiburg im Breisgau, mit 9000 Einwohnern eine bedeutende Stadt, ihrer Herrschaft. Nachdem sich die Herren von Duino (Dybein) den österreichischen Herzögen unterworfen hatten, erreichte der habsburgische Machtbereich erstmals die Adriaküste. 1374 kamen die Grafschaften Mitterburg/Pisino/Pažin (Inneristrien) und die Görzer Herrschaften in der Windischen Mark auf dem Erbweg an Österreich.

Dann entstand aber zwischen Albrecht III. und Leopold III. Zwietracht über die Verteilung der Herrschaftsrechte. Nach längeren Verhandlungen einigten sich die beiden am 25./26. September 1379 im Zisterzienserkloster Neuberg an der Mürz auf die Teilung der habsburgischen Länder. Albrecht erhielt das Herzogtum Österreich mit Steyr, Hallstatt und dem Ischlland. Die übrigen Länder und Besitzungen – die Herzogtümer Steier, Kärnten und Krain, die Windische Mark, die Güter in Istrien, Feltre und Belluno, die Grafschaft Tirol und die vorländischen Besitzungen westlich des Arlbergs, auf nachmaligem Schweizer Boden, in Schwaben und im Elsass – gingen an Leopold. Weitere Bestimmungen des Vertragswerks, das die Zustimmung der Stände wie des Reichsoberhaupts fand, beschäftigen sich mit dem künftigen Verhältnis der Brüder und ihrer Nachkommen. Als Folge des Neuberger Vertrags blieb das Haus Habsburg für mehr als ein Jahrhundert in zwei, zeitweise in drei Linien gespalten: eine albertinische und eine leopoldinische, die sich ihrerseits in einen steirischen und einen Tiroler Zweig teilte, was langwierige, teils mit großer Erbitterung ausgetragene innerfamiliäre Auseinandersetzungen nach sich zog.

Angesichts der divergierenden Interessen war auch eine gemeinsame Außenpolitik kaum mehr denkbar. Die albertinische Linie der Habsburger orientierte sich künftig hauptsächlich an den Luxem-

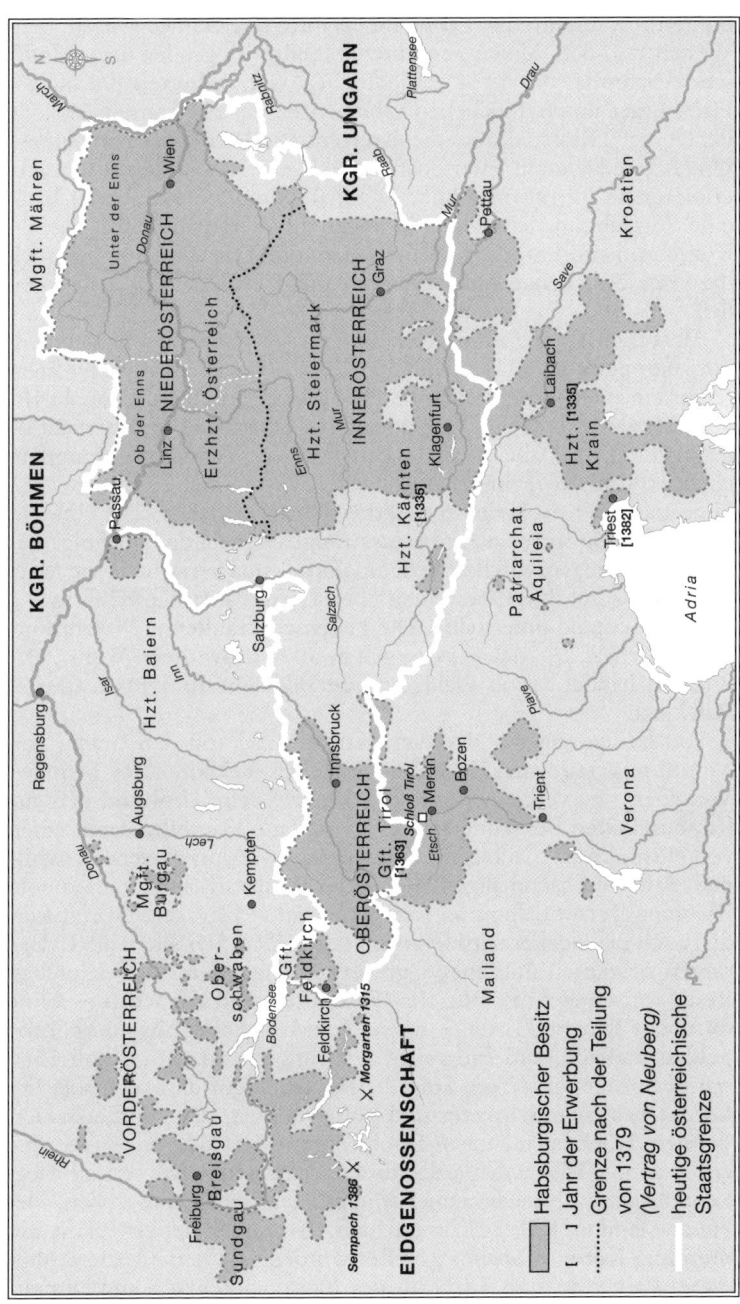

Karte 3: Der Machtbereich der Habsburger im ausgehenden 14. Jahrhundert

burgern, während die Leopoldiner ihre Beziehungen nach dem Westen und dem Süden ausrichteten. Selbst im großen abendländischen Schisma, das 1378 ausgebrochen war, gehörten die beiden Habsburger unterschiedlichen Obedienzen an. Andererseits ermöglichte die Teilung durch die Konzentration auf einen in seinem Umfang reduzierten Herrschaftsbereich eine zumindest im Ansatz erfolgreiche Territorialpolitik. Der habsburgische Hausbesitz hatte eine Ausdehnung erreicht, die angesichts der spätmittelalterlichen Kommunikationsmittel die Bindung an nur eine Zentrale, die noch dazu am östlichen Rand lag, kaum mehr zweckmäßig erscheinen ließ.

Albrecht III. ging erfolgreich gegen die Grafen von Schaunberg vor, die, gestützt auf ausgedehnten Besitz vor allem in Oberösterreich, eine reichsunmittelbare Stellung beanspruchten. Leopold III. ließ sich von den labilen Verhältnissen in Oberitalien zu Interventionen verlocken. Dabei wurde das Gebiet um Treviso habsburgisch, ebenso Primiero (Primör) im obersten Cismontal. Es rundete den Südostrand der tirolischen Landesherrschaft in strategischer Hinsicht ab und wurde später wegen seines Bergbaus wichtig. Als Folge des »Chioggiakriegs« zwischen Venedig und Genua verzichtete die Markusrepublik auf ihre Oberhoheit über Triest, das sich 1382 freiwillig Herzog Leopold unterstellte. Die Hafenstadt zählte im 14. Jahrhundert innerhalb des Mauerrings etwa 5–6 000 Einwohner. Wein-, Öl- und Salzhandel sowie Geldgeschäfte bildeten ihr wirtschaftliches Rückgrat.

Von Bedeutung war des Weiteren der 1375 mit den Grafen von Montfort vereinbarte Kauf der Grafschaft Feldkirch im heutigen Vorarlberg. Er verkleinerte die Lücke zwischen Tirol und den althabsburgischen Besitzungen, außerdem hatte Habsburg damit einen verkehrspolitisch wichtigen Stützpunkt im Alpenrheintal gewonnen. Auch auf nachmaligem Schweizer Boden intensivierte Leopold III. seine Territorialpolitik. Dieses verstärkte Engagement rief freilich auch die Gegner der Herzogs auf den Plan. Vor allem die Eidgenossen reagierten mit einer aggressiven, gegen den österreichischen Besitz gerichteten Politik. Im Dezember 1385 brachen – ohne förmliche Kriegserklärung – offene Feindseligkeiten aus, sodass Leopold schließlich zum Eingreifen gezwungen war. Am 9. Juli 1386 traf er mit einem starken Heer bei Sempach auf die Aufgebote der Luzerner, Urner, Schwyzer und Unterwaldner, die sofort attackiert wurden. Nach anfänglichen Erfolgen geriet der österreichische Angriff in eine Krise; die Eidgenossen erfochten einen klaren Sieg, Leopold und zahlreiche seiner Mitkämpfer kamen ums Leben. Der Herzog fand im Kloster Königsfelden, das zum Andenken an die Ermordung König Albrechts gestiftet worden war, seine letzte Ruhestätte. Es wurde zum Zentrum der österreichischen Sempachtradition, der zufolge Leopold im Zuge einer Rebellion von den eigenen Leuten im eigenen Land getötet worden sei. Die sieben Kinder Leopolds, darunter vier Söhne, kamen vorerst unter die Vormundschaft ihres Onkels Albrecht.

Beim Versuch, für Sempach Rache zu nehmen, erlitt ein habsburgisches Aufgebot am 9. April 1388 bei Näfels eine schwere Niederlage. Daraufhin musste Österreich auf eine Fortsetzung des Krieges verzichten. Nachdem Albrecht seinem Neffen Leopold IV. 1392 die Verwaltung der Vorderen Lande übertragen hatte, konnte Habsburg die angeschlagene Position im Südwesten vor allem durch eine erfolgreiche Bündnispolitik allmählich wieder festigen. Ein zwanzigjähriger Friede regelte das Verhältnis zur Eidgenossenschaft, deren Gebietsgewinne akzeptiert wurden. Dazu kamen territoriale Zuwächse südlich des Bodensees im heutigen Vorarlberg sowie in der angrenzenden Schweiz.

Albrecht III. hinterließ bei seinem Tod 1395 nur einen Sohn – Albrecht IV. (*1377, †1404) – während auf Leopold III. seine vier Söhne Wilhelm (*1370, †1406), Leopold IV. (*1371, †1411), Ernst (*1377, †1424) und Friedrich IV. (*1382, †1439) folgten. Es war zwar vorgesehen, dass Wilhelm als Senior des Gesamthauses eine Vorrangstellung einnehmen sollte, doch entstanden bald Streitigkeiten zwischen den beiden Linien, die wiederum ihre Anhängerschaft beim Adel sowie in der Wiener Bürgerschaft suchten. Der Vertrag von Wien sah 1396 schließlich vor, dass Albrecht IV. und Wilhelm in den österreichischen Ländern gemeinsam regieren und Wilhelm zudem die Steiermark, Kärnten, Krain sowie die übrigen Besitzungen im Südosten erhalten sollte. Leopold IV. wurde mit der Verwaltung Tirols und der Vorlande betraut. Diese Machtverteilung bestand bis 1402, dann wurde die Mitregierung auf die Brüder Wilhelms ausgedehnt. Wie zu erwarten war, traten bald neue Unstimmigkeiten auf. Ein Vertragswerk vom März 1404, das den Konflikt beilegen sollte, wurde durch den frühen Tod Albrechts IV. teilweise obsolet. Zwar konnte Wilhelm die Vormundschaft über Albrechts gleichnamigen Sohn erlangen, geriet aber deswegen in Streit mit seinem Bruder Leopold. Als Wilhelm seinerseits 1406 völlig unerwartet verstarb, flammten schwere Differenzen zwischen Leopold und Ernst auf, die in einen offenen Krieg zu münden drohten.

Ein Schiedsspruch der österreichischen Stände vom September 1406 regelte die Verhältnisse neu: Leopold IV. übernahm die Vormundschaft über Albrecht V. (*1397, †1439) sowie die Regierung in Österreich, Kärnten sowie Krain und verzichtete zugunsten Friedrichs IV., der bereits seit 1404 weite Teile der Vorlande regierte, auf Tirol. Herzog Ernst »der Eiserne« erhielt mit der Steiermark gleichfalls ein eigenes Herrschaftsgebiet. Dennoch zogen sich die Streitigkeiten noch länger hin, da sich in den österreichischen

Ländern Parteien bildeten, die entweder Herzog Leopold oder Herzog Ernst unterstützten. Söldner und Abenteurer aus verschiedenen Ländern boten ihre Dienste an und sorgten dafür, dass auch die ländliche Bevölkerung unter dem habsburgischen Familienzwist schwer zu leiden hatte. Erst im 13. März 1409 beendete ein Schiedsspruch König Sigismunds von Ungarn die Feindseligkeiten und bestimmte, dass Leopold und Ernst die Vormundschaft über Albrecht V. gemeinsam ausüben und die Einkünfte aus dem väterlichen Erbe untereinander teilen sollten. Als Termin für die Volljährigkeit des jungen Herzogs wurde sein 14. Geburtstag im April 1411 vereinbart. Als die Vormünder zu diesem Zeitpunkt aber keinerlei Anstalten trafen, das Mündel aus ihrem Einfluss zu entlassen, brachten die Stände Albrecht heimlich nach Eggenburg, wo sie ihm feierlich huldigten. Leopold IV. starb kurz darauf. Gestützt auf die Stände konnte sich Herzog Albrecht V. in Österreich durchsetzen, zumal Ernst der Eiserne, der zunächst die Verlängerung der Vormundschaft mit Waffengewalt erzwingen wollte, im Oktober 1411 nach einem neuerlichen Schiedsspruch König Sigismunds doch einlenkte. Herzog Ernst trat das Erbe Leopolds in Kärnten und der Krain an und fügte diese beiden Länder zu dem bereits in seiner Hand befindlichen Herzogtum Steier.

Damit waren jene drei Ländergruppen geschaffen, die für die verwaltungsmäßige Gliederung der habsburgischen Erbländer bis in die Neuzeit maßgeblich sein sollten:»Niederösterreich« (das Herzogtum Österreich ob und unter der Enns), »Innerösterreich« (die Herzogtümer Steier, Kärnten und Krain, die istrischen Gebiete und das adriatische Küstenland) sowie»Oberösterreich« (Tirol mit den vorarlbergischen Herrschaften und die vorderösterreichischen Lande). Niederösterreich blieb vorerst in der Hand der albertinischen Linie der Habsburger, die leopoldinische hatte sich in einen steirischen und einen Tiroler Zweig gespalten.

Als erster der drei regierenden Fürsten starb 1424 Herzog Ernst der Eiserne. Aus zweiter Ehe mit der polnischen Prinzessin Czimburga von Masowien hinterließ er zwei Söhne, Friedrich V. (*1415, †1493) und Albrecht VI. (*1418, †1463). Sie kamen unter die Vormundschaft Friedrichs IV. von Tirol, die bis 1435 währte. Friedrich V. – später als König und Kaiser Friedrich III. – wurde Landesherr der innerösterreichischen Länder, Albrecht VI. blieb zunächst unversorgt. 1439 starb Herzog Friedrich IV. und hinterließ seinen minderjährigen Sohn Sigmund (*1427, †1496). Die Vormundschaft übernahm auf Einladung der Tiroler Stände Friedrich V. Der unerwartete Tod Albrechts V. (als römischer König Albrecht II.) – er starb am 27. Oktober 1439 auf einem Kriegszug in Ungarn – machte Friedrich darüber hinaus zum Senior des Hauses Habsburg.

Albrechts Sohn und Erbe Ladislaus (*1440, †1457) kam erst nach des Vaters Tod zur Welt und erhielt deswegen den Beinamen »Postumus«. Die Stände beriefen wiederum Friedrich zum Vormund sowie zum Verweser des Herzogtums Österreich ob und unter der Enns, der damit für die Dauer der Vormundschaften den ganzen habsburgischen Hausbesitz in seiner Hand vereinigte.

Streitigkeiten mit den Tiroler Ständen entstanden, als sich Friedrich – seit 1440 auch römischer König – weigerte, Sigmund aus der Vormundschaft zu entlassen. Erst 1446 kam es zu einer vorläufigen Einigung: Friedrich erhielt Innerösterreich, sein Bruder Albrecht VI. die Vorlande und Sigmund Tirol sowie die österreichischen Teile Vorarlbergs. 1450 übertrug Albrecht die Markgrafschaft Burgau, Freiburg im Uechtland, den Thurgau, den Hegau sowie einige andere Besitzungen an Sigmund; die übrigen schwäbischen Vorlande der Habsburger blieben bis 1458 in der Verwaltung Albrechts. Er residierte vornehmlich in Freiburg im Breisgau, wo er auch die einzige österreichische Universitätsgründung des 15. Jahrhunderts vornahm. Im Frühjahr 1461 erhielt Albrecht von seinem Vetter Sigmund nochmals die Verwaltung der Vorderen Lande (ohne die vorarlbergischen Besitzungen) und übte sie bis zu seinem Tod 1463 aus.

Ebenso zäh wie seine vormundschaftlichen Rechte über Sigmund von Tirol verteidigte Friedrich III. die über Ladislaus Postumus. Nach habsburgischem Hausrecht stand ihm deren Ausübung bis 1456 zu. Ladislaus war nicht nur Erbe der niederösterreichischen Länder, sondern besaß auch Anspruch auf die Kronen von Böhmen und Ungarn, die sein Vater als Schwiegersohn des letzten Luxemburgers Sigismund erhalten hatte. Der österreichische Adel unter Führung Ulrichs von Eitzing verlangte allerdings schon vor dem offiziellen Termin der Volljährigkeit die »Befreiung« des Prinzen. Nach der Rückkehr Friedrichs III. von der Kaiserkrönung in Rom 1452 brachen offene Gewalttätigkeiten aus. Ein ständisches Heer belagerte Wiener Neustadt, wo sich Friedrich mit geringen Kräften aufhielt. In letzter Minute vereitelte der anrückende steirische Söldnerführer Andreas Baumkircher die Einnahme der Stadt. Der Kaiser ließ sich auf Verhandlungen ein, die zur Auslieferung von Ladislaus an die Stände führten.

Als Ladislaus Postumus im September 1457, kaum achtzehnjährig, in Prag starb, wurde eine Neuordnung der Besitzverhältnisse im Hause Habsburg unvermeidlich. Die Fronten waren bald abgesteckt: Sowohl Friedrich III. wie auch sein Bruder Albrecht VI., der schon 1442 eine Teilung des Hausgutes angestrebt hatte, forderten für sich das ganze Erbe des letzten Albertiners. Sigmund von Tirol dagegen war bereit, sich seine Ansprüche ablösen zu lassen. Nach schwierigen Verhandlungen wurde im August 1458 folgende Übereinkunft getroffen: Friedrich III. erhielt erblich die Regentschaft über das Land unter der Enns mit Wien, Albrecht VI. die über Österreich ob der Enns, Herzog Sigmund von Tirol sollte aber ein Drittel der Einkünfte beziehen. Damit wurde das Reichslehen Österreich geteilt, sodass für einige Zeit ein selbstständiges Fürstentum mit der Stadt Linz als Residenzort entstand, was für die Ausbildung des Landes Oberösterreich ausschlaggebend war. Diese Abmachung bewirkte aber nur eine kurze Atempause. Im Juni 1460 entschloss sich Albrecht zum Angriff auf Friedrich III. Den Höhepunkt der Auseinandersetzungen bildete die Belagerung des Kaisers in der Wiener Burg im Herbst 1462. Das Eingreifen eines böhmischen Heeres befreite Friedrich, seine Gattin Eleonore von Portugal und ihren kleinen Sohn Maximilian zwar aus dieser misslichen Lage, die Streitigkeiten endeten aber erst mit dem Tod Albrechts VI. im folgenden Jahr.

Während Friedrich III. zum väterlichen Erbe den albertinischen Hausbesitz, Österreich ob und unter der Enns, hinzugewonnen hatte, gingen Böhmen und Ungarn nach dem Tod des Ladislaus Postumus an nationale König verloren. In Böhmen setzte sich Georg von Podiebrad durch; in Ungarn wählte zwar eine Gruppe von Adeligen aus den westungarischen Komitaten 1459 Friedrich III. zum König, letztlich gewann aber Matthias Hunyadi, genannt Corvinus (der Rabe), die Oberhand. Der Vertrag von Wiener Neustadt, den Matthias und der Kaiser im Jahr 1463 schlossen, sicherte Friedrich immerhin den Titel eines Königs von Ungarn sowie die Erbfolge zu, sollte Matthias ohne legitimen Nachkommen sterben.

Diese Übereinkunft hoffte der Ungarnkönig 1470 aus der Welt zu schaffen, indem er um die Hand der Kaisertochter Kunigunde bat, die ihm Friedrich III. jedoch verweigerte. Von da an richtete sich die ungarische Außenpolitik gezielt gegen den Habsburger; 1477 erklärte Matthias ihm den Krieg. Der ungarische Vormarsch traf die österreichischen Länder weitgehend ungeschützt, das Reichsoberhaupt wich über Krems nach Steyr aus. So konnte Matthias Corvinus zwar weite Teile Niederösterreichs durchstreifen, zahlreiche feste Plätze für sich gewinnen, die ländliche Bevölkerung ausplündern und ihre Dörfer anzünden, aber keinen nennenswerten Sieg über seinen Gegner erringen, der sich bald auf Friedensverhandlungen einließ. Der Konflikt war damit aber keineswegs beendet, eine neuerliche ungarische Kriegserklärung erfolgte 1482. Friedrich III. verlor Klosterneuburg und zog sich nach Wiener Neustadt, später nach Graz und zuletzt nach Linz zurück. Am 1. Juni 1485 konnte Matthias in Wien feierlich Einzug halten. Bald darauf huldigten ihm die österreichischen Stände, der ungarische König fügte seinen Titeln den eines Herzogs von Österreich hinzu. Auch in der Steiermark rückten die Ungarn weiter vor, im Sommer 1485 standen sie vor Graz. Mit der Übergabe von Wiener Neustadt fanden die Kampfhandlungen im Wesentlichen ein Ende.

Während Matthias in Ungarn eine sehr markante Politik der Zentralisation betrieb, trachtete er in Österreich danach, mittels einer verhältnismäßig konzilianten Herrschaftsausübung Rückhalt und Sympathien bei der Bevölkerung zu finden. Einige Städte wurden mit bedeutenden Privilegien bedacht. Enge Kontakte unterhielt der humanistisch gebildete König zur Wiener Universität.

Am Höhepunkt des militärischen Erfolgs musste Matthias die Grenzen seiner Möglichkeiten erkennen. 1486 wählten die Kurfürsten den Kaisersohn Maximilian zum römischen König, den Ambitionen des Corvinen auf diese Würde war damit ein Riegel vorgeschoben, das habsburgische Erbkaisertum hingegen in greifbare Nähe gerückt. Eine Revision des Wiener Neustädter Vertrags von 1463 hatte er selbst durch die Eroberung von Niederösterreich nicht erzwingen können. Seine beiden Ehen waren kinderlos geblieben. Angesichts dieser Umstände und im Wissen, dass der ungarische König schwer erkrankt war, beharrte Friedrich III. in den 1489 eingeleiteten Friedensverhandlungen nachdrücklich auf seinen Rechten und Ansprüchen. Am 6. April 1490 starb Matthias Corvinus in Wien. Sein Tod hatte den raschen Zusammenbruch der ungarischen Herrschaft über das östliche Österreich zur Folge und ließ die Habsburger auf den Erwerb der Stephanskrone hoffen.

Im Süden wurden die Erblande der Habsburger von den nach dem Fall Konstantinopels 1453 auf dem Balkan rasch vordringenden Osmanen bedroht. Der erste Vorstoß auf habsburgisches Territorium erfolgte 1469. 1473 waren weite Teile Kärntens betroffen. Die Schäden, die diese und zahlreiche weitere Türkeneinfälle in den innerösterreichischen Ländern hinterließen, waren enorm. Viele Dörfer waren ganz oder teilweise zerstört und wurden nicht wieder aufgebaut. Zahlreiche Wüstungen gehen direkt oder indirekt auf diese Kriegsereignisse zurück. Die Bevölkerung der betroffenen Gebiete hatte es in erster Linie mit den *Akindschi*, der irregulären Reiterei der Osmanen, zu tun. Es waren ethnisch und religiös gemischte, leicht bewaffnete und hochmobile Verbände, von der zeitgenössischen Chronistik treffend als »Renner und Brenner« bezeichnet. Da sie von ihrer Obrigkeit weder besoldet noch verpflegt wurden, waren sie auf Raub, Plünderung und vor allem auf die einträgliche Sklavenjagd angewiesen. Zu Tausenden führten sie jüngere Frauen und Männer, aber auch Kinder in die Sklaverei, während ältere Menschen oft einfach erschlagen wurden. Fast ausschließlich aus geraubten Christenkindern rekrutierten sich die Janitscharen, die Elitefußtruppen der türkischen Sultane, die wegen ihrer Disziplin und Kampfkraft Berühmtheit erlangten. Die Quellen berichten außerdem von Massenvergewaltigungen an Frauen und Kindern.

Gelenkt wurden diese Streifzüge von den regionalen Paschas am Balkan, gelegentlich sogar in Absprache mit christlichen Mächten; sie dienten weder der Eroberung noch dem Glaubenskampf, sondern dem Beutegewinn. Die Abwehrmaßnahmen der Stände sowie die Landesaufgebote waren kaum geeignet, die bäuerliche Bevölkerung in ihren Dörfern zu schützen. Burgen sowie die befestigten Städte und Märkte wurden hingegen kaum in Mitleidenschaft gezogen. Für die Aufstellung einer ausreichend starken, gut ausgerüsteten und ausgebildeten Söldnertruppe fehlte das Geld. Die Unfähigkeit des Landesfürsten und des Adels, ihre Schutzpflicht gegenüber den Untertanen zu erfüllen, führte zu einer schweren Legitimitätskrise. Ebenso wenig bewirkten die jahrelangen Verhandlungen über die »Türkenhilfe« auf den Reichstagen.

Der territoriale Umfang des Herzogtums Österreich war im ausgehenden Mittelalter keinen größeren Veränderungen unterworfen, allerdings konnten sich die Habsburger nach vor der Mitte des 15. Jahrhunderts in Westungarn festsetzen, was als Voraussetzung für die Bildung des heutigen Bundeslandes Burgenland angesehen wird.

In »Innerösterreich« (Kärnten, Steiermark, Krain) schränkte die territoriale Aufsplitterung die Möglichkeiten habsburgischer Herrschaftsausübung erheblich ein. Bedeutende Konkurrenten – die Erzbischöfe von Salzburg, die Bischöfe von Bamberg und Freising, der Patriarch von Aquileia, die Grafen von Cilli und von Görz sowie Klöster wie Millstatt, Ossiach, St. Georgen und St. Paul – setzten der herzoglichen Politik entschiedenen Widerstand entgegen. Schon Herzog Ernst der Eiserne hatte daher versucht, deren Rechte zu beschneiden. Friedrich III. knüpfte an das Wirken seines Vaters an. Graz und Wiener Neustadt nahmen als langjährige Residenzen des Kaisers einen bedeutenden Aufschwung. 1456 starben die zwei Jahrzehnte zuvor in den Reichsfürstenstand erhobenen Grafen von Cilli aus, die über umfangreichen Besitz in Ungarn, der Steiermark, in Kärnten und Krain verfügten. Deren Erbe kam nach mehrjährigen Auseinandersetzungen an Friedrich III. und trug wesentlich zur Verdichtung des habsburgischen Hausbesitzes in den innerösterreichischen Ländern bei.

Im Westen führte die Ächtung Herzog Friedrichs IV. 1415 auf dem Konstanzer Konzil wegen seines Engagements für Papst Johannes (XXIII.) zur bis dahin schwersten Krise der vorderösterreichischen Besitzungen. Als Exekutoren der Reichsacht traten in erster Linie die Eidgenossen auf, die den österreichischen Aargau an sich brachten. Im Thurgau fielen die oberschwäbischen Reichsstädte und Adeligen ein, österreichische Städte wie Stein am Rhein, Frauenfeld, Winterthur und Schaffhausen gingen verloren, ebenso die Grafschaft Feldkirch und das linksseitige Rheintal. Auch im übrigen Schwaben gingen die habsburgischen Herrschaften fast vollständig an kleinere Adelsgeschlechter über. Die weitere Politik Friedrichs IV. musste daher der Rückgewinnung dieser Verluste gelten. Trotz mehrerer Verträge kehrten bis 1427 nur die breisgauischen und elsässischen Besitzungen an Habsburg zurück, Feldkirch folgte 1436. Die an Eidgenossen gefallenen Gebiete blieben dagegen verloren, darunter der Aargau mit der namengebenden Burg und dem Kloster Königsfelden, wo die Gebeine von 15 Angehörigen der Familie ruhten.

Friedrichs Revindikationspolitik wurde von seinem gleichnamigen Vetter, der als Vormund Herzog Sigmunds auch über die vorderösterreichischen Besitzungen regierte, vorerst erfolgreich wieder aufgenommen. Der groß angelegte Versuch jedoch, mit Hilfe Zürichs, das sich von den Eidgenossen abgewandt hatte, alle Verluste von 1415 wiederzugewinnen, ja vielleicht sogar die Eidgenossenschaft zu zerschlagen, scheiterte im so genannten »Alten Zürichkrieg« (1442–1446). Unter Herzog Sigmund gingen schließlich die letzten österreichischen Positionen südlich des Hoch- bzw. westlich des Alpenrheins an die Eidgenossen verloren. Wesentlich erfolgreicher agierten die Habsburger, insbesondere Herzog Sigmund, auf vorarlbergischem Gebiet, wo zur Grafschaft Montfort-Feldkirch auch die Herrschaften Bludenz, Bregenz und Sonnenberg erworben werden konnten. In Schwaben kaufte Sigmund die Grafschaften Hohenberg und Nellenburg, Zugewinne wurden auch im heute schweizerischen Graubünden erzielt. Von 1469 bis 1474 waren bedeutende Teile der Vorlande an den Burgunderherzog Karl den Kühnen verpfändet, in den Jahren danach überließ Sigmund den bayerischen Wittelsbachern gegen bedeutende Anleihen nach und nach alle vorländischen Besitzungen mit Ausnahme Vorarlbergs, was Kaiser Friedrich III. allerdings zu revidieren vermochte.

Die beiden Ehen Herzog Sigmunds waren kinderlos geblieben. Friedrich III. erlaubte daher seinem Sohn Maximilian, mit dem Tiroler Vetter über dessen Abdankung zu verhandeln, zu der sich dieser 1490 auch bereit fand. Damit war die Teilung des Hauses Habsburg endgültig aufgehoben, nach dem Tod seines Vaters am 19. August 1493 fielen die gesamten habsburgischen Erblande an König Maximilian I.

Bereits im 14. Jahrhundert war gelegentlich vom »Haus Österreich« (*domus Austriae*) die Rede gewesen, um die Familie der Habsburger zu bezeichnen, bald nach 1500 wurde der Begriff auch von den Habsburgern selbst »im Sinne der landesfürstlichen Familie Österreichs verstanden« (Alphons Lhotsky). Nachdem das römische Königtum durch die Wahl Herzog Albrechts V. (als König Albrecht II.) wieder an die Habsburger gekommen war, erhielt »Haus Österreich« einen neuen Inhalt, der römisches Königtum und habsburgische Territorialherrschaft miteinander verknüpfte. Albrechts

Nachfolger im Reich, Friedrich III., verwendete diesen imperialen Österreichbegriff, um die Gesamtfamilie, alle ihre Besitzungen und den habsburgischen Anspruch auf das Kaisertum zu bezeichnen. Als Zeugnis für Friedrichs weit reichende, auf das Haus Österreich bezogenen Pläne zog man gerne seine »Devise« AEIOU heran, mit der er viele Gegenstände aus seinem persönlichen Besitz, aber auch Bauten und Kunstdenkmäler versehen ließ und die auf Siegeln, Münzen sowie in Büchern den Namen ersetzte. In der Forschung besteht keine Übereinstimmung, ob die bekannteste Deutung des Akronyms »Alles Erdreich ist Oesterreich untertan« bzw. *Austria est imperare orbi universo* von Friedrich selbst stammt und er damit einen politischen Anspruch in Hinblick auf ein österreichisches Kaisertum symbolisieren wollte.

1453 bestätigte und erweiterte Friedrich die »Österreichischen Freiheitsbriefe« Rudolfs IV. von 1358/59 (*Privilegium maius*). Damit sicherte er dem Haus Österreich nicht nur jene bereits von Rudolf IV. beanspruchte Sonderstellung, sondern interpretierte und erweiterte sie. Die »Österreichischen Freiheitsbriefe« wurden nicht nur der herrschenden Dynastie, sondern ausdrücklich auch dem »Land Österreich«, verliehen. Gemeint waren damit alle gegenwärtig und zukünftig vom Herzog von Österreich beherrschten Gebiete. Jenen Habsburgern, die über die Herzogtümer Steier, Kärnten und Krain verfügten, verlieh Friedrich III. den Titel eines Erzherzogs, womit die Exklusivität des Hauses Österreich im Kreise der europäischen Dynastien bekräftigt werden sollte. Spätestens zu Beginn des 16. Jahrhundert vollzog sich die Verbindung zwischen dem Haus Österreich und dem neuen Erzherzogtum der Österreichischen Freiheitsbriefe: *domus nostra archiducatus Austrie*.

Nach der Teilung des Hauses Habsburg in eine spanische und eine österreichische Linie 1522 ersetzten Karl V. und seine Räte den spätmittelalterlichen Terminus *domus Austriae* durch den der *Casa de Austria*. Damit wandelte sich auch der Inhalt des Begriffs, der von nun an nach westlich-romanischem Vorbild ausschließlich die Dynastie bezeichnete und nicht mehr die habsburgischen Erblande einbezog.

Das Erzstift Salzburg im Spätmittelalter

Erzbischof Eberhard II. von Regensberg (1200–1246) hatte mit staufischer Unterstützung ein verhältnismäßig geschlossenes Gebiet geschaffen und seine Herrschaft abgesichert, indem er die Vogtei über das Hochstift an sich brachte. Die finanziellen Mittel lieferte die Salzgewinnung auf dem Dürnberg – die neue Saline Hallein wurde im 13. Jahrhundert zur bedeutendsten des Ostalpenraums – sowie der um die Mitte des 14. Jahrhunderts aufblühende Edelmetallbergbau in den Tauern. Die Verleihung der Gerichtshoheit durch König Rudolf I. im Jahr 1278 bestätigte ein teils bereits ausgeübtes, in den Außenbesitzungen aber nie erlangtes Recht. Dass das Reichsoberhaupt dem Erzbischof darüber hinaus zugestand, die Blutgerichtsbarkeit ohne Rücksicht auf Stand und Würde auszuüben und das Land von Übeltätern zu säubern, legitimierte ihn, gegen den Adel im eigenen Machtbereich vorzugehen. Das 1381 erworbene Recht, dass kein Untertan des Erzstifts vor ein fremdes Gericht gezogen werden dürfe, ermöglichte den Salzburger Landesfürsten die vollständige Gerichtshoheit über ihr Territorium und brachte den inneren Ausbau ihrer weltlichen Herrschaft weitgehend zum Abschluss.

Ein eigenständiges »Land« waren die Vogteien, Grafschaften und Gerichte des Fürsterzbischofs freilich noch nicht. Auch im 13. Jahrhundert gehörte der größte Teil des Stiftsgebiets unbestritten zum Herzogtum und damit zum Land Bayern, der Lungau und die Herrschaft Matrei dagegen zum Herzogtum Kärnten. Die Loslösung von Bayern vollzog sich erst im Verlauf des 14. Jahrhunderts. Während sich Salzburg als reichsfürstliches Territorium und als Land verfestigte, war die territoriale Expansion weitgehend abgeschlossen.

Die Beziehungen zu den benachbarten Mächten wurden von verschiedenen Faktoren bestimmt. Während Erzbischof Friedrich II. von Walchen (1270–1284) Rudolf von Habsburg im Kampf gegen Otakar von Böhmen nach Kräften unterstützte, um vor allem seine Interessen in Kärnten und der Steiermark zu wahren, kam es unter seinem Nachfolger Rudolf von Hoheneck (1284–1290) wegen Besitzrivalitäten im Ennstal zu Auseinandersetzungen mit den Habsburgern. Auch in weiterer Folge blieb das Verhältnis zu Österreich gespannt, bis es unter Konrad IV. von Fohnsdorf (1291–1312) zu einer Aussöhnung kam. Auch Friedrich III. von Leibnitz (1315–1338) und Ortolf von Weißeneck (1343–1365) setzten die habsburgerfreundliche Politik des Erzstiftes fort. Bereits zu Lebzeiten Erzbischof Ortolfs machte sich indes im Domkapitel eine bayerisch gesinnte Fraktion bemerkbar, die gegen eine allzu starke Anlehnung an Habsburg auftrat. Als die Domherren über die Nachfolge Ortolfs entscheiden sollten, traten die unterschiedlichen Auffassungen zu Tage. Es kam zu einer Doppelwahl, aus der schließlich Pilgrim II. von Puchheim (1365–1396), der Kandidat der prohabsburgischen Partei, als Sieger hervorging. Pilgrim war in heftige Auseinandersetzungen mit Kaiser Karl IV. verwickelt, auch die Beziehungen zu den Wittelsbachern verschlechterten sich in den Achtzigerjahren des 14. Jahrhunderts so nachhaltig, dass die Bayernherzöge den Erzbischof 1387 bei einer Zusammenkunft gefangen nehmen ließen.

Unter seinem Nachfolger, Erzbischof Gregor Schenk von Osterwitz (1396–1403), erreichte der weltliche Besitz des Erzstiftes seine größte Ausdehnung: Er umfasste das heutige Bundesland Salzburg, erweitert durch das Liesertal mit Gmünd, Windisch-Matrei in Osttirol, durch wesentliche Teile des Ziller- und des Brixentals, durch das Berchtesgadener Land und den Rupertiwinkel sowie durch das Gebiet links der Salzach oberhalb von Reichenhall bis Tittmoning. Auswärtige Besitzungen lagen unter anderem am Inn zwischen Gars und Mühldorf, in Südtirol sowie in Kärnten, der Steiermark und in Niederösterreich. Erzbischof Gregor hinterließ allerdings große Schulden, die von seinen Nachfolgern nur mit Mühe abgetragen werden konnten. Mit der Verschuldung des Erzstiftes steht wahrscheinlich auch die Judenverfolgung des Jahres 1406 unter der Regierung Erzbischof Eberhards III. von Neuhaus (1403/06–1427) in Zusammenhang.

In Kärnten und der Steiermark bildete der Salzburger Besitz ein lohnendes Ziel für die Habsburger, um ihren territorialen Bestand zu ergänzen. Langwierige Streitigkeiten um die Herrschaftsrechte belasteten die Beziehungen zwischen Herzog Ernst »dem Eisernen« und Erzbischof Eberhard III. derart, dass dieser den österreichischen Fürsten 1423 exkommunizierte. Kaiser Friedrich III. folgte der Politik seines Vaters Ernst, die Kärntner Stellung Salzburgs zurückzudrängen. Auch das ihm vom Papst zuerkannte Recht, die Eigenbistümer Gurk und Lavant zu besetzen, bedeutete für Salzburg einen erheblichen Prestigeverlust.

Im so genannten »Salzburger Bistumsstreit« setzte sich der Kaiser gleichfalls durch: Friedrich III. wünschte sich Johann Beckenschlager, den von Matthias Corvinus von Ungarn zu ihm übergegangenen Erzbischof von Gran, als Nachfolger des amtsmüden Salzburger Erzbischofs Bernhard von Rohr (1466–1481/87). Da sich das Domkapitel und die Landstände unter Einfluss probayerischer Kräfte diesen Plänen widersetzten, verhängte Friedrich eine Handelssperre gegen Salzburg und konfiszierte die Einkünfte aus den niederösterreichischen Besitzungen des Erzstiftes. Damit trieb der Kaiser Salzburg allerdings in die Arme des ungarischen Königs. 1479 besetzten dessen Truppen die untersteirischen Herrschaften des Erzstiftes und unternahmen von dort aus Streifzüge in die österreichischen Erblande. Im folgenden Jahr zogen ungarische Truppen in Kärnten und der Steiermark ein. Der Kleinkrieg fiel mit dem verheerenden Türkeneinfall im August 1480 zusammen, dem sich weder die kaiserlichen noch die ungarischen Truppen entgegenstellten. Als die Salzburger Bevölkerung sich wegen des wirtschaftlichen Niederganges gegen den Erzbischof wandte und der Landtag ihm 1481 riet, sich mit dem Kaiser zu vergleichen, verzichtete Bernhard von Rohr auf die Regierung und bestellte Johann Beckenschlager zum Administrator und Koadjutor (1481/84–1487) mit dem Recht der Nachfolge (1487–1489). Noch zu Lebzeiten Beckenschlagers regelte das Reichsoberhaupt auch dessen Nachfolge zugunsten Friedrichs V. von Schaunberg (1489–1494). Das Erzstift Salzburg war damit mehr denn je unter österreichischen Einfluss geraten.

Fürst und Land: die Entstehung der Stände

Der Landesfürst des Spätmittelalters herrschte keineswegs »souverän«, er stand weder über dem Recht noch konnte er auf die Mitwirkung, auf den Konsens zumindest eines Teils seiner Untertanen verzichten. Legitime Herrschaft beruhte auf Gegenseitigkeit: Sie verpflichtete den Herrn zu »Schutz und Schirm« – zu militärischem Schutz vor äußeren Feinden, zum Schutz des inneren Friedens durch Gerichtsbarkeit, durch die Exekution der Urteile, durch die Weiterentwicklung des Rechtssystems, zum Schutz durch Fürsorge, durch den Unterhalt von Gemeinschaftseinrichtungen. Konnte oder wollte die Herrschaft »Schutz und Schirm« nicht gewährleisten, verlor sie ihre Legitimation. Handelte der Herr ungerecht, war Widerstand statthaft. Demgegenüber schuldete die Gemeinschaft ihrem Herrn »Rat und Hilfe«. Es galt, den Herrn beim Erfüllen seiner Aufgaben zu unterstützen, bei Gericht und anderen gemeinsamen Angelegenheiten mitzuwirken, in einem bestimmten Rahmen wehrpflichtig zu sein sowie unter bestimmten Voraussetzungen außerordentliche Steuern und Leistungen zu erbringen, die über das durch Lehensrecht und andere Bindungen Geschuldete hinausgingen. Die Pflicht zu »Rat und Hilfe« schloss das Recht zur Mitsprache in den Angelegenheiten der Gemeinschaft sowie zur Genehmigung der außerordentlichen Leistungen ein.

Der Begriff »Land« (*terra*) meint im Zusammenhang mit Landesherrschaft kein Territorium, sondern einen Personenverband. Eine Gruppe von Menschen, die nach einem bestimmten Recht lebte, es tradierte und dabei auch weiterentwickelte, »war« das Land. Dieser Personenkreis, das »Landvolk«, bildete die Gerichtsgemeinde, die zum »Landtaiding« zusammentrat, dem der Landesfürst vorsaß. Landvolk bedeutete aber nicht »Bevölkerung«, sondern umriss eine exklusive Gruppe von Grundbesitzern, einen Grundherrenverband. Es waren die lokalen adeligen Machtträger, Hochfreie wie Ministerialen, die der Landesherr zusammenrief, um die höchste Ebene der Gerichtsbarkeit auszuüben und Regierungsakte zu setzen. Nur jenes Gebiet war ein Land, in dem ein einheitliches Landrecht galt und eine Gerichtsgemeinde nach diesem Recht lebte.

Vom 14. Jahrhundert an hatten sich in den Ländern des habsburgischen Machtbereichs (Österreich, Steiermark, Kärnten, Tirol,

Krain) allmählich institutionalisierte, in Gruppen gegliederte ständische Körperschaften entwickelt, in denen der Adel, die landsässige hohe Geistlichkeit sowie die Städte und teils auch die Märkte vertreten waren. Zu den Ständen gehörte als Adeliger oder Geistlicher, wer eine landesunmittelbare Grundherrschaft mit einem entsprechenden organisatorischen Mittelpunkt besaß. Wo sich der Adel, wie in Österreich, in eine Herren- und eine Ritterkurie teilte, war die Zugehörigkeit zum Herrenstand an besondere Qualifikationen gebunden: an den Besitz von Herrschaften, deren Immunität nur die Blutgerichtsfälle ausschloss, und die Fähigkeit, Vogt über Kirchen und Lehensherr von ritterlichen Lehensleuten zu sein. Für die Prälaten war neben den grundherrschaftlichen Voraussetzungen die Unterstellung unter die Schirmvogtei des Landesherrn maßgeblich. Von den Städten und Märkten konnten nur jene zu den Ständen gehören, deren Bürgerverband als Gesamtheit unmittelbar dem Landesfürsten unterstand. Das bedeutete in der Regel, dass die Organe der Bürgerschaft mit der Niedergerichtsbarkeit ausgestattet sein mussten. Jene Bürgergemeinden, die »ausländische« Stadtherren hatten, wie das bischöflich passauische St. Pölten, oder zum landesfürstlichen Kammergut gehörten, waren nicht Teil der Landschaft.

Ursprünglich boten in erster Linie die Gerichtstage der »Landtaidinge« den Ort, wo der Fürst mit dem Land über Rat und Hilfe verhandeln konnte. Als das »Landtaiding« verfiel, traten an seine Stelle Hofgerichte sowie Hoftage, zu denen der Landesherr jene Teile des Landes einberief, deren Unterstützung oder Zustimmung er zu einem bestimmten Anlass benötigte. Landtage als mehr oder weniger regelmäßig tagende Foren der Kontaktaufnahme zwischen Fürst und Landvolk sind seit dem ausgehenden 14. Jahrhundert belegt. Sie wurden vom Landesherrn zur Beratung über außerordentliche Leistungen ausgeschrieben. Eigenmächtige Versammlungen der Stände wurden nicht als Landtage anerkannt. Ein Recht auf regelmäßige Einberufung besaß die Landschaft nicht. Die Stände waren seit dem 15. Jahrhundert verpflichtet, auf diesen Versammlungen zu erscheinen. Allerdings entzog man sich nicht selten dieser Pflicht mit dem Argument, die Beschlüsse würden nur für die jeweils Anwesenden gelten. Auf den Landtagen beschlossen die Stände Landfrieden, die der Verbrechensbekämpfung und der Sicherung des Friedens im Innern dienten, und bewilligten außerordentliche Kriegsdienste und Steuern. Auch die Organisation der Landesverteidigung im Zusammenwirken mit dem Fürsten gehörte wohl von Anfang an zu den Aufgaben der Landtage. Andererseits konnten die Stände Beschwerden und Bitten vortragen. Nicht selten wurde das Ausmaß außerordentlicher Leistungen von der Berücksichtigung ständischer Forderungen abhängig gemacht.

Die zunehmend regelmäßigen Verhandlungen über Rat und Hilfe, die Einflussmöglichkeiten, die die habsburgischen Vormundschaftsstreitigkeiten und Linienteilungen vom späten 14. bis über die Mitte des 15. Jahrhunderts hinaus boten, stärkten die Stände. Daraus resultierte jener ständisch-fürstliche Antagonismus, der die österreichische Geschichte an der Wende vom Mittelalter zur Neuzeit prägte und in militärischen Auseinandersetzungen zwischen dem Landesherrn und Teilen des »Landvolks« gipfelte.

Im Gegensatz zu den östlichen Ländern der Habsburger nahmen in Tirol auch Vertreter des Bauernstandes an den Landtagen teil. Die adelsfeindliche, auf die Immediatisierung der bäuerlichen Untertanenschaft ausgerichtete Politik Meinhards II. hatte die Basis dafür gelegt, dass die bäuerliche Bevölkerung der landesfürstlichen »Pfleggerichte« als Teil des Landes gelten konnte. Hinzu kam, dass die Bauern Tirols immer wieder mit Erfolg die Verteidigung des Landes mitgetragen hatten und sie als militärischer Faktor nicht außer Acht gelassen werden durften. In den Zwanzigerjahren des 15. Jahrhunderts gelang es Herzog Friedrich IV. schließlich mit Hilfe bäuerlicher Kontingente sowie der Städte, die politische Macht des Tiroler Adels auf Dauer zu brechen. Die Rechtsgrundlage für die Landstandschaft der bäuerlichen Gerichtsgemeinden, der Pfleggerichte, ist dieselbe wie jene der landesfürstlichen Städte und Märkte: Die Gerichtsgenossen gehörten nicht zum Kammergut, sondern bildeten einen Verband, der in seiner Gesamtheit unter der Schirmherrschaft des Landesfürsten stand und die Niedergerichtsbarkeit besaß. Die im 15. Jahrhundert entstandenen Vorarlberger Stände setzten sich überhaupt nur aus städtischen und ländlichen Gerichten zusammen. Eine Adels- und Prälatenbank existierte dort nie, weil es keine adeligen oder geistlichen Grundherrschaften mit eigener Gerichtsbarkeit unterhalb der landesherrlichen Ebene gab.

Auch im Erzstift Salzburg hatte sich im Verlauf des 14. Jahrhunderts eine landständische Organisation entwickelt, in der vorerst Adel, Prälaten und die landesfürstlichen Städte und Märkte sowie für eine kurze Zeit auch Deputierte ländlicher Gerichtsgemeinden zusammenwirkten. Weil der landsässige Adel aufgrund der konsequenten Territorialpolitik der Erzbischöfe weitgehend entmachtet war, konnten sich die Salzburger Stände aber nicht als ein wirksamer Gegenpol zum Landesfürsten etablieren.

Gerade die ständischen Verhältnisse unterschieden Österreichs Westen – einschließlich Salzburgs – von den östlichen Ländern. Im Westen gelang es dem Landesfürstentum, den Einfluss des Adels und der Prälaten weitgehend zurückzudrängen und durch den unmittelbaren Zugriff auf Bauern und Bürger einen verhältnismäßig einheitlichen Untertanenstand zu schaffen. Im Osten hingegen konnten die Grundherrschaften ihre Position im Verfassungsgefüge weitgehend behaupten. Wo starke Adels- und Prälatenkurien bestanden, machten die Landstände dem Fürsten auch weiterhin zu schaffen; wo Bürger und Bauern Anteil an der Landschaft hatten oder diese ganz dominierten, blieb die Macht der Stände beschränkt. Andererseits besaßen dort die Untertanen bessere Möglichkeiten, ihre Gemeindeangelegenheiten autonom zu regeln. Bis heute wirksame Mentalitätsunterschiede der österreichischen Regionen und Länder haben darin ihre Wurzeln.

Die mittelalterliche Gesellschaft

Die Rechtsordnungen (*leges*) der Bayern und Alamannen als normative Quellen wie auch die Urkunden zeichnen bereits für das frühe Mittelalter das Bild einer differenzierten Gesellschaft. Grundsätzlich unterscheiden sie zwischen Freien und Unfreien. Während der Freie (*liber*) – zumindest theoretisch – das volle Verfügungsrecht über sich besaß, »gehörten« Unfreie (*servi, ancillae* oder geschlechtsneutal *mancipia*) einem Herrn, der sie verkaufen, vertauschen oder verschenken konnte – eine Form der Abhängigkeit, die sich zunächst kaum von der spätantiken Sklaverei unterschied. Vor allem unter dem Einfluss der Kirche besserte sich ihre Rechtsstellung aber allmählich. Nicht immer lässt der Status der Unfreiheit auf die unmittelbaren Lebensumstände schließen. Es gab den unfreien Großbauern, der selbst wieder Hörige besaß, ebenso wie die auch sexuell ausgebeutete Hausklavin. Meist waren Unfreie, die Land zur selbstständigen Bewirtschaftung zugewiesen erhalten haben, besser gestellt als jene, die auf herrschaftlichen Großhöfen arbeiten mussten oder an die Hauswirtschaft ihres Herrn gebunden waren. Allen gemeinsam war eine mehr oder minder intensive Beschränkung der persönlichen Freizügigkeit, insbesondere die Bindung der Verehelichung an den Konsens der Herrschaft.

Der überwiegende Teil der Unfreien befand sich von Geburt an in diesem Status. Der Handel mit Hörigen, den noch das Churrätische Reichsgutsurbar (842/43) und die Zollordnung von Raffelstetten (903/906) belegen, deckte seinen Bedarf vor allem mit Kriegsgefangenen. Dazu kam die Schuldknechtschaft aufgrund nicht rückzahlbarer finanzieller Verpflichtungen. Auch der Eintritt eines Freien in ein Schutzverhältnis konnte in die Unfreiheit führen. Umgekehrt bestand die Möglichkeit, Unfreien die Freiheit zu geben, was allerdings vielfach nur eine »Minderfreiheit« zur Folge hatte, da der Freigelassene nur für seine Person frei wurde, aber nicht einem freien Personenverband, einer freien Sippe angehörte. Zu den Abhängigen zählten im Ostalpenraum des Weiteren die »Barschalken«, wohl romanischen Ursprungs, die zwar als persönlich frei galten, Waffen trugen, einem eigenen Barschalken-Recht unterstanden, aber Dienste zu leisten hatten wie Unfreie. Bei den Slawen Karantaniens entsprachen ihnen die »Edlinger«. Als Zinsleute bezeichnete man jene Freigelassenen, deren Bindung an eine meist geistliche Herrschaft sich auf die jährliche Zahlung einer bestimmten Summe Geldes beschränkte.

Auch die Gruppe der Freien war heterogen, ihr gehörte der Großgrundbesitzer mit militärischem Gefolge ebenso an wie verarmte Menschen, die ihren kümmerlichen Besitz einem Kloster gegen die Sicherung der Ernährung übertrugen. Das Alamannenrecht kannte drei Stufen von Freien: die »Minderen«, die »Mittleren« und die »Ersten«, das der Bayern billigte neben dem agilolfingischen Herzogshaus fünf namentlich genannten Sippen eine soziale Besserstellung zu. Für einen sich geburtsständisch definierenden Adel war in diesem System allerdings noch kein Platz. Die Freien hatten die Pflicht, bei den regelmäßig stattfindenden Gerichtstagen zu erscheinen sowie an den Heerzügen teilzunehmen.

Eine besondere Rolle kam den Amtsträgern zu, Nähe zur Herrschaft bot Freien wie Unfreien die Chance zu sozialem Aufstieg. Die Veränderungen im Kriegswesen, die den Reiterkampf ins Zentrum rückten und ärmere Freie vom Waffendienst allmählich ausschlossen, andererseits aber unfreie Panzerreiter als Vasallen der Mächtigen kannte, die Verleihung der Immunität an geistliche Grundherrschaften, die diese aus der »öffentlichen« Gerichtsbarkeit herausnahmen und der Ausbau des Lehenswesens ließen über den alten Gegensatz von »frei« und »unfrei« hinaus neue soziale Kategorien entstehen: Während freie Bauern zu einer seltenen Erscheinung wurden, verbanden sich die Begriffe »frei« und »edel«. *Adelvrî* – edelfrei – ist der »echte«, nun auch schon genealogisch-geburtsständisch verstandene Adel. Unfreie Gefolgsleute des freien Adels und der hohen Geistlichkeit erfüllten zwar als *ministeriales* adelige Aufgaben im Krieg und in der Verwaltung, besaßen selbst Knechte und Mägde, gehörten aber zunächst noch nicht dem Adel an. Gemeinsam mit Adeligen, die durch den Eintritt in den Dienst Mächtigerer ihre Freiheit eingebüßt hatten, bildeten sie eine eigene, adelige Lebensformen pflegende Gruppe, die Ministerialität.

Als *ordo nobilium* waren Grafen und Freiherren vom 11. bis ins 13. Jahrhundert klar vom *ordo ministerialium*, dem Stand der unfreien Dienstleute, geschieden. Bald aber geriet der freie Adel in eine Krise, er wurde Opfer der Territorialisierung, fand den Anschluss an die Landesherrschaft nicht, konnte aber auch nicht mit ihren Machtmitteln konkurrieren. Viele Geschlechter erloschen oder gingen in der landesfürstlichen Ministerialität auf. So existierten beim Regierungsantritt der Habsburger im Herzogtum Österreich aus dem Kreis der *nobiles*, der anfänglich ein halbes Dutzend Familien umfasst hatte, nur mehr die Grafen von Schaunberg.

Das Ausscheiden der alten gräflichen und freiherrlichen Familien hinterließ in den Herzogtümern Österreich, Steier und Kärnten keine dauerhafte Lücke, da aus der landesfürstlichen Dienstmannschaft mächtige Ministerialen nachrückten. Die aktive Lehensfähigkeit, die die Bildung einer eigenen ritterlichen Dienstmannschaft erlaubte, und die Ausübung der hohen Gerichtsbarkeit waren die wichtigsten Kriterien für die Zugehörigkeit zum neuen Stand der »Landherren«. Er formierte sich um die Mitte des 13. Jahrhunderts aus den wenigen verbliebenen Hochfreien und der Spitzengruppe der Ministerialität. Um 1300 war dieser Prozess abgeschlossen. Während die Landherren in den österreichischen Ständen eine eigene Kurie bildeten, waren Herren und Ritter in der Steiermark und Kärnten, aber auch in Tirol und Salzburg wegen der geringen Zahl hochadeliger Geschlechter in einer gemeinsamen Adelsbank zusammengefasst.

Die Dienstmannschaft der Fürsten setzte sich ursprünglich aus zwei Gruppen zusammen: jenen, die sich durch einen Treue- oder Lehenseid in die Gefolgschaft oder Vasallität begeben hatten, und einen Kreis, der durch das *ius ministerialium* enger an den Herrn gebunden war. Die persönliche Freizügigkeit der Letzteren war in Hinblick auf den Wechsel des Herrn, die Wahl des Ehepartners und das Verfügen über die Nachkommenschaft eingeschränkt. Aus diesen Bindungen konnte sich die Ministerialität seit dem späteren 13. Jahrhundert allmählich emanzipieren. Die bedeutendsten dienstadeligen Geschlechter stifteten Klöster und besaßen Städte, wie etwa die Kuenringer und die österreichischen Liechtensteiner oder die Pettauer in der Steiermark. Nach dem Lehens- und Geburtsrecht standen die Grafen und Edelfreien aber weiterhin über den Ministerialen, mit denen sie nur im Landrecht einen gemeinsamen Stand bildeten. Freilich klafften Rechtstheorie und Rechtspraxis auseinander, standen der strengen Hierarchie, die die normativen Quellen überliefern, in der Realität zahlreiche Zwischenstufen gegenüber.

Die mittelalterliche Ständelehre teilte – die soziale Realität stark vereinfachend – die Bevölkerung in drei Gruppen: Die *bellatores*, die Krieger, sollten die Gesellschaft vor äußeren und inneren Feinden schützen, die *oratores*, die Betenden, durch Seelsorge und Gebet die Ewige Seligkeit erlangbar machen, während die *laboratores*, die Arbeitenden, für die Ernährung des eigenen wie der beiden anderen Stände Sorge zu tragen hatten. Adel und Ministerialität fanden sich bei den Kriegern, die das Waffenmonopol für sich beanspruchten, zusammen, Welt- und Ordensklerus stellten die Betenden, alle anderen wurden der dritten Kategorie zugewiesen. Bei den *laboratores* kam es an der Wende vom frühen zum hohen Mittelalter zu einer tief greifenden Veränderung. Weil immer mehr Land in so genannte »Hufen« zu durchschnittlich zehn Hektar aufgeteilt und zur Bewirtschaftung ausgegeben wurde, entstand als Folge der »funktionalen Teilung zwischen Friedenssicherung und Nahrungsproduktion« der

»Sozialtyp Bauer« (Karl Brunner). Ihren Abschluss fand diese Entwicklung im 13. Jahrhundert mit der Auflösung der noch verbliebenen Fronhöfe, die Herrschaft war nun nicht mehr in erster Linie an persönlichen Diensten interessiert, sondern an Zinsen und Abgaben, was bereits eine marktorientierte Produktion erforderlich machte. Entscheidend für die Situation eines Bauern waren die Intensität der leibherrlichen Bindung an den Grundherrn und die Form der Grundleihe. Beim Freistift konnte der Herr seinen Holden jeweils nach Jahresfrist »abstiften«, das heißt, das Leiheverhältnis aufkündigen, bei der freiesten Form der Leihe, dem »Burgrecht« hingegen, das sich unter anderem bei Neurodungen findet, konnte der Hof auch vererbt werden, der Inhaber schuldete dem Herrn nur mehr den Leihezins, aber keine persönlichen Dienste. Neben denjenigen, die in grundherrlichem Auftrag eine bäuerliche Wirtschaft betrieben, existierte ein Arbeitskräftepotential, auf das die Bauern gegebenenfalls zugreifen konnten, das meist auf Jahresfrist beschäftigte Gesinde und die flexibler einsetzbaren Taglöhner.

Die Lage der Bauern während der Aufschwungperiode der hochmittelalterlichen Agrarwirtschaft wird kontrovers beurteilt. Es scheint, dass die positiven Entwicklungen vor allem einer bäuerlichen Oberschicht zugute kamen, die sich vom 12. Jahrhundert an herausbildete. Die Lebensbedingungen der stark angewachsenen breiten Masse der ländlichen Bevölkerung waren hingegen alles andere als erfreulich. Allein die Tatsache, dass die Getreideernte selbst in guten Jahren auf geeigneten Böden kaum mehr als das Dreifache der Aussaat erbrachte, lässt erahnen, in welchem Maß die bäuerliche Existenz permanent gefährdet war.

Kaum Platz in der herkömmlichen ständischen Trias fanden die Bewohner der protostädtischen Siedlungen, die den unterschiedlichsten Berufen nachgingen. Sie gehörten oft zur *familia* eines Bischofs, eines Klosters, des Herzogs oder eines bedeutenden Adeligen. Juden sind vom ausgehenden 12. Jahrhundert an zuerst in Wien und Wiener Neustadt, dann aber auch in anderen Städten, darunter Krems, Korneuburg, St. Pölten und Tulln, nachgewiesen. Sie waren zunächst vor allem im Kreditgeschäft tätig.

Bereits bestehende Orte waren seit dem 11. Jahrhundert, vor allem wenn sie zentral oder an Handelswegen lagen, mit Markt- und Zollrechten ausgestattet worden, dazu kamen Neugründungen. Die planmäßige Förderung und der Ausbau der werdenden Städte gingen Hand in Hand mit der Formierung ihrer Bewohner zu einem rechtlich handlungsfähigen Personenverband, zur Bürgerschaft, die nach eigenen Rechtsnormen lebte. Das älteste noch im Original erhaltene österreichische Stadtrecht wurde 1212 in Enns niedergeschrieben, es weist neben dem vom Stadtherrn eingesetzten Stadtrichter auf die Existenz eines ratsähnlichen Bürgerkollegiums hin.

Nur wenig jünger ist das ausführliche Wiener Stadtrecht von 1221. Wien verdankte seinen Aufstieg dem Ausbau zum Residenzort der Babenberger, die Stadtbevölkerung wuchs von etwa 10 000 Menschen um 1200 auf circa 20 000 um 1350 an. Rasch entwickelte sich auch Wiener Neustadt, gegründet im ausgehenden 12. Jahrhundert, das ebenso wie Hainburg oder Bruck an der Leitha nicht zuletzt militärische Aufgaben für den Landesfürsten zu erfüllen hatte. In der Steiermark sind das später oberösterreichische Steyr, Judenburg, Knittelfeld und Fürstenfeld zu nennen, dann aber vor allem Graz, das sich nach der Mitte des 12. Jahrhunderts zu einem landesfürstlichen Zentrum entwickelte. Diese Aufgabe erfüllte in Kärnten St. Veit an der Glan, während Friesach den Erzbischof von Salzburg und Villach den Bischof von Bamberg als Stadtherrn hatte. In Tirol gründete Bischof Udalrich II. von Trient Mitte des 11. Jahrhunderts Bozen, Brixen entstand im Vorfeld der bischöflichen Burg, während Innsbruck Ende des 12. Jahrhunderts von den Markgrafen von Andechs-Meranien angelegt und ausgebaut wurde.

Um 1300 gab es innerhalb der heutigen österreichischen Staatsgrenzen 71 Städte, bis zum Jahr 1400 wuchs ihre Zahl auf 76 an. Dazu kamen im Jahr 1300 131 Märkte. Das Netz der Marktorte verdichtete sich den folgenden hundert Jahren auf 238. Demographisch spielten Städte und Märkte aber keine führende Rolle. Nach wie vor lebte der größte Teil der Bevölkerung – über 90 Prozent – außerhalb von ihnen. Die räumliche Verteilung der Städte und Märkte in den Donau- und Alpenländern war ungleichmäßig. Niederösterreich besaß im späten Mittelalter besonders viele wirtschaftliche Zentren, Tirol, Salzburg, Kärnten und Krain wiesen dagegen eine wesentlich geringere Dichte auf. Die Steiermark und Oberösterreich bewegten sich zwischen den beiden Extremen. Als Ursache dieses Ost-West-Gefälles gelten die unterschiedlichen Herrschaftsstrukturen. Vor allem in Niederösterreich überzog eine große Zahl patrimonialer Herrschaften weltlichen wie geistlichen Standes mit teils sehr kleinräumigen Sprengeln beinahe das ganze Land und brachte viele konkurrierende Marktorte hervor. Wo sich aber, wie in Salzburg und Tirol, verhältnismäßig großflächige landesfürstliche Gerichte gebildet hatten, wurde in der Regel nur der Mittelpunkt des Gerichts mit den Funktionen eines landesfürstlichen Marktes ausgestattet, wobei sich in Tirol die Städte als Zentralorte behaupten konnten.

Drei Kriterien bestimmten den sozialen Rang des Stadtbewohners: die Vermögensverhältnisse, der Zugang zu den politischen Ämtern sowie die Ausübung des ritterlichen Dienstes bzw. die adelige Herkunft. Letztere konnte auch noch im 14. Jahrhundert eine Rolle spielen. Im späten 14. Jahrhundert teilte man die Wiener Bürger in drei Gruppen: Erbbürger, Kaufleute und Handwerker. Aus ihnen rekrutierte sich die ratsfähige Spitzengruppe, wobei aber letztlich das Vermögen über die Teilhabe am politischen Leben entschied, denn die ärmeren Handwerker, und damit die Mehrzahl dieser Gruppe, blieben de facto davon ausgeschlossen. Nur jene Handwerker, die zu entsprechendem Wohlstand gekommen waren, stiegen in die Oberschicht auf. Die besten Chancen dafür boten Luxushandwerke, wie das der Goldschmiede oder Kürschner, Spezialgewerbe, wie das der Apotheker, oder Berufe, die sich mit einer Handelstätigkeit verbinden ließen. Reiche Fleischhauer waren in der Regel erfolgreiche Viehhändler. Als eigene Konsortien traten in Wien die »Hausgenossen« auf, die das Monopol für die Münzprägung, den Geldwechsel und den Handel mit Edelmetallen besaßen, sowie die »Laubenherren«, denen der stückweise Verkauf importierten Tuchs vorbehalten war.

Nähe zum Landesfürsten führte zu einer weiteren Verbesserung der gesellschaftlichen Position und bot den städtischen Eliten in geschäftlicher Hinsicht ein weites Betätigungsfeld. Nachdem Ritterbürger die Juden aus dem großen Kreditgeschäft verdrängt hatten, betätigten sie sich auch in der landesfürstlichen Finanzverwaltung. Mit hohem Kapitaleinsatz und beträchtlichem Risiko ließen sich enorme Gewinne erzielen. Solche rittermäßigen Spitzengruppen sind nicht nur in Wien, sondern auch in Wiener Neustadt, Klosterneuburg, Tulln, Krems, Stein, Steyr, Gmunden und Freistadt sowie in Kärntner Städten nachgewiesen.

Vollberechtigte Gemeindezugehörigkeit war in zahlreichen Städten ursprünglich an den Hausbesitz oder an einen bestimmten Beruf gebunden: In Linz etwa besaßen nur die Kaufleute das volle Bürgerrecht. Ähnliche Verhältnisse herrschten auch in anderen Städten des Landes ob der Enns, wo neben den Kaufleuten auch die Wirte und Bräuer zu den Vollbürgern zählten. Die Handwerker lebten in diesen Städten als »Inwohner« mit eingeschränkten Rechten. Wer weder Bürger noch Inwohner war, stand als Fremder außerhalb der kommunalen Rechtsordnung, auch wenn er sich dauernd in der Stadt aufhielt. Dies traf in erster Linie für Angehörige der Unterschichten – Dienstboten, Lohnarbeiter usw. – sowie gesellschaftlicher Randgruppen zu.

Während die bedeutenderen Städte schon im 13. Jahrhundert ein gewisses Maß an innerer Autonomie gewonnen hatten, blieben die Möglichkeiten jener Kommunen und ihrer Bürger, die unter intensiverer stadtherrlicher Aufsicht standen, beschränkt. Das viel strapazierte und oft missverstandene Schlagwort »Stadtluft macht frei« traf keineswegs überall zu. Es lag im Ermessen des Stadtherrn, seine Bürger einzeln oder in ihrer Gesamtheit aus der Leibeigenschaft zu entlassen. Eines der Kennzeichen der Leibeigenschaft waren Heiratsbeschränkungen bzw. der Heiratszwang: 1364 versprach Herzog

Rudolf IV. den Wiener Bürgern, weder ihre Kinder noch ihre Verwandten gegen ihren Willen zu verheiraten. Dagegen klagten die Salzburger noch im frühen 15. Jahrhundert, ihr Stadtherr, der Erzbischof, verheirate Witwen und Bürgertöchter nach seinem Belieben. Die Bewohner der Tiroler Stadt Vils waren sogar noch im 17. Jahrhundert Eigenleute ihrer Stadtherrschaft, der Herren von Hohenegg; sie leisteten Frondienste, Leibsteuer und andere Abgaben.

In Wien verbreiterte die Einrichtung des »Äußeren Rats«, der seit der Mitte des 14. Jahrhunderts nachzuweisen ist, die politische Basis etwas, die Mitbestimmungsmöglichkeiten der Handwerker blieben aber weiterhin beschränkt. Erst das Ratswahlprivileg von 1396, das den Erbbürgern und Kaufleuten die »gemeinen« Handwerker gegenüberstellte, garantierte diesen ein Drittel der Sitze. In den Städten ob der Enns konnten die Handwerker ihre Position im 15. Jahrhundert verbessern, in Leoben und Eisenerz, in Judenburg und Bruck an der Mur beherrschten die Eisengewerken und reichen Handelsherren den Rat. Nur in den Kleinstädten, wo es keine auf Handelstätigkeit größeren Stils ausgerichtete Oberschicht gab, stellten die wohlhabendsten Handwerker die Führungsschicht. Für St. Veit und Völkermarkt ist die Zugehörigkeit von Handwerkern zum Rat nachgewiesen, in den bambergischen Städten Kärntens findet sich hingegen kein Beleg dafür. Das Gros der Handwerker und Gewerbetreibenden zählte freilich zu den Mittelschichten.

Während vielerorts ein politisches Kriterium – das aktive und passive Wahlrecht für den Rat – die Oberschicht von der Mittelschicht abgrenzte, war der Übergang zwischen Mittel- und Unterschicht sowie zwischen Unterschicht und Randgruppen fließend. So wie Reichtum – jeweils in der Relation zur Umwelt – wichtigste Voraussetzung für die Zugehörigkeit zu den sozialen Spitzengruppen bildete, wies Armut den Platz am anderen Ende der sozialen Skala zu. Als arm konnte gelten, wer keinen eigenen Haushalt führte bzw. beruflich unselbstständig war: Lohnarbeiter, Dienstboten, Bettler, Spielleute – jeweils beiderlei Geschlechts –, Prostituierte usw. Aber auch Handwerker, deren Arbeit nur ein geringes Sozialprestige zugebilligt wurde und gar im Ruf der Unehrlichkeit stand, konnten sozial deklassiert sein. Ein Teil der Unterschichten, nämlich Dienstboten, Gesellen und Lehrlinge, waren in die bürgerlichen Haushalte integriert. Sie erhielten vom Dienstgeber Kost und Logis, außerdem unterstanden sie seiner hausherrlichen Gewalt.

Während der überwiegende Teil der Handwerker in die Organisationsform Meister-Geselle-Lehrling eingebunden war, spielte Lohnarbeit – neben dem Baugewerbe, in dem auch Steinmetz-, Maurer- und Zimmermeister im Tag- oder Wochenlohn arbeiteten – vor allem im Weinbau eine wichtige Rolle. Dieser Wirtschaftszweig, der in der zweiten Hälfte des 14. Jahrhunderts als Folge agrarischer Differenzierung sprunghaft anwuchs, beschäftigte in Wien, Krems, Langenlois, Perchtoldsdorf und anderen Orten tausende Taglöhner. In Wien trat eine vor allem in den Vorstädten lebende breite Schicht von Weingartenarbeitern an die Stelle einer gewerblichen Unterschicht. Sie verfügten teils als Kleinhäusler über eigenen Besitz, der aber nicht ausreichte, den Lebensunterhalt zu bestreiten, teils lebten sie als Inwohner zur Miete und waren gänzlich auf die Einkünfte aus dem Taglohn angewiesen.

Als das einschneidendste Ereignis der spätmittelalterlichen Sozial- und Bevölkerungsgeschichte gilt die große Pestepidemie von 1348/49. Die Seuche verbreitete sich von Genua aus über fast ganz Europa. Besonders betroffen waren die Verkehrs- und Transitregionen. In Trient brach die Pest Anfang Juni 1348 aus. Österreich wurde von ihr im Verlauf des Sommers erfasst, zuerst Kärnten und dann die Steiermark. Im Vinschgau wütete die Seuche im September 1348. Wien und sein Umland wurden im April/Mai bis Ende September 1349 vom »Großen Sterben« heimgesucht. In den vorderösterreichischen Gebieten trat die Pest von der Mitte bis zum Ende des Jahres 1349 auf. Die Forschung geht heute davon aus, dass im Durchschnitt etwa ein Drittel der Bevölkerung der Seuche zum Opfer fiel, wobei aber beträchtliche regionale Unterschiede auftraten.

Diese Bevölkerungsverluste setzten dem hoch- und spätmittelalterlichen Landesausbau vielerorts ein Ende, es kam zu zahlreichen Wüstungen. Die wirtschaftlichen Auswirkungen prägten die sozialen Strukturen noch längere Zeit. Ein Teil der Überlebenden konnte seine ökonomische Situation verbessern. Sowohl in den Städten wie auf dem Land waren Arbeitsplätze frei geworden, die Löhne stiegen dementsprechend. Städte erleichterten den Erwerb des Bürgerrechts, um die Lücken zu schließen. Weltliche und geistliche Grundherren hatten viele ihrer bäuerlichen Hintersassen verloren und mussten danach trachten, die verödeten Güter neu zu besetzen, was oft zu deutlich günstigeren Bedingungen – besserer Leiheform, Nachlass von Abgaben und Diensten – geschah. Bestand zuvor eine Nachfrage nach Boden, verkehrte sich die Situation, nun wurden Bauern gesucht. Migrationen unterschiedlichsten Ausmaßes waren die Folge. In Salzburg normalisierte sich die Situation von den Siebzigerjahren des 14. Jahrhunderts an, in Tirol und Vorarlberg wuchs die Bevölkerung bald wieder. Dagegen endete im Osten Österreichs (Mühlviertel, Wald- und Weinviertel, Burgenland, Ost- und Weststeiermark) im 14. Jahrhundert die Phase starken Wachstums und intensiver Siedlungsverdichtung. Der durch die Menschenverluste verursachte Rückgang der Nachfrage ließ die Getreidepreise fallen. Dagegen stiegen die Arbeitslöhne und die Preise für gewerbliche Produkte an. An die Stelle des Getreidebaus trat daher mancherorts die Ausdehnung des Anbaus anderer Feldfrüchte oder die Intensivierung von Viehzucht bzw. Milchwirtschaft.

Insgesamt aber lässt sich eine Stabilisierung der ländlichen Lebensverhältnisse feststellen. Sie bewirkte in der zweiten Hälfte des 14. Jahrhunderts, dass die Wohnstätte des Bauern zum »Haus« im Rechtssinn und der Bauer zum »Hausherrn« wurde. Die Entwicklung des Bauern als soziale Kategorie kam damit zum Abschluss. »Eigenes Feuer und eigener Rauch« bildete aber auch die Grundlage, um vollberechtigt an der dörflichen Gemeinschaft mitwirken und öffentlich-rechtliche Funktionen übernehmen zu können. Damit war ein entscheidender Schritt zur Gemeindebildung vollzogen. Den verstärkt korporativ auftretenden Bauern delegierten die Grundherrschaften verschiedene Kompetenzen. Insbesondere die Regelung alltäglicher Angelegenheiten fiel der bäuerlichen Selbstverwaltung und ihren Organen zu. Die Aufzeichnung dörflicher Rechtsnormen (»Weistümer«), die im 14. Jahrhundert an Breite gewinnt, ist Ausdruck dieser Entwicklung.

Weiterhin aber standen einer schmalen Oberschicht, die Großhöfe bewirtschaftete, die Inhaber mittlerer, kleiner und kleinster Bauernstellen sowie jene Dorfbewohner gegenüber, die keinen landwirtschaftlich nutzbaren Boden besaßen. Besonders deutlich differenziert war die ländliche Bevölkerung dort, wo die herkömmlichen Strukturen, wie etwa die Verbindung von Haus und Flur, weitgehend aufgelöst waren und eine hohe Besitzmobilität herrschte. Dazu zählten in Österreich die Weinbaugebiete.

Erhebliche Auswirkungen auf die sozialen Verhältnisse hatte auch das Erbrecht. Die Realteilung, wie sie im westlichen Tirol, in Vorarlberg sowie im Burgenland geübt wurde, wies zwar allen Nachkommen – oder zumindest allen Söhnen – Grund und Boden zu, sie zog aber auch eine Zersplitterung der Güter nach sich, die so weit führte, dass ihre Inhaber auf außerbäuerlichen Nebenerwerb angewiesen waren. Das Anerbenrecht dagegen, bei dem je nach den örtlichen Gepflogenheiten der älteste oder der jüngste Sohn den Hof übernahm, begünstigte die Entstehung einer relativ homogenen Bauernschicht, der eine wesentlich größere Gruppe weitgehend landloser Menschen (Kleinhäusler, Taglöhner, Dienstboten) gegenüberstand. In Anerbengebieten waren daher die Vollbauern nicht selten eine Minderheit.

Obwohl in der Regel auch zur ländlichen Bevölkerung zählend, unterschieden sich die im Bergbau Beschäftigten am deutlichsten von der Lebensweise und der Rechtsstellung der bäuerlichen Bevölkerung. Sie gehörten, auch wenn sie überwiegend als »Inleute« zur Miete wohnten, nicht zum Haushalt der Hausbesitzer und nicht zu deren Gerichtsgemeinde, sondern bildeten eigene Rechtskreise unter besonderem Schutz der Landesherren. Als Spezialisten mit einem oft weiten Aktionsradius entwickelten sie ein ausgeprägtes Standesbewusstsein. Bereits im 14. Jahrhundert kam es in Salzburg und Tirol zu Arbeitskämpfen, wenn die Arbeitgeber sich nicht an die mit den Bergknappen ausgehandelten Vereinbarungen hielten. Unter dem Eindruck eines Hallstätter Knappenaufstands von 1392 ordnete Herzog Ernst der Eiserne 1409 für die Saline Aussee an, dass Höchstpreise für Güter des täglichen Bedarfs festzulegen seien und sich diese an der ebenso fixierten Lohnhöhe zu orientieren hätten. Eigene Bergordnungen regelten sowohl montanistische Angelegenheiten wie auch Rechtsprechung und Verwaltung. Zur sozialen Absicherung bei Erkrankungen oder Unfällen sowie als religiöse Vereinigungen bildeten die Bergleute Bruderschaften.

Im Edel- und Buntmetallbergbau war der durch die Kapitalwirtschaft ausgelöste Differenzierungsprozess am weitesten fortgeschritten. Jene Gewerken, »Unternehmer«, die ursprünglich im salzburgischen Revier Gastein-Rauris Gold, Silber und Kupfer schürften, stammten aus der Umgebung der Abbaustätten, ihr Investitionsvolumen war gering, oft arbeiteten sie selbst in den Gruben. Seit der Mitte des 14. Jahrhunderts investierten hingegen Judenburger Kaufleute ihr im Fernhandel erworbenes Kapital in diese Bergwerke und verdrängten die einheimischen Gewerken. Der Gewerke wurde zum Investor, an dessen Stelle ein Verweser den Betrieb führte, während Lohnarbeiter die verschiedenen, sorgfältig voneinander geschiedenen Arbeiten verrichteten. Auch im steirischen Eisenwesen wurden seit dem 14. Jahrhundert Abbau und Verhüttung getrennt. An die Stelle der kleinen »Rennfeuer«, die oft als bäuerlicher Nebenerwerb betrieben wurden, traten komplexere Verhüttungsanlagen, die das Rohmaterial für die Hammerwerke lieferten. Das Kapital für diese Umstellung kam wiederum aus den Städten.

Den spätmittelalterlichen Adel erfassten gleichfalls Veränderungen. Der Kreis der Landherren schrumpfte durch das Aussterben einzelner Geschlechter, aber auch durch sozialen Abstieg, wenn wirtschaftliche Not den Verkauf von Besitz und Herrschaftsrechten notwendig machte. Davon profitierten die verbliebenen Familien, indem sie ihre Standesgenossen beerbten oder ihre Güter erwarben. Die steirischen Herren von Stubenberg kamen auf diese Weise in den Besitz von 30 Herrschaften. Eine wichtige Voraussetzung für den Ausbau des eigenen Machtbereichs und damit für den Aufstieg innerhalb der adeligen Hierarchie war auch die Ausübung landesfürstlicher Ämter.

Seit dem späteren 13. Jahrhundert formierte sich der Niederadel als eigene, politisch relevante Adelskategorie, der die Ritter und die nunmehr ebenfalls dem adeligen Spektrum zugerechneten Edelknechte (Knechte, *armigeri*) angehörten. Die Landherren, selbst überwiegend Aufsteiger, schlossen sich vorerst als Geburtsstand gegenüber dem niederen Adel ab. Seit dem ausgehenden 14. Jahrhundert wurde die Schranke zwischen niederem und hohem Adel durchlässig, konnten Angehörige des Ritterstandes in den Landherrenstand aufrücken. Im 15. Jahrhundert bildete schließlich allein der Besitz einer Herrschaft mit herrenmäßiger Qualität die Voraussetzung für die Zugehörigkeit zu den Landherren.

Während des ganzen Spätmittelalters war die soziale Mobilität groß: Einerseits gab es innerhalb des breiten adeligen Spektrums große Veränderungen, andererseits erwies sich die Grenze zwischen edel und unedel als diffus und durchlässig. In vielen Städten bestanden enge Beziehungen zwischen den bürgerlichen Führungsschichten und dem niederen Adel, die beiden Gruppen galten als ebenbürtig. Dass in den bäuerlichen Oberschichten Ambitionen zum Aufstieg in den Adel vorhanden waren, zeigt Wernher des Gärtners Versnovelle »Meier Helmbrecht« eindrucksvoll: Der reiche Bauernsohn verlässt den väterlichen Hof, um Edelknecht zu werden, endet aber als Raubritter geblendet und verstümmelt am Galgen. Andererseits liefen Adelige Gefahr, den sozialen Abstand zu besser gestellten Nichtadeligen zu verlieren und allmählich aus dem Adelsstand auszuscheiden. Da die wirtschaftliche Ausstattung des Ritterstandes überwiegend bescheiden war, machten sich bei ihm die wirtschaftlichen Probleme des 14. Jahrhunderts besonders bemerkbar. Die von der Pest verursachten Bevölkerungsverluste und die nachfolgende Agrarkrise ließen die Einkünfte aus den grundherrlichen Abgaben deutlich zurückgehen, was viele Grundherren in eine prekäre Lage brachte. Den letzten Schritt des Abstiegs bildete die Eigenbewirtschaftung der verbliebenen Güter, das »Verbauern«. Zum adeligen »Proletariat« des späten Mittelalters gehörten die Soldritter, die entweder gar keine oder keine hinreichende wirtschaftliche Basis in Form von Grund und Boden mehr hatten und zur Gänze oder überwiegend auf die Einkünfte aus dem Kriegsdienst angewiesen waren.

Zur materiellen Krise kam die mentale. Die spektakulären Niederlagen gegen bäuerliche Fußknechte, die der österreichische Adel in erster Linie im Kampf gegen die Eidgenossen erlitt, waren Ausdruck eines grundlegenden Wandels im Kriegswesen. Die ritterlichen Aufgebote verloren an Bedeutung, den großen Söldnerheeren, die sich aus allen Schichten der Bevölkerung rekrutierten, gehörte die militärische Zukunft.

Manche Adelsgeschlechter entwickelten erfolgreiche Gegenstrategien. In erster Line Niederadelige nützten die Chancen, die die landesherrliche Herrschaftsverdichtung bot. Neue Verwaltungsstrukturen bedingten neue Ämter, die ihren Inhabern nicht nur ein Einkommen verschafften, sondern auch einen Machtzuwachs brachten. Durch Pfandschaften sichergestellte Dienstgelder, Vorfinanzierungen oder Darlehen für den Dienstherrn erwiesen sich meist als gute Anlagegeschäfte. Der dadurch erweiterte finanzielle Spielraum ließ eine aktive Besitzpolitik zu. Erfolgreiche Adelige kauften Besitzungen und Einkünfte ihrer in Schwierigkeiten geratenen Standesgenossen, arrondierten ihren Herrschaftsbereich, betrieben eine auf Expansion ausgelegte Heiratspolitik, strebten geistliche Karrieren für Familienmitglieder an. Eine nahezu einmalige Stellung aufgrund kirchlicher Laufbahnen glückte beispielsweise um die Mitte des 14. Jahrhunderts dem Kärntner Ministerialengeschlecht der Weißeneck: Ortolf wurde Erzbischof von Salzburg, seine Brüder Gottfried und Ulrich Bischöfe von Passau und Gurk bzw. Seckau.

Adel und Geistlichkeit waren eng miteinander verknüpft. Zum einen stammte ein überproportional hoher Anteil der Kleriker, vor allem der höheren Geistlichkeit, aus dem Adel, zum anderen wirkte er durch das Eigenkirchenwesen auch auf die Seelsorge. Dass schließlich vom 11./12. Jahrhundert an ein – freilich vorerst weitmaschiges – Pfarrnetz die seelsorgerische Infrastruktur bildete, hatte mehrere Ursachen. Zum einen setzten die Bischöfe durch, dass die Ausübung des Tauf- und Begräbnisrechts, das auch an Eigenkirchen geübt wurde, ihrer Zustimmung bedurfte. Außerdem wuchs der Bestand an bischöflichen Eigenkirchen, also von Seelsorgestationen, die unmittelbar der Verfügungsgewalt der Bischöfe unterstanden. Nur sie hießen ursprünglich *ecclesiae parrochiales*. Große Bedeutung kam des Weiteren dem Zehnt zu. Die Bischöfe bestimmten, welchen Kirchen diese seit der Karolingerzeit reichsrechtlich verpflichtend vorgeschriebene Abgabe zukommen musste. Da der Zehnt mit der Gewährleistung von Gottesdienst und Sakramentsspendung begründet wurde, galten mehr denn je diese Kirchen als dafür allein zuständig und berechtigt.

Der Priester musste lesekundig sein, die Bußbücher und Vorschriften für die Liturgie anwenden, das Evangelium zu erläutern verstehen, was die Kenntnis des Lateinischen voraussetzte, er musste aber auch in der Volkssprache predigen können und den Kalender beherrschen, um den Termin für das Osterfest und damit für die anderen beweglichen Feiertage zu berechnen. Die Praxis sah freilich vielfach anders aus. Vielen sei, wie der *Passauer Anonymus* bald nach der Mitte des 13. Jahrhunderts über die Zustände im Herzogtum Österreich klagte, der lateinische Test der Liturgie nicht geläufig, sodass sie nur sinnlose Wörter aneinanderreihten. Es gebe Geistliche, die die Nächte im Wirtshaus verbringen und am nächsten Morgen im Hemd die Messe feiern. Besonders schlimm stehe es um das Bußsakrament, sogar das Beichtgeheimnis werde gebrochen. Das Spenden der Letzten Ölung mache man von materiellen Zuwendungen abhängig.

Vom 14. Jahrhundert an sorgte die Kommunalisierung für ein allmähliches »Verbürgerlichen« bzw. »Verbäuerlichen« des Seelsorgeklerus. Durch Mess- und Kaplaneistiftungen sowie durch den Bau von Gotteshäusern brachten Gemeinden Patronatsrechte in ihre Hand und konnten damit dem zuständigen Kirchenoberen einen Geistlichen für die Pfründe präsentierten, den sie in der Regel aus dem eigenen sozialen Milieu auswählten. Allerdings waren gerade die Pfründen der niederen Geistlichkeit oft schlecht dotiert, weshalb deren Inhaber entweder weitere geistliche Ämter suchen oder weltlichen Nebenbeschäftigungen nachgehen mussten. Viele geistliche Stellen dienten überhaupt nur der Versorgung von »Beamten«, die die Erfüllung der mit der Pfründe verbundenen seelsorgerischen Aufgaben einem schlecht bezahlten Vikar überließen.

Während dem Weltklerus die Seelsorge zugewiesen war, sollte der Regularklerus das Gebet und das Totengedenken pflegen. Beides kam vor allem den Wohltätern der Klöster zugute. Die Ausstattung, die die Klöster bei der Stiftung erhalten hatten, die weiteren Zuwendungen sowie eigene Rodungs- und Erschließungstätigkeit machten diese reich, aber auch politisch mächtig, was zu enger Verknüpfung geistlicher und weltlicher Interessen führte. Reformbewegungen sollten Abhilfe schaffen: Es ging um die Einschränkung der bischöflichen Aufsicht über die Klöster und die freie Abtwahl, vor allem aber um die freie Wahl des Vogtes, der die klösterlichen Gerichtsrechte ausübte und für den Klosterschutz zu sorgen hatte. Dazu kam der Wunsch nach einem sittenstrengen, würdigen Klerus. Die Reformen betrafen nicht nur die Benediktinerklöster. Die Domkapitel von Salzburg, Gurk und Lavant wurden in Chorherrengemeinschaften umgewandelt, die nach dem Vorbild des hl. Augustinus leben sollten, ebenso die passauischen Eigenklöster Kremsmünster, St. Florian und St. Pölten in diesem Sinn reformiert. 1133 erfolgte die Umwandlung des Kanonikerkollegiums Klosterneuburg in ein Augustinerchorherrenstift. Nach der Augustiner Chorherrenregel lebten auch die Prämonstratenser, die sich unter anderem im Tiroler Wilten (1138), im niederösterreichischen Geras (1153) sowie im Kärntner Griffen (1236) niederließen. Dazu kamen die Klostergründungen der Zisterzienser, von denen vor allem Heiligenkreuz (1133), Zwettl (1138) und Lilienfeld (1202) in Niederösterreich, Wilhering (1146) in Oberösterreich, Rein (1128) in der Steiermark, Viktring (1142) in Kärnten und Stams (1272) in Tirol zu nennen sind. Aufgrund ihrer abgeschiedenen Lage in bis dahin unerschlossenen Gebieten hatten diese Klöster Anteil am Landesausbau, ihre in den Städten errichteten Wirtschaftshöfe wurden zu wichtigen Umschlagplätzen für die klösterlichen Produkte.

Der Aufstieg der Städte, der Wunsch nach einer »armen«, an den religiösen Bedürfnissen der Menschen orientierten Kirche veränderte im ausgehenden Mittelalter die Strukturen des Regularklerus nachhaltig. Während die alten Orden, aber auch die Reformorden des Hochmittelalters stagnierten, fassten die Bettelorden in den Städten der Alpen- und Donauländer Fuß. Dominikanerkonvente entstanden in Friesach, Wien, Krems, Wiener Neustadt, Leoben, Tulln, Bozen und Retz, die Franziskaner ließen sich zuerst in Wien, Stein an der Donau, Wiener Neustadt, Graz, Judenburg, Wolfsberg, Villach, Bozen und Brixen, in weiterer Folge unter anderem in Linz, Wels, Enns, Hainburg, Tulln und Bruck an der Mur nieder. Klarissenklöster wurden in Dürnstein, Meran, Wien, St. Veit an der Glan und Rankweil gegründet. Besonderer landesfürstlicher Gunst erfreuten sich die Augustiner-Eremiten, 1327 stifteten die Habsburger das Augustinerkloster bei der Hofburg, 1338 jenes in Korneuburg. Gleichfalls im Zusammenhang mit religiöser Erneuerung verbreitete sich der Kartäuserorden, der auf der Grundlage der Benediktinerregel mönchische mit einsiedlerischer Lebensform verbindet. Friedrich der Schöne rief 1316 die Kartause Mauerbach ins Leben, auf seinen Bruder Albrecht II. geht das Kartäuserkloster Gaming zurück. Sowohl die alten Orden wie auch der Weltklerus standen den Bettelorden jedoch reserviert bis feindlich gegenüber, sie wurden als lästige Konkurrenz empfunden.

Von 1418 an wurde das Benediktinerkloster Melk zum Mittelpunkt der wichtigsten und für einige Zeit auch erfolgreichsten klösterlichen Erneuerungsbewegung, der so genannten »Melker Reform«. Neben Melk bildete das Wiener Schottenkloster, wo die irischen Mönche weichen mussten und durch einen deutschen Konvent ersetzt wurden, ein weiteres Zentrum des Reformkreises. Zu ihm gehörten in den österreichischen Alpenländern außerdem Klein-Mariazell, Seitenstetten, Kremsmünster, Lambach, Garsten, Gleink, Millstatt, St. Peter in Salzburg, Michaelbeuern und Mondsee sowie zahlreiche weitere Stifte in Bayern und Schwaben. Besonderes Augenmerk galt der Fastenordnung, der Besitzlosigkeit der Mönche, dem Standard der Klosterschulen, aber auch einer effizienten Güter- und Vermögensverwaltung. Gesellschaftliche Relevanz besaß die von den Reformklöstern eingegangene Verpflichtung, Nichtadelige in den Konventen zuzulassen. Weitere Reformwellen, die auch die neuen Orden betrafen, folgten. Die Bemühungen zur Hebung der Klosterzucht stießen freilich nicht immer auf Zustimmung. Manche Konvente blieben unreformiert, andere Gemeinschaften, wie das Salzburger Domkapitel, verschafften sich die Genehmigung, ihre bisherige Lebensweise beizubehalten. Viele geistliche Institutionen blieben auch weiterhin Versorgungseinrichtungen für »überzählige« Sprösslinge des Adels.

So bildete die Geistlichkeit des Mittelalters keine strukturell homogene Gruppe: Weltgeistliche und Ordensleute standen einander gegenüber. An der Spitze der Hierarchie rangierten Bischöfe und Prälaten, während die niedrigeren Ränge, die Pfarrer, Leutpriester, Vikare, Kapläne, Altaristen und Hilfspriester das Gros des sozial stark abgestuften Klerus stellten. Zählten die Bischöfe und ihre Kapitel, die großen Stifte und Klöster zu den auch politisch maßgeblichen Kräften, so bildeten weite Kreise des niederen Klerus in Hinblick auf die ökonomische Situation und das Sozialprestige eine zwar zahlenmäßig große, gesellschaftlich jedoch keineswegs privilegierte Gruppe.

Die Kultur des Mittelalters

Schriftlichkeit und Geschichtsschreibung

Brennpunkte der Schriftlichkeit und damit auch der Überlieferung waren zunächst die geistlichen Zentren, die Klöster und Bischofssitze. Neben dem liturgischen Schriftgut entstanden Aufzeichnungen, die der Verwaltung dienten, wie die Salzburger Besitztitelverzeichnisse – die *Notitia Arnonis* (788/90) und die *Breves Notitiae* (798/811) –, das Mondseer Traditionsbuch oder der reiche Schatz an Originalurkunden, der sich im Kloster St. Gallen erhalten hat und für den alamannisch-romanischen Westen so wertvoll ist. Als Zweig der Geschichtsschreibung etablierte sich neben der Hagiographie die Annalistik, die in Salzburg in der Zeit Bischof Virgils einsetzte und bis in die Mitte des 10. Jahrhunderts blühte. Eine Ausnahmestellung nimmt die *Conversio Bagoariorum et Carantanorum* ein, die um 870/71 niedergeschrieben wurde, um die von Salzburg getragene Missionstätigkeit zu dokumentieren. Mit Bischof Virgil hängt außerdem das Verbrüderungsbuch von St. Peter zusammen, das 784 angelegt und bis ins 10. Jahrhundert fortgeführt wurde. Es überliefert die Namen mehrerer tausend Menschen, die dem Kloster verbunden und damit ins Gebet der Mönche eingeschlossen waren. Klösterliche Historiographie setzte dagegen erst im 12. Jahrhundert ein, zunächst in Melk, wo die Mönche 1123 einen Codex zur Niederschrift von Annalen anlegten. Später folgten weitere Klöster, vor allem im Donauraum und in der Steiermark. Die österreichische Geistlichkeit pflegte diese Form der Überlieferung bis ins späte Mittelalter.

Als einer der bedeutendsten Geschichtsschreiber seiner Zeit gilt der als Sohn Markgraf Leopolds II. dem Geschlecht der Babenberger angehörende Bischof Otto von Freising († 1158), der unter anderem eine nach dem »Gottesstaat« des hl. Augustinus gestaltete Weltchronik verfasste. Ein frühes Zeugnis historiographischen Schaffens weltlicher Provenienz bilden die Werke des Wiener Kaufmanns Jans Enikel aus der zweiten Hälfte des 13. Jahrhunderts sowie die umfangreiche, annähernd 100 000 Verse zählende »Steirische Reimchronik« Ottokars *oûz der Geul*. Abt Johannes von Viktring nannte sein in den Vierzigerjahren des 14. Jahrhunderts abgeschlossenes

Hauptwerk *Liber certarum historiarum* (»Buch gesicherter Ereignisse«), mit dem er sich als Kenner der Zeitumstände ausweist und unter anderem die Zeremonien bei der Einsetzung des Kärntner Herzogs auf dem Fürstenstein schildert. Das umfangreichste und am meisten beachtete Produkt »österreichischer« Geschichtsschreibung des 14. Jahrhunderts ist die »Chronik von den 95 Herrschaften« des Augustiner-Eremiten Leopold von Wien, um 1388/94 niedergeschrieben, die streckenweise allerdings frei erfunden ist. Sie wurde im 15. Jahrhundert als offiziöse Darstellung der Landesgeschichte angesehen. Ein Chronist alter Prägung war der Kärntner Pfarrer Jakob Unrest († 1500), der in seinem Hauptwerk, der »Österreichischen Chronik«, jene Ereignisse zusammenstellte, die ihn und seine Zeitgenossen bewegten. Dem Mittelalter ebenfalls formal und inhaltlich verhaftet blieb der niederösterreichische Theologe Thomas Ebendorfer (* 1388, † 1464) mit der *Chronica regum Romanorum* und der *Chronica Austriae*. Am Beginn einer neuen, dem Humanismus verpflichteten Geschichtsschreibung, wie sie schließlich zur Zeit Maximilians I. hervortrat, stand der gebürtige Sienese Aeneas Silvius Piccolomini (* 1405, † 1464), Sekretär in der Kanzlei Friedrichs III., der spätere Papst Pius II. In seiner *Historia Austrialis* lieferte er eine berühmt gewordene Beschreibung der Stadt Wien, erkannte die »Österreichische Chronik der 95 Herrschaften« als fabulös und betonte den Wert der damals in Vergessenheit geratenen Werke Ottos von Freising.

Bildungswesen

Zentren der Bildung waren bis ins spätere Mittelalter die Klöster, unter denen Göttweig, Seitenstetten und Klosterneuburg, zeitweise auch Kremsmünster und Reichersberg hervorragten. Außerdem sind Admont in der Steiermark, St. Paul in Kärnten sowie Georgenberg, Innichen und Neustift in Tirol zu nennen. Dazu kamen die Domschulen in Salzburg, Passau, aber auch in Brixen. Diese herkömmlichen Bildungseinrichtungen dienten nicht nur der Ausbildung des geistlichen Nachwuchses, sondern waren auch Außenstehenden in einer getrennten *schola externa* zugänglich. An ihnen wurden Bibliotheken aufgebaut, deren Bestände teils in eigenen Skriptorien entstanden. Die Pfarrschule von St. Stephan in Wien dürfte bis ins 12. Jahrhundert zurückreichen, im 13. wies sie bereits das Niveau einer Domschule auf. Mit der Ausbreitung der Schriftlichkeit im Spätmittelalter war eine Dezentralisierung des Schulwesens verbunden. Vom 14. Jahrhundert an lassen sich sogar in kleineren Orten Pfarrschulen bzw. Schulmeister nachweisen. Manche dieser Schulen kamen unter städtische Aufsicht und entwickelten sich zu fester organisierten Lateinschulen, andere wurden bereits als Lateinschulen von den kommunalen Organen oder privaten Stiftern ins Leben gerufen. Die größten von ihnen boten die *septem artes liberales*, die sieben freien Künste, und entsprachen damit dem Ausbildungsgang, den die großen Dom- und Klosterschulen sowie die Artistenfakultäten der Universitäten boten.

Die Wiener Universität geht auf eine Stiftung Herzog Rudolfs IV. von 1365 zurück, wobei die Bürgerschule zu St. Stephan, die vormalige Pfarrschule, als Basis für den Lehrbetrieb herangezogen wurde. Der Herzog starb bereits kurz darauf, wohl noch vor dem Eintreffen der päpstlichen Bulle, die die Einrichtung der Universität, allerdings ohne theologischer Fakultät, gestattete. Diese durfte 1384 hinzugefügt werden, was den weiteren Ausbau der Hochschule erleichterte. Der Lehrbetrieb wuchs rasch an, ebenso der Einzugsbereich, aus dem die in vier »Nationen« eingeteilten Studenten kamen. Zwischen 1375 und 1400 studierten mehr als 3600 Studenten in Wien, um etwa 1410 überholte die Alma Mater Rudolphina die bis dahin nördlich der Alpen dominierenden Hochschulen von Prag und Erfurt. In der ersten Hälfte des 15. Jahrhunderts profitierte Wien auch vom Niedergang der Prager Universität, den der Nationenstreit zwischen Deutschen und Tschechen auslöste und die hussitischen Wirren prolongierten.

Die Wiener Universität stand in engem personellen Kontakt zu den Hochschulen von Paris, Prag und Bologna. Aus Padua kamen Ärzte, die dem Wiener Medizinstudium zu einem ersten Aufschwung verhalfen. Von den Wiener Professoren des 14. und beginnenden 15. Jahrhunderts sind vor allem die Theologen in die Wissenschaftsgeschichte eingegangen: der Hesse Heinrich Heinbuche von Langenstein († 1397), der Ostfriese Heinrich Totting von Oyta († 1397) und als einziger Österreicher der Dominikaner Franz von Retz († 1427), wichtigster Schüler dieser ersten Generation wurde Nikolaus von Dinkelsbühl († 1433). Neben die Alma Mater Rudolphina trat 1457 als zweite »habsburgische« Hochschule die im vorderösterreichischen Freiburg im Breisgau, die Herzog Albrecht VI. gründete.

Dichtung

Religiös-erbauliche Dichtung in lateinischer wie auch schon deutscher Sprache wurde vor allem in den Klöstern gepflegt – oder in ihrem Umfeld, wie das Beispiel der Melker Inklusin Ava († 1127), der ersten namentlich bekannten Dichterin Österreichs, zeigt.

Mariendichtungen stammen aus Seckau und St. Lambrecht. In den Osterspielen, wie jenem aus Klosterneuburg vom Beginn des 13. Jahrhunderts, hatte das geistliche Drama seinen Anfang. Dem weltlichen Bereich gehören die Minnedichtung und das höfische Epos an. Jüngst scheint der Nachweis gelungen zu sein, dass Walther von der Vogelweide († um 1230) aus der Gegend von Zwettl im niederösterreichischen Waldviertel stammte. Wie Walther standen auch die Minnedichter Reinmar von Hagenau († vor 1210), Ulrich von Liechtenstein († 1275) und der »Tannhäuser« († um 1265) in Beziehung zum babenbergischen Herzogshof. Zur »österreichischen« Literaturlandschaft gehört auch die Heldenepik: Auf der Grundlage älterer Vorlagen entstand zu Beginn des 13. Jahrhunderts am Passauer Bischofshof das Nibelungenlied, gereimt von einem unbekannten, dem bayerisch-österreichischen Donauraum verbundenen Dichter. Das zwischen 1504 und 1516 für Kaiser Maximilian I. zusammengestellte »Ambraser Heldenbuch« überliefert zahlreiche Werke der mittelalterlichen Epik, darunter nicht wenige – wie das Kudrun-Lied – exklusiv. Für das späte höfische Epos steht Rudolf von Ems († 1254?), von dem ein Alexanderroman in 21 000 Versen, die Erzählung »Der gute Gerhard«, »Barlaam und Josaphat« und eine Weltchronik überliefert sind.

Aus der Zeit der frühen Habsburgerherrschaft stammen eine Sammlung von Gedichten (um 1283/99) eines unbekannten niederösterreichischen Einschildritters, für den sich fälschlich der Name »Seifried Helbling« eingebürgert hat, und der etwas ältere »Helmbrecht« Wernher des Gärtners, eines pseudonymen Berufsdichters aus dem österreichisch-bayerischen Ambiente. Beide Dichter setzten sich mit den politischen Veränderungen und dem sozialen Wandel in ihrer Umgebung auseinander. Volkssprachliche Werke und Prosatexte nahmen im ausgehenden Mittelalter rasch zu, auch die Liedkunst erlebte eine enorme Vielfalt, Angehörige aller Gesellschaftsschichten dichteten und komponierten. Einer der bedeutendsten Autoren war der »Mönch von Salzburg«, ein namentlich nicht bekannter Regularkleriker, der am Hof des Salzburger Erzbischofs Pilgrim von Puchheim (1365–1396) wirkte. Sein Werk umfasst geistliche Texte, insbesondere Marienlieder, verschiedene Arten der Liebeslyrik sowie Schlemmer- und Trinklieder. Während die politische und die didaktische Dichtung im ausgehenden Mittelalter blühten, ging die Zeit des Minnesangs unweigerlich zu Ende. Als später Vertreter ritterlicher Lyrik wirkte der weit gereiste Tiroler Oswald von Wolkenstein († 1445), der traditionelle Liebeslyrik ebenso wie geistliche und politische Lieder schuf.

Auf einen Ritter Neidhard Fuchs, der dem Hof Herzog Ottos »des Fröhlichen« (*1301, † 1339), angehört habe, wird eine Reihe derber, markant bauernfeindlicher Schwänke zurückgeführt. Vor allem der Adel und das städtische Bürgertum schätzten die oft aggressiv-sinnlichen, gelegentlich unverblümt obszönen Neidhartstoffe. Ihre älteste dramatische Bearbeitung entstand bald nach der Mitte des 14. Jahrhunderts im Bereich des Kärntner Klosters St. Paul. An der Wende vom Mittelalter zur frühen Neuzeit erlangten vor allem die Tiroler Städte als Aufführungsorte große Bedeutung. Neben den dramatisierten Fasnachts- und Neidhartschwänken erreichte, das in den Kirchen aufgeführte geistliche Spiel den breitesten Kreis von Rezipienten. Die wichtigste Quelle dafür, die in Kärnten Ende 14./Anfang 15. Jahrhundert entstandene »Erlauer Spielaufzeichnung«, enthält ein Weihnachts-, ein Dreikönigs-, ein Oster-, ein Magdalenen- sowie ein Wächterspiel, bei dem es um die Auferstehung Christi geht.

Architektur und bildende Kunst

Nördlich des Alpenhauptkamms gibt es nichts den kleinen Kirchen St. Proculus in Naturns und St. Benedikt von Mals im obersten Südtiroler Vinschgau Vergleichbares. Der Wandschmuck von St. Proculus stammt noch aus dem 8. Jahrhundert. Die Fresken von St. Benedikt sind bald nach 800 entstanden, sie zeigen einen Adeligen, vielleicht den Karolinger Pippin, König von Italien, und einen hohen Geistlichen. Im heutigen Österreich dürfte die 799 erstmals erwähnte Martinskirche in Linz der älteste erhaltene Kirchenbau sein. Sonst sind Bauten der Karolingerzeit in der Regel nur archäologisch erschlossen, wie die unter Bischof Virgil in Salzburg begonnene, mit einem Ausmaß von 66 zu 33 Metern für ihre Zeit ungewöhnlich große Kirche des Klosters St. Peter, die auch als Dom fungierte. Abseits der Zentren ersetzten Steinkirchen erst allmählich die älteren Holzbauten, es entstanden einfache Saalkirchen wie jene von Pürgg im oberen Ennstal (Steiermark) mit ihrem beeindruckenden Freskenschmuck aus dem letzten Viertel des 12. Jahrhunderts. Größere Gotteshäuser wurden vorerst als dreischiffige, flach gedeckte Basiliken errichtet (Michaelbeuern, Millstatt), später kamen Querhäuser und Westwerke (Gurk, Lambach) hinzu. Dem »gebundenen System« (auf ein Mittelschiffjoch kommen zwei Seitenschiffjoche) folgten zunächst die auf die Babenberger zurückgehende Kirche von Klosterneuburg und die Stiftskirche von Innichen in Südtirol. Sie alle übertraf weiterhin der Salzburger Dom, den Erzbischof Hartwig (991–1023) erweiterte und Erzbischof Konrad III. (1177–1183) schließlich von Grund auf erneuerte. Das fünfschiffige Gotteshaus, das rheinische wie italienische Einflüsse aufwies, erreichte annähernd die Größe des Petersdoms in Rom. In denselben

Zeithorizont gehört die Krypta des Doms von Gurk. Den Typus des romanischen Karners repräsentiert am eindrücklichsten das elfseitige Tullner Beinhaus (um 1250).

Reichen romanischen Figurenschmuck zeigt das Riesentor des Wiener Stephansdoms, von besonderem Rang ist das vom Salzburger Dom stammende Marientympanon (um 1170/80). Völlig aus der Norm fällt dagegen der plastische Schmuck an der Außenseite der Pfarrkirche von Schöngrabern (Niederösterreich) aus dem frühen 13. Jahrhundert mit seinem komplexen Programm, das den Menschen im Kampf mit dem Bösen zeigt. Der älteste romanische Freskenzyklus ist in der Klosterkirche von Lambach überliefert, er stammt aus dem 11. Jahrhundert. Mitte des 12. Jahrhunderts entstanden die Malereien in der Kirche des Salzburger Benediktinerinnenstifts Nonnberg, 1180/1200 die in der Burgkapelle von Hocheppan in Südtirol (1180/1200) und um 1260 der besonders gut erhaltene Zyklus in der Westempore des Gurker Doms, der das irdische und das himmlische Paradies zeigt. Herausragendstes Zeugnis der Schatzkunst ist der Verduner Altar in Klosterneuburg mit 45 Kupferemailtäfelchen, den Nikolaus von Verdun 1181 schuf. Ein kunsthandwerkliches Zentrum existierte nur in Salzburg, sodass beim liturgischen Gerät Importware einen erheblichen Anteil hat.

Der Umbruch zur Architektur der Frühgotik vollzog sich zunächst bei den Zisterziensern in Lilienfeld, Heiligenkreuz und Zwettl, 1222 ließ Herzog Leopold in Klosterneuburg die *Capella Speciosa* mit ihren hohen, bemalten Fenstern errichten. Um die Mitte des 13. Jahrhunderts setzte die Rezeption hochgotischer, aus Frankreich stammender Stilelemente ein. Ein frühes Beispiel ist die Leechkirche in Graz (bald nach 1250), 1295 wurde der quadratische Heiligenkreuzer Hallenchor geweiht. Wichtige Impulse für die weitere Entwicklung des Kirchenbaus gingen von den Bettelorden aus, die den Typus des einschiffigen Langchors mit monumentalen, wandauflösenden Fenstern bevorzugten. An Elementen der bayerisch-österreichischen Bautradition orientierte sich der 1304 in Angriff genommene Neubau des Chors der Wiener Stephanskirche, den später die Herzöge Rudolf IV. und Albrecht III. vorantrieben. Es entstand eine gotische Staffelhalle, der romanische Westbau mit den beiden »Heidentürmen« blieb bestehen. Auf die ursprünglich vorgesehene Doppelturmanlage wurde zugunsten des 1433 vollendeten monumentalen Südturms verzichtet. Die Habsburger bevorzugten für ihre Kirchenbauten die dreischiffige Halle, wie jene des Klosters Neuberg an der Mürz (Steiermark).

Nachdem die Wiener Bauhütte bis ins frühe 15. Jahrhundert großen Einfluss ausgeübt hatte, verlagerte sich der innovative Schwerpunkt des Architekturschaffens in den salzburgisch-bayerischen Raum, wo der hohe, lichte, von einem Netzgewölbe überspannte

Chor der Salzburger Stadtpfarrkirche (heute Franziskanerkirche) das Raumgefühl dieser Zeit eindrucksvoll zum Ausdruck bringt.

Die Tätigkeit Kaiser Friedrichs III. als Stifter und Bauherr konzentrierte sich auf die bevorzugten Residenzorte Wiener Neustadt und Graz. Die dreischiffige Halle der Wiener Neustädter Georgskirche weist mit ihrer klaren Disposition in die Zukunft; sie liegt der Renaissance näher als der Spätgotik. In Graz gab er nahe seiner Burg die Hofkirche, den späteren Dom zum hl. Ägydius, in Auftrag. Profane Baumaßnahmen nahm das Reichsoberhaupt unter anderem mit dem Ausbau der Linzer Burg in Angriff. Sie diente ihm in seinem letzten Lebensjahrzehnt als Residenz. In dieselbe Zeit fiel der Ausbau der Festung Hohensalzburg, die damals weitgehend ihre heutige Gestalt erhielt. In Tirol machte die Verlegung der landesfürstlichen Hofhaltung von Meran nach Innsbruck (um 1420) umfangreiche Baumaßnahmen notwendig. Der berühmteste spätgotische Profanbau Tirols, das »Goldene Dachl« in Innsbruck, entstand um 1500 im Auftrag Maximilians I. zur Erinnerung an seine Hochzeit mit Bianca Maria Sforza.

Als Zentren bildhauerischer Produktion der Gotik lokalisiert die Kunstgeschichte den Wiener Raum und die Steiermark, wo freilich auch auswärtige Einflüsse rezipiert wurden. Während der Herrschaft Rudolfs IV. und in den ersten Jahren nach seinem Tod arbeiteten Künstler aus Süddeutschland, England und wohl auch aus Nordfrankreich gemeinsam mit einheimischen Kräften in komplizierter Arbeitsteilung am figuralen Schmuck der Wiener Stephanskirche. Daran war auch der in Italien ausgebildete »Michaelermeister« beteiligt, der zwischen etwa 1355 und 1370 in Wien eine große Werkstätte betrieb. Dieser Künstlerkreis besaß mitteleuropäischen Rang, er kreierte einen »Hofstil«, der sich rasch ausbreitete.

Um etwa 1380 setzte der Wandel zum »Schönen«, »Weichen« oder »Internationalen Stil« ein. Den bekanntesten Typus bilden die »Schönen Madonnen«. Als künstlerische Zentren lassen sich zuerst Wien und von etwa 1400 an auch Salzburg nachweisen. Von 1430 an wurde die Darstellungsweise realistischer, gewannen die Figuren an Ausdrucksstärke. Am nachhaltigsten prägte damals der aus den Niederlanden stammende Niclas Gerhaert van Leyden († 1473) die Entwicklung der Plastik in Österreich. Sein Hauptwerk, die Marmorplatte mit der überlebensgroßen Figur Kaiser Friedrichs III. für dessen Grab, wurde im Apostelchor des Wiener Stephansdoms aufgestellt. Eine weitere markante Künstlerpersönlichkeit war der Südtiroler Michael Pacher († 1498), der als Maler und Bildhauer gleichermaßen begabt war. In seiner großen Werkstatt in Bruneck entstand 1471/81 der vollständig erhaltene Altarschrein der Wallfahrtskirche von St. Wolfgang. Frühkapitalistische Geldwirtschaft und eine ungemein intensiv gewordene Volksfrömmigkeit bewirkten ein rasch wachsendes Auftragsvolumen für Künstler und Kunsthandwerker.

Neben der Wand- und Glasmalerei gewann die Tafelmalerei an Bedeutung. Stilistisch gehören die Werke der ersten Hälfte des 15. Jahrhunderts dem ausklingenden »Weichen Stil« an. Eines der wichtigsten Werke ist der so genannte »Albrechtsaltar« (um 1438, heute in Klosterneuburg). Seit 1460 gewann unter niederländischem Einfluss der Naturalismus, die detailgetreue Darstellung der Natur und der Lebenswelt des Menschen, auch in der österreichischen Malerei immer stärker an Bedeutung. Besonders eindringlich repräsentiert der »Meister des Schottenaltars« den neuen Kunstgeschmack. Die Tafeln bieten reale Hintergrundlandschaften: Die Flucht der Heiligen Familie nach Ägypten spielt sich vor der Kulisse der Stadt Wien ab, die Geburt Mariens gewährt einen Blick in die spätmittelalterlichen Wohnverhältnisse.

Vom Mittelalter zur Neuzeit:
Die Herrschaft Maximilians I. (1493–1519)

Im Jahr 1459 wurde Kaiser Friedrich III. und seiner Frau, der portugiesischen Prinzessin Eleonore, ein Sohn geboren, den die Eltern auf den ungewöhnlichen Namen Maximilian taufen ließen. Bald schon wurde von verschiedener Seite eine Ehe des jungen Habsburgers mit Maria, der Erbtochter des Burgunderherzogs Karl des Kühnen, angeregt. Burgund zählte im 15. Jahrhundert zu den europäischen Großmächten, nachdem sich der Territorialkomplex unter der Herrschaft einer Seitenlinie des französischen Königshauses der Valois von Altburgund in die Stromlandschaften des Niederrheins, der Maas und der Schelde ausgedehnt hatte.

Die Niederlande waren das am intensivsten urbanisierte Gebiet nördlich der Alpen; Gent, Brügge und Antwerpen zählten zu den wichtigsten Zentren des europäischen Handels. Die Verbindung der beiden Häuser kam aber vorerst nicht zustande. Erst in den Siebzigerjahren brachten weitere Verhandlungen eine Einigung. Unmittelbar bevor Karl der Kühne im Januar 1477 in der Schlacht bei Nancy gegen die Eidgenossen fiel, soll er verfügt haben, im Falle seines Todes die Ehe seiner Tochter mit dem Habsburger möglichst rasch zu vollziehen. Obwohl Frankreich aus politischen Gründen mit allen Mitteln versuchte, die Heirat zu verhindern, zog Maximilian I. im August 1477 in Gent ein. Die Sicherung des durch Marias frühen Tod (1482), durch französische Angriffe und Rebellionen der Niederländer gefährdeten burgundischen Erbes sollte den 1486 auch zum römischen König gekrönten Habsburger annähernd 15 Jahre in diesem Raum binden.

Erst an der Wende von den Achtziger- zu den Neunzigerjahren des 15. Jahrhunderts konnte Maximilian, den seine burgundische Jugendzeit wesentlich stärker geprägt hatte als seine österreichische Kindheit, intensiver in die erbländischen Verhältnisse eingreifen. Zunächst bewegte er seinen früh senil gewordenen Vetter Sigmund 1490 zum Verzicht auf Tirol und die Vorlande. In weiterer Folge vertrieb er die Ungarn aus Niederösterreich, verfolgte aber die habsburgischen Ansprüche auf die Stephanskrone nicht nachdrücklich genug. Drei Jahre später starb Kaiser Friedrich III., sein Vater. Maximilian war damit alleiniges Reichsoberhaupt und vereinigte alle habsburgischen Hausgüter in einer Hand. Dazu kamen territoriale

Zugewinne: Im »Bayerischen Erbfolgekrieg« von 1504 gewann er die Herrschaften Kufstein, Rattenberg und Kitzbühel zur Abrundung Tirols und die Herrschaften Mondsee, St. Wolfgang, Neuhaus und Rannariedl für Oberösterreich. Bereits zuvor hatte er sich die Vordere Grafschaft Görz, das heutige Osttirol, gesichert.

Wegweisend waren seine erbländischen Verwaltungsreformen, zunächst die Schaffung zweier Ländergruppen mit länderübergreifend zuständigen Behörden, dann die Neuordnung der Hof- oder Zentralbehörden (Hofrat, Hofkammer und Hofkanzlei), die nicht nur für die Erbländer sondern auch für das Reich zuständig waren. Sie bildete die Grundlage für die Entwicklung der österreichischen Länder zum frühmodernen Staat. Hauptanliegen aller Reformen war freilich die Hebung der Steuerkraft der österreichischen Länder. Außerdem suchte Maximilian engen Anschluss an den städtischen Frühkapitalismus, an die großen süddeutschen Handelshäuser der Fugger, Gossembrot und anderer, die durch ihre Darlehen seine Politik laufend finanzierten und sich dafür an den Tiroler Bergwerken schadlos hielten.

Weniger glücklich verliefen seine Auftritte auf der europäischen Bühne, die vor allem vom habsburgisch-französischen Gegensatz geprägt waren. Nicht nur der burgundische Raum wurde immer wieder Kriegsschauplatz, sondern auch Oberitalien, das nominell zwar zum Heiligen Römischen Reich gehörte, aber von 1494 an ein wichtiges Expansionsziel der Franzosen war. 1495 heiratete Maximilian Bianca Maria Sforza von Mailand, um sich ihre hohe Mitgift und ihren Onkel, den Mailänder Regenten Ludovico Moro, als Verbündeten gegen die Franzosen zu sichern. Die »Heilige Liga«, in der sich Maximilian, der Papst, Spanien, Venedig und Mailand zusammengefunden hatten, konnte die Franzosen nur vorübergehend aus Italien verdrängen. Das Finale folgte 1499, als Maximilian im Schweizerkrieg, der die endgültige Abgrenzung des eidgenössischen vom habsburgischen Machtbereich erbrachte, gebunden war. Ein französisches Heer rückte im Herzogtum Mailand ein, das damit an Frankreich verloren ging.

Um Frankreich einzukreisen, hatte Maximilian 1494/95 die Verehelichung der spanischen Königskinder Donna Juana und Don Juan mit seinen Kindern Philipp und Margarete arrangiert. Damals konnte man nicht ahnen, dass binnen kurzem drei Thronanwärter sterben und als Erbin Prinzessin Juana mit ihrem Gatten, Erzherzog Philipp »dem Schönen« (*1478, †1506), übrig bleiben würde. 1506 übernahm Philipp die Regierungsgeschäfte in Kastilien, Leon und Granada. Der 28-jährige König starb jedoch noch im selben Jahr, seine Witwe war regierungsunfähig, die Söhne Karl und Ferdinand standen noch im Kindesalter. Schließlich konnte aber eine Einigung mit König Ferdinand von Aragon erzielt werden, die die Nachfolge

Karls in Spanien mit Neapel und Sizilien sowie in den Kolonien sicherte – und damit jenes habsburgische Weltreich möglich machte, in dem die Sonne nicht unterging.

Noch immer standen Romzug und Kaiserkrönung aus, die 1508 Wirklichkeit werden sollten. Da aber Venezianer und Franzosen dem in Trient liegenden Habsburger die Weiterreise blockierten, musste er ein Mittel finden, um die Peinlichkeit der Situation zu kaschieren: Am 4. Februar 1508 ließ Maximilian im Dom zu Trient im Rahmen einer feierlichen Zeremonie verkünden, dass er nunmehr den Entschluss gefasst habe, nach Rom zu ziehen, um sich mit der Kaiserkrone krönen zu lassen. Er sei daher von nun an nicht mehr römischer König, sondern führe den Titel »Erwählter Römischer Kaiser«. Dabei sollte es fortan bleiben, kein römischer König kam mehr nach Rom, um sich vom Papst zum Kaiser krönen zu lassen. Es folgten wechselnde Bündnisse und ein neuer großer, verheerender Krieg um Italien, der mit einer Niederlage Maximilians endete. Erst Karl V. konnte 1535 Frankreich zum Verzicht auf das Herzogtum Mailand zwingen, das dann an die spanische Linie der Habsburger fiel.

Als erster Habsburger hatte Herzog Albrecht V. (als römischer König II.) die von seinem Schwiegervater, dem Luxemburger Sigismund, ererbten Kronen Ungarns und Böhmens vereinigt. Sie gingen den Habsburgern aber bald wieder verloren. Zum neuerlichen und endgültigen Fundament Österreich-Ungarns wurde der Wiener »Kongress« des Jahres 1515. Am 22. Juli konnte ein Doppelheiratsvertrag zwischen Ludwig von Ungarn und Maria von Österreich sowie zwischen Maximilian als Stellvertreter seiner Enkel Karl oder Ferdinand und Anna von Ungarn ratifiziert und am selben Tag die Doppelhochzeit in prunkvollster Art und Weise gefeiert werden. Den Vollzug der Ehen verschob man jedoch in Hinblick auf das jugendliche Alter der Brautleute auf später: Maria war zehn Jahre alt, Anna zwölf, Ludwig neun. Dass mit dem Tod Ludwigs in der Türkenschlacht bei Mohács 1526 der Erbfall zugunsten Österreichs eintreten würde, war dabei allerdings ebenso wenig vorauszusehen wie der Erwerb der spanischen Kronen als unmittelbare Folge der Ehen Philipps und Margaretes. *Bella gerant alii, tu felix Austria nube!* – »Mögen andere Kriege führen, du, glückliches Österreich, heirate!« Diese berühmte Auslegung eines Verses aus den Heroiden des Ovid prägte die Vorstellungen über die Entstehung des Habsburgerreiches bis in die Gegenwart. Die historische Realität sah freilich anders aus: Alle die »erheirateten« Länder und Kronen mussten mit höchstem diplomatischem Einsatz und stets auch mit militärischen Mitteln angeeignet und gesichert werden.

Weder Burgund, noch Spanien, noch Ungarn und Böhmen fielen einem von der Göttin Venus verwöhnten Haus Österreich einfach ins Ehebett.

Dem Heiligen Römischen Reich deutscher Nation wollte Maximilian durch innere Reformen, durch Stärkung der monarchischen Gewalt, durch eigene Regierungs- und Verwaltungsorgane, durch Landfrieden, Kammergericht, Reichssteuer und stehendes Reichsheer eine starke innere Ordnung geben und es so zu einer kraftvollen Außenpolitik fähig machen. Eine Reformpartei gab es auch unter den Reichsständen, vor allem unter den Fürsten, angeführt vom Erzkanzler des Reichs, Erzbischof Berthold von Mainz. Ihre Vorstellungen zielten in die Gegenrichtung: Sie waren an einer schwachen Stellung des Monarchen und der Wahrung der reichsfürstlichen Autonomie interessiert. Auf dem Wormser Reformreichstag von 1495 prallten die Gegensätze aufeinander. Die Frage, ob königliche Alleinregierung oder ständische Mitregierung, blieb ungelöst. Immerhin aber wurde der Ewige Landfrieden verkündet, der das Ende des mittelalterlichen Fehdewesens einleitete. Dazu kamen die Schaffung des Reichskammergerichts sowie des Gemeinen Pfennig als Reichssteuer, die erste Kopfsteuer, für deren Einhebung aber der Apparat fehlte. Nach langem Ringen konnte Maximilian schließlich auf dem Kölner Reichstag von 1505 seine Machtposition im Reich festigen.

Nachdem es ihm auf dem Augsburger Reichstag des Jahres 1518 gelungen war, die Kurfürsten zur Wahl seines Enkels Karl zum römischen König zu verpflichten, reiste Maximilian, bereits schwer krank, über Tirol nach Wels, wo er am 12. Januar 1519 starb. Seine letzte Ruhestätte fand er wunschgemäß – nachdem andere Projekte längst gescheitert waren – in der St. Georgskapelle der kaiserlichen Burg in Wiener Neustadt.

Maximilians besonderes Interesse galt zeitlebens der Propaganda, seinem Nachruhm. Zuerst hatte er sich als Autor einer lateinischen Autobiographie versucht, später wandte er sich autobiographischen Bilderchroniken in deutscher Sprache zu: *Freidal*, *Theuerdank* und *Weißkunig*, für die er Entwürfe diktierte, die von Mitarbeitern redigiert wurden. Große Holzschnittfolgen wie der »Triumphzug« und die »Ehrenpforte« sollten von seinem Ruhm und der Auserwähltheit des Hauses Österreich künden. An diesen Werken arbeiteten seine Hofmaler und Graphiker mit – berühmte Namen wie Albrecht Dürer (*1471, †1528), Albrecht Altdorfer (*um 1480, †1538), Bernhard Strigel (*um 1460, †1528), Jörg Kölderer (*um 1465/70, †1540), Hans Burgkmair (*1473, †1531). Von ihnen stammten auch die Entwürfe für die Statuen von Familienmitgliedern und Vorfahren, von Vorgängern und Vorbildern für sein Grabmal, das erst Jahrzehnte nach seinem Tod in der Innsbrucker Hofkirche aufgestellt wurde. Vieles erwies sich als richtungweisend, blieb aber unvollendet.

An der Wende vom Mittelalter zur Neuzeit ging der Blick zurück wie nach vorne. So konnte Maximilian als »Letzter Ritter« und als

»Vater der Landsknechte« in die Geschichte eingehen, als Liebhaber mittelalterlicher Heldenepik wie als konsequenter Förderer des Humanismus, der die konservative Wiener Universität recht unsanft der neuen geistigen Weltsicht öffnete. In der Umgebung des Kaisers erlebte der österreichische Humanismus seinen Höhepunkt. Wiener Universitätslehrer wie Konrad Celtis (*1459, †1508), Johannes Cuspinian (*1473, †1529), Vadian (Joachim von Watt, *1483/84, †1551), Räte des Kaisers wie Johannes Fuchsmagen (*um 1450, †1510) bildeten eine humanistisch ausgerichtete Bildungselite, die im Dienst des Reichsoberhauptes ein weites Betätigungsfeld fand.

Ebenfalls im Dienst Maximilians I. trat eine neue Generation von Historiographen ins Rampenlicht. Auch sie hatten Kaiserpropaganda zu leisten, indem sie genealogisches Material über die Habsburger und ihre Vorfahren sammelten und zu kühnen Konstruktionen zusammenfügten, sogar an das Alte Testament anschlossen und die Verwandtschaft Maximilians mit Jupiter, Saturn, Apis und Osiris andeuteten.

Unter ihnen waren Ladislaus Sunthaym aus Ravensburg (*um 1440, †1513) und der Bregenzer Jakob Mennel (*um 1460, †um 1526). Mennels Hauptwerk ist eine voluminöse Habsburger-Genealogie. Ladislaus Sunthaym hinterließ neben anderem eine Topographie von Österreich – die älteste ihrer Art.

In der Malerei überwand die »Donauschule« die mittelalterlichen Traditionen. Die Natur und ihre Darstellung rückten in den Mittelpunkt, erstmals entstanden im österreichischen Kulturkreis reine Landschaftsdarstellungen. Der Mensch wurde zum Teil der Gesamtschöpfung. Aus diesem Kreis, der während der ersten drei Jahrzehnte des 16. Jahrhunderts das Kunstschaffen der Donau- und Alpenländer wesentlich beeinflusste, ragen der schon erwähnte Albrecht Altdorfer und Wolf Huber (*um 1480/85, †1553) hervor.

Österreich unter Ferdinand I. und seinen Söhnen – Reformation, Bauernkriege und Türkengefahr (1519–1576)

Kurz vor seinem Tod hatte Maximilian I. ein Testament diktiert, in dem er die österreichischen Erbländer den Enkeln Karl (*1500, †1558) und Ferdinand (*1503, †1564) übergab. Einzelheiten ließ der Kaiser aber offen. Nach den im 15. Jahrhundert entwickelten Gepflogenheiten wäre bis zu deren Herrschaftsantritt die Obsorge für die Länder an die jeweiligen Stände übergegangen. Allerdings tauchte ein Zusatz zum Testament des Kaisers auf, dem zufolge die von ihm bestellten Regimente als Regierungsorgane im Amt bleiben sollten. Dagegen wandte sich im Herzogtum Österreich eine ständische Opposition unter dem Wiener Stadtrichter und Universitätsprofessor Martin Siebenbürger, der sich Angehörige führender Adelsgeschlechter anschlossen. Auch in Tirol kam es zu Unruhen.

Karl, seit 1519 römischer König, und Ferdinand waren in den Niederlanden bzw. in Spanien aufgewachsen, aus »österreichischer« Sicht also landfremd. Über die Abwicklung der Erbschaft einigten sie sich in mehreren Schritten. Während der Vertrag von Worms (1521) Karl neben Spanien und den Niederlanden auch einen Anteil an den habsburgischen Alpen- und Donauländern zugebilligt hatte, gingen Letztere den Brüsseler Vereinbarungen (1522) gemäß zur Gänze an Ferdinand, den der Bruder auch zu seinem Statthalter im Heiligen Römischen Reich ernannte.

Damit war – trotz des gegenseitig zugestandenen Erbrechts – die Teilung des Hauses Habsburg in zwei eigenständig agierende Linien vollzogen. Den schon von Maximilian ventilierten Plan, die österreichischen Lande zum Königreich zu erheben, realisierte der 1530 auch zum Kaiser gekrönte Karl nicht. Durch die 1531 erfolgte Wahl Ferdinands zum römischen König war der Übergang des Kaisertums von der spanischen an die österreichische Linie der Habsburger bereits vorgezeichnet. Als Karl 1555/56 abdankte, versuchte er zwar noch, seinem Sohn Philipp II. die Nachfolge im Reich zu sichern (»Spanische Sukzession«), scheiterte aber am Widerstand der Fürsten. So trug Ferdinand von 1558 bis zu seinem Tod 1564 auch die Kaiserkrone.

Der Zustand der österreichischen Länder war freilich schlecht. Maximilians Reformen hatten zwar den Grundstein für einen »modernen« Fürstenstaat gelegt, die neuen Verwaltungspraktiken überforderten aber deren Ressourcen. Beim Regierungsantritt Ferdinands standen sie vor dem vollständigen Bankrott, den sein bald allseits verhasster Generalschatzmeister Gabriel Salamanca aus dem spanischen Burgos durch eine rigorose Entschuldungspolitik abzuwenden vermochte.

Im Mai 1521 hatte Ferdinand in Linz mit Anna von Ungarn Hochzeit gehalten, im Juni 1522 kam er nach Wiener Neustadt, wo er gegen den harten Kern der ständischen Opposition vorging. Neun Todesurteile ließen den Prozess als »Wiener Neustädter Blutgericht« in die Historiographie eingehen. Verfassungsgeschichtliche Relevanz erlangte das Verfahren vor allem dadurch, dass es eine selbstständige Sedisvakanzregierung grundsätzlich als rechtswidrig erkannte und damit den Ständen eine ihrer zentralen Einflussmöglichkeiten nahm. Auch die Stadt Wien entging nicht der Bestrafung: Der Erzherzog hob die Hausgenossenschaft der Münzer, das Symbol ihrer wirtschaftlichen Macht, und das politisch bestimmende Gremium der »Genannten« auf. 1526 reformierte Ferdinand mit der neuen Wiener »Stadtordnung« die kommunale Verwaltung und ordnete sie den landesfürstlichen Behörden unter. Handwerker wurden von der Wahl in den Rat grundsätzlich ausgeschlossen, sie galten insgesamt als »politisch unzuverlässig«.

Erzherzog Ferdinand trat den Ständen der zunächst nur durch Personalunion verbundenen österreichischen Erbländer und ihrer nur selten die Grenzen des eigenen Landes überschreitenden Politik von Beginn an mit einem Konzept der politischen Integration und der Stärkung der Machtposition des Monarchen gegenüber. In seiner frühabsolutistischen Staatsauffassung war ihre Rolle darauf beschränkt, »als gute Untertanen« ihre Pflichten zu erfüllen. An der Herrschaftsausübung wollte er die Stände nur in beratender und dienender Funktion, nicht aber als mitbestimmende Partner teilhaben lassen.

Die von Maximilian vorgenommenen bzw. geplanten Reformen boten auch dem Enkel eine tragfähige Basis, die Territorialisierung durch die Schaffung eines neuen landesfürstlichen Behördenapparats zum Abschluss zu bringen. Bereits 1523 entstanden drei Regierungsgremien für die habsburgischen Ländergruppen: der niederösterreichische und der oberösterreichische Hofrat sowie das vorderösterreichische Regiment. Als organisatorisches Dach über das gesamte Herrschaftsgebiet Ferdinands wurden 1527 vier zentrale Regierungsgremien etabliert: Hofrat, Geheimer Rat, Hofkanzlei und Hofkammer. Damit schuf Ferdinand die im Wesentlichen bis zur Mitte des 18. Jahrhunderts und teilweise sogar bis 1848 gültige Hofstaatsordnung. Die Folge war eine markante Steigerung des Bürokratisierungsgrads und der Herrschaftseffizienz.

Große Teile der österreichischen Länder bildeten geschlossene Territorien mit einheitlicher Landeshoheit, die letzten Enklaven anderer Dynastien waren verschwunden, die Integration der Besitzungen auswärtiger Hochstifte war weit vorangeschritten. Ausnahmen bildeten nur die stark zersplitterten habsburgischen Vorlande und das von den Besitzungen des Erzbischofs von Salzburg und des Bischofs vom Bamberg durchsetzte Herzogtum Kärnten. 1535 konnte Ferdinand I. durch Verträge mit den beiden Hochstiften deren Güter seiner Landeshoheit unterstellen. Einen nur vorübergehenden Zugewinn bedeutete hingegen der Erwerb des Herzogtums Württemberg, das von 1522 bis 1534 habsburgisch war.

Am 29. August 1526 schlug Sultan Süleyman I., der 1521 bereits die Grenzfestung Belgrad erobert hatte, das ungarische Heer bei Mohács vernichtend. Unter den zahlreichen Gefallenen war König Ludwig II. von Ungarn und Böhmen aus dem Haus Jagiello. Damit sollte der Erbvertrag von 1515 wirksam werden. Die böhmischen Stände beharrten zunächst jedoch auf ihrem Wahlrecht, zumal Anna ohne ihre Zustimmung mit Ferdinand verheiratet worden war, stimmten aber schließlich doch der habsburgischen Sukzession zu. Die ungarischen Stände leisteten heftigeren Widerstand, da sie sich aber nicht auf einen eigenen Kandidaten einigen konnten, kam es zu einer Doppelwahl: Die magyarische »Nationalpartei« entschied sich für den Woiwoden von Siebenbürgen, Johann Szapolyai, während die zahlenmäßig viel schwächere »Hofpartei« Erzherzog Ferdinand von Österreich kürte. Um gegen den militärisch überlegenen Habsburger Unterstützung zu finden, rief Szapolyai Sultan Süleyman zu Hilfe und wurde dessen Vasall. Im Sommer 1529 zog ein etwa 150 000 Mann starkes osmanisches Heer donauaufwärts, das Ende September die Belagerung von Wien aufnahm. Die Verteidiger unter Graf Niklas von Salm (* 1459, † 1530) und dem Pfalzgrafen Philipp bei Rhein hielten vier Sturmangriffen stand, woraufhin die Angreifer Mitte Oktober wieder abzogen. 1532 erlitt ein osmanisches Heer bei Wiener Neustadt eine schwere Niederlage. Zunächst teilten Ferdinand und Johann Szapolyai das Königreich unter sich auf, der Tod des Letzteren im Jahr 1540 und ein türkischer Sieg über die Truppen Ferdinands hatten schließlich aber die Dreiteilung Ungarns in das habsburgische »Königreich Ungarn« (mit Pressburg als Hauptstadt), in Türkisch-Ungarn (mit Ofen, Stuhlweißenburg und Gran) und Siebenbürgen als ein nach innen weitgehend autonomes Tributärfürstentum der Hohen Pforte zur Folge. In Personalunion mit der Stephanskrone verbunden waren Kroatien und Slawonien, beide freilich zum Teil von den Osmanen besetzt.

Zur äußeren Bedrohung durch die Osmanen kamen innere Unruhen im Zusammenhang mit dem Deutschen Bauernkrieg. Zu Beginn des Jahres 1525 konnte Ferdinand noch den Arbeitskampf der Knappen im Tiroler Bergwerksort Schwaz beilegen, im Mai erfassten bäuerliche Unruhen aber weite Teile Tirols. An die Spitze der

Bewegung stellte sich Michael Gaismair (* 1490, † 1532), Sekretär des Bischofs von Brixen sowie Gewerke im Sterzinger Bergbau, der in den ersten Monaten des Jahres 1526 ein radikales Programm verfasste. Er forderte unter anderem die Aufhebung sämtlicher Sonderrechte, die Abschaffung des Adels, der weltlichen Herrschaftsrechte des Klerus, Aufhebung der rechtlichen Unterschiede zwischen Stadt und Land, Pfarrerwahl durch die Gemeinden und Vergesellschaftung der Bergwerke, Bank- und Handelshäuser. Erhebungen gab es ferner im oberösterreichischen Attergau, in der Obersteiermark sowie in einzelnen vorderösterreichischen Gebieten. Besonders heftig verliefen die Unruhen im Erzstift Salzburg. Aufständische belagerten 1525 Erzbischof Matthäus Lang in der Festung Hohensalzburg, eroberten die steirische Bergstadt Schladming und schlugen ein landesfürstliches Heer. Im folgenden Jahr erlitten sie aber vor Radstadt eine schwere Niederlage. Zumeist richteten sich die Aktionen gegen weltliche und geistliche Grundherren, denen man vorwarf, die Bauern über das durchaus akzeptierte »alte Herkommen« hinaus zu belasten. Landesfürsten und Grundherren warfen die Aufstände mit vereinten Kräften blutig nieder, zahlreiche Rädelsführer wurden hingerichtet.

Die Bauernkriege wurden zwar nicht von der Reformation ausgelöst, aber doch von ihr beeinflusst. Wie andere Reichsteile hatten auch die habsburgischen Erblande und das Erzstift Salzburg an der Entstehung und der Ausbreitung der Reformation Anteil. Reformatorisches Schrifttum verbreitete sich rasch und wurde von weiten Kreisen der Bevölkerung, nicht zuletzt von Klerikern, rezipiert. Zur Wittenberger und Schweizer Reformation kamen die wesentlich radikaleren Vorstellungen der Täufer. Besondere Brisanz erhielten die neuen religiösen Inhalte während der Aufstände von 1525/26, die sich – getragen von einem starken Antiklerikalismus – auch gegen die geistlichen Obrigkeiten richteten.

Gegenmaßnahmen der altgläubig gebliebenen Habsburger ließen nicht lange auf sich warten. Erste Mandate ergingen im Herbst 1522, die rechtliche Grundlage dafür bildete unter anderem das »Ketzermandat« von Ofen (1527), das sich vor allem gegen die Täufer richtete, aber auch gegen die Wittenberger und Schweizer Reformation angewendet werden konnte. Weil sie wichtige Bereiche der staatlichen Autorität ablehnten und neben der religiösen auch eine soziale Neuordnung anstrebten, wurden die Täufer mit besonderer Härte verfolgt, es kam zu einer Reihe von Hinrichtungen. Als Zufluchtsort verfolgter Täufer erlangte Mähren große Bedeutung, nachdem der Tiroler Täuferführer Jakob Hutter die Emigrationsbewegung dorthin in Gang gesetzt hatte. Nach ihm wird die noch heute vor allem in Nordamerika bestehende religiöse Gemeinschaft der »Hutterer« benannt.

Während im Westen – Vorarlberg, Tirol und Salzburg – gegenreformatorische Maßnahmen bald Wirkung zeigten, die Altgläubigen wieder die Oberhand gewannen und die verbliebenen Protestanten bei der Ausübung ihres Kultus in den Untergrund (Geheim- oder Kryptoprotestantismus) gedrängt wurden, konsolidierte sich die Reformation in den habsburgischen Donauländern und in Innerösterreich zusehends. Dort hatte sich der Adel verstärkt dem neuen Glauben zugewandt und durch die Verfügung über Kirchen, Kapellen und geistliche Pfründen für die Einsetzung oder zumindest die Duldung evangelischer Prediger Sorge getragen. Damit erhielt der nach wie vor latente ständisch-fürstliche Antagonismus eine religiöse Komponente, die in den kommenden Jahrzehnten das Verhältnis des Adels zur Landesherrschaft bestimmen sollte. Auch die landesfürstlichen Städte und Märkte waren weitgehend reformiert.

Dass der nach dem Sieg Karls V. über die im »Schmalkaldischen Bund« vereinigten protestantischen Reichsstände 1555 geschlossene Augsburger Religionsfriede den Grundsatz *cuius regio, eius religio* (»wessen die Herrschaft, dessen die Religion«) festschrieb und den Landesherren gegebenenfalls die Ausweisung Andersgläubiger zugestand, änderte vorerst nichts an der Realität. Erzherzog Ferdinand fehlten die politischen Mittel, seinen Standpunkt durchzusetzen. Die österreichischen Habsburger – Ferdinand und sein Sohn Maximilian, der in jungen Jahren selbst mit dem Luthertum sympathisierte – hofften freilich noch immer darauf, die religiöse Frage würde sich durch eine Wiedervereinigung der Konfessionen, wenn schon nicht auf Reichs-, dann eben auf Landesebene lösen lassen. Als ein Zugeständnis an die Protestanten galt die Gewährung des Abendmahls in beiderlei Gestalt (1562), in die Gegenrichtung zielte hingegen die Berufung des Jesuitenordens 1551 nach Wien, später auch nach Prag, Innsbruck und Graz. In Böhmen konnte die Reformation auf hussitische Grundlagen zurückgreifen, in Ungarn wandte sich der Adel der Lehre Calvins zu, während in den Städten das Luthertum überwog.

Vereinheitlichung, Zusammenfassung bildeten die Maximen der Politik Ferdinands. Umso erstaunlicher waren die Verfügungen über sein Erbe. Während sich in weiten Teilen Europas die Auffassung von der politischen Notwendigkeit eines ungeteilten Erbgangs durchgesetzt hatte, sah sein Testament aus dem Jahr 1554 die Aufteilung der österreichischen Länder unter die drei Söhne vor. Nach Ferdinands Tod am 25. Juli 1564 folgte der älteste Sohn, Maximilian II. (*1527, †1576), dem Vater im Kaisertum, im ungarischen und böhmischen Königtum sowie als Erzherzog von Österreich ob und unter der Enns nach. Erzherzog Ferdinand II. (*1529, †1595) erhielt Tirol und die Vorlande. An Karl II. (*1540, †1590) fielen die innerösterreichischen Länder Steiermark, Kärnten, Krain, Görz und Gradiska, Triest, Istrien und Friaul.

Maximilian II. gestand mit der »Religionskonzession« von 1568 in seinem Herrschaftsbereich dem Adel für sich und seine Untertanen die Ausübung des lutherischen Kultus zu. Die Bürger der landesfürstlichen Städte und Märkte erhielten zwar nicht die Kultus-, aber immerhin die religiöse Gewissensfreiheit. Der Habsburger ließ sich diese Zugeständnisse, auf die die katholischen Mächte Europas höchst besorgt reagierten, von den Ständen allerdings teuer bezahlen. 1572 folgte Innerösterreich, wo sich Erzherzog Karl dem Druck der Stände beugen und die »Pazifikation« bewilligen musste, die dem Adel dieselben Rechte einräumte, die zuvor die Donauländer erhalten hatten. Mit dem »Brucker Libell« von 1578 gewährte Karl auch den Städten Graz, Laibach und Judenburg die Freiheit des Kultus. Kärnten und Oberösterreich waren damals bereits weitgehend reformiert, in der Steiermark und in Niederösterreich scheinen die Protestanten zumindest in der Überzahl gewesen zu sein.

Religionskonzession und Pazifikation bedeuteten freilich auch einen Schutz für die katholische Kirche, da die Klöster und Stifte weder materiell noch ideell bedrängt werden durften. Auf der Münchner Konferenz von 1579 kamen die Herzöge von Bayern, Ferdinand von Tirol und Karl von Innerösterreich indessen überein, die Reformation trotz der Zugeständnisse mit allen geeigneten und zur Verfügung stehenden Mitteln Schritt für Schritt zurückzudrängen. Insbesondere sollte der finanzielle Spielraum der Landesfürsten erweitert werden, um sie von den Steuerbewilligungen der Stände unabhängig zu machen.

Das Selbstbewusstsein des überwiegend reformierten Adels fand seinen Niederschlag in einer regen, von der Renaissance geprägten Bautätigkeit: Als Körperschaften errichteten sie in Wien, Graz und Linz Landhäuser, die ihnen als Versammlungsorte und Sitz der Administration dienten. Einen Sonderfall bildete Kärnten. Dort hatte Maximilian I. im Jahr 1518 die Stadt Klagenfurt den Landständen geschenkt, die sie zur Landeshauptstadt ausgestalteten.

Immer wieder drängte die Bedrohung durch die Osmanen die konfessionelle Frage in den Hintergrund. 1566 stießen sie unter Sultan Süleyman I. in Ungarn vor und dehnten ihren Machtbereich bis an den Plattensee aus. Ein von Maximilian II. geplanter Gegenschlag kam nicht zustande. Zur Sicherung der habsburgischen Erblande entstand von den 1530er Jahren an die so genannte »Militärgrenze«, ein Abwehrraum, der zunächst das Grenzgebiet Kroatiens zum osmanischen Bosnien-Herzegowina und Slawonien umfasste, direkt den habsburgischen Behörden, dem Grazer, später dem Wiener Hofkriegsrat, unterstand und mit abgabenfreien Wehrbauern besiedelt wurde. In West- und Oberungarn entstand ein aus Burgen und Festungsanlagen bestehendes Grenzverteidigungssystem.

Aus herrschaftlicher Sicht charakterisiert die zunehmende Verdichtung des frühmodernen Flächenstaats den Beginn der Neuzeit. Bürokratische Strukturen entstanden und verfestigten sich. Juristisch geschulte Beamte drängten den Einfluss des Adels in der landesfürstlichen Verwaltung zurück. Steigerung der Effizienz durch Zentralisierung stand im Vordergrund. Eine wesentliche Grundlage dafür bildeten die unter anderem als Folge des Humanismus rasch um sich greifende Rezeption des römischen Rechts, die zunehmende Verschriftlichung des Rechtslebens sowie das Streben, möglichst alle Lebensbereiche der Untertanen – gemäß dem modernen Schlagwort »Sozialdisziplinierung« – zu normieren. Auf allen Stufen wurden so genannte »Polizeiordnungen« erlassen und publiziert, die zunächst vor allem die Bekämpfung von »moralischen Lastern« und die Luxusbegrenzung zum Ziel hatten, dann aber auch ins Wirtschaftsleben eingriffen, indem sie die gewerblichen Organisationsformen neu regelten oder Preise und Löhne festsetzten.

Manches davon war Reaktion auf soziale und ökonomische Veränderungen: Die Gewinne aus frühkapitalistischen Geschäften, die in Österreich oft von oberdeutschen Unternehmern kontrolliert wurden, veränderten die Hierarchien. Bürgerliche Oberschichten drängten in den Adelsstand und übernahmen adelige Lebensformen. Außer- und unterbäuerliche Gruppen gewannen an Bedeutung. Allein im Tiroler Bergort Schwaz mit seinen von den Fuggern betriebenen Silberminen sollen im 16. Jahrhundert 10 000 Menschen gelebt haben, von denen der überwiegende Teil im Bergbau und seinem Umfeld arbeitete. Die Salinen der österreichischen Länder (Aussee, Hall in Tirol sowie Hallstatt/Ebensee/Ischl) und des Erzstifts Salzburg produzierten um 1550 circa 63 000 Tonnen Salz und beschäftigten gleichfalls tausende von Menschen. Ländliche Handwerker brachten die von den Städten beanspruchten Gewerbemonopole ins Wanken. Taglöhner befriedigten das ständig wachsende Bedürfnis nach Lohnarbeitern. Bis zu einem Fünftel der Vorarlberger Männer leisteten zu Beginn der frühen Neuzeit regelmäßig Solddienste – für die Landesherrschaft, verbotenerweise aber auch für andere Mächte. Adelige konnten als Söldnerunternehmer erfolgreich sein. Frühindustrielle Produktion, wie die Fertigung von Eisenwaren im oberösterreichischen Steyr, trat neben die herkömmlichen handwerklichen Strukturen. Weinbau und -handel entwickelten sich mehr denn je zu einem bürgerlichen Spekulationsobjekt. In der zweiten Hälfte des 16. Jahrhunderts wurden allein auf der Donau jährlich bis zu 200 000 Hektoliter exportiert. Überhaupt blühte bis gegen Ende des Jahrhunderts das Verkehrswesen, dessen Träger vornehmlich im ländlichen Raum ansässig waren. Auch die Grundherren versuchten schließlich, durch neue Produktionsformen und Spezialisierung ihre Einkünfte zu steigern.

Das Zeitalter der Gegenreformation

»Langer Türkenkrieg« und »Bruderzwist im Hause Habsburg«

Maximilian II. hatte seinen ältesten Sohn Rudolf (* 1552, † 1612) in Spanien zu seinem Nachfolger erziehen lassen, noch zu Lebzeiten des Vaters wurde er 1572 König von Ungarn, 1575 von Böhmen sowie römischer König. Nach Maximilians Tod 1576 gewann er auch die Kaiserkrone. Mit dem Regierungsantritt Rudolfs II. rückte die Gegenreformation ins Zentrum der habsburgischen Politik. Zuvor hatte das Konzil von Trient (1545–1563) Organisation, Hierarchie und Amtsverständnis der Kirche bestätigt, die katholische Liturgie als frei von Irrtümern erklärt sowie festgehalten, dass die katholische Kirche die Offenbarung als Tradition getreulich weitergegeben habe. Dadurch und in anderen Fragen von der Reformation abgegrenzt, konnte eine in der Lehre gefestigte Kirche an der Seite altgläubiger weltlicher Mächte wieder in die Offensive gehen. Zunächst wurde in Wien der von der »Religionskonzession« nicht geschützte reformierte Gottesdienst im Landhaus, den auch viele Bürger besuchten, trotz massiver Proteste verboten, in weiterer Folge begann die »Religionsreformationskommission« mit der Rekatholisierung der niederösterreichischen Städte, etwas später griff die Gegenreformation auch auf Oberösterreich aus. Eine der treibenden Kräfte auf kirchlicher Seite war der Konvertit Melchior Khlesl (* 1553, † 1630), Wiener Offizial des Bischofs von Passau, dann Bischof von Wien und Kardinal. Vielerorts kam es zu heftigem Widerstand der Betroffenen, in Ober- und Niederösterreich sogar zu regelrechten Bauernaufständen, insbesondere in den Jahren 1595 bis 1597, die ein brutales Strafgericht nach sich zogen.

Mit besonderer Schärfe ging Erzherzog Karl in Innerösterreich vor. Nach dem Verbot des reformierten Kultus, der evangelischen Schulen in den Städten und des »Auslaufens« in die Gotteshäuser des Adels wurden vielerorts nach Ausweisung der alten neue Pfarrer eingesetzt, die Fronleichnamsprozessionen wieder eingeführt, evangelische Magistrate nicht bestätigt bzw. durch katholische ersetzt. Durch die Zerstörung evangelischer Kirchen und Friedhöfe sollten die auffälligsten Symbole der reformierten Kirchenorganisation getilgt werden, Bücherverbrennungen waren an der Tagesordnung.

Der Übergang der Herrschaft über die innerösterreichische Ländergruppe nach dem Tod Karls 1590 an Erzherzog Ernst (*1553, †1595) als Statthalter und schließlich 1596 an Karls Sohn Ferdinand – den späteren Kaiser Ferdinand II. (*1578, †1637), einen Jesuitenschüler und glühenden Marienverehrer – intensivierte die repressive landesfürstliche Religionspolitik. Der Widerstand breiter Bevölkerungskreise konnte nicht verhindern, dass die Gegenreformation in den Städten und Märkten ebenso wie auf dem Land allmählich Fuß fasste.

Dass die Rekatholisierung in den habsburgischen Donauländern langsamer verlief als in Innerösterreich, hängt mit dem Zerwürfnis zwischen Kaiser Rudolf II. und seinem Bruder Erzherzog Matthias (*1557, †1619) und dem daraus erwachsenen Machtkampf zusammen. Rudolf, der in Prag residierte, war psychisch krank, selbst gegenüber seinen nächsten Verwandten höchst misstrauisch und schließlich weit mehr an künstlerischen Dingen interessiert als an der Politik, ganz anders als der ehrgeizige Matthias, der schon in jungen Jahren, freilich nicht immer ganz geschickt, um Macht und Einfluss gerungen hatte. Da Rudolf unverheiratet blieb, kam auch die Frage seiner Nachfolge ins Spiel. Offen brach der »Bruderzwist im Hause Habsburg« aus, als Rudolf II. Verträge, die Matthias mit den Türken und den aufständischen Ungarn unter Stefan Bocskay geschlossen hatte, nicht bestätigte. Matthias, der auf Betreiben Khlesls 1606 im Geheimen von einem Familienrat angesichts der Krankheit des Kaisers als Oberhaupt des Hauses Habsburg anerkannt worden war, verbündete sich mit den österreichischen und ungarischen, dann auch mit den mährischen und den böhmischen Ständen, um den älteren Bruder zu entmachten. Das gelang jedoch nur teilweise. Matthias erhielt im Vertrag von Lieben (25. Juni 1608) Ober- und Niederösterreich sowie Ungarn und Mähren, während sich Rudolf auf das Kaisertum, auf Böhmen sowie auf Tirol mit den Vorlanden beschränken ließ. Um die Zustimmung des nach wie vor dominierenden evangelischen Adels in Österreich zu erlangen, war Matthias gezwungen, ihm in der »Capitulations-Resolution« (1609) die Religionskonzession von 1568 zu bestätigen. Führender Kopf der österreichischen Stände war der Calvinist Georg Erasmus Freiherr von Tschernembl (*1567, †1626). Den böhmischen und schlesischen Ständen billigte Rudolf II. im selben Jahr angesichts seiner schwierigen Lage durch den »Majestätsbrief« die freie Religionsausübung aller Landeseinwohner, die Etablierung einer protestantischen Kirchenorganisation sowie den evangelischen Kirchenbau auf den Besitzungen des Adels und auf Königsgut zu.

Das Finale im von Franz Grillparzer 1848 literarisch verewigten »Bruderzwist«, folgte 1610/11: Als eine starke Söldnertruppe, die der Passauer Bischof Erzherzog Leopold (*1586, †1632), ein Sohn

Karls von Innerösterreich, Rudolf zur Verfügung gestellt hatte, nach Prag zog, fühlten sich die böhmischen Stände bedroht. Sie nahmen Verbindung mit Matthias auf, setzten Rudolf auf einem Prager Generallandtag Ende April 1611 formell ab und wählten einen Monat später seinen Bruder zum König. Der Kaiser blieb bis zu seinem Tod am 20. Januar 1612 de facto als Gefangener in der Prager Burg.

Politisch und militärisch wenig glücklich hatte Rudolf II. insbesondere im so genannten »Langen Türkenkrieg« (1593–1606) agiert. Trotz des seit 1568 bestehenden Waffenstillstands war die Grenze zu den Osmanen nie zur Ruhe gekommen. Zu Beginn der 1590er Jahre eskalierte die Situation, als Hassan, Pascha von Bosnien, neuerlich nach Kroatien vordrang, dabei aber von kroatisch-slawonischen und innerösterreichischen Kontingenten geschlagen wurde. Die Hohe Pforte erklärte daraufhin den Krieg. Höhepunkte der nun folgenden Auseinandersetzungen waren der Verlust wichtiger Grenzfestungen – Raab (Győr), das später jedoch zurückgewonnen werden konnte, Erlau (Eger) und Kanizsa (Nagykanizsa) – sowie die Schlacht von Mezőkeresztes, in der das österreichisch-siebenbürgische Heer den von Sultan Mehmed III. angeführten Osmanen im Oktober 1596 unterlag. Der nach langem Kleinkrieg 1606 auf 20 Jahre geschlossene Frieden von Zsitvatorok beendete die heiße Phase des Konflikts für etwa ein halbes Jahrhundert.

Auch mit dem zwischen 1599 und 1605 verfolgten Plan, das unter osmanischer Oberhoheit stehende, aber weitgehend autonome Fürstentum Siebenbürgen unter seine Kontrolle zu bringen, scheiterte Rudolf. Weite Teile des Landes wurden damals von rivalisierenden Scharen verwüstet. Als der Kaiser sich zudem anschickte, den oberungarischen Städten die Gegenreformation aufzuzwingen, erhoben sich 1604 die Stände unter dem zum Fürsten von Siebenbürgen gewählten Stefan Bocskai, ihr Heer drang sogar in die Steiermark und nach Niederösterreich vor. Im Wiener Frieden von 1606 mussten die Habsburger den Ungarn die freie Religionsausübung zusichern. Dass der Kaiser nach Bocskays Tod Ende desselben Jahres diese Zusage rückgängig machen wollte, trug zu seinem Sturz bei: Die ungarischen Stände sagten sich von Rudolf los und stellten sich auf die Seite seines Bruder Matthias.

Als bedeutender Förderer von Kunst und Wissenschaft, als Sammler ist der weit über das für einen Herrscher erforderliche Maß gebildete Rudolf hingegen unumstritten. An seinem Prager Hof wirkten unter anderem die Astronomen Johannes Kepler und Tycho de Brahe, die Maler Giuseppe Arcimboldo, Bartholomäus Spranger, Joseph Heinz, Hans von Aachen, der Bildhauer Adrian de Vries sowie eine Reihe hervorragender Kunsthandwerker. In seinen Sammlungen, die ihm eine eigene, von der Politik unberührte Welt boten, befanden sich neben den Arbeiten seiner

Hofkünstler bedeutende Werke von Albrecht Dürer, Hieronymus Bosch und Pieter Brueghel.

Als Sammler vor allem von Portraits historischer Persönlichkeiten sowie von Harnischen und Waffen trat auch der »Tiroler« Habsburger, Erzherzog Ferdinand II., hervor. Er hatte gemäß dem Testament seines Vaters, Kaiser Ferdinands I., 1564 die Herrschaft über Tirol und die Vorlande erhalten, war aber auf Wunsch Maximilians II. noch einige Zeit als Statthalter in Böhmen geblieben. Seine heimlich geschlossene morganatische Ehe mit der Augsburger Patriziertochter Philippine Welser erkannte der Kaiser nach einigem Zögern unter dem Vorbehalt des Stillschweigens zwar an, ihre gemeinsamen Kinder waren aber nicht erbberechtigt. Ferdinands zweite Ehe mit Anna Katharina von Mantua blieb kinderlos. Unter Ferdinand wurde Innsbruck, wie schon im ausgehenden Mittelalter, Residenz. Da der Tiroler Adel fast zur Gänze altgläubig geblieben war, stießen die gegenreformatorischen Maßnahmen des Habsburgers nicht auf eine machtvolle Opposition. Weniger erfolgreich waren dagegen seine Bemühungen, die Hochstifte Brixen und Trient stärker als bisher dem Landesfürstentum zu unterwerfen.

Mit dem Tod Ferdinands II. fielen Tirol und die Vorlande wieder an die habsburgische Hauptlinie zurück, nominell übernahm Kaiser Rudolf II. selbst die Herrschaft, 1602 wurde schließlich Erzherzog Maximilian (*1558, †1618), ein Bruder des Kaisers, als Regent eingesetzt. Er war Kleriker, gehörte dem Deutschen Ritterorden an und bekleidete als »Deutschmeister« dessen höchstes Amt. Auf ihn folgten 1619 Erzherzog Leopold, Sohn Karls von Innerösterreich und vormaliger Bischof von Passau bzw. Straßburg, zunächst als Regent, von 1630 an als Landesfürst und zuletzt – nach der de facto-Regierung seiner Witwe Claudia von Medici – dessen Söhne Ferdinand Karl und Sigmund Franz. 1665 erlosch die jüngere Tiroler Linie.

Im Juni 1612 wurde Matthias als Nachfolger Rudolfs II. zum Kaiser gekrönt. Die durch den »Bruderzwist« hervorgerufene Krise schien damit beendet. Die Rückverlegung der Residenz von Prag nach Wien, wo seine Frau die Kapuzinergruft als künftige Grablege der Familie stiftete, sollte auch nach außen einen Kurswechsel habsburgischer Politik symbolisieren, die Melchior Khlesl als Direktor des Geheimen Rates maßgeblich bestimmte. Dennoch blieb der Zustand der habsburgischen Erblande problematisch: Neuerliche Machtkämpfe erschütterten Siebenbürgen, die Stände verharrten wegen der konfessionellen Frage weiterhin in Opposition, vor allem in Böhmen verschärften sich die Spannungen. Dort hatten die Stände zwar 1617 den Cousin des Kaisers, den als Exponenten des kämpferischen Katholizismus bekannten Erzherzog Ferdinand von

Innerösterreich, als König angenommen. Im folgenden Jahr aber, am 23. Mai 1618, kam es zum »Prager Fenstersturz«. Er markiert den Anfang einer großen, nicht nur konfessionell, sondern auch nationaltschechisch motivierten Aufstandsbewegung, die in den Dreißigjährigen Krieg mündete. Unzufriedene protestantische Adelige warfen die kaiserlichen Statthalter Jaroslav Borsita Graf von Martinic und Vilem Slavata sowie ihren Schreiber aus einem Fenster der Prager Burg in den Schlossgraben. Melchior Khlesl strebte in richtiger Einschätzung der Brisanz der Lage einen Ausgleich mit den Ständen an, weshalb ihn die Erzherzöge Ferdinand und Maximilian, die eine militärische Lösung anstrebten, entmachteten und auf Schloss Ambras bei Innsbruck internierten.

Der Dreißigjährige Krieg (1618–1648)

Seiner politischen Stütze beraubt, starb der zunehmend depressive und von der Gicht geplagte Matthias am 20. März 1619, einige Monate nach Maximilian dem Deutschmeister. Die späte Ehe des Kaisers mit Anna, der Tochter Ferdinands von Tirol und seiner Frau Philippine Welser, war kinderlos geblieben. Nun griffen die Unruhen auch auf Österreich ob und unter der Enns über, wo die protestantischen Stände, die sich von den katholischen getrennt hatten, entweder die Nachfolge Erzherzog Ferdinands verhindern oder ihn zumindest zu einem Entgegenkommen in Glaubensfragen zwingen wollten. Allerdings brachten weder eine persönliche Vorsprache (»Sturmpetition« am 5. Juni 1619) noch der Vormarsch eines böhmischen Heeres auf Wien den gewünschten Erfolg. Daraufhin verbündeten sie sich mit den Ständen der Länder der böhmischen Krone. Diese hatten am 31. Juli 1619 die gegen die Habsburger gerichtete *Confoederatio Bohemica*, eine Verfassung auf ständisch-föderalistischer Basis, beschlossen, am 22. August setzten sie in Prag Ferdinand als böhmischen König ab und wählten vier Tage später den Kurfürsten Friedrich V. von der Pfalz. Allerdings entschieden sich fast gleichzeitig die Kurfürsten einstimmig – also auch der Pfälzer – für Ferdinand als Kaiser, was seine Position wesentlich stärkte. Der Bündnisvertrag, den Ferdinand auf der Rückreise von der Kaiserwahl mit Herzog Maximilian von Bayern schloss, brachte ihm die militärische Unterstützung der Katholischen Liga, des Zusammenschlusses altgläubiger Reichsfürsten gegen die Protestantische Union, ein. Mit dem eben zum »Fürsten von Ungarn« gewählten Gabriel Bethlen konnte sich der Habsburger, der 1618 auch die Stefanskrone erworben hatte, 1620 zunächst auf einen Waffenstillstand verständigen – freilich unter weitgehendem Verzicht auf seine ungarischen Herrschaftsrechte. Da die Lage im habsburgischen Süden, wo die katholische Kirchenorganisation bereits wiederhergestellt war, sowie im weitgehend rekatholisierten Westen ruhig blieb, sich außerdem die katholischen sowie ein Teil der protestantischen Stände der Donauländer und Böhmens nicht an der Erhebung beteiligten, konnte Ferdinand in den folgenden Auseinandersetzungen auch auf eigene Ressourcen zurückgreifen. Die von Georg Erasmus von Tschernembl, dem Kopf der ständischen Opposition in Oberösterreich, aufgezeigte Chance, durch Aufhebung der Leibeigenschaft eine evangelische, adelig-bäuerliche Einheitsfront zu bilden, blieb ungenützt.

Im Sommer 1620 trat ein starkes, etwa 25000 Fußknechte und 5500 Reiter zählendes Heer der katholischen Liga unter dem Kommando Maximilians von Bayern und des Grafen Johann t'Serclaes Tilly an, gegen die rebellischen Stände in Österreich und Böhmen vorzugehen. Zunächst wurde Oberösterreich besetzt, wo der Großteil der Stände den Widerstand aufgab und Ferdinand huldigte. Nieder- und oberösterreichische Adelige sowie einige Wiener Bürger, die sich besonders exponiert hatten oder im Widerstand verharrten, verloren ihre Güter und wurden ausgewiesen. Ende September rückte das Gros der Streitmacht, durch kaiserliche Truppen verstärkt und nunmehr wohl an die 30000 Mann umfassend, in Böhmen ein, wo es am 8. November 1620 am Weißen Berg westlich von Prag auf den zahlenmäßig schwächeren Gegner traf. Nach etwa zweistündigem Kampf siegten die Kaiserlichen vollständig. Friedrich, der »Winterkönig«, wurde geächtet und floh in die Niederlande. Ein strenges Strafgericht folgte, es kam zu Hinrichtungen und Güterkonfiskationen. Viele Adelige verließen das Land. Dadurch sowie durch die Zuwanderung katholischer deutscher und romanischer Adelsfamilien und durch Nobilitierungen veränderte sich die Zusammensetzung der böhmisch-mährischen Oberschicht nach der Schlacht am Weißen Berg nachhaltig. Ferdinand II. behandelte die Länder der böhmischen Krone als erobertes Gebiet. Die Stände verloren ihre Privilegien, insbesondere – auf der Grundlage der vom Kaiser oktroyierten »Vernewerten Landesordnung« (1627/28) – das Recht der Königswahl, das nur mehr beim Erlöschen der Dynastie wirksam werden sollte. In Ungarn war Ferdinand 1620 von den Ständen gleichfalls abgesetzt und Gabriel Bethlen zum König gewählt worden. Nach einigen Kämpfen verzichtete Bethlen 1621 gegen Anerkennung der Souveränität Siebenbürgens und weiterer territorialer Zugeständnisse auf den Königstitel, den ungarischen Ständen bestätigte der Kaiser die Religionsprivilegien.

Ferdinands Sieg hatte in zweierlei Hinsicht gravierende Auswirkungen: Zum einen schwächte er die politische Stellung der Stände in den österreichischen Ländern auf Dauer. Zum anderen erhielt die Gegenreformation neuen Auftrieb. Der oberösterreichische Adel musste zwischen Konversion und Auswanderung wählen, den loyal gebliebenen reformierten niederösterreichischen Adeligen wurde zwar die private Religionsausübung zugestanden, der Landesfürst schloss sie aber de facto von Ämtern und Karrieren aus. Insgesamt wanderten als Folge der Gegenreformation vor allem im Verlauf des 17. Jahrhunderts aus Innerösterreich und den Donauländern – je nach Schätzung – zwischen 100 000 und 200 000 Menschen aus Glaubensgründen aus.

Besonders dramatisch gestalteten sich die Verhältnisse in Österreich ob der Enns. Kaiser Ferdinand II. hatte das Land 1620 dem bayerischen Herzog Maximilian zum Ersatz seiner Kriegskosten verpfändet. Die vom Statthalter Adam Graf Herberstorff (*1585, †1629), einem steirischen Konvertiten, repräsentierte »Fremdherrschaft« trieb die Gegenreformation energisch voran und verfolgte ihre materiellen Interessen sehr nachdrücklich. Sie war infolgedessen bei der mehrheitlich protestantischen Bevölkerung denkbar unbeliebt. Als im Mai 1625 in Frankenburg am Hausruck ein katholischer Geistlicher gewaltsam eingesetzt wurde, rebellierten die Untertanen. Graf Herberstorff verurteilte daraufhin 36 vorgebliche Rädelsführer ohne Gerichtsverfahren zum Tode, ließ sie – als »Gnadenakt« – paarweise gegeneinander würfeln und »nur« die Verlierer hängen (»Frankenburger Würfelspiel«). Ein Jahr später erhoben sich die Oberösterreicher auf breiter, vorwiegend bäuerlicher Basis: Unter der Führung von Stefan Fadinger (*um 1585, †1626) und Christoph Zeller (†1626) standen bis zu 40 000 Mann unter Waffen. Die Aufständischen siegten am 21. Mai 1626 bei Peurbach über den Statthalter, der sich nach Linz zurückzog. Bei der anschließenden Belagerung der Stadt kamen Fadinger und Zeller ums Leben, das Unternehmen musste Ende September aufgegeben werden. Dagegen hatten sich bäuerliche Aufgebote der Städte Eferding, Wels, Kremsmünster, Steyr und Freistadt bemächtigen können. Dem Zuzug bayerischer und kaiserlicher Truppen unter dem Oberbefehl des Feldherrn Gottfried Heinrich von Pappenheim folgten die mit äußerster Erbitterung geführten Schlachten bei Eferding und Gmunden (9. bzw. 15. November 1626), in denen die Bauern jeweils unterlagen. Insgesamt fielen dem oberösterreichischen Bauernkrieg des Jahres 1626 etwa 12 000 Aufständische zum Opfer. Die Anführer, die die Kämpfe überlebt hatten, unter ihnen auch einige wenige Adelige und Beamte, erwartete ein grausames Strafgericht. 1628 kam Oberösterreich durch Auslösung der Pfandschaft wieder gänzlich in die Verfügungsgewalt des Kaisers, der den vormaligen bayerischen Statthalter Herberstorff zum Landeshauptmann ernannte und damit keinen Zweifel an seiner Entschlossenheit, die Gegenreformation zu vollenden, aufkommen ließ. Religiöser und sozialer Protest schwelte freilich noch lange Zeit im Untergrund.

Einer der Nutznießer der in Böhmen nach der Schlacht am Weißen Berg vorgenommenen Konfiskationen war der kaiserliche Reiteroberst Albrecht von Wallenstein (eigentlich: Albrecht Wenzel Eusebius von Waldstein, *1583, †1634), der die Herrschaften Reichenberg und Friedland erhielt. In der zweiten Phase des Dreißigjährigen Kriegs, dem »niedersächsisch-dänischen Krieg« (1623–1629), zeichnete sich der inzwischen zum Generalissimus und Feldmarschall beförderte Wallenstein auf mehreren Kriegsschauplätzen besonders aus, wofür ihn Ferdinand II. mit dem Herzogtum Mecklenburg belohnte. Außerdem avancierte er zum »General des baltischen und ozeanischen Meers«, um den Habsburgern auch an der Nord- und Ostsee zur Vorherrschaft zu verhelfen. Besonders erfolgreich war sein System, die Kosten für die Aufstellung und Ausrüstung seiner Truppen den besetzten Gebieten abzupressen.

Aufgrund der Überlegenheit der Truppen des Kaisers und der Katholischen Liga, zu der Wallenstein maßgeblich beitrug, war die Position des Kaisers im Reich so stark, dass er mit dem am 6. März 1629 aus eigener Machtvollkommenheit erlassenen Restitutionsedikt die protestantische Auslegung des Augsburger Religionsfriedens von 1555 für unrechtmäßig erklärte und die Rückführung der von den evangelischen Fürsten säkularisierten Bistümer und Klöster anordnete. Das war, wie sich bald herausstellen sollte, ein folgenschwerer Fehler: Zum einen forderte er damit den entschlossenen Widerstand der teils in ihrer Existenz gefährdeten protestantischen Stände heraus, zum anderen griff Schweden nun offen in den Krieg ein. Dazu kam, dass Ferdinand auf Drängen der Fürsten der Katholischen Liga Wallenstein entließ. Im 1630 eröffneten »Schwedischen Krieg« wendete sich daher das Blatt. 1631 schlugen der Schwedenkönig Gustav II. Adolf und die im »Leipziger Bund« vereinigten protestantischen Stände bei Breitenfeld (unweit von Leipzig) das Heer der Katholischen Liga unter Johann t'Serclaes Graf von Tilly vollständig. Nun waren die habsburgischen Länder ummittelbar gefährdet, der Gegner drang bis Prag und München vor. In der – vergeblichen – Hoffnung auf Hilfe durch die Schweden lehnten sich 1632 oberösterreichische Bauern gegen die harten gegenreformatorischen Maßnahmen der landesfürstlichen Beamten auf. Die überwiegend gewaltlose Bewegung wurde von der Obrigkeit jedoch mit bemerkenswerter Brutalität unterdrückt.

Angesichts der militärisch heiklen Lage musste Ferdinand den tief gekränkten Wallenstein an die Spitze der kaiserlichen Truppen zurückberufen und mit besonderen Vollmachten ausstatten. Zwar konnte er die Schweden im November 1632 bei Lützen nicht schlagen, sie verloren in der Schlacht aber ihren König. Schweden blieb als Schutzmacht der deutschen Protestanten – zusammengeschlossen im »Heilbronner Bund« von 1633 – Kriegspartei. Zuletzt entfaltete

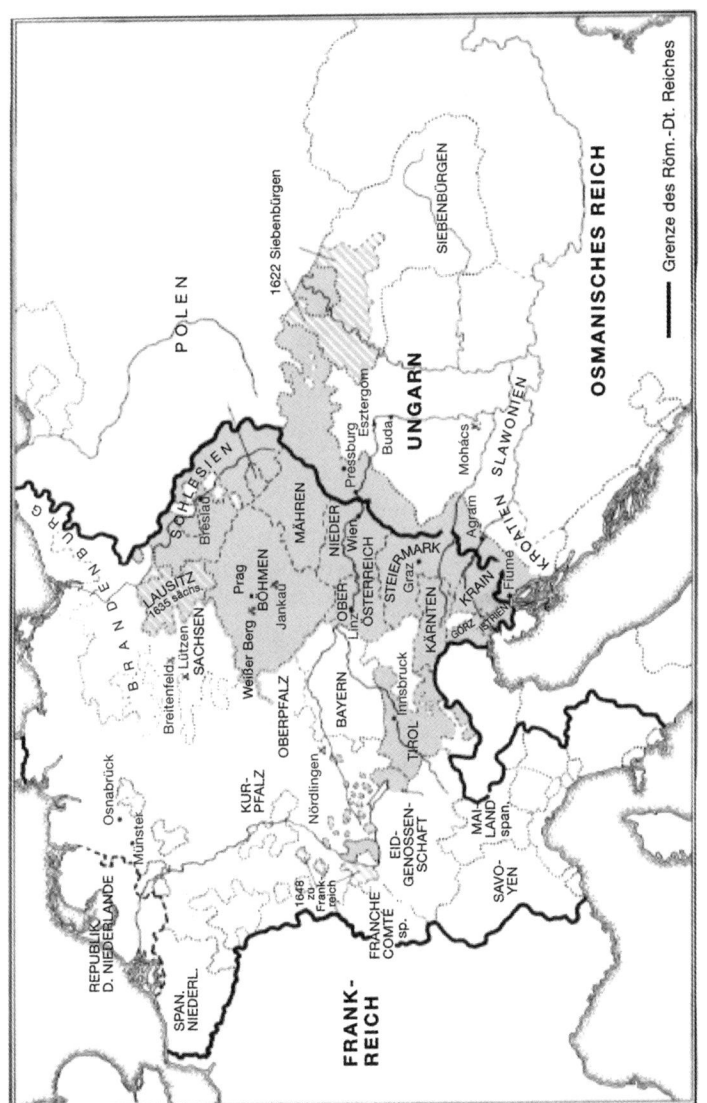

Karte 4: Die habsburgischen Länder um 1648

der »General-Obrist-Feldhauptmann« des Kaisers eine Friedenspolitik, die zwar auch von eigenen Interessen getragen war, vor allem aber von der Erkenntnis, dass ein dauerhafter Friede im Reich nur auf der Grundlage der Koexistenz der Konfessionen zur erreichen sei. Da der Kaiser einer Rückkehr zum Status des Jahres 1618 keinesfalls zustimmen würde, handelte Wallenstein eigenmächtig, was ihm von seinen Gegnern am Kaiserhof, aber auch von Bayern und Spanien als Verrat ausgelegt wurde. Im Einvernehmen mit einem kleinen Kreis von Vertrauten verfügte Kaiser Ferdinand II. Ende Januar 1634 – ohne Gerichtsverfahren – die Absetzung und Liquidierung des Feldherrn. Am 24. Februar vollstreckten kaiserliche Offiziere in Pilsen den Willen ihres Herrn, töteten Wallenstein und seine Begleiter.

Nach der Ermordung Wallensteins betraute der Kaiser seinen Sohn und Thronfolger Ferdinand III. (*1608, †1656), bereits König von Böhmen und Ungarn, mit dem nominellen Oberbefehl über das kaiserliche Heer, das im Sommer 1634 gemeinsam mit starken spanischen Kräften bei Nördlingen die Truppen des Heilbronner Bundes vernichtend schlug. Sachsen trat in der Folge auf die Seite des Kaisers, wodurch das protestantische Lager gespalten wurde; der Heilbronner Bund löste sich auf, ebenso die Katholische Liga; das Restitutionsedikt trat außer Kraft. Der Prager Friede vom 30. Mai 1635 sicherte den österreichischen Habsburgern zwar einstweilen die Vormacht im Reich, den Dreißigjährigen Krieg konnte er freilich nicht beenden – im Gegenteil: Mit der etwa gleichzeitig erfolgten Kriegserklärung Frankreichs an Spanien – und wenige Monate später an den Kaiser – begann seine letzte Phase, der »schwedisch-französische Krieg« (1635–1648). Er sollte die Habsburgermonarchie an den Rand des Abgrunds bringen. Die Franzosen, die bislang noch nicht aktiv in das Geschehen eingegriffen hatten, beabsichtigten, zunächst die spanische sowie in weiterer Folge auch die kaiserliche Macht zu schwächen. Tatsächlich ging eine Reihe blutiger Schlachten gegen die französisch-schwedische Koalition verloren, die Auseinandersetzungen berührten habsburgisches Territorium, zunächst das Elsass und die schwäbischen Vorlande, dann auch Böhmen und Mähren. Gegen Ende des Kriegs drangen schwedische Truppen auf noch heute österreichisches Gebiet vor: 1645 in Niederösterreich, wo sie unter anderem Krems und Stein einnahmen, sowie zu Jahresbeginn 1647 im nördlichen Vorarlberg, wo Bregenz in ihre Hand fiel. Der Westen Österreichs – Tirol und Vorarlberg – war zuvor schon durch die Auseinandersetzungen in und um Graubünden und den Mantuaner Erbfolgekrieg in Mitleidenschaft gezogen worden.

Kaiser Ferdinand II. starb am 15. Februar 1637, als Landesfürst wie als Kaiser folgte ihm sein Sohn Ferdinand III. nach. Der Herrscherwechsel veränderte die habsburgische Politik nicht wesentlich. Bereits seit 1640 wurde über eine Beendigung der Auseinandersetzungen verhandelt, wobei die von Maximilian von Trauttmansdorff (* 1584, † 1650) als Unterhändler vertretene Position vor allem darauf abzielte, die Verhältnisse in den Erblanden in Hinblick auf die religiös motivierten Konfiskationen und Ausweisungen unverändert zu belassen und im Reich an Einfluss zu retten, was noch zu retten war. Der schließlich am 24. Oktober 1648 geschlossene »Westfälische Friede« brachte einige territoriale Veränderung: Österreich verlor das linksrheinische Elsass, den Sundgau und die Festung Breisach an Frankreich. Im Inneren blieb freilich alles beim Alten, indem dem Kaiser für Restitutionen das Stichjahr 1630 zuerkannt wurde, außerdem bestätigte er den Fürsten das Recht, über die Konfession ihrer Untertanen zu entscheiden. Auch die Struktur des Reichs wurde nicht von Grund auf verändert, allerdings der Bewegungsspielraum der Stände durch die Gewährung des Rechts, Bündnisse mit auswärtigen Mächten zu schließen, erweitert und damit der Reichsverband weiter gelockert.

Grosso modo konnten die Habsburger zur Mitte des 17. Jahrhunderts hinsichtlich der Entwicklung ihrer Länder zum konfessionellen Absolutismus eine positive Bilanz ziehen. Sie hatten unter den unmittelbaren Kriegsereignissen wesentlich weniger zu leiden gehabt als andere, regelrecht entvölkerte Gebiete des Reichs. Schlimmer als der Krieg selbst wirkten sich Hungersnöte und Seuchen aus. Den von den religiösen Auseinandersetzungen in den Donauländern durch Auswanderung, Ausweisung und die Folgen des Bauernkriegs 1626 verursachten Bevölkerungsrückgang kompensierten Zuwächse in Innerösterreich sowie in Tirol und Vorarlberg zumindest teilweise. Lücken wurden vielerorts durch Zuwanderung aus katholischen Gebieten wieder geschlossen, die die Strukturen im Sinne der Herrschaft veränderten. Der Einfluss der Stände, der Landtage war reduziert, der im Land verbliebene Adel weitgehend loyal und zunehmend in den stark angewachsenen Staats- und Behördenapparat integriert: »Die ›Koordinierung‹ der adeligen Eliten im Rahmen der am Hof zentralisierten Patronage erlaubte es den Habsburgern, mit Hilfe der erneuerten, sozusagen ideologisch auf Linie gebrachten Eliten und mit ihnen gemeinsam Finanzen und Verwaltung [...] besser und effektiver zu ›koordinieren‹ als zuvor« (Thomas Winkelbauer). Die Zweiteilung des Steuerwesens blieb bestehen. Während die Stände die von den Landtagen genehmigten außerordentlichen – de facto aber bereits ordentlichen – Steuern administrierten, waren die landesfürstlichen Behörden für die Einnahmen aus den Regalien und Kammergütern zuständig. Auch militärisch ging das Haus Habsburg letztlich gestärkt aus dem Dreißigjährigen Krieg hervor. Der Kaiser verfügte nunmehr über ein stehendes Heer; außerdem war der rein defensive, auf die Landesverteidigung beschränkte Charakter des ständischen Wehrwesens durch die Einbindung landschaftlicher Verbände in großräumige militärische Aktionen der Söldnerheere nachhaltig aufgeweicht worden.

Das Wiederaufleben der Türkenkriege, die zweite Belagerung Wiens (1683) und der Spanische Erbfolgekrieg (1701–1714)

Während des Dreißigjährigen Kriegs war es an der Grenze zum Osmanischen Reich verhältnismäßig ruhig geblieben. Erst nach der Mitte des 17. Jahrhunderts lebten die Kämpfe allmählich wieder auf, als die Osmanen den siebenbürgischen Fürsten Georg II. Rákóczi durch einen ihnen Genehmeren ersetzten, um Siebenbürgen gänzlich ihrer Botmäßigkeit zu unterwerfen. Kaiser Leopold I. (*1640, †1705), der 1657 auf Ferdinand III. gefolgt war, konnte sich nach einem neuerlichen türkischen Angriff nicht nur auf die von Raimondo Graf Montecúccoli (*1609, †1680) kommandierten kaiserlichen Streitkräfte, sondern auch auf Truppen aus dem Reich und ungarische Verbände stützen, die am 1. August 1664 dem zahlenmäßig überlegenen türkischen Heer unter dem Großwesir Ahmed Köprülü beim burgenländischen Ort Mogersdorf am linken Ufer der Raab eine schwere Niederlage zufügten. Der daraufhin in Eisenburg (Vasvár) wegen der drohenden Gefahr eines Kriegs mit Frankreich und der schwierigen Finanzlage rasch ausgehandelte Friede begünstigte den Verlierer. Die Hohe Pforte erhielt die Festungen Großwardein (Oradea) und Neuhäusel (Nové Zámky), ihre Oberhoheit über Siebenbürgen wurde bestätigt, selbst eine als »Ehrengeschenk« verbrämte Tributzahlung wurde ihr zugestanden. Allerdings hatten die Osmanen – was auf längere Sicht schwerer wog – den Nimbus der Unbesiegbarkeit verloren.

Eine Gruppe ungarischer Magnaten, die für die Fortsetzung des Kriegs eintrat, reagierte auf den Eisenburger »Schandfrieden« mit einer Verschwörung gegen Leopold I. als ungarischen König, zu denen mit dem Palatin, dem Stellvertreter das Königs, und dem Erzbischof von Gran höchste Würdenträger gehörten. Die Aufdeckung der Rebellion in Jahr 1670 nutzte der Kaiser, um die Verfassung des Königreichs außer Kraft zu setzen, in Ungarn das absolutistische Programm zu verwirklichen und die Gegenreformation voranzutreiben, was freilich weitere Unruhen nach sich zog.

Zu Beginn der Achtzigerjahre bedienten sich die Osmanen des Grafen Imre Thököly, der mit ihrer Unterstützung weite Teile Oberungarns eroberte und dort ein von der Pforte abhängiges Fürstentum errichtete. Angesichts dieses Zugewinns entschloss sich der Großwesir Kara Mustafa zu einer groß angelegten Offensive gegen die Habsburgermonarchie. Frankreich unter König Ludwig XIV. unterstützte ihn dabei materiell und diplomatisch, vor allem um ein Bündnis Kaiser Leopolds mit dem polnischen König Johann III. Sobieski zu verhindern, das dennoch im Frühjahr 1683 ratifiziert wurde. Schon im Jahr zuvor hatte der Kaiser mit verschiedenen Reichsständen die Laxemburger Allianz geschlossen, der im April 1683 auch Bayern und Sachsen beitraten. Besonderes nachdrücklich warb Papst Innozenz XI. für eine breite Abwehrfront gegen die Osmanen.

Es gelang den zunächst weitgehend auf sich gestellten kaiserlichen Truppen unter dem Oberbefehl Herzog Karls von Lothringen (*1643, †1690) in Wels nicht, den Vormarsch des insgesamt 150 000 Menschen zählenden türkischen Heers aufzuhalten, das Mitte Juli die Belagerung von Wien aufnahm. Zuvor hatten der Kaiser und sein Hofstaat sowie ein Teil der Bevölkerung die Stadt verlassen. Ernst Rüdiger Graf Starhemberg (*1638, †1701) kommandierte die Verteidiger, etwa 15 000 Soldaten, Bürger, Hofbedienstete und Studenten. Nach wochenlangem heftigem Artilleriebeschuss und dem Einsatz von Minen waren Anfang September Teile der Bastionen bereits überwunden, der Fall Wiens schien unabwendbar. In dieser äußerst kritischen Situation überquerte am 6./7. September ein Entsatzheer, das sich aus kaiserlichen, polnischen, sächsischen, bayerischen, schwäbischen, fränkischen, ungarischen und kroatischen Truppen zusammensetzte, die Donau und ging auf den Höhenzügen des Wienerwalds westlich der Stadt (Leopoldsberg, Kahlenberg) in Stellung. Von dort stieß es am 12. September 1683 in den Rücken des offenkundig unvorbereiteten Gegners. Der Angriff der etwa 65 000 Mann zählenden Alliierten unter dem Oberbefehl des polnischen Königs Johann Sobieski wurde zu einem glänzenden, von der europäischen Öffentlichkeit überschwänglich gefeierten Erfolg. Das türkische Heer floh schwer geschlagen bis Győr/Raab, Großwesir Kara Mustafa zog sich nach Belgrad zurück, wo er auf Befehl Sultan Mehmeds IV. erdrosselt wurde.

Papst und Kaiser, Polen und Venedig schlossen nun die »Heilige Liga«, der auch Russland, Brandenburg und – im Geheimen – sogar der türkische Vasall Siebenbürgen beitraten. Karl von Lothringen eroberte Neuhäusel sowie die alte ungarische Residenz Ofen, wobei es zu einem wüsten Massaker kam, und erfocht schließlich bei Nagyharsány einen weiteren bedeutenden Sieg. Nachdem Oberungarn wieder unter habsburgischer Kontrolle war, gingen die Kaiserlichen mit großer Härte gegen jene vor, die Thököly unterstützt hatten, darunter auch gegen die Exponenten protestantischer oberungarischer Städte. Der ungarische Reichstag musste im November 1687 auf das Recht der Königswahl verzichten und das Erbkönigtum der Habsburger anerkennen. Schritt für Schritt erfolgte nun die Umgestaltung des Königreichs Ungarn zu einem zentralistisch organisierten Staatswesen und damit seine Integration in die Habsburgermonarchie. Siebenbürgen wurde besetzt, aus der Abhängigkeit von der Pforte gelöst und – obwohl der ungarischen Krone zugehörig – Wiener Behörden unterstellt, allerdings unter Wahrung der Rechte der reformierten Bekenntnisse.

Gegen die zunächst in die Defensive gedrängten Türken errangen kaiserliche Truppen unter dem Oberkommando des Markgrafen Ludwig von Baden (»Türkenlouis«, * 1655, † 1707) weitere Erfolge, darunter den hart erkämpften Sieg bei Slankamen (1691), wo auch Großwesir Mustafa Köprülü unter den Gefallenen war. Im Sommer 1697 erhielt Prinz Eugen von Savoyen (Eugen Franz von Savoyen-Carignan, * 1663, † 1736) den Oberbefehl über die kaiserlichen Truppen an der osmanischen Front. Der damals erst 34-jährige Feldmarschall war, ursprünglich für den geistlichen Stand bestimmt, am Hof Ludwigs XIV. von Frankreich aufgewachsen. Nachdem ihm der König wegen seiner schmächtigen Gestalt und seiner Kleinwüchsigkeit den Wunsch nach einem militärischen Kommando abgeschlagen hatte, trat Eugen in kaiserliche Dienste und machte rasch Karriere. Als Leutnant kämpfte er 1683 vor Wien, Ende dieses Jahres erhielt er bereits ein eigenes Dragonerregiment, 1688 avancierte Prinz Eugen zum Feldmarschallleutnant, 1693 zum Feldmarschall. Mit dem 1697 in den Schlacht bei Zenta errungenen Sieg verbuchte er als Feldherr seinen ersten großen Erfolg: Prinz Eugen ließ die zahlenmäßig weit überlegenen Truppen Sultan Mustafas II. angreifen, als sie im Begriff waren, die Theiß zu überqueren. Im Zuge der Kampfhandlungen kamen, wie es heißt, an die 30 000 Angehörige des osmanischen Heers um, unter ihnen der Großwesir Elmas Mehmed Pascha. Im Frieden von Karlowitz (Sremski Karlovci) musste die Pforte auf den größten Teil Ungarns und Slawoniens sowie auf Siebenbürgen und Kroatien verzichten.

Der militärische Spielraum, den die Habsburger gegenüber den Osmanen besaßen, hing wesentlich vom Verhältnis zu Frankreich ab, das seit der Wende vom Mittelalter zur Neuzeit meist mehr oder weniger gespannt war. Zunächst hatte der Erwerb eines Teils des burgundischen Erbes durch Maximilian I. langwierige Auseinandersetzungen ausgelöst, wenig später sah sich Frankreich infolge des Übergangs der spanischen Kronen an die Habsburger von deren Territorien fast gänzlich umschlossen, zumal der spanische Zweig der Casa de Austria auch die Niederlande, das Herzogtum Mailand sowie die Königreiche Sizilien-Neapel und Sardinien besaß. Im Ringen gegen die spanisch-österreichische Vorherrschaft fanden die französischen Könige Unterstützung bei einzelnen Reichsständen, bei den Engländern und den Osmanen. Mit der in langen Kämpfen errungenen Unabhängigkeit der Niederlande und dem Eingreifen Frankreichs in den Dreißigjährigen Krieg begann sich das Blatt zu wenden. Von 1661 an ging Ludwig XIV., der »Sonnenkönig«, in die Offensive und griff zunächst in den Niederlanden (»Devolutionskrieg«) sowie später im Rahmen des Pfälzischen Erbfolgekrieges (1688–1697) auf Reichsgebiet über. Um den französischen Hegemonialbestrebungen entgegenzutreten, schlossen Kaiser Leopold I., die Könige Karl II. von Spanien und Karl XI. von Schweden, Kurfürst Maximilian II. Emanuel von Bayern und andere Reichsstände 1686 die »Augsburger Allianz«, mit der sich 1689 England und die Niederlande unter Wilhelm von Oranien vereinigten. Der nach wechselvollen Kämpfen 1697 geschlossene Frieden von Rijswijk regelte das Verhältnis zwischen den europäischen Mächten nur für eine kurze Spanne.

Im Jahr 1665 war König Philipp IV. von Spanien gestorben und die Herrschaft auf seinen körperlich und wohl auch geistig behinderten Sohn Karl II. übergegangen. Angesichts seines labilen Gesundheitszustandes setzten am spanischen Hof schon bald diplomatische Aktivitäten zur Regelung der Nachfolge des in zwei Ehen kinderlos gebliebenen letzten spanischen Habsburgers ein. Noch zu seinen Lebzeiten berieten Frankreich, England und die Niederlande über die Aufteilung des Erbes. Adeligen Rechtsvorstellungen gemäß hatte die jüngere – österreichische – Linie des Hauses Habsburg die gewichtigsten Ansprüche, zumal der Kaiser der Ehemann Margarita Teresas, einer Schwester Karls II., war. Auf ähnliche Weise konnte freilich auch Ludwig XIV. argumentieren. Er hatte Maria Teresa, Tochter Philipps IV. aus erster Ehe, zur Frau. Beide waren außerdem Enkel Philipps III. von Spanien. Karl rang sich zunächst zu einem Kompromiss durch und bestimmte einen Wittelsbacher mit habsburgischen Wurzeln zum Erben: Joseph Ferdinand von Bayern, einen Enkel Leopolds I., der allerdings 1699 starb. Daraufhin strebten England und Frankreich neuerlich eine Teilung der Länder der spanischen Krone an, der aber Kaiser Leopold nicht zustimmen mochte. Während die österreichische Diplomatie am spanischen Hof für Leopolds jüngeren Sohn, Erzherzog Karl, warb, suchte Frankreich Karl II. zu bewegen, Philipp von Anjou, einen Enkel Ludwigs XIV., zum Erben zu bestimmen – und hatte damit Erfolg.

Nach dem Tod des letzten spanischen Habsburgers am 1. November 1700 zog Philipp – nunmehr Philipp V. von Spanien – in Madrid ein. Der Kaiser dachte jedoch nicht daran, auf seine Ansprüche zu verzichten und entschloss sich – zunächst noch ohne Verbündete – zum Krieg. Unter dem Befehl des Prinzen Eugen kam es 1701 in Oberitalien zu den ersten Kampfhandlungen des »Spanischen Erbfolgekriegs«. Im Frühjahr 1702 entschlossen sich England und die Niederlande, später auch Portugal, auf habsburgischer Seite einzugreifen, um eine völlige Verschiebung des Kräfteverhältnisses in Europa zu Gunsten Frankreichs zu verhindern. Durch den Kolonialbesitz der spanischen Krone erhielt die Auseinandersetzung eine globale Dimension. Auch eine Reihe von Reichsfürsten, unter ihnen Brandenburg-Preußen, unterstützten Leopold I. Dagegen schloss sich Kurfürst Max Emanuel von Bayern den Franzosen an.

Weitere Kriegsschauplätze entstanden am Nieder- sowie am Oberrhein. Als Bayern aktiv in das Kampfgeschehen eingriff und 1703 gegen Tirol vorging, wurde auch österreichisches Gebiet unmittelbar betroffen. Die Landesverteidiger konnten dem Druck des Gegners nicht standhalten, Max Emmanuel und seine Truppen rückten ins Inntal vor und besetzten unter anderem Innsbruck. Nach einer allgemeinen Erhebung mussten sie das Land räumen, drangen daraufhin aber in Oberösterreich ein. 1703 standen in Süddeutschland etwa 50000 französische und bayerische Soldaten, die den Kern des österreichischen Machtbereichs unmittelbar bedrohten, in Ungarn kam es zu Aufständen. Angesichts der schwierigen Lage wurde Prinz Eugen zum Präsidenten des Hofkriegsrates bestellt, Gundacker Thomas Graf Starhemberg (*1663, †1745) sollte an der Spitze der Hofkammer die Finanzen ordnen. Um die immensen Staatsschulden zu tilgen und Geld für den Haushalt über Einlagen zu beschaffen, ließ er den Wiener Stadt-Banco, die Wiener Stadtbank, einrichten. Erzherzog Karl, zu dessen Gunsten Kaiser Leopold auf seine spanischen Ansprüche verzichtet hatte (»Pactum mutuae successionis« von 1703, mit einem geheimen Zusatz über die gegenseitige Erbfolge und das Erbrecht der ältesten Tochter beim Fehlen männlicher Erben), ließ sich als Karl III. zum König von Spanien ausrufen und bezog in Barcelona Residenz, um von dort aus die Iberische Halbinsel für sich zu gewinnen. Mit dem Sieg, den Prinz Eugen und der englische Feldherr John Churchill Duke of Marlborough im August 1704 bei Höchstädt errangen, entspannte sich die Situation für die österreichischen Länder. Max Emmanuel floh, sein Kurfürstentum kam unter kaiserliche Administration. Zwangsrekrutierungen und Steuererhöhungen lösten in Bayern einen Aufstand aus, den österreichische Truppen an der Jahreswende 1705/1706 blutig niederschlugen.

Nachdem Kaiser Leopold I. 1705 nach 48-jähriger Herrschaft gestorben war und sein ältester Sohn Joseph I. (*1678, †1711) die Nachfolge angetreten hatte, verlagerte sich das Kriegsgeschehen in die Spanischen Niederlande, wo Marlborough siegte, sowie nach Oberitalien. Dort gelang es Prinz Eugen mit einem kühnen Manöver, die französische Armee vor Turin zu schlagen und den Gegner zur Räumung Oberitaliens zu veranlassen. Ein kaiserliches Expedi-

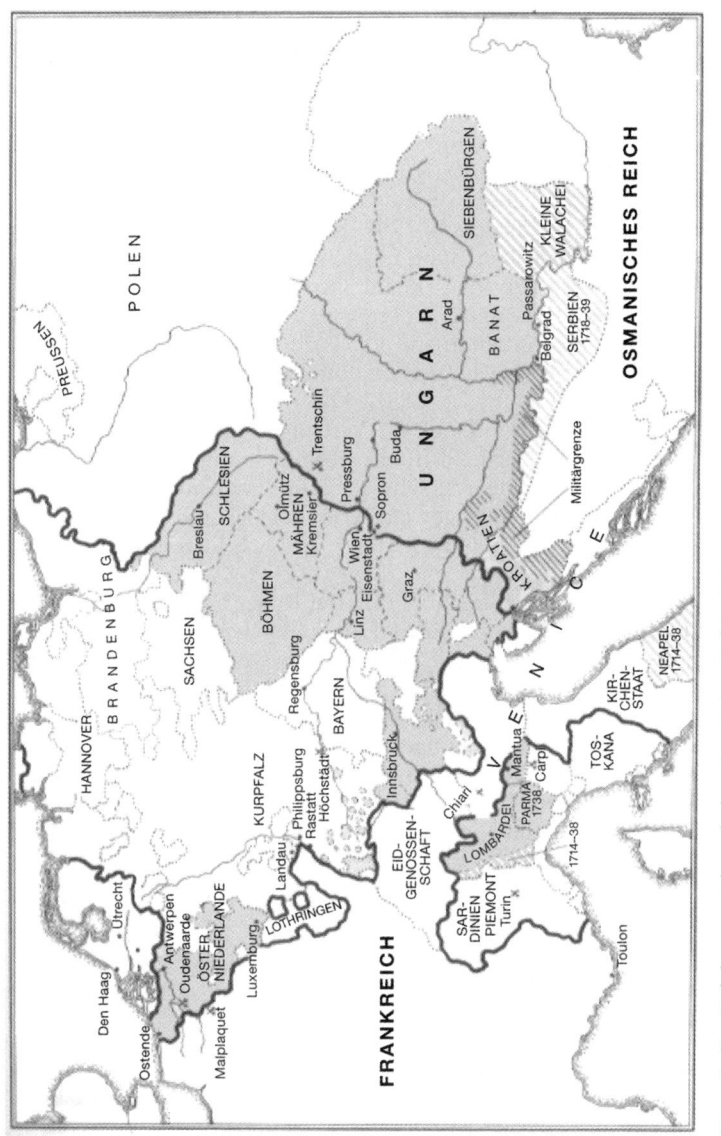

Karte 5: Das Habsburgerreich nach dem Spanischen Erfolgekrieg

tionskorps unter Wirich Philipp Graf Daun (*1669, †1741) stieß bis Neapel vor, um den spanischen Besitz in Italien für Habsburg zu sichern. Auch in Spanien selbst, wo sich Philipp V. und Karl III. unmittelbar gegenüberstanden, kam es zu Kampfhandlungen, die zunächst die französische, dann die habsburgische Seite und schließlich wieder Philipp im Vorteil sahen. Sogar Papst Clemens XI., der Frankreich zuneigte, griff mit den Truppen des Kirchenstaats in den Konflikt ein, musste sich indessen dem Kaiser geschlagen geben und das spanische Königtum Karls anerkennen.

Mit den Siegen, die Prinz Eugen 1708 bei Oudenarde sowie gemeinsam mit Marlborough 1709 bei Malplaquet, der blutigsten Schlacht des Kriegs überhaupt, feierten, schien die Entscheidung gefallen zu sein. Bevor aber ein für Österreich günstiger Friede erzwungen werden konnte, änderten sich die Verhältnisse grundlegend. 1711 starb Kaiser Joseph I. 33-jährig an den Pocken. Da er keinen männlichen Nachkommen hinterließ, folgte ihm sein Bruder Karl – als Kaiser Karl VI. (*1685, †1740) – nach. Anstelle einer Hegemonie Frankreichs war nun die Vereinigung des spanischen Territorialkomplexes einschließlich der Kolonien mit Österreich-Böhmen-Ungarn in greifbare Nähe gerückt. England, das an einem habsburgischen Übergewicht am Kontinent ebenso wenig interessiert war wie an einem französischen, zog sich folgerichtig aus dem Konflikt zurück.

Dem Frieden von Utrecht (1712) trat Kaiser Karl nicht bei. Ohne Verbündete konnte selbst Prinz Eugen auf dem Schlachtfeld nicht mehr reüssieren, sodass mit dem Frieden von Rastatt (1714) der »Spanische Erbfolgekrieg« auch für Österreich endete. Spanien und die Kolonien gingen an den Bourbonen Philipp, die Spanischen Niederlande (etwa das heutige Belgien und Luxemburg), Mailand, Mantua, Mirandola (in der Provinz Modena), Neapel (ohne Sizilien) sowie Sardinien an Karl VI. 1718 verzichtete der Kaiser auch nominell auf die spanische Krone, nachdem die Seemächte einen Angriff Philipps auf das habsburgische Italien vereitelt hatten. Mit den Wiener Verträgen von 1725 wurde der Konflikt auch formell beigelegt. Die Gelegenheit, durch das spanische Erbe zur uneingeschränkt führenden Macht Europas aufzusteigen, war dahin.

Das Erzstift Salzburg

Angesichts ihrer mächtigen Nachbarn – Bayern und Österreich, deren Territorien das geistliche Fürstentum vollständig umschlossen – blieb den Erzbischöfen von Salzburg im 16. und 17. Jahrhundert wenig Spielraum für eine eigenständige Politik. Meist mussten sie sich an eine der beiden Seiten anlehnen. Obwohl es Erzbischof Matthäus Lang (1519–1540), einem engen Vertrauten Kaiser Maximilians I., gelungen war, seinen Machtbereich zu einem straff organisierten, nach den Begriffen der Zeit »modernen« Fürstentum auszubauen, und die Stände vergleichsweise schwach waren, hatte auch hier die Reformation Eingang gefunden und sich rasch über das ganze Territorium verbreitet. Wirksame gegenreformatorische Maßnahmen wurden zunächst durch die Aufstände der Jahre 1525 und 1526 verhindert. Daraufhin brachen die altgläubigen Strukturen weitgehend zusammen, ohne dass aber an ihre Stelle eine evangelische Kirchenorganisation getreten wäre. Unter Erzbischof Johann Jakob von Khuen-Belasy (1560–1586) wurden die Auseinandersetzungen zwischen dem Landesfürsten und seinen Untertanen schärfer: Vor allem die Bauern im gebirgigen Süden des Landes forderten die Zulassung des evangelischen Gottesdiensts, andere zumindest die Gewährung des Laienkelchs. Es kam zu obrigkeitsfeindlichen Provokationen und Widersetzlichkeiten; 1564/65 gar zu regelrechten Bauernunruhen, die aber niedergeworfen wurden.

Dem fürstlichen Absolutismus verhalf der 1587 zum Erzbischof gewählte Wolf Dietrich von Raitenau zum endgültigen Durchbruch. Er entmachtete die Landstände vollends, versuchte, das Domkapitel seiner Autorität zu unterwerfen, reformierte die Verwaltung, betätigte sich als Gesetzgeber und steigerte mit einer rigorosen Steuerpolitik die Einkünfte des Erzstiftes. Ein 1588 erlassenes Religionsmandat verpflichtete alle Beamten und Untertanen mit Ausnahme der im Gasteiner Bergbau Tätigen auf die katholische Religion. In der Folge kam es auch zu Ausweisungen. Franziskaner, Kapuziner und Augustiner-Eremiten, alle an der Wende vom 16. zum 17. Jahrhundert nach Salzburg berufen, unterstützten den Erzbischof bei der Rekatholisierung. Ein anspruchsvolles Bauprogramm sollte seine Residenzstadt aus ihrer mittelalterlichen Enge führen. Dafür ließ er den durch einen Brand beschädigten romanischen Dom sowie mehr als fünfzig Bürgerhäuser abtragen. Für seine Gefährtin Salome Alt, eine Salzburger Bürgerstochter, errichtete er das an der Stelle des heutigen Schlosses Mirabell gelegene Schloss Altenau. Um das geistliche Fürstentum vor allzu intensiver Einflussnahme durch die beiden Nachbarn besser zu schützen, verbot ein 1606 erlassenes Gesetz die Wahl von Angehörigen der Häuser Habsburg und Wittelsbach zu Erzbischöfen. Wolf Dietrich stürzte schließlich über einen Streit mit Herzog Maximilian von Bayern, bei dem es in erster Linie um den Export des Halleiner Salzes vom Dürnberg sowie um das Verhältnis zum Ländchen der Fürstpropstei Berchtesgaden, gleichfalls einem Salzproduzenten, ging. Die Auseinandersetzung eskalierte, nachdem Herzog Maximilian Berchtesgaden besetzt und Wolf Dietrich bayerische Salzstraßen gesperrt hatte. Im Oktober 1611 rückten bayerische Truppen auf salzburgisches Gebiet vor. Der nach Kärnten geflohene Erzbischof wurde gefangen genommen, auf die Festung Hohensalzburg gebracht und schließlich im März des folgenden Jahres zum Rücktritt genötigt. Daraufhin entschied sich das Domkapitel für einen Cousin des Raitenauers, den Grafen Markus Sittikus von Hohenems, der Wolf Dietrich bis zu seinem Tod 1617 in strenger Haft beließ.

Die Politik des Hohenemsers war der des Vorgängers ähnlich. Um Salzburgs Neutralität zu bewahren, vermied er den Beitritt zur Katholischen Liga. Gegenüber dem Domkapitel und den Ständen blieb Markus Sittikus ebenso unnachgiebig wie in der konfessionellen Frage. Auf Generalvisitationen, die die aus katholischer Sicht nach wie vor problematische Situation aufzeigten, folgte die Volksmission der von Soldaten begleiteten Kapuziner und schließlich die Ausweisung von etwa 1 000 weiterhin öffentlich bekennenden Protestanten, vor allem aus den ländlichen Unterschichten der Gerichte Werfen, Radstadt und Gastein. Gleichfalls der Stärkung des Katholizismus diente das vom Erzbischof 1617 gestiftete Benediktinergymnasium. Den Baumeister, Architekten und Bildhauer Santino Solari (*1576, †1646) beauftragte Erzbischof Markus Sittikus mit dem Neubau des Salzburger Doms.

Trotz massiver Interventionen aus Bayern und Österreich zugunsten eigener Kandidaten fiel die Wahl nach dem Tod von Markus Sittikus auf Paris Graf von Lodron (1619–1653). Der neue Erzbischof unterstützte während des Dreißigjährigen Kriegs die Katholische Liga finanziell sowie mit Truppen in einem Ausmaß, das das Erzstift an den Rand seiner finanziellen Möglichkeiten brachte. Wie seine Vorgänger vermied er jedoch den Beitritt. Dazu kamen die durch den Kriegsverlauf für erforderlich erachteten Investitionen in die unmittelbare Landesverteidigung, vor allem in den Bau eines die Stadt Salzburg schützenden Festungsgürtels, den Santino Solari entwarf. Von Kriegshandlungen blieb das Erzstift verschont, allerdings führte die wegen der Zeitumstände schwierige wirtschaftliche Lage im Jahr 1645 zu bäuerlichen Unruhen. In Paris Lodrons 34-jährige Regierungszeit fielen die Gründung der Salzburger Universität (1622), die »zu einem der wichtigsten geistigen Mittelpunkte des süddeutschen Katholizismus« (Reinhard Rudolf Heinisch) wurde, sowie die Weihe des barocken Salzburger Doms (1628). Guidobald Graf von Thun und Hohenstein (1654–1668), Maximilian Gandolf Freiherr von Kuenburg (1668–1687) und vor allem Johann Ernst Graf von Thun und Hohenstein (1687–1709) vollendeten den Ausbau der Stadt Salzburg zum Barockjuwel.

Erzbischof Thun verlangte von allen Untertanen einen »Glaubenseid«, um gegen Kryptoprotestanten auch strafrechtlich vorgehen zu können. Unter seinem Nachfolger Leopold Anton Graf von Firmian (1727–1744) erlebte die Gegenreformation in Salzburg einen letzten Höhepunkt. Nachdem der Landesfürst die Jesuiten mit einer neuerlichen Binnenmission beauftragt hatte, forderten tausende Salzburger die freie Ausübung des evangelischen Kultus oder die ungehinderte Auswanderung. Erzbischof Leopold Anton reagierte mit dem Emigrationspatent vom 31. Oktober 1731. Es verfügte zur Herstellung der Glaubenseinheit im Erzstift Salzburg und zur Wahrung der landesfürstlichen Autorität die Ausweisung von 20 472 Menschen aus dem Pongau sowie aus dem Pinzgau, die im folgenden Winter mit Hilfe von kaiserlichem Militär erzwungen wurde. Die meisten von ihnen siedelten sich auf Einladung des preußischen Königs Friedrich Wilhelm I. in Ostpreußen und Preußisch-Litauen an.

Auf dem Weg zum »modernen« Staat –
die Habsburgermonarchie im 18. Jahrhundert

Pragmatische Sanktion (1713), wechselnde Bündnisse und die Fortsetzung der Türkenkriege

Völlig unspektakulär und ohne unmittelbar zwingende Not legte Kaiser Karl VI. am 19. April 1713 die Unteilbarkeit der habsburgischen Königreiche und Länder sowie die weibliche Erbfolge beim Fehlen männlicher Erben fest. Der Kaiser beschränkte sich auf eine entsprechende Erklärung im Kreis seiner Minister und Geheimen Räte, die dann als Urkunde ausgefertigt wurde. Als »Pragmatische Sanktion« wurde sie erstmals 1719 bezeichnet. Zwischen 1720 und 1722 erkannten alle Landtage die neuen Hausgesetze an, wodurch ein einheitliches Thronfolgerecht in der gesamten Habsburgermonarchie entstand. Solange die Ehe Karls mit Elisabeth Christine von Braunschweig-Wolfenbüttel kinderlos war, sicherte die Pragmatische Sanktion das Erbrecht der Töchter Josephs I., Maria Josepha und Maria Amalie. 1716 kam Karls einziger Sohn zur Welt, der aber noch im selben Jahr starb; 1717 wurde seine älteste Tochter Maria Theresia († 1780) geboren, die nun in der Erbfolge an die erste Stelle rückte.

Als abzusehen war, dass der Kaiser söhnelos bleiben würde, konzentrierte sich die von Karls wichtigstem Berater Johann Christoph Bartenstein (* 1689, † 1767) sowie von der Staatskanzlei unter Philipp Ludwig Wenzel Graf Sinzendorf (* 1671, † 1742) gestaltete österreichische Außenpolitik darauf, die Anerkennung der Pragmatischen Sanktion durch die europäischen Mächte zu erreichen. Entsprechende, mit teils großen Zugeständnissen erkaufte Vereinbarungen wurden unter anderem mit Spanien (1725), Russland (1726), Preußen (1728), England (1731), Sachsen (1733) und schließlich auch mit Frankreich (1738) abgeschlossen.

Den Frieden in Europa sollte die zwischen dem Kaiser, England, Frankreich, den Niederlanden und Spanien geschlossene Quadrupelallianz (1718/20) sichern. Dennoch fanden Frankreich, Spanien und England in einem weiteren Bündnis gegen Österreich zusammen. Zunächst suchte Karl VI. die Isolation der Habsburgermonarchie durch einen Pakt mit Preußen (1723) zu durchbrechen. 1725 kam es zu einer Annäherung an Spanien, was wiederum England,

Frankreich und die Generalstaaten der Republik der Sieben Vereinigten Niederlande in einer Gegenallianz zusammenführte, in die später auch Dänemark und Schweden einbezogen wurden. Auf längere Sicht von Bedeutung waren die vom Kaiser zu Russland aufgenommenen Beziehungen. 1731/32 kehrten die europäischen Mächte wieder zu ihrem herkömmlichen System zurück, als sich England, die niederländischen Generalstaaten und Österreich verbündeten.

Diese Allianz war freilich im 1733 nach dem Tod König Augusts II. »des Starken« ausbrechenden polnischen Erbfolgekrieg unwirksam, weil England und die Niederlande neutral blieben. Österreich, Preußen und Russland unterstützten Augusts Sohn (Friedrich) August III., während sich Frankreich für den polnischen Exkönig Stanislaus Leszczynski, den Schwiegervater Ludwigs XV., engagierte. Auf die Kriegserklärung Frankreichs an Österreich folgten Kämpfe am Rhein, aber auch, nachdem die spanischen Bourbonen an die Seite ihrer französischen Verwandten getreten waren, in Italien. Keine der beteiligten Mächte war aber an einer Eskalation des Konflikts interessiert. So wurden unter englischer Vermittlung 1735 die Bedingungen für einen Frieden ausgehandelt und 1738 in Wien bestätigt. Das Königreich Polen ging an Friedrich August, der wie sein Vater auch Kurfürst von Sachsen war. Da anlässlich der Friedensverhandlungen bereits feststand, dass Herzog Franz Stephan von Lothringen (*1705, †1765) die österreichische Erbtochter Maria Theresia heiraten würde, sah sich Frankreich an seiner Ostgrenze gefährdet. Franz Stephan musste daher auf Lothringen verzichten, das als Kompensation auf Lebenszeit an Stanislaus Leszczynski ging. Der künftige Schwiegersohn des Kaisers erhielt wiederum die Anwartschaft auf das Herzogtum Toskana, wo sich das Ende der Herrschaft der Medici abzeichnete. An den Kaiser kamen in Italien die Herzogtümer Mailand, Parma und Piacenza, im Gegenzug wurde den spanischen Bourbonen das Königreich Neapel-Sizilien zugesprochen.

Während des Spanischen Erbfolgekriegs waren die Kräfte der Habsburgermonarchie gebunden, Aktionen gegen die Osmanen deshalb unmöglich. Nachdem die Pforte aber 1714 Venedig den Krieg erklärt, osmanische Heere den Peloponnes zurückerobert, Korfu und das südliche Albanien angriffen hatten, entschloss sich Karl VI. nach einigem Zögern zum Kriegseintritt und betraute Prinz Eugen von Savoyen mit dem Oberbefehl. Die 60000 bis 70000 Mann zählenden Kaiserlichen bezogen ihr Feldlager bei der Festung Peterwardein (Petrowaradin). Dorthin wandte sich auch das samt dem Tross mehr als doppelt so starke Heer des Gegners unter dem Großwesir Damid Ali. Nach einigen Vorgefechten eröffnete Prinz Eugen am Morgen des 5. August 1716 die Schlacht. Trotz anfänglicher Schwierigkeiten konnte ein Teil des osmanischen Heers eingekesselt und aufgerieben werden. Danach griffen die Truppen des Kaisers Damid Alis Lager an und errangen einen vollständigen Sieg. Der tödlich verwundete osmanische Feldherr wurde vom Rest seiner Truppen nach Belgrad gebracht. Bereits drei Wochen später lag das kaiserliche Heer vor der Festung Temesvár und zwang die Besatzung zur Kapitulation. Für das folgende Jahr bereitete Prinz Eugen einen Feldzug gegen Belgrad, die osmanische Schlüsselstellung am Balkan, vor. Am 19. Juni 1717 trafen seine Truppen vor der von 30 000 Mann und starker Artillerie unter Mustafa Pascha verteidigten Festung ein und nahmen die Belagerung auf. Den Nachschub der Kaiserlichen sicherte eine von den Pioniertruppen des Prinzen über die Donau und die Save geschlagene Brücke. Wenig später wurden aber die Belagerer ihrerseits von einem großen türkischen Heer, das Ali Pascha befehligte, eingeschlossen. In dieser kritischen Situation entschloss sich Eugen von Savoyen zu einem Überraschungsangriff auf Ali Pascha. Er endete mit einem Sieg, nicht zuletzt weil die Belgrader Besatzung keinen Ausfall unternahm. Nur zwei Tage nachdem das osmanische Entsatzheer in die Flucht geschlagen worden war, ergab sich die Festung. Mit den Siegen von Peterwardein und Belgrad erreichte die Popularität Eugens, der nicht nur ein glänzender Stratege, sondern auch ein hervorragender Organisator war, ihren Höhepunkt. Er gilt noch heute als der bedeutendste »österreichische« Feldherr, wozu auch das im Feldlager vor Belgrad geschaffene »Prinz-Eugen-Lied« beitrug.

Die Verhandlungen, in die die Hohe Pforte nun einwilligen musste, führten zum Frieden von Passarowitz (Požarevac) vom 21. Juli 1718. Er sicherte den Habsburgern den Besitz Ungarns, das osmanische Reich musste das Banat, die kleine Walachei sowie Nordserbien mit Belgrad abtreten. Weniger glücklich verlief der zweite Türkenkrieg Karls VI. In den Dreißigerjahren des 18. Jahrhunderts wuchs das Interesse Russlands, mit dem Österreich seit 1726 verbündet war, an einer Expansion zum Schwarzen Meer. Als 1736 der russisch-türkische Krieg mit Kampfhandlungen auf der Krim ausbrach, wurde dieses Bündnis erweitert, da einflussreiche Hofkreise um Johann Christoph Bartenstein sich für eine neuerliche Offensive gegen die Osmanen stark machten. Der Tod des Prinzen Eugen im März 1736 hatte freilich eine Lücke hinterlassen, die vorerst nicht geschlossen werden konnte. Die österreichische Generalität war uneins, kaum eine ihrer militärischen Aktionen konnte siegreich abgeschlossen werden, auch auf diplomatischer Ebene reihte sich Misserfolg an Misserfolg. In einem Sonderfrieden, den der Kaiser am 18. September 1739 schließen musste, gingen die 1718 gewonnenen Gebiete mit Ausnahme des Banats wieder verloren. Insbesondere die Aufgabe von Belgrad schmerzte nicht nur in strategischer

Hinsicht, sondern war auch dem Ansehen des Kaisers abträglich. Die Habsburgermonarchie büßte damit am Balkan ihre Rolle als Hoffnungsträger für alle jene Völker ein, die die Befreiung vom »türkischen Joch« wünschten. Dass in der Folge Russland an Österreichs Stelle trat, sollte die europäische Geschichte bis ins 20. Jahrhundert beeinflussen.

»Kaiserin« Maria Theresia: die Kriege um die österreichische Erbfolge und um Schlesien sowie der Beginn der großen Reformen

Am 20. Oktober 1740 starb Kaiser Karl VI.: »Wenige progressive Elemente lassen sich in dieser Zeit ausmachen, und außenpolitisch waren die Jahre von 1711 bis 1740 voll der Rückschläge und Pannen. Obwohl er so lange regierte – was in anderen Fällen die Mittelmäßigkeit der Herrscherfigur verdecken konnte –, erfreute sich Karl VI. in der österreichischen Historiographie und im allgemeinen Bewusstsein keiner großen Beliebtheit, er taucht vorwiegend als Vater Maria Theresias und als Verfechter der Pragmatischen Sanktion auf« (Karl Vocelka).

Das Gegenteil gilt für seine als Landesmutter, mannhafte Retterin der Habsburgermonarchie und schließlich als bedeutende Reformerin zur Ikone des barocken Österreich stilisierte älteste Tochter. Beim Tod des Vaters 23-jährig, konnte sie die Nachfolge in den habsburgischen Erblanden ohne Widerstände antreten, hatten doch deren Landtage die Pragmatische Sanktion als Staatsgrundgesetz bereitwillig anerkannt. Auch außenpolitisch schien die weibliche Erbfolge im Haus Österreich durch die Abkommen, die Karl VI. mit fast allen relevanten Mächten geschlossen hatte, hinreichend gesichert. Über die Wahl Franz Stephans von Lothringen, seit 1736 Gatte der Habsburgerin, zum Kaiser wurde mit guten Erfolgsaussichten verhandelt. Genealogisch begründete Erbansprüche erhoben zunächst nur Bayern, das der Pragmatischen Sanktion die Zustimmung verweigert hatte, und Kurfürst Friedrich August von Sachsen, obwohl er nicht zuletzt dem habsburgischen Engagement die polnische Königskrone verdankte. Da Frankreich zunächst stillhielt, schien die Kriegsgefahr aber gering.

Da trat Ende des Jahres 1740 ein neuer, gefährlicher Gegner auf den Plan – Preußen, das unter Friedrich Wilhelm I. die Führungsrolle im Norden Deutschlands errungen hatte. Als der »Soldatenkönig« 1740 starb, hinterließ er seinem Sohn Friedrich II. einen wohl gefüllten Staatsschatz und ein modernes, bestens ausgebildetes stehendes Heer, das dieser umgehend einzusetzen gedachte. Noch im Dezember 1740 besetzten Friedrichs Truppen Schlesien, wo die Österreicher nur die Festungen Glogau (Głogów), Brieg (Brzeg) und Neisse (Nysa) behaupten konnten. Würde Maria Theresia in die Abtretung Schlesiens einwilligen, wollte der preußische König die Habsburgerin unterstützen und bei der Wahl des Kaisers für ihren Mann stimmen. Der Wiener Hof entschied anders. Im Frühjahr 1741 suchte die österreichische Armee die militärische Entscheidung, unterlag aber bei Mollwitz der überlegenen Infanterie des Gegners. Rasch hatten sich zwei Bündnissysteme formiert: Österreich, Russland, Sachsen, die Niederlande und zunächst auch England auf der einen, Preußen, Frankreich, Bayern und Spanien auf der anderen Seite. Als sich aber England neutral erklärte und Sachsen die Fronten wechselte, verschob sich das Gewicht zuungunsten Maria Theresias. Die Habsburgerin sah sich gezwungen, einem Waffenstillstand mit Preußen zuzustimmen. Die Gegenseite verhandelte bereits über die Aufteilung der Beute, Böhmen sollte bayerisch, Mähren sächsisch werden.

Im Herbst 1741 erfasste das Kriegsgeschehen das Gebiet des heutigen Österreich; ein französisch-bayerisches Heer besetzte Oberösterreich, ohne auf nennenswerten Widerstand zu stoßen. Im November nahmen die Verbündeten Prag ein, woraufhin die böhmischen Stände Karl Albrecht von Bayern huldigten. Als die Kurfürsten am 24. Januar 1742 den mit Maria Amalie von Österreich verheirateten Wittelsbacher als Karl VII. zum Kaiser wählten und damit die ununterbrochen bis 1438 zurückreichende Kette habsburgischer Reichsoberhäupter durchbrachen, schienen Macht und Ansehen des Hauses Österreich auf einem Tiefpunkt angelangt. Da gelang es Ludwig Andreas Graf Khevenhüller (*1683, †1744), das Blatt zu wenden und – etwa gleichzeitig mit der Krönung Karls – München zu besetzen. Nachdem aber Friedrich II. neuerlich in die Auseinandersetzung eingegriffen hatte und in Böhmen siegreich geblieben war (Schlacht bei Chotusitz/Chotusice), musste Maria Theresia auf Schlesien verzichten (Verträge von Breslau und Berlin 1742). Immerhin ermöglichte der Separatfrieden mit Preußen die Rückeroberung Böhmens, wo sich nun Maria Theresia zur Königin krönen ließ.

Militärische Erfolge der Österreicher und ihrer Verbündeten gegen die Franzosen lösten den Zweiten Schlesischen Krieg aus, in dessen Verlauf Friedrich II., um Schlesien zu sichern, 1744 in Prag einrückte. Der Tod Kaiser Karls VII. am 20. Januar 1745 ließ Bayern aus der antiösterreichischen Allianz ausscheiden und ermöglichte die Wahl Franz Stephans von Lothringen zum Kaiser (am 4. Oktober 1745 als Franz I.). Auf den Schlachtfeldern blieben aber die Franzosen siegreich, so bei Hohenfriedberg über Prinz Karl Alexander von Lothringen (*1712, †1780), den Bruder des neuen Kaisers, und an der italienischen Front über Joseph Wenzel Fürst Liechtenstein (*1696, †1772). In weiterer Folge konzentrierten sich die Kämpfe auf den belgisch-niederländischen Raum sowie auf Italien, bis die Erschöpfung aller Kriegsparteien den Frieden von Aachen (18. Oktober 1748) ermöglichte. Zwar musste Österreich neuerlich auf Schlesien sowie auf Parma und Piacenza verzichten, der Fortbestand der Habsburgermonarchie war aber nach schwerer Krise gesichert, die Kaiserkrone wiedergewonnen. Die Geburt des Erbprinzen Joseph am 13. März 1741 – und die vier weiterer Söhne und elf Töchter Maria Theresias – sicherte den Fortbestand des nunmehrigen Hauses Habsburg-Lothringen.

Mit dem Erwerb Schlesiens hatte Friedrich der Große sein einziges Kriegsziel erreicht und sich daraufhin aus dem Österreichischen Erbfolgekrieg zurückgezogen. Dass Maria Theresia, persönlich tief gekränkt, an Revanche denken würde, wusste der preußische König und veranlasste ihn dazu, seine militärische Macht weiter auszubauen. Tatsächlich bestimmte in den folgenden Jahren der Wunsch, das agrarisch sowie dank seiner Textilproduktion prosperierende Land zurückzuerhalten, die österreichische Innen- wie die Außenpolitik.

Angesichts der Erfahrungen aus den vergangenen Kriegen schien eine weitere Bindung an die – überdies protestantischen – Seemächte, insbesondere an England, nicht den erwünschten Nutzen zu bringen. So dachte man in Wien, wo Wenzel Anton Graf (später: Fürst) Kaunitz (*1711, †1794) zum wichtigsten außenpolitischen Ratgeber der Kaiserin aufgestiegen war, an eine Veränderung des herkömmlichen Bündnissystems in Europa, demgemäß Frankreich mit der Türkei, Polen, Schweden und Preußen gegen Österreich, England und Russland standen. Als Botschafter in Paris betrieb er von 1749 an die Annäherung der Habsburgermonarchie an Frankreich – zunächst freilich erfolglos. Gleichzeitig nahmen die Auseinandersetzungen zwischen England und Frankreich in Nordamerika an Schärfe zu. Um sich von diesem Konflikt fernzuhalten, ging Preußen zu seinem traditionellen Verbündeten auf Distanz, näherte sich aber England an. Darauf reagierten die Franzosen nun ihrerseits mit einem Kurswechsel zugunsten Österreichs, das schon Jahre zuvor ein Defensivbündnis mit Russland eingegangen war. Mit dem ersten Versailler Vertrag vom 1. Mai 1756 war das *renversement des alliances* – die Umkehrung der Allianzen – aus der Sicht Maria Theresias und ihres Haus-, Hof- und Staatskanzlers Kaunitz vollzogen. Preußen hingegen glaubte sich durch die im Januar 1756 mit England geschlossene Konvention von Westminster, einem Subsidienvertrag, hinreichend abgesichert.

Die militärische Revision des Friedens von Aachen bedurfte aber nicht nur gründlicher diplomatischer Vorbereitungen. Den Feldzeugmeister Leopold Joseph Graf Daun (* 1705, † 1766) beauftragte Maria Theresia nach dem Ende des Zweiten Schlesischen Kriegs mit der Reorganisation des österreichischen Heerwesens, wozu auch die Einrichtung der Maria-Theresianischen Militärakademie 1751 in Wiener Neustadt gehörte. Eine Staatsreform sollte die Behördenstruktur der Habsburgermonarchie zentralisieren und vereinheitlichen, den ständischen Partikularismus zurückdrängen. Unzweifelhaft standen fiskalische Motive im Vordergrund, die Erhöhung des Steuerertrags, einer unabdingbaren Voraussetzung für die Finanzierung des mehr als 100 000 Mann starken stehenden Heers und damit eines künftigen militärischen Erfolgs. Als »Musterländer« für die anstehenden Reformen dienten Friedrich Wilhelm Graf Haugwitz (* 1702, † 1765), des in diesen Fragen wichtigsten Beraters der Kaiserin, zunächst der österreichisch gebliebene Rest Schlesiens sowie Kärnten und Krain.

Mit dem »*Directorium in publicis et cameralibus*«, der Zentralbehörde für die Finanz- und politische Verwaltung, und der Obersten Justizstelle entstanden neue Zentralbehörden, denen auf der Ebene der Länder »Repräsentation und Kammer« unterstanden. Als Bezirksbehörden wurden Kreisämter eingerichtet, die wesentlich zur Verdichtung der staatlichen Strukturen beitrugen. Die zwischen 1750 und 1753 vorgenommene Währungsreform führte unter anderem zur Ausprägung des Maria-Theresientalers. Als Grundlage der Besteuerung – und selbstverständlich zur Erhöhung des Steuervolumens – erfolgte von 1748 an die Anlage des Maria-Theresianischen Katasters, mit dem auch die Steuerfreiheit des Adels für sein Dominikalland beseitigt wurde. Ein Jahr später erging das Dekret, dass sich einzelne Untertanen, aber auch Gemeinden von ihren patrimonialen Obrigkeiten loskaufen und sich der staatlichen Verwaltung unterstellen konnten. Später folgte die Abschaffung grundherrschaftlicher Vorkaufsrechte und Monopole.

Mit dem Abschluss der Allianz mit Frankreich war für Österreich der Zeitpunkt gekommen, den Militärschlag gegen Preußen unmittelbar vorzubereiten. Nachdem in Böhmen österreichische Truppen aufmarschiert waren, entschloss sich König Friedrich von Preußen, selbst in die Offensive zugehen. Ende August 1756 rückte sein Heer ins strategisch wichtige Kurfürstentum Sachsen vor, besetzte Dresden und kesselte die sächsischen Truppen bei Prina ein. Der »Siebenjährige« oder »Dritte Schlesische Krieg«, der als »French and Indian War« auch in den Kolonien, vor allem in Nordamerika, wütete, war eröffnet. Ein zum Entsatz entsandtes österreichisches Heer blieb erfolglos, woraufhin Sachsen kapitulieren musste. Im Januar 1757 erneuerten Russland und Österreich ihr Bündnis, wenig später wurde Preußen der Reichskrieg erklärt. Am 1. Mai gestalteten Frankreich und Österreich ihre Allianz zu einem Offensivabkommen aus: Maria Theresia sollte finanziell und militärisch mit dem Ziel der Rückeroberung Schlesiens unterstützt werden, Frankreich hingegen mit Belgien einen Teil der österreichischen Niederlande im Tausch gegen italienische Besitzungen erhalten.

Vorerst standen sich nur österreichische und preußische Truppen in Böhmen, also auf habsburgischem Territorium, gegenüber. Bei Prag siegten am 6. Mai 1757 die Preußen, am 18. Juni errang Leopold Joseph Graf Daun aber bei Kolín einen glänzenden Sieg, woraufhin Friedrich II. Böhmen räumen musste. Nun griffen die Verbündeten Maria Theresias ins Kriegsgeschehen ein. Die Russen siegten bei Groß-Jägerndorf in Ostpreußen, die Franzosen besetzten das Kurfürstentum Hannover, die Stammlande des britischen Königshauses, österreichische Verbände setzten sich in Schlesien fest, auch Schweden stellte sich auf die Seite Frankreichs und Österreichs. Wenig später aber schlug der preußische König bei Rossbach Reichstruppen und Franzosen sowie am 5. Dezember 1757 bei Leuthen (Lutynia) das österreichische Heer unter Karl von Lothringen und Graf Daun. Die quantitative Überlegenheit der Gegner suchte Friedrich II. durch schnelle Truppenbewegungen, durch Gewaltmärsche über weite Strecken zu kompensieren. Ein Sieg Dauns bei Hochkirch im Oktober 1758 veränderte die Lage nicht wesentlich. 1759 schienen aber die nun Preußen von allen Seiten bedrohenden Verbündeten die Oberhand zu gewinnen. Am 12. August 1759 trafen die vereinigten russischen und österreichischen Heere, insgesamt etwa 78 000 Mann stark, bei Kunersdorf (Kunowice, Stadtteil von Słubice) östlich von Frankfurt an der Oder auf die Preußen. Gemessen an der Mannschaftsstärke im Nachteil, suchte Friedrich II. die Entscheidung im Angriff. Nach vielstündigem, hartem Kampf errangen Russen und Österreicher, bei denen sich Ernst Gideon Freiherr von Laudon (* 1716, † 1790) besonders auszeichnete, einen vollständigen Sieg. Die preußischen Truppen mussten schwere Verluste, mehr als 40 Prozent ihrer Stärke, hinnehmen, der König selbst entging nur mit knapper Not der Gefangennahme. Sachsen wurde besetzt, auf die nunmehr mögliche – zu diesem Zeitpunkt wohl kriegsentscheidende – Einnahme von Berlin verzichteten die Alliierten indessen. Obwohl im folgenden Jahr wieder die Preußen – am 15. August bei Liegnitz und am 3. November bei Torgau – siegten, blieb die Situation Friedrichs II. verzweifelt. Die Österreicher besetzten zwischenzeitlich Sachsen sowie Schlesien und plünderten sogar Berlin. Ostpreußen befand sich in der Hand der Russen, die Schweden setzten sich im preußischen Teil Pommerns fest, die Franzosen waren östlich des Rheins erfolgreich.

Nach längerem Stellungskrieg brachte das »Mirakel des Hauses Brandenburg« die Wende. Nach dem Tod der Zarin Elisabeth Ende des Jahres 1761 folgte ihr Peter III. auf den russischen Thron, ein

Neffe der Zarin und Sohn Herzog Karl Friedrichs von Schleswig-Holstein-Gottorp. Als glühender Verehrer König Friedrichs II. schloss er im Mai 1762 einen Waffenstillstand mit Preußen ab, dem er ein Bündnis folgen lassen wollte. Zwar wurde Zar Peter noch im selben Jahr gestürzt und ermordet, seine Frau und Nachfolgerin Katharina II. hielt jedoch am Rückzug Russlands aus dem Siebenjährigen Krieg fest, zumal England und Frankreich bereits Friedensverhandlungen aufgenommen hatten. Da Friedrich II. außerdem in den letzten Kampfhandlungen des Kriegs, darunter in der Schlacht bei Freiberg (Sachsen) im Oktober 1762, siegreich blieb, brachte der am 15. Februar 1763 im sächsischen Jagdschloss Hubertusburg zwischen Österreich, Preußen und Sachsen geschlossene Friedensvertrag keine territorialen Veränderungen. Maria Theresia musste endgültig auf Schlesien verzichten, Friedrich II. versprach, als Kurfürst von Brandenburg ihrem Sohn Joseph bei der Wahl zum römischen König seine Stimme zu geben. Für die Erhaltung des Status quo ante hatte allein die österreichische Armee mehr als 300 000 Mann verloren, weite Landstriche waren von den Kriegsereignissen, von Plünderungen, Truppendurchzügen, Kontributionen und Zwangsrekrutierungen schwer in Mitleidenschaft gezogen. Die Kriegskosten der Habsburgerin beliefen sich auf 260 Millionen Gulden, von denen zwei Drittel als Kredite aufgenommen werden mussten.

Während und nach dem Siebenjährigen Krieg setzte Maria Theresia ihr Reformwerk fort, nunmehr vom Grafen Kaunitz, der Haugwitz verdrängt hatte, auch innenpolitisch beraten. Mit dem Staatsrat wurde eine neue Zentralbehörde geschaffen, dagegen das »*Directorium in publicis et cameralibus*« aufgelöst. Für die Finanzverwaltung waren fortan Hofkammer, Hofrechenkammer und Generalkasse zuständig, die »Vereinigte böhmisch-österreichische Hofkanzlei« sollte die politische Verwaltung besorgen, der Kommerzienrat die wirtschaftlichen Angelegenheiten. Auf Länderebene wurden »Gubernien« als Regierungsstellen eingerichtet. Während die österreichisch-böhmischen Länder damit noch deutlicher als »Kernmonarchie« (Karl Vocelka) hervortraten, blieben Ungarn und die österreichischen Niederlande von diesen Veränderungen unberührt.

Auch die sozialen Reformen Maria Theresias, die auf eine Verbesserung der bäuerlichen Lebensbedingungen abzielten, entsprangen weniger einer philanthropischen Haltung als ökonomischen Überlegungen. Im Sinne der verwaltungstechnischen Vereinheitlichung dienten der »*Codex Theresianus*«, der das geltende Recht aufzeichnete, sowie die »*Constitutio Criminalis Theresiana*«, die noch die 1776 abgeschaffte Folter sowie das gesamte mittelalterliche Repertoire an Todes-, Leibes- und Ehrenstrafen kannte. »Aufklärerischer« waren die Reformen auf dem Bildungssektor, bei denen es vor allem um den Aufbau eines mehrstufigen staatlichen Schulwesens ging. Auf dem Land wurden zweiklassige Volksschulen (»Trivialschulen«) eingerichtet, von denen es bald schon mehr als 500 gab, in größeren Orten dreiklassige Hauptschulen sowie in den Landeshauptstädten »Normalschulen« für die Ausbildung von Lehrern. Für alle Kinder zwischen dem sechsten und zwölften Lebensjahr galt nunmehr die allgemeine Unterrichtspflicht. Auch das Gymnasialwesen wurde reformiert. Großen Einfluss besaßen dabei Joseph Freiherr von Sonnenfels (*1733, †1817), der 1763 auf die neu eingerichtete Lehrkanzel für »Polizey- und Kameralwissenschaften« der Wiener Universität berufen wurde, sowie Gerhard van Swieten (*1700, †1772), der als Leibarzt Maria Theresias aus den Niederlanden nach Wien gekommen war. Van Swieten reorganisierte die Wiener Universität sowie das Zensurwesen, das den Jesuiten entzogen wurde. Durch die Aufhebung des Jesuitenordens im Jahr 1773 kamen die Universitäten überhaupt unter die Kontrolle des Staats. Aus der 1754 ins Leben gerufenen »Orientalischen Akademie für Sprachknaben« erwuchs die diplomatische Akademie, als Vorläuferin der Kunsthochschulen entstand 1766 die Wiener Kupferstecherakademie.

Mit dem Ende des Siebenjährigen Kriegs wurde 1764 die Wahl Josephs (*1741, †1790), des ältesten Sohns Maria Theresias und Franz Stephans von Lothringen, zum römischen König möglich. Bereits im folgenden Jahr starb sein Vater, woraufhin Joseph II. auch zum Kaiser gekrönt wurde und ihn die Mutter zum Mitregenten der Habsburgermonarchie machte – freilich eher nominell, denn seine Kompetenzen beschränkten sich auf Angelegenheiten der Außenpolitik sowie des Heerwesens. Mutter und Sohn waren in vielen Fragen uneins. Während Maria Theresia im Wesentlichen noch auf der Grundlage einer gegenreformatorischen Staatsauffassung regierte, bestimmten die Ideen der Aufklärung das Handeln Josephs II. in weiten Bereichen. Der Kaiser stand damit weltanschaulich dem preußischen König Friedrich II., dem Erzfeind Maria Theresias, näher als der Mutter, realpolitisch war freilich auch nach ihrem Tod eine Annäherung an Preußen kein Thema, sofern es nicht um die Aufteilung einer Beute ging. Dazu bot sich das militärisch und politisch geschwächte Königreich Polen-Litauen an. Dort regierte der 1764 mit russischer Hilfe an die Macht gekommene König Stanislaus II. August, der sich wegen seiner Reformpolitik, aber auch wegen der Abhängigkeit von Russland mit Unruhen konfrontiert sah. Unter dem Vorwand, die Lage stabilisieren zu wollen, besetzten kaiserliche Truppen 1769 nicht nur die Zips, ein an Polen verpfändetes ungarisches Gebiet, sondern auch Teile Südpolens. 1772 verständigten sich Preußen, Russland und Österreich schließlich auf die erste Teilung Polens. Die Initiative war von König Friedrich II. ausgegangen, aber auch Maria Theresia willigte trotz moralischer Skrupel ein. Der Habsburgermonarchie wuchs damit das Gebiet von der Ostgrenze Schlesiens bis zum Bug zu; es wurde als »Königreich Galizien und Lodomerien« mit der Hauptstadt Lemberg (heute Ukraine, ukrainisch: Lviv) in die Habsburgermonarchie einbezogen. Die etwa zweieinhalb Millionen Einwohner setzten sich aus Polen, Ukrainern, Juden, aber auch Angehörigen zahlreicher anderer Ethnien zusammen. Das Land war in einem schlechten Entwicklungszustand, weshalb Maria Theresia zur Kolonisation tausende deutschsprachiger Siedler anwarb. Zwei Jahre später rückten österreichische Verbände in die südöstlich daran angrenzende, damals noch zum Osmanischen Reich gehörende Bukowina ein, das heute auf die Ukraine und Rumänien aufgeteilte Buchenland. 1775 erfolgte die offizielle Abtretung des in der Folge gemeinsam mit Galizien verwalteten Gebiets; 1849 wurde die Bukowina zum Kronland erhoben, als Hauptstadt fungierte Czernowitz.

»Kartoffelkrieg« oder »Zwetschkenrummel« nannten die Zeitgenossen das letzte zu Lebzeiten Maria Thèresias von österreichischen Truppen unternommene militärische Unternehmen. Nachdem Kurfürst Karl Theodor von der Pfalz österreichische Erbansprüche auf die Oberpfalz sowie auf Niederbayern anerkannt hatte, und Truppen des Kaisers Anfang 1778 dort eingerückt waren, ließ Friedrich II. von Preußen Teile Böhmens besetzen, um Karl II. August von Pfalz-Zweibrücken als Nachfolger Karl Theodors zu unterstützen. Da beide Kriegsparteien erhebliche logistische Probleme hatten, blieben größere Kampfhandlungen aus. Im Frieden von Teschen, den Maria Theresia im Mai 1779 schloss, ohne ihren Sohn beizuziehen, erhielt Österreich das bis dahin bayerische Innviertel mit Braunau, Ried im Innkreis und Schärding. Der von Joseph erwogene Plan, Bayern gegen die österreichischen Niederlande zu tauschen, ließ sich nicht verwirklichen.

Joseph II. und sein Reformwerk

Kaiser Joseph II. mag den Tod Maria Theresias am 29. November 1780 – bei aller Trauer über den Verlust der Mutter – auch als ersehnte Gelegenheit empfunden haben, endlich seine Reformvorhaben zu realisieren. Auf ausgedehnten, oft inkognito unternommenen Reisen hatte er sich sowohl über die Länder der Habsburgermonarchie wie auch über die Entwicklungen in anderen Staaten ein genaues Bild verschafft, sich außerdem von Jugend an den Einflüssen der Aufklärung geöffnet. Demgemäß erscheint sein rasch, geradezu ungeduldig in Angriff genommenes Reformwerk, weil vor allem dem Begriff der öffentlichen Wohlfahrt verpflichtet, »modern«. »Wohltätigkeitsanstalten« zur Versorgung Armer, Behinderter sowie psychisch Kranker entstanden, ebenso das Allgemeine Krankenhaus in Wien. Besonderes Augenmerk galt der bäuerlichen Bevölkerung. Mit der 1781 erfolgten Aufhebung der Leibeigenschaft in Böhmen ging Joseph II. als »Bauernbefreier« in die Geschichte ein. Jener Pflug, mit dem der Kaiser 1769 in Mähren einige Furchen gezogen hatte, genoss höchste Verehrung, er wurde noch mehr als hundert Jahre später auf der Wiener Weltausstellung im »Tempel des Pfluges« gezeigt. Die bereits unter Maria Theresia für Böhmen verfügte Ablöse der Robot – von Frondiensten – dehnte er auf Ungarn und Galizien aus. Egalitäre Züge hafteten auch der Aufhebung adeliger Steuerprivilegien und der Reform der Grundsteuer an.

Der Staat Josephs II. sollte zwar – in fiktiver Interessenkongruenz zwischen Herrscher und Untertanen – dem Gemeinwohl dienen, er war aber gleichermaßen absolutistisch und zentralistisch zu organisieren. Auch vom Gottesgnadentum wollte sich Joseph nicht verabschieden. Neue Zentralbehörden wurden begründet, wie die Vereinigte Hofstelle, die aus der Vereinigten böhmisch-österreichischen Hofkanzlei, der Hofkammer und der Ministerialbancodeputation zusammenwuchs. Spektakulärer waren aber die Reformen auf dem Gebiet des Rechtswesens: 1781 erfolgte im Rahmen der Allgemeinen Gerichtsordnung in Österreich und Böhmen die Aufhebung von Sondergerichten, insbesondere des Adels, sowie die Einschränkung der grundherrlichen Strafgewalt und die stärkere Einbindung des patrimonialen Gerichtswesens in das des Staates. 1787 schaffte eine Reform des Strafrechts, das nunmehr auch für Adel und Klerus gelten sollte, die Todesstrafe ab, an deren Stelle lebenslange Zwangsarbeit trat. Neuerungen gab es auch im Zivilrecht, das die Ehe zu einem Vertrag machte, die berufliche Benachteiligung unehelich Geborener beseitigte und die erbrechtliche Stellung der Frauen verbesserte.

Mit der Vorstellung, dass die von der Aufklärung propagierte Eigenständigkeit des vernünftigen und deswegen auch loyalen Individuums im Mittelpunkt staatlicher Obsorge stehen müsse, änderte sich auch das Verhältnis zwischen Staat und – katholischer – Religion grundlegend. Das religiöse Bekenntnis des Einzelnen wurde, sofern es bestimmte Pfade nicht verließ, Privatsache; die konfessionelle Einheit verlor ihren staatstragenden Charakter; der Anspruch, notfalls mit Gewalt für das Seelenheil der Untertanen Sorge tragen zu müssen, verschwand aus dem Katalog der Staatsziele. Während noch Maria Theresia gegen Kryptoprotestanten vorgegangen war, und ihr Patent von 1764 die Juden weiterhin diskriminierte, gewährte Joseph II. religiöse Freizügigkeit. Sein 1781 publiziertes Toleranzpatent galt für die Angehörigen des Augsburger und des Helvetischen Bekenntnisses, also Lutheraner und Calviner, sowie für die orthodoxen Christen. Sie wurden entkriminalisiert, den Katholiken im öffentlichen Leben völlig gleichgestellt, durften Gemeinden bilden und Bethäuser (allerdings ohne Türme, Glocken und straßenseitige Zugänge) errichten. Innerhalb weniger Jahre bekannten sich – ohne das sowieso stärker reformierte Ungarn – mehr als 100 000 Menschen zum Protestantismus. Einen noch wesentlich größeren Personenkreis begünstigten die zwischen 1781 und 1789 ergangenen Toleranzpatente für Juden – insgesamt etwa 400 000 Menschen, von denen mehr als die Hälfte in Galizien lebte. Sie wurden nunmehr zu handwerklichen bzw. gewerblichen Berufen und zu industrieller Tätigkeit, außerdem zum Hochschulstudium zugelassen. Bekleidungsvorschriften, die der Kennzeichnung und damit der Diskriminierung der Juden dienten, hoben die Patente auf. Andere religiöse Gemeinschaften, vor allem Sekten, duldete die Obrigkeit jedoch weiterhin nicht. Die Reaktionen waren unterschiedlich. Während etwa der Salzburger Erzbischof Hieronymus Graf Colloredo die Toleranzgesetzgebung des Kaisers ausdrücklich begrüßte, kritisierte sie sein Brixener Suffragan heftig. Auch in der katholischen Bevölkerung wurde Unmut laut, in Tirol wollten die Stände die Publikation des Toleranzpatents verhindert wissen. Dort wurden noch 1837 400 Zillertaler Protestanten ausgewiesen.

Besonders empfindlich reagierte die vielfach konservative, Neuerungen gegenüber misstrauische Bevölkerung auf die obrigkeitlichen Eingriffe in ihre Alltagskultur. Die aufgeklärte Weltsicht sollte in allen Lebensbereichen Einzug halten, jegliche Form des Aberglaubens, aber auch barocker Prachtentfaltung bekämpft werden. Verboten wurde insbesondere religiöses Brauchtum, wie das Aufstellen von Reliquien, das Wetterläuten, die am Karfreitag in den Kirchen aufgestellten heiligen Gräber, das Ausräuchern der Häuser an bestimmten Festtagen, das Anbringen von Votivgaben und -bildern, ebenso auch Wallfahrten, die länger als einen Tag dauerten und viele Prozessionen. Mit der Abschaffung zahlreicher Feiertage wollte Joseph II. die Produktivität erhöhen. Aus hygienischen Gründen erging die Anordnung, alle innerhalb der Siedlungen gelegenen Friedhöfe zu schließen. Eine neue Begräbnisordnung schrieb die Verwendung von Säcken anstelle von Särgen vor. Eine neue Gottesdienstordnung reglementierte die Gebete und Gesänge, die Art der Predigten, die, statt dogmatische Fragen zu erörtern, die Bauern im Anbau der Kartoffel unterrichten sollten, und sogar die Anzahl der zu verwendenden Kerzen. Viele dieser Anordnungen musste der Kaiser, nachdem es zu teilweise gewalttätigen Protesten gekommen war, zurücknehmen.

Im Mittelpunkt des Reformwerks stand die Kirche selbst, die Joseph II. und seine Berater als jene Institution sahen, die das Gewissen der Menschen in Hinblick auf Pflichterfüllung und tätige Nächstenliebe zu steuern vermochte. In die Diktion des Professors für »Polizey- und Kameralwissenschaften« Joseph von Sonnenfels übersetzt, lautete diese Erkenntnis: »Die Kirche ist eine Abteilung der Polizei, die den Zielen des Staates zu dienen hat, bis die Aufklärung des Volkes soweit gediehen ist, dass sie ihre Ersetzung durch die weltliche Polizei erlaubt.« Als »Beamte im schwarzen Rock«, die in unmittelbarem Kontakt zu den Gläubigen bzw. Untertanen standen, erhielten die Pfarrer auch staatliche Aufgaben zugewiesen. Dazu war ein dichtes Pfarrnetz notwendig. Niemand sollte länger als eine Stunde Fußwegs zu seiner Pfarrkirche haben, eine Pfarrgemeinde nicht mehr als 700 Seelen zählen. Ingesamt verdankten 3 000 neue Seelsorgestationen (Pfarreien und Lokalkaplaneien) der josephinischen Pfarrregulierung ihre Existenz, andererseits fielen nicht benötigte Kapellen und Filialkirchen der Spitzhacke zum Opfer. In einem nächsten Schritt nahm der Kaiser die schon seit dem Mittelalter immer wieder geplante Anpassung der Diözesansprengel an die weltlichen Grenzen in Angriff. Auf heutigem österreichischem Staatsgebiet entstanden 1785 mit Zustimmung des Papstes die Bistümer Linz und St. Pölten. Wien war bereits 1722 zum Erzbistum erhoben wurden.

Bis heute wird mit den Reformen Josephs II. in erster Linie die Aufhebung zahlreicher Klöster in Verbindung gebracht. Sie betraf zunächst vor allem »unnütze« Konvente, also Gemeinschaften, die kontemplativ lebten und keine karitativen, seelsorgerischen oder pädagogischen Aufgaben erfüllten, dann aber auch zahlreiche weitere, vor allem wohlhabende Klöster. Auch ein Besuch von Papst Pius IV. 1783 in Wien konnte den Kaiser nicht von seinen Plänen abbringen. Insgesamt wurden unter seiner Regierung etwa 700 bis 800 Klöster – von insgesamt mehr als 2 000 – geschlossen. Ihr Besitz floss in den »Religionsfonds«, der unter anderem zur Finanzierung der neu geschaffenen Pfarrstellen diente. Die Ausbildung »josephinischer« Geistlicher sollte unter staatlicher Oberaufsicht in Generalseminaren erfolgen, die der Kaiser unter anderem in Wien, Graz und Innsbruck einrichten ließ.

Die Beurteilung des josephinischen Reformwerks in der Geschichtsschreibung musste schon aufgrund der jeweiligen ideologischen Positionen unterschiedlich ausfallen. Katholisch-konservative Historiker lehnten insbesondere die Eingriffe in die kirchlichen Verhältnisse sowie die von Joseph enorm beschleunigten Prozesse der Modernisierung und Säkularisierung ab. Dagegen entwickelten österreichische Liberale, Deutschnationale sowie auch Sozialdemokraten Sympathien für den aus ihrer Sicht modernen, sozialen und vor allem antiklerikalen Kaiser, eben weil sie »ihren« Staat ein wenig »josephinisch« wünschten: zentralistisch organisiert, am Gemeinwohl orientiert, getragen von einer aufgeklärten, die Bildungselite repräsentierenden Staatsverwaltung, die in der Pflicht steht, dem nach wie vor konservativen, abergläubischen Volk allmählich den Fortschritt zu lehren. Obwohl Joseph einige seiner Reformen zurücknehmen musste und andere von seinem Nachfolger zumindest abgemildert wurden, wirkten josephinische Traditionen vor allem in der österreichischen Beamtenschaft noch lange nach.

Außenpolitisch blieb Österreich auch unter der Regierung Josephs II. an Russland gebunden, wodurch die Habsburgermonarchie in den 1787 ausbrechenden russisch-türkischen Krieg verwickelt wurde. Im folgenden Jahr führte der Kaiser persönlich ein großes Heer auf den Balkan, wo aber die Osmanen zunächst erfolgreicher agierten. Erst 1789 gelang mit der neuerlichen Eroberung der Festung Belgrad ein viel beachteter, wenn auch folgenloser Sieg, denn in den folgenden Friedenschlüssen wurde auf Grenzverschiebungen verzichtet.

Joseph II. starb nach 10-jähriger Alleinherrschaft über die habsburgischen Erblande am 20. Februar 1790. Aus der ersten Ehe des Kaisers mit Maria Isabella von Bourbon-Parma waren zwei noch im Kindesalter verstorbene Töchter hervorgegangen, die zweite mit Maria Josepha von Bayern war kinderlos geblieben, weshalb ihm sein Bruder Leopold II. (* 1747, † 1792), seit 1765 Großherzog der Toskana, sowohl in der Habsburgermonarchie wie auf dem Kaiserthron nachfolgte.

Sozialer und kultureller Wandel in der Frühneuzeit

Trotz der unzähligen bewaffneten Auseinandersetzungen und Kriege, der verheerenden Seuchenzüge, der frühneuzeitlichen Klimaverschlechterung und der von der Konfessionalisierung verursachten Verschiebungen wuchs die Bevölkerung der österreichischen Alpen- und Donauländer deutlich an: Lebten zu Beginn des 16. Jahrhunderts auf dem heutigen Staatsgebiet etwa 1,5 Millionen Menschen, waren es nach der Mitte des 18. Jahrhunderts bereits 2,7 Millionen, verteilt auf 415 000 Häuser. Die Einwohnerzahl der gesamten Habsburgermonarchie dürfte sich damals auf annähernd 20 Millionen Menschen belaufen haben. Die Gesamtschau verdeckt freilich sehr unterschiedliche regionale Entwicklungen, wie die örtlichen Auswirkungen der oberösterreichischen Bauernkriege, der Türkenbelagerung von 1683 im Wiener Raum oder die Vertreibung der Salzburger Protestanten 1731/32. Sie hatten oft weitere Bevölkerungsverschiebungen zur Folge, wie etwa die Ansiedlung von Kroaten in den von Türken verwüsteten Gebieten des heutigen Burgenlands.

Weil die Städte – von den aufblühenden Residenzen abgesehen – überwiegend stagnierten, war der ländliche Raum Träger des Wachstums. Damit Hand in Hand gingen Veränderungen der wirtschaftlichen Struktur, die Verkleinerung der Hofstellen, die weitere Zunahme von Wohnstätten, mit denen keine oder nur noch sehr kleine landwirtschaftlich nutzbare Flächen verbunden waren (so genannte Kleinhäuser oder Keuschen), die Anlage und der Ausbau von Sonderkulturen, die Aufnahme gewerblicher Tätigkeiten sowie außeragrarischen Nebenerwerbs, auch in der Form saisonaler Wanderungen. Dazu gehören Söldner, die sich für die kaiserlichen Heere, aber auch verbotenerweise von fremden Mächten anwerben ließen, oder die Vorarlberger Bauhandwerker, die den Sommer über in Schwaben, der Schweiz und im Elsass tätig waren. Einen besonderen Aufschwung nahm der ländliche Weinbau, nachdem zunächst vornehmlich die Städte diesen Erwerbszweig betrieben hatten. Nun wurden allerdings größere Quantitäten schlechteren und daher billigeren Weines produziert, wodurch der Exportanteil deutlich zurückging.

Während bäuerliche Spitzengruppen auf die sich verändernden Bedingungen einigermaßen flexibel reagieren und daher Nutzen aus ihnen ziehen konnten, scheint der ökonomische Druck, der auf dem Gros der Landbevölkerung lastete, noch angewachsen zu sein. Wenn es auch den Grundherren nicht durchgehend gelang, Abgaben und Dienste maßgeblich zu ihren Gunsten zu erhöhen, schlug für die bäuerlichen Hintersassen doch die zunehmende Gewinnorientierung der Grundherrschaften durch den Ausbau der Eigenwirtschaft oder die Betonung grundherrlicher Monopole negativ zu Buche. Dazu kam der immer rascher wachsende Geldbedarf des werdenden Staats – einerseits durch die Umlage der von den Landständen bewilligten außerordentlichen Steuern, andererseits mittels direkter Belastung der Untertanen beispielsweise durch das Salzmonopol. Die jährlichen Ausgaben eines Haushalts für Salz waren mancherorts deutlich höher als die grundherrlichen Lasten. Die oft drückende Verschuldung der bäuerlichen Mittel- und Unterschichten bildete ein weiteres Problem. Viele der Menschen auf dem Land waren zumindest zeitweise so verarmt, dass sie als Bettler oder ähnliche Randgruppen der Gesellschaft in die Unstetigkeit abglitten und damit kriminalisiert wurden. So hatten die zahlreichen Bauernaufstände und -unruhen nicht nur konfessionelle und »ideologische« Konflikte als Ursache, sondern vor allem konkrete soziale Probleme. Die schlechte Lage des in die bäuerlichen Haushalte integrierten Gesindes hatte sich seit dem Spätmittelalter gleichfalls nicht verändert. Von den inflationären Entwicklungen im Verlauf der Frühneuzeit, die ihren Höhepunkt in der »Kipper- und Wipperzeit« während der Zwanziger- und Dreißigerjahre des 17. Jahrhunderts erreichte, war die bäuerliche Bevölkerung wegen der Möglichkeit der Selbstversorgung hingegen weniger betroffen.

Dennoch gab es auch Verbesserungen. Wo, wie in den innerösterreichischen Ländern, bis ins 18. Jahrhundert die ungünstige Leiheform des Freistifts, bei dem die Bauernstellen jeweils nur auf Jahresfrist vergeben wurden, vorherrschte, setzte sich nunmehr das Erb- oder Kaufrecht durch. Höhere Erträge brachten die Optimierung oder auch die Aufgabe der Dreifelderwirtschaft sowie der Anbau von Mais und zuletzt auch der Kartoffel. Die Aufteilung von Gemeindegut folgte dem aufgeklärten Grundsatz, dass Privateigentum mit größerer Sorgfalt genutzt werde als gemeinschaftliches. Güterarrondierungen und die Zusammenlegung von Grundstücken sollten helfen, die Rentabilität bäuerlichen Wirtschaftens zu steigern. Auch die bereits geschilderten Maßnahmen, die Maria Theresia und Joseph II. zugunsten der Bauern durchführten, trugen allmählich Früchte. Trotzdem forderte noch in den Siebzigerjahren des 18. Jahrhunderts eine Getreidekrise in der Habsburgermonarchie zehntausende Todesopfer. Große Bevölkerungsverschiebungen zog die von der Mitte des 18. Jahrhunderts an vorangetriebene Erschließung Siebenbürgens, der Batschka und des Banats nach sich. Zunächst wurden noch unter dem Aspekt der Gegenreformation von 1733 an Protestanten aus Oberösterreich, der Steiermark und Kärnten in mehreren Transporten zwangsweise nach Siebenbürgen umgesiedelt; in den folgenden Jahrzehnten ließen sich etwa 75 000 deutschsprachige Siedler aus dem Süden des Reichs samt den österreichischen Alpenländern am Ostrand der Habsburgermonarchie nieder.

Um die Mitte des 16. Jahrhundert hatte die Eisenerzeugung ihre größte Blüte erreicht. Bis zu 15 Prozent der gesamteuropäischen Produktion stammten aus Österreich, vor allem vom steirischen Erzberg. Ein erheblicher Teil des Eisens wurde in die oberdeutschen Reichsstädte sowie nach Italien exportiert. In der zweiten Jahrhunderthälfte geriet der Eisenbergbau aber in eine schwere Krise, von der er sich erst wieder im Verlauf des 18. Jahrhunderts erholte. Die Auswirkungen betrafen nicht nur die am Bergbau beteiligten Personenkreise, sondern auch das protoindustriell organisierte, teils in Fabriken, teils im Verlagssystem tätige eisenverarbeitende Gewerbe, das einen seiner Schwerpunkte im Raum Steyr hatte. Der Tiroler Silber- und Kupferbergbau mit den Zentren Schwaz sowie Gossensaß-Sterzing, der in der ersten Hälfte des 16. Jahrhunderts noch mindestens 25 000 Menschen beschäftigt haben dürfte, verlor in den folgenden Jahrzehnten rasch und dauerhaft an Bedeutung. Dagegen warf die Salzgewinnung trotz erheblicher regionaler Schwankungen beachtliche Erträge ab, die aufgrund des Salzmonopols überwiegend den landesfürstlichen Kammern zugute kamen. (Bad) Aussee in der Steiermark, Hall in Tirol sowie Hallstatt, Ebensee und (Bad) Ischl in Oberösterreich waren die wichtigsten österreichischen Salinenorte, die Produktion des Erzstifts Salzburg konzentrierte sich auf Hallein, wobei allerdings seit dem beginnenden 17. Jahrhundert die Gewinne vornehmlich nach Bayern abflossen. Ein deutlicher Rückgang des Transitverkehrs durch die Alpen- und Donauländer – sowohl in der Nord-Süd- wie in der Ost-West-Richtung – verschärfte die schwierige wirtschaftliche Lage zusätzlich.

Protoindustrielle Organisationsformen nach dem Verlagssystem finden sich auch in der Textilproduktion, die vielfach als Ersatz für andere Erwerbszweige diente. Im Bregenzerwald reagierte man im 16. Jahrhundert auf Klimawandel und Überbevölkerung mit dem Anbau von Flachs und seiner Verarbeitung zu Garn, das zur Ausfuhr in die oberschwäbischen Reichsstädte bestimmt war. In Oberösterreich gab es nicht nur bedeutende Flachsanbaugebiete, sondern auch eine florierende Leinwandproduktion. Der Export erfolgte zu einem großen Teil über die Linzer Märkte nach Italien. Halleiner Bergknappen fertigten von etwa 1620 an, als der Ertrag des Salzbergbaus zurückging, Baumwollstrickwaren an. In vielen Teilen Österreichs wurden in bäuerlichen Haushalten Webstühle betrieben. Von der Mitte des 17. Jahrhunderts an förderte die Obrigkeit, merkantilistischen Grundsätzen folgend, die Einrichtung von Manufakturen und Fabriken und damit die Schaffung von außerhäuslichen Arbeitsplätzen. Frauen und zunehmend auch Kinder wurden dafür als billige Arbeitskräfte herangezogen. Eines der ältesten und größten Unternehmen war die 1672 gegründete Linzer Wollzeugfabrik, die auch zur Arbeitsbeschaffung für Bettler diente. Die »Schwechater Zitz- und Kottonmanufaktur« beschäftigte um die Mitte des 18. Jahrhunderts etwa 500 Menschen unmittelbar in der Fabrik, darüber hinaus aber etwa 25 000 Spinnerinnen und Spinner in Heimarbeit. Gegen Ende des Jahrhunderts existierten allein in Niederösterreich etwa 400 Fabriken mit zusammen 182 500 Arbeitskräften. Qualifizierte Arbeiter mussten vielfach im Ausland angeworben werden. Selbst hochadelige Familien beteiligten sich mit Erfolg an diesen neuen Produktionsformen. Durch die Abschaffung von Feiertagen und die Ausdehnung der täglichen Arbeitszeit sollte die Produktion erhöht werden. Die Einrichtung von Waisen-, Zucht- und Arbeitshäusern diente der Bekämpfung der allmählich kriminalisierten Armut, vor allem aber der Sozialdisziplinierung unter den Vorzeichen einer neuen Einstellung zur Arbeit.

Von den wirtschaftlichen und sozialen Entwicklungen der frühen Neuzeit kaum begünstigt wurde ein Großteil der Städte. Sie hatten den Anspruch auf das Monopol an Markt und Handwerk nicht aufrecht erhalten können und litten unter der zunehmenden, von den Grundherrschaften geförderten gewerblichen Konkurrenz ihrer ländlichen Umgebung. Eine Rolle spielte auch die wachsende obrigkeitliche Einflussnahme auf die kommunale Verwaltung, die mit der Gegenreformation einsetzte und im Verlauf des 18. Jahrhunderts ihren Höhepunkt erreichte. Die Kriegsereignisse, die Emigration der Protestanten, heftige Konjunkturschwankungen sowie die Beschränkung der städtischen Wirtschaftsprivilegien taten ein Übriges, sodass die ohnehin nicht sehr hohen Einwohnerzahlen vieler Handels- und Gewerbestädte über lange Zeit entweder stagnierten oder sogar sanken. So verlor Steyr von etwa 1600 bis etwa 1750 annähernd ein Drittel seiner ursprünglich 9 000 Bewohner, allein zwischen 1626 und 1630 hatten etwa 250 Bürger mit ihren Familien die Stadt aus konfessionellen Gründen verlassen. 1663 standen dort 89 der gut 600 Häuser leer, 162 waren ganz oder teilweise steuerbefreit. Dagegen konnte etwa die Tiroler Salinenstadt Hall ihre annähernd 3 000 Bewohner wenigstens halten.

Gewachsen sind in der Regel nur jene Städte, die zeitweise oder dauernd als Residenzen oder zumindest als Verwaltungsmittelpunkte fungierten: Wien zwischen 1600 und 1750 um mehr als das

Dreifache auf 175 000 Einwohner, Graz von 8 000 auf 20 000, Salzburg von 8 000 auf 15 000 und Innsbruck immerhin noch von 5 700 auf 8 500. Hatten dem kaiserlichen Hof in Wien im 16. Jahrhundert etwa 500 Personen angehört, waren es unter Karl VI. bereits mehr als 2 000. Hofhaltung und Beamtenschaft waren wichtige wirtschaftliche Faktoren, die Erfordernisse höfisch-adeliger Repräsentation förderten die örtliche Produktion wie auch den Import von Luxusgütern, veränderten die bauliche Struktur dieser Städte nachhaltig, ihre Zentren prägten nunmehr Adelspalais, Verwaltungsbauten sowie Gotteshäuser und Klöster. Auch die Zusammensetzung der städtischen Bevölkerung verschob sich, da die Angehörigen der Hofhaltung und ihre Familien, der Adel, die Geistlichkeit sowie die Angehörigen der Universitäten nicht den städtischen Organen unterstanden und daher nicht zur »bürgerlichen« Bevölkerung zählten.

Die innovative Kraft, die das Bürgertum im späteren Mittelalter besessen hatte, erlahmte im Verlauf der frühen Neuzeit, zumal auch die zünftische Organisation des städtischen Wirtschaftslebens an Wirksamkeit einbüßte und schließlich mehr hemmte als nützte. Sowohl die protoindustrielle Produktion wie auch die rasch wachsende Arbeiterschaft standen außerhalb der Zünfte, denen in den Dreißigerjahren des 18. Jahrhunderts in Wien nur mehr ein Drittel der Handwerker angehörten. Neben dem »altständischen« Bürgertum mittelalterlicher Prägung entstand freilich ein »neues« Bürgertum, das sich einerseits aus der rasch wachsenden Beamtenschaft und den freien Berufen, andererseits aus der die Protoindustrialisierung tragenden Unternehmerschaft rekrutierte. Diese Gruppe zog ihre soziale Legitimation in erster Linie aus einem modernen, oft bereits der Aufklärung verpflichteten Bildungsideal, sie war in hohem Maß an weiterem gesellschaftlichen Aufstieg interessiert und orientierte sich daher am Adel. Bei der Modernisierung des absolutistischen Staatswesens fiel dem neuen Bildungsbürgertum eine führende Rolle zu, es wurde, in die Bürokratie integriert und damit finanziell abgesichert, zu einem loyalen Partner der Monarchen.

Nach den Judenpogromen im Gefolge der Pestepidemie von 1348/49, weiteren Verfolgungen unter Herzog Albrecht V. 1420/21 und der von Maximilian im Jahr 1500 verfügten Ausweisung der Juden aus den österreichischen Erblanden stieg die Zahl der mit Sondergenehmigung als »Hofbefreite« vor allem in Wien ansässigen Juden unter Maximilian II., Rudolf II. und Ferdinand II. neuerlich an. Sie waren in erster Linie im Kreditgeschäft und als Heereslieferanten tätig. Seit dem frühen 17. Jahrhundert bildeten sie wieder eine Gemeinde, bald nach der Jahrhundertmitte bestanden bereits drei Synagogen, im jüdischen Ghetto in der heutigen Leopoldstadt lebten damals etwa 300 Menschen. Auch in zahlreichen anderen österreichischen Orten ließen sich Juden nieder. Aufgrund heftiger Anfeindungen durch die Wiener Bürgerschaft sowie seitens der Kirche wies Leopold I. 1670 die Wiener Juden, im folgenden Jahr auch die auf dem Land lebenden aus. Geduldet wurden in der Folge nur wenige privilegierte Hofjuden, wie die Bankiers Samuel Oppenheimer (*1635, †1703) und Samson Wertheimer (*1658, †1724). Obwohl sie die Kriege der Habsburger finanzierten und hohes Ansehen genossen, waren sie diskriminierenden Vorschriften unterworfen. Maria Theresia, die allen Nichtkatholiken äußerst reserviert gegenüberstand, billigte den Juden immerhin Erleichterungen bei der Gründung von Fabriken zu. Erst die Judenpatente Kaiser Josephs II. beseitigten die Kleidungsvorschriften, erlaubten die freie Wahl des Wohnorts und ermöglichten den Zugang zu Gymnasien und Universitäten. Die Bildung einer eigenen Gemeinde wurde den Juden jedoch nicht gestattet. An der Formulierung dieser Patente hatte Joseph von Sonnenfels mitgewirkt, der selbst jüdischer Abkunft war, diese aber stets verschleierte. Während die jüdische Oberschicht die »Befreiung« begrüßte, fürchteten konservative Kreise, sie würde die Assimilierung der Juden fördern. Als erster nicht getaufter Jude Österreichs wurde 1789 Israel Hönig in den Adelsstand erhoben.

Nachdem der protestantische Adel bei Standeserhöhungen und Hofkarrieren zunächst systematisch zugunsten der altgläubig gebliebenen Geschlechter benachteiligt worden war, verließen, als der herrschaftliche Druck nach dem Beginn des Dreißigjährigen Kriegs weiter zunahm, zahlreiche konvertierungsunwillige Adelige die habsburgischen Erbländer. In der Folge konnte sich die Dynastie auf einen »gesäuberten«, weitgehend domestizierten Adel stützen, dessen führende Gruppe sich seit dem 17. Jahrhundert zum Hofadel formte. Mit dem Schwinden der ständischen Macht des politischen Spielraums weitgehend beraubt, bot die Bindung an den Hof und die Nähe zum Herrscher den führenden Familien Einfluss, materiellen Zugewinn und Rangerhöhungen. An der Spitze der Adelshierarchie standen »österreichische« Familien wie die Liechtenstein, Schwarzenberg, Auersperg, Windisch-Graetz, Starhemberg, Dietrichstein, Harrach oder Sinzendorf, dazu aus dem böhmischen und ungarischen Adel unter anderem die Lobkowitz, Waldstein, Kinsky, Kolowrat, Esterházy, Batthyány oder Pálffy sowie die Oettingen, Schönborn oder Salm als reichsadelige Geschlechter. Angehörige der Hocharistokratie hatten die zentralen Hofämter inne und machten in der Armee Karriere. Obwohl die Mittel für ein standesgemäßes adeliges Leben und den damit verbundenen Luxuskonsum vorwiegend aus der Bewirtschaftung der Grundherrschaften stammten, bedeutete die Versorgung im Staatsdienst nicht selten auch eine ökonomische Notwendigkeit. Selbst der hohe Adel, dem 300 bis

400 Familien angehörten, war auf weitere Rangerhöhungen sehr erpicht, besonders begehrt war der Aufstieg in den Reichsfürstenstand. Nachdem der Adel seine mittelalterliche Schutzfunktion, den Anspruch auf das Gewaltmonopol verloren hatte, die Entwicklung vom Ritter über den Söldnerunternehmer zum Offizier, vom Ratgeber zum Beamten vollzogen war, trat die Befriedigung des stetig wachsenden Repräsentationsbedürfnisses noch stärker ins Zentrum adeliger Lebensform.

Dem Bestreben der Hocharistokratie, sich vom niederen Adel, insbesondere aber von den zahlreichen Aufsteigern bürgerlicher Herkunft, die den Adelsstand durch Nobilitierung erlangt hatten, abzugrenzen, war wenig Erfolg beschieden, denn die habsburgischen Landesherren ließen die ständischen Schranken durchlässig. So wurde aus der steirischen Kaufmannsfamilie Eggenberger 1598 ein freiherrliches Geschlecht, das 1623 sogar in den Reichsfürstenstand (Herzöge von Krumau) aufrückte. Besonders steile Karrieren ermöglichte der Militärdienst. Kaspar Schoch, der sich vom Reiterjungen zum Hofkriegsrat und Obrist-Feldhauptmann der Herrschaften vor dem Arlberg hochgedient hatte, musste sich 1653 aus der Leibeigenschaft des schwäbischen Klosters Isny loskaufen, um seinen Adelsstand zu behaupten. Zahlreiche auswärtige Geschlechter wurden über die Zugehörigkeit zum kaiserlichen Heer in den habsburgischen Erbländern heimisch, wie etwa die Aldringen oder die Colloredo. Musterbeispiel für eine solche Laufbahn ist die des Prinzen Eugen von Savoyen. Aber auch akademische Bildung und eine qualifizierte juristische Tätigkeit ermöglichte Bürgerlichen den Sprung in den Hochadel. Der aus Schwaben gebürtige Syndikus der oberösterreichischen Stände Dr. Joachim Enzmiller wurde 1636 in den Ritterstand aufgenommen, 1651 zum Reichsfreiherrn und 1669 zum Grafen erhoben. Besonders rasch wuchs im Verlauf des 18. Jahrhunderts der Anteil der Wirtschafttreibenden an den Nobilitierten von weniger als fünf auf annähernd 20 Prozent. Fast 40 Prozent der in den Adelsstand Erhobenen waren Beamte. Der »alte« Hochadel konnte solche Karrieren zwar nicht verhindern, er vermied aber nach Möglichkeit Heiraten mit Angehörigen der neuadeligen Familien.

Trotz der beträchtlichen Zahl von Standeserhebungen blieb der Adel in den österreichischen Alpen- und Donauländern eine quantitativ exklusive Gruppe. Bei einer nach der Mitte des 18. Jahrhunderts in Oberösterreich vorgenommenen Zählung wurden 343 männliche Adelige registriert, was einem Anteil von 0,1 Prozent an der männlichen Gesamtbevölkerung entspricht, insgesamt betrug er in den deutschsprachigen Erbländern etwa 0,2 Prozent.

Zahlenmäßig etwa dreimal stärker als der Adel war damals in Oberösterreich die katholische Geistlichkeit. 1776 zählte man

243 Weltpriester, 695 Regularkleriker und 145 Klosterfrauen. Nach dem weitgehenden Zusammenbruch der kirchlichen Strukturen als Folge der Reformation hatte der Katholizismus durch eine Reihe von Reformmaßnahmen sowie aufgrund der konsequent gegenreformatorischen Politik des Herrscherhauses seine Position wieder festigen können. Äußeres Merkmal dafür ist die äußerst prunkvolle barocke Frömmigkeit, die ihren Ausdruck nicht nur im Neubau zahlreicher Kirchen und Klöster fand, sondern auch in einer bis dahin nicht gekannten Prachtentfaltung im Kultus.

Nach dem Reformkonzil von Trient waren die Bischöfe entschlossen darangegangen, den Pfarrklerus zu disziplinieren, ihn stärker als bisher in die kirchliche Hierarchie einzugliedern und weit verbreitete Missstände, wie das Konkubinat oder die Trunksucht, zu bekämpfen. Außerdem ging es darum, den Seelsorgeklerus aus den örtlichen Strukturen, zu denen auch die Bindungen an den Patronatsherrn zählten, zu lösen, die Person des Geistlichen zu sakralisieren. Der geistliche Nachwuchs wurde nunmehr an Priesterseminaren streng und vor allem in Hinblick auf die Ausübung des Hirtenamts ausgebildet, aber auch im Kirchenrecht und in den liturgischen Vorschriften unterwiesen. Dadurch sowie durch eine Prüfungsordnung für Pfarramtskandidaten sollte verhindert werden, dass die Inhaber der Patronate ungeeignete Geistliche für die von ihnen zu vergebenden Pfründen auswählten. Katechese und die Vermittlung der Christenlehre traten in den Vordergrund, als Mittel der Kontrolle kam die Beichte zum Einsatz. Die weltlichen Obrigkeiten waren an sorgfältig geführten Beichtregistern gleichermaßen interessiert. Mehr denn je überwacht wurde freilich auch die Pfarrgeistlichkeit selbst, die einerseits den geistlichen Obliegenheiten (Spende der Sakramente, Liturgie, Unterweisung der Pfarrkinder in religiösen und sittlichen Dingen) nachzukommen hatte, verstärkt aber auch staatliche Aufgaben (Personenstandswesen und Statistik, Wohlfahrtspflege und Schulaufsicht) zugewiesen erhielt.

Im Sinne der katholischen Konfessionalisierung erlebte das mit kollektiven Ablässen ausgestattete Bruderschaftswesen (besonders Marien-, Rosenkranz-, Heiligen-, Fronleichnamsbruderschaften) eine neue Blüte, ebenso Wallfahrten und Prozessionen; zahlreiche neue Wallfahrtsorte entstanden, abgegangene wurden wiederbelebt. Gegen die Auswüchse einer aus aufgeklärter Sicht überbordenden Volksfrömmigkeit wandten sich innerkirchliche Reformbestrebungen wie schließlich auch die scharfen Eingriffe Kaiser Josephs II. Das Gedankengut der Aufklärung fand freilich auch bei der Geistlichkeit Eingang, selbst die Kirchenpolitik Kaiser Josephs II. wurde von vielen Klerikern im Kern mitgetragen, weil sie die Seelsorge in den Mittelpunkt des staatlichen Interesses rückte.

Wegen seiner bescheidenen Lebensform und der volksnahen Predigt erfreute sich der Kapuzinerorden großer Beliebtheit. Er breitete sich von 1596 an, als Erzbischof Wolf Dietrich von Raitenau ihn nach Salzburg berief, rasch aus, innerhalb weniger Jahrzehnte entstanden auf dem Gebiet des heutigen Österreich 30 Niederlassungen. Auch die traditionsreichen Klöster der alten Orden hatten sich zumeist regenerieren können. Ihre Konvente wuchsen stark an, mit ihren Grundherrschaften verfügten sie über die finanziellen Mittel für großartige Um- und Neubauten. Zur Mitte des 18. Jahrhunderts flossen etwa in Oberösterreich 40 Prozent der grundherrlichen Abgaben an kirchliche Einrichtungen. Dazu kamen zahlreiche Neugründungen, so ließen sich allein in St. Pölten während des 18. Jahrhunderts die Englischen Fräulein, Karmeliter, Karmeliterinnen und Piaristen, die sich vor allem der Jugendarbeit widmeten, nieder. Die Zunahme geistlicher Einrichtungen ging jeweils auf Kosten der »bürgerlichen« Stadt; in Wien wurden innerhalb weniger Jahrzehnte etwa fünfzig Häuser wegen klösterlicher Baumaßnahmen abgerissen.

Die »Entfeudalisierung« der unteren geistlichen Ränge hatte bereits im Spätmittelalter eingesetzt, im Barockzeitalter war ein Großteil des Seelsorgeklerus, aber auch der Regularkleriker, darunter viele Vorsteher bedeutender Klöster, bäuerlich-bürgerlicher Herkunft. Exklusiv dem Adel vorbehalten blieb neben den Ritterorden und den Damenstiften ein Teil der Domkapitel; auch bei den Bischöfen dominierte nach wie vor die Aristokratie. Insgesamt aber schritt die »Verbürgerlichung« der katholischen Kirche voran.

Durch die Reformation waren auch die traditionsreichen Klosterschulen in eine schwere Krise geraten, von der sie sich erst im 17. Jahrhundert wieder allmählich erholen sollten. Die Blüte, die die Universität Wien erlebte, nachdem Maximilian I. sie gezwungen hatte, sich dem Humanismus zu öffnen, war nur von kurzer Dauer; die Türkenbelagerung von 1526, Epidemien und die Wirren der Glaubensspaltung ließen die Hörerzahl rasch zurückgehen. Besondere Bedeutung kam nunmehr dem hoch entwickelten reformierten Schulwesen zu, in den Städten den Lateinschulen, vor allem aber den Landschaftsschulen der Stände, die in erster Linie der Ausbildung des adeligen Nachwuchses dienten, teils aber auch Bürger- und Bauernsöhne aufnahmen. Solche Gymnasien entstanden in Wien (bald nach Horn in Niederösterreich verlegt), Klagenfurt, Judenburg, Krems, Linz, Steyr sowie in Graz, an der sogar der Astronom und Mathematiker Johannes Kepler (*1571, †1630) unterrichtete. Ein pädagogisch zukunftsweisendes Programm entwickelte die »Hohe Schule«, die Hans Wilhelm von Losenstein (*1540, †1601) im niederösterreichischen Loosdorf gründete. In den ersten Jahrzehnten des 17. Jahrhunderts wurden die Landschaftsschulen entweder auf landesfürstliche Anordnung geschlossen oder sie erlagen dem

Konkurrenzdruck der vielerorts eingerichteten Jesuitengymnasien. Schon 1554 entstand ein Knabenkonvikt in Wien, weitere Kollegien folgten 1561 in Innsbruck, 1573 in Graz und Hall in Tirol, 1585 in Leoben sowie später auch in Linz, Judenburg, Klagenfurt, Krems, Steyr, Wiener Neustadt und Feldkirch. Die Gymnasien in Graz und Innsbruck bildeten die Grundlage für dort 1585/86 bzw. 1669 ins Leben gerufenen Universitäten, die gleichfalls den Jesuiten übergeben wurden. Die Wiener Universität kam 1623 unter ihre Leitung, woraufhin der schulische Charakter in den Vordergrund trat: Akademisches Gymnasium und Philosophische Fakultät sollten vor allem der Vorbereitung eines Studiums der Theologie dienen. Rechtswissenschaft und Medizin lagen hingegen weitgehend außerhalb des jesuitischen Interessenhorizonts. Zum Studium wurden nur mehr katholische Studenten zugelassen, die meist dem bäuerlich-bürgerlichen Milieu entstammten. Die Jesuiten dominierten das »öffentliche« höhere Schulwesen der österreichischen Erblande bis zur Aufhebung des Ordens 1773. Im Jahr 1622 eröffnete Erzbischof Paris Lodron die von einer Kongregation süddeutscher und österreichischer Benediktinerklöster getragene Salzburger Universität, die bald überregionale Bedeutung erlangte und zeitweise etwa 1700 Hörer zählte. Sie war die einzige nicht von den Jesuiten geleitete katholische Hochschule im Reich. Von der Mitte des 17. Jahrhunderts an gewannen auch die philosophisch-theologischen Hauslehranstalten der alten Klöster, insbesondere des Benediktinerordens, wieder an Profil. Da sie sich, der Zeitströmung gemäß, den Naturwissenschaften öffneten, war ihr Unterricht moderner als der der Jesuiten. Um den Mädchenunterricht nahmen sich die Ursulinen und die Englischen Fräulein an. Auf eine Anregung des Prinzen Eugen geht die 1717 in Wien ins Leben gerufene Ingenieurschule zurück, an der Architektur, Festungsbau, Statik, Mechanik und Mathematik gelehrt wurden.

Da sich die Universitäten fast ausschließlich der Lehre widmeten, waren vor allem die Klöster und der Wiener Hof Orte der Wissenschaftspflege. Hier entstanden bedeutende Sammlungen aller Art, wurden Forschungsvorhaben initiiert und gefördert. Auch der Hochadel wurde in diesem Sinn tätig. Das Spektrum reichte von einer umfassenden naturwissenschaftlichen Erschließung der Länder der Habsburgermonarchie bis zur Astronomie und zur Ausrüstung von Expeditionen nach Afrika und Amerika. Nachdem Maria Theresia 1745 den Holländer Gerhard van Swieten nach Wien berufen hatte, machte die Medizin große Fortschritte, als Folge seiner Universitätsreformen entstand die erste Wiener Medizinische Schule. Ein höchst erfolgreiches volkswirtschaftliches Standardwerk des Merkantilismus mit dem Titel »Österreich über alles, wann es nur will« (1684) stammt vom gebürtigen Frankfurter Philipp Wilhelm von Hörnigk (*1640, †1714). Es skizziert die wirtschaftlichen Möglichkeiten der erstmals ökonomisch unter dem Begriff »Österreich« zusammengefassten Habsburgermonarchie. Auf dem Gebiet der Geschichtsschreibung spielte weiterhin die Hofhistoriographie eine wichtige Rolle, dazu kamen von den Ständen initiierte landeskundliche Arbeiten. Beide Gattungen hatten als Auftragswerke politischen Anforderungen zu genügen, das Ansehen des Erzhauses Österreich zu steigern bzw. die Rechte der jeweiligen Landstände gegen die landesfürstlichen Ansprüche zu verteidigen. Zu den »Landesgeschichten« zählen die *Annales Carinthiae*, eine 1612 gedruckte monumentale Geschichte Kärntens, die auf Michael Gothard Christalnick (*1530/40, †1595) zurückgeht, die *Ehre des Herzogtums Krain* (1689) von Johann Weikhard von Valvasor (*1641, †1693) oder das Tiroler *Ehren-Kränzel* (1678) des Grafen Franz Adam Brandis (*1639, †1695). Manche dieser Arbeiten sind bis heute grundlegend geblieben wie die 1719/1731 erschienene Biographie Kaiser Leopolds I. aus der Feder des Hofhistoriographen Karls VI. und Jesuitenpaters Franz Wagner. Als sich die Klöster im 17. Jahrhundert nach den Wirren der Reformation konsolidierten, lebte auch die klösterliche Chronistik wieder auf. Als Prototyp einer frühbarocken Stadtgeschichte gelten die 1625/1630 vom Steyrer Stadtschreiber Valentin Preuenhuber, einem Protestanten, verfassten *Annales Styrensis*. Zur wissenschaftlichen Disziplin wurde Geschichte jedoch erst allmählich. Wichtige Schritte auf diesem Weg bildete die bereits im 17. Jahrhundert erfolgte Etablierung als Unterrichtsfach an der Universität Salzburg, später dann die Aufnahme in die Lehrpläne der Jesuiten. In den Benediktinerklöstern förderte das Interesse an einer authentischen Überlieferungsbasis die Entwicklung der historischen Hilfswissenschaften, vor allem der Urkundenlehre, der Schriften- und Siegelkunde. In Melk wirkten in diesem Sinn die Brüder Bernhard (*1683, †1735) und Hieronymus Pez (*1685, †1762), in Göttweig Abt Gottfried Bessel (*1672, †1749). Die repräsentativen Bibliothekssäle der Barockklöster symbolisieren den Stellenwert der Bildung, auch die Klosterarchive erhielten im Zuge der zahlreichen Neubauten geeignete Räumlichkeiten und wurden neu geordnet. Seit dem 16. Jahrhundert erweiterten die Habsburger ihre Hofbibliothek durch Ankäufe und Ablieferungspflicht zu einer zentralen Einrichtung des Geisteslebens, 1730 konnte der prunkvolle Bibliotheksbau am Josefsplatz bezogen werden. 1749 schuf Maria Theresia mit dem »Geheimen Hausarchiv«, dem späteren Haus-, Hof- und Staatsarchiv, in Wien ein Zentralarchiv für die habsburgischen Erbländer, das sich schließlich zu einem Kristallisationspunkt historischen Forschens entwickelte.

Bald nach dem Tod Kaiser Maximilians I. endete die kurze, auf den Hof und die Wiener Universität fokussierte Blüte der Renaissanceliteratur. In den folgenden zweieinhalb Jahrhunderten konnten die österreichischen Länder auf dem Gebiet der Dichtkunst nur wenige herausragende Leistungen vorweisen. Bis heute bekannt ist der aus Schwaben stammende Augustiner Eremit und Hofprediger Kaiser Leopolds I. Ulrich Megerle (* 1644, † 1709), der sich Abraham a Sancta Clara nannte. Seine rhetorisch eindrucksvollen Predigten gegen Unmoral und Ausschweifungen erfreuten sich wegen ihrer bildhaften Sprache und nicht zuletzt auch einer gelegentlich drastischen Ausdrucksweise bei allen Bevölkerungsschichten großer Beliebtheit; als Schwankdichter hatte er gleichfalls Format.

Mit oft enormem Aufwand wurden an den Höfen und in den Klöstern Theaterstücke inszeniert. In Wien entstand im Konnex zur Hofburg eine Schauspielbühne, auch in den Parkanlagen der kaiserlichen Lustschlösser fanden prunkvolle Aufführungen statt. Erzbischof Markus Sittikus von Salzburg ließ bei seinem Schloss Hellbrunn das »Steintheater«, eine Freiluftbühne, errichten, auf der 1617 erstmals eine italienische Oper nördlich der Alpen gespielt wurde, Claudio Monteverdis »L'Orfeo«. Große Breitenwirkung erzielten die geistlichen Dramen der Orden, vor allem der Jesuiten und Benediktiner, die an ihren Schulen ausschließlich von Laien gespielt wurden. Wichtigster alpenländischer Autor dieses Genres, das seine Stoffe aus der Heiligen Schrift, den Heiligenlegenden, aber auch aus der antiken Mythologie bezog, war der Salzburger Benediktinerpater Simon Rettenbacher (* 1634, † 1706), der 1671 die Leitung des Salzburger Universitätstheaters übernommen hatte. Schauspiel, Oper und Ballett bildeten einen wesentlichen Bestandteil barocker Festkultur, in die Hof, Adel und Kirche beträchtliche Summen investierten. Unter dem Einfluss englischer und italienischer Wandertruppen, die vor allem Stegreifstücke aufführten, entwickelte der Steirer Josef Anton Stranitzky (* 1676, † 1725) das Wiener Volksstück, mit dem »Hanswurst« als zentraler Figur, den Stranitzky selbst spielte. Das nach seinem Tod in verschiedenen Formen weiterentwickelte Alt-Wiener Volkstheater wurde von den Aufklärern, freilich erfolglos, bekämpft. Als Gegenpol entwickelte sich die 1741 von Kaiserin Maria Theresia als »Theater nächst der Burg« gegründete Bühne – das heutige Burgtheater – zur Pflegstätte des gereinigten, formgerechten deutschen Schauspiels. Kaiser Joseph II. wandelte es 1776 als Hof- und Nationaltheater in eine staatliche Einrichtung um.

Gleichfalls an die höfische Gesellschaft und die Kirche war die Pflege der »repräsentativen« Musik gebunden, die sich zunächst vor allem an italienischen Vorbildern orientierte. In diesem Sinn komponierte der Steirer Johann Christoph Fux (* 1660, † 1741) zur Krönung Karls VI. in Prag die Oper »Constanza e Fortezza«. Neben weiteren Opern gehörten auch Kirchen- und Instrumentalmusik zu seinem umfangreichen Oeuvre. Als Hofkapellmeister des Salzburger Erzbischofs Maximilian Gandolf von Kuenburg wirkte der Violinvirtuose Heinrich Biber (* 1644, † 1704), der als Komponist wesentlichen Einfluss auf die Entwicklung der Sonate hatte. Musikalisches Schaffen galt selbst dem höchsten Adel als standesgemäß: Kaiser Leopold I. hinterließ über 230 Kompositionen. Zur berühmten »Wiener Klassik« führten bereits die Symphonien und die Klaviermusik von Georg Christoph Wagenseil (* 1715, † 1777) hin. Eine neue Zeit brach an, als der aus der Oberpfalz stammende Christoph Willibald Gluck (* 1714, † 1787) 1754 zum Hofkapellmeister bestellt wurde. Mit den in Wien uraufgeführten Werken »Orfeo ed Euridice« und »Alceste« leitete er die Erneuerung der ernsten Oper ein. Der in Rohrau (Niederösterreich) geborene Joseph Haydn (* 1732, † 1809) erhielt seine musikalische Ausbildung in Wien und trat schließlich 1761 in den Dienst der Fürsten Esterházy, für die er annähernd 30 Jahre als Kapellmeister tätig blieb. Nach dem Tod des Fürsten Nikolaus 1790 ging Haydn auf Reisen, vor allem in London feierte er große Erfolge, die Universität Oxford verlieh ihm das Ehrendoktorat. Der Musikwissenschaft gilt er als »Vater« der Symphonie und des Quartetts – Haydn komponierte allein 104 Symphonien und 83 Streichquartette, in die auch heimische Musiktraditionen einflossen. Wie kaum eine andere historische Persönlichkeit zu einem Symbol österreichischer Identität stilisiert – und vermarktet – wird Wolfgang Amadeus Mozart (* 1756, † 1791, getauft als Joannes Chrysostomus Wolfgangus Theophilus Mozart, er selbst unterschrieb meist als Wolfgang Amadé Mozart). In Salzburg – also nicht in Österreich, sondern auf reichsfürstlichem Territorium – als Sohn des aus Augsburg stammenden erzbischöflichen Hofmusikers Leopold Mozart geboren, trat Wolfgang Amadeus zunächst zusammen mit seiner Schwester Maria Anna (»Nannerl«) als Wunderkind am Klavier in den kulturellen Zentren der Zeit auf, bereits damals entstanden erste Kompositionen. Später folgten ausgedehnte, sehr erfolgreiche Konzerttourneen, vor allem nach Italien. Gleichzeitig war er für den Salzburger Erzbischof Hieronymus Graf Colloredo als Kapellmeister bzw. Hoforganist tätig. 1781 ließ sich Mozart, nachdem er sich mit seinem Dienstgeber überworfen hatte, als freier Musiker – Solist, Dirigent, Komponist und Musiklehrer – in Wien nieder, wo er wie Haydn der Freimaurerloge »Zur Wohltätigkeit« angehörte. 1782 heiratete er Constanze Weber. Nun entstanden die großen Opern. Die »Entführung aus dem Serail« und die »Hochzeit des Figaro« wurden in Wien uraufgeführt, »Don Giovanni« und »Clemenza di Tito« in Prag, »Così fan tutte« wieder in Wien. Das Publikum reagierte keineswegs einhellig, teils sehr verhalten; es stellte Mozart, der zunehmend in finanzielle Schwierigkeiten geriet, kaum über die Modekomponisten der Zeit. Den enormen Erfolg der

»Zauberflöte« nach dem Libretto von Emanuel Schikaneder (*1751, †1812) sollte der »Vollender abendländischen Opernschaffens« (Hanna Domandl) nicht mehr erleben. Bald nach ihrer Uraufführung starb Wolfgang Amadeus Mozart am 5. Dezember 1791 noch nicht 36-jährig nach kurzer Krankheit in Wien. Nach dem frühen, bald schon geheimnisumwitterten Tod des Komponisten wurde der Mythos vom Genie Mozart geboren, der bis in die Gegenwart ungebrochen wirksam ist.

Renaissancearchitektur bezeugt in Österreich vornehmlich adeligen Repräsentationswillen: die Landhäuser der Stände in Wien, Graz, Klagenfurt oder Linz als Demonstration korporativer politischer Präsenz, die Schlösser einzelner Adelsgeschlechter als Symbole individuellen Gestaltungswillens. Hans Wilhelm von Losenstein, ein Exponent der Reformation in Niederösterreich, ließ seine Schallaburg (nahe Melk) in den Siebzigerjahren des 16. Jahrhunderts um einen zweigeschossigen Arkadenhof mit reichem Terrakottaschmuck erweitern. Soziale Aufsteiger taten sich besonders hervor: Die 1560 aufgrund ihrer Schwägerschaft zu Papst Pius IV. in den Reichsgrafenstand erhobenen Herren von Hohenems begannen bereits zwei Jahre später mit dem Bau einer Renaissanceresidenz. Bei Graz entstand im zweiten Viertel des 17. Jahrhunderts Schloss Eggenberg als komplexe Allegorie des Universums. Bauherr war der in den Reichsfürstenstand aufgestiegene Hans Ulrich von Eggenberg (*1568, †1634). Die Habsburger hielten mit dem adeligen Bauboom vorerst kaum mit. Auf Erzherzog Ferdinand II. geht der in den Siebziger- und Achtzigerjahren des 16. Jahrhunderts vorgenommene Ausbau des Schlosses Ambras bei Innsbruck zurück. Sein »Spanischer Saal« ist der größte Festsaal der deutschen Renaissance. Bereits 1553 bis 1563 war in Innsbruck als Stiftung Ferdinands I. die Hofkirche mit dem monumentalen Kenotaph Maximilians I. und den berühmten 28 überlebensgroßen Bronzestandfiguren entstanden. Um die Mitte des 16. Jahrhunderts wurden auch Teile der habsburgischen Hauptresidenz, der Wiener Hofburg, im Renaissancestil umgestaltet, so der Nordtrakt mit dem Schweizertor (Pietro Ferrabosco, 1552). Wenig später entstand die dreigeschossige Stallburg mit Arkadenhof, 1610 wurde gegenüber dem Schweizertor die Rudolfs-, später Amalienburg, fertig gestellt, die bereits frühbarocke Einflüsse aufweist.

Bedeutendstes Bauwerk des Frühbarock auf heute österreichischem Gebiet ist der nach Plänen von Santino Solari, der aus Verna bei Lugano (Schweiz) stammte, zwischen 1614 und 1628 im Auftrag des Erzbischofs Markus Sittikus von Hohenems errichtete Salzburger Dom. Für ihn konzipierte Solari nach italienischem Vorbild außerdem das Lustschloss Hellbrunn bei Salzburg mit seinen berühmten Wasserspielen und dem Steintheater. Während des

17. Jahrhunderts dominierten italienische Baumeister. Das Mausoleum Ferdinands II. in Graz (1615 bis 1636, vollendet 1687 bis 1690) geht auf den Maler und Architekten Giovanni Pietro de Pomis (*1559, †1633, aus Lodi) zurück. Der kaiserliche Hofbaumeister Filiberto Lucchese (*1606, †1666, aus der Gegend von Lugano, Schweiz) entwarf die Fassade der Kirche Am Hof in Wien sowie den Leopoldinischen Trakt der Wiener Hofburg. 1686 wurde der Neubau des Stifts St. Florian in Angriff genommen, den die Kunsthistoriker Carlo Antonio Carlone (*um 1635, †1708, aus Scaria, Schweiz) zuschreiben. Damit gelangte hochbarockes Formengut in den Donauraum, wo es in der nunmehr von der Türkengefahr befreiten Residenzstadt Wien, rasch aber auch in der österreichischen »Provinz« eine intensive geistliche wie profane Bautätigkeit anregte. Bald zählte man in der Umgebung Wiens etwa 150 adelige Gartenschlösser, darunter das des Fürsten Hans Adam von Liechtenstein (*1657, †1712) als eines der eindrucksvollsten.

Nun lösten heimische Baumeister die Italiener ab. Der älteste von ihnen war der Grazer Johann Bernhard Fischer von Erlach (*1656, †1723). Zunächst als Bildhauer ausgebildet, arbeitete er nach längerem Aufenthalt in Rom ausschließlich als Planer, 1694 wurde er Hofarchitekt, nach dem Regierungsantritt Josephs I., den er in Architektur unterrichtet hatte, 1705 »Oberinspektor sämtlicher Hof- und Lustgebäude« und damit Leiter des kaiserlichen Bauwesens. Als sein Hauptwerk gilt die von seinem Sohn Joseph Emanuel 1737 fertig gestellte Wiener Karlskirche mit ihrer markanten Kuppel und den beiden Reliefsäulen. Sie ist einer der bedeutendsten barocken Kirchenbauten nördlich der Alpen. Fischers monumentaler Entwurf für das kaiserliche Schloss Schönbrunn wurde nur zum Teil realisiert und durch spätere Umbauten weitgehend verändert. Für den Salzburger Erzbischof schuf er die Kollegien-, die Ursulinen- und die Dreifaltigkeitskirche, auch Schloss Kleßheim geht teilweise auf Fischer von Erlachs Entwürfe zurück. Sein letztes Werk war die Hofbibliothek (heute Österreichische Nationalbibliothek) mit ihrem Prunksaal. In der Gestaltung der Baukörper und der Fassaden weisen Fischers Bauten bereits frühklassizistische Stilelemente auf. Im Wettbewerb um die Planung der Karlskirche hatte er sich gegen den jüngeren Johann Lucas von Hildebrandt (*1668, †1745) durchgesetzt. Nach seinen Studien in Rom begleitete Hildebrandt den Prinzen Eugen als Festungsingenieur auf seinen italienischen Feldzügen. 1701 erhielt er in Wien das Amt des kaiserlichen Hofingenieurs, das ihn in ständige Konkurrenz zum Hofarchitekten Fischer von Erlach brachte. 1723 wurde er selbst Hofbaumeister. Hildebrandts Ruf stützt sich vor allem auf seine Profanbauten. Für den Prinzen Eugen stellte er zunächst das noch von Fischer begonnene Wiener Stadtpalais (heute Finanzministerium) fertig. Von 1714 bis 1716 errichtete er das Untere sowie 1721 bis 1722 das Obere Belvedere als Sommerschloss des Feldherrn mit dem für Hildebrandt typischen Pavillonsystem. Dazu kommen adelige Stadtpalais in Wien (Schwarzenberg, Kinsky, Harrach), der Reichskanzleitrakt der Wiener Hofburg (heute Bundeskanzleramt), sowie die Schlösser Leopoldskron und Mirabell in Salzburg. Außerdem wirkte er am Bau der fürstbischöflichen Residenz in Würzburg mit. Für das Stift Göttweig schuf Hildebrandt einen Idealplan nach dem Vorbild des spanischen Escorial, der allerdings nur in reduzierter Form zur Ausführung gelangte. Auf Kloster- und Kirchenbauten spezialisierte sich der zunächst als Bildhauer ausgebildete Tiroler Jakob Prandtauer, gebürtig aus Stanz bei Landeck (*1660, †1726). Sein Lebenswerk ist der monumentale Neubau des Benediktinerstifts Melk an der Donau, der größten und bekanntesten sakralen Anlage des österreichischen Barock mit einer Achsenlänge von 340 Metern. Die Arbeiten begannen 1702, nach Prandtauers Tod setzte sie sein Neffe Josef Munggenast (*1680, †1741) bis zur Fertigstellung 1736 fort, der außerdem die Stifte Altenburg, Geras und Dürnstein barockisierte. Das Tiroler Stift Stams gestaltete der Innsbrucker Georg Anton Gumpp (*1682, †1754) im Stil des italienischen Hochbarock, von ihm stammt ferner das Alte Landhaus in Innsbruck. Vornehmlich im Kirchenbau Schwabens, des Elsasses und der Schweiz wirkte die Schule der Vorarlberger Barockbaumeister mit den Familien Beer, Kuen, Thumb und Moosbrugger, die ihr Zentrum nicht im urbanen Milieu, sondern im ländlichen Bregenzerwald hatten. Ein der Aufklärung verpflichtetes Programm zeigt der 1776 von Josef Hueber (*um 1715, †1787) fertig gestellte Bibliothekssaal des steirischen Klosters Admont. Er ist, von sieben Kuppeln überwölbt, der weltweit größte seiner Art und fasst 70 000 Bände. Elemente des Rokoko tauchen im österreichischen Spätbarock um die Mitte des 18. Jahrhunderts auf, etwa in den Stiftskirchen von Engelszell und Wilhering (beide Oberösterreich). Die jeden bisherigen Rahmen sprengende Bautätigkeit belastete die Finanzkraft des Adels wie der Klöster bis an die Grenzen, letztlich hatten die Lasten aber deren Untertanen zu tragen.

Baukunst, Plastik und Malerei bildeten im Barock mehr denn je ein im Idealfall auch programmatisch ausgerichtetes »Gesamtkunstwerk«. In der Bildhauerei machte sich vorderhand, wie in der Architektur, das Übergewicht italienischer Meister bemerkbar. Aus dem südwestdeutschen Raum kamen die Künstlerfamilien Schwanthaler und Zürn, die vor allem in Oberösterreich wirkten. Mit Georg Raphael Donner (*1693, †1741) erreichte die Barockplastik in Österreich ihren Höhepunkt, sein Hauptwerk ist der »Providentiabrunnen« am Mehlmarkt (Neuer Markt) in Wien. Bekannt sind außerdem der von ihm geschaffene Figurenschmuck der Marmortreppe im Salzburger Schloss Mirabell und die Pietà im Dom von

Gurk. Den Bibliothekssaal des Stifts Admont schmückt die Figurengruppe »Die vier letzten Dinge« (Tod, Gericht, Himmel und Hölle) von Joseph Thaddäus Stammel (* 1695, † 1765), des Hauptvertreters der spätbarocken Holzplastik in Österreich. Auf dem Gebiet der Freskenmalerei bildete sich eine eigenständige österreichische Tradition. Sie geht auf Andrea Pozzo (* 1642, † 1709) aus Trient zurück, den richtungweisenden Praktiker und Theoretiker einer architektonisch-illusionistischen Malerei (Deckenfresko im Wiener Palais Liechtenstein, 1708). Johann Michael Rottmayr (* 1654, † 1730) schuf zunächst als Hofmaler in Salzburg, von 1696 an in Wien (Palais Liechtenstein, Peterskirche, Karlskirche) großflächige, überaus dekorative Werke, in denen sich italienische und niederländische Einflüsse verbanden. Vor allem im niederösterreichischen Raum erhielten der Südtiroler Paul Troger (*1698, † 1762) und der Wiener Daniel Gran (* 1694, † 1757) bedeutende Aufträge. Während Troger den Illusionismus zur Hochblüte brachte, bereitete Gran mit seinem Spätwerk den Klassizismus vor. Von Bartolomeo Altomonte (* 1701, † 1783) stammt mit dem Deckenfresko im Marmorsaal des Stifts St. Florian, das Karl VI. als Türkensieger zeigt, ein weiteres zentrales Werk barocker Illusionsmalerei. Der Schwabe Franz Anton Maulbertsch (* 1724, † 1796) vollendete als wichtigster Maler der zweiten Jahrhunderthälfte diese Tradition. Alle diese Künstler malten auch Tafelbilder, insbesondere Altarbilder. In erster Linie diesem Genre verschrieb sich Martin Johann Schmidt, (genannt »Kremser Schmidt«, * 1718, † 1801), von dem allein mehr als 1000 Altar- und Andachtsbilder erhalten sind. Als Hof- und Portraitmaler Maria Theresias machte sich der Niederländer Martin van Meytens (*1695, † 1770) einen Namen.

Wie kein anderer Stil erfasste und prägte das Barock die gesamte österreichische Kulturlandschaft – von den Ausdrucksformen hocharistokratischer Repräsentation bis zum ländlichen Kunstgewerbe. Der radikale Bruch mit den überkommenen Stilformen sowie die immense Bautätigkeit des Barockzeitalters veränderten das Antlitz der Länder der Habsburgermonachie nachhaltig und schufen Kulturdenkmäler, deren touristische Vermarktung für die österreichische Wirtschaft bedeutsamer denn je ist.

Koalitionskriege, das Kaisertum Österreich und die Neugestaltung Europas beim Wiener Kongress

Nach dem Tod Kaiser Josephs II. am 20. Februar 1790 sah sich sein Bruder Leopold II. (* 1747, † 1792) zunächst genötigt, die Verhältnisse in den Erblanden zu stabilisieren. Vor allem in Ungarn und den österreichischen Niederlanden, aber auch in anderen Teilen der Habsburgermonarchie hatten die josephinischen Neuerungen heftiges Missfallen erregt und zum Teil sogar Aufstände ausgelöst. Leopold, der selbst ein »aufgeklärter« Monarch war und zuvor sein Großherzogtum Toskana in diesem Sinn modernisiert hatte, entschärfte daher einige der Reformen seines Bruders, andere nahm er ganz zurück, ohne aber die Grundzüge des Josephinismus zu beseitigen, der »noch weit ins 19. Jahrhundert hinein die Ideologie der Eliten« (Karl Vocelka) bleiben sollte.

Joseph II. hatte den Ausbruch der Französischen Revolution noch erlebt, die für das Haus Habsburg-Lothringen auch eine familiäre Komponente besaß: Maria Antonia/Marie Antoinette, die 1793 hingerichtete Gemahlin König Ludwigs XVI. von Frankreich, war Josephs und Leopolds Schwester. Zunächst wirkten sich die Umwälzungen in Frankreich nicht unmittelbar auf Österreich aus. Republikanische und radikaldemokratische Ideen, die gelegentlich in intellektuellen Kreisen vertreten wurden, fanden kaum Resonanz, auch weil die Obrigkeit gegen »Jakobiner« zunehmend scharf vorging.

Außenpolitisch hatte die Französische Revolution eine Annäherung Österreichs an Preußen zur Folge. Die auch auf Drängen französischer Emigranten im August 1791 zustande gekommene »Pillnitzer Deklaration« erwog bereits einen Militärschlag der beiden Mächte gegen Frankreich; im Februar 1792 schlossen Österreich und Preußen ein formelles Bündnis. Dass Kaiser Leopold II. am 1. März 1792 unerwartet starb und ihn sein ältester Sohn Franz II. (* 1768, † 1835) beerbte, veränderte den Lauf der Dinge nicht mehr: Frankreich, das sich von der österreichisch-preußischen Allianz bedroht fühlte und wohl auch das vorhandene Gewaltpotential nach außen kanalisieren wollte, erklärte den Krieg. Obwohl sich unter anderem Russland, Holland, Spanien, Portugal, Neapel-Sizilien, Piemont-Sardinien und England auf die Seite der Koalition geschlagen hatten, trug die Habsburgermonarchie die Hauptlast in den nun folgenden Kämpfen gegen das Volksheer der Franzosen. Die militärischen Operationen des Ersten Koalitionskriegs konzentrierten sich zunächst auf das Rheingebiet, wo die Österreicher nach der Niederlage, die sie im Juni 1794 unter dem Prinzen Josias von Sachsen-Coburg (* 1737, † 1815) bei Fleurus erlitten hatten, die österreichischen Niederlande räumen mussten. 1796 stellte Erzherzog Karl (* 1771, † 1847) in den Schlachten von Würzburg und Amberg seine strategischen Fähigkeiten unter Beweis. Zur selben Zeit verlagerte sich das Kriegsgeschehen nach Italien, wo Napoleon Bonapartes Truppen von Sieg zu Sieg eilten und im Frühjahr 1797 in Südtirol, Kärnten und der Steiermark auf heute österreichisches Staatsgebiet vordrangen. Nachdem mehrere der Verbündeten Sonderfrieden geschlossen hatten oder zu französischen Vasallenstaaten geworden waren, musste die durch die Kriegsanstrengungen wirtschaftlich völlig zerrüttete, nur mehr durch englische Kredite vor dem Staatsbankrott bewahrte Habsburgermonarchie in den Frieden von Campo Formio (17. März 1797) einwilligen. Er hatte die Abtretung der österreichischen Niederlande und der Lombardei zur Folge. Der Kaiser erhielt im Gegenzug venezianisches Gebiet bis zur Etsch, dazu Istrien, Dalmatien und die Bucht von Kotor. Militärhistorisch relevant war der damit verbundene Erwerb der Flotte Venedigs, aus der sich die österreichische Kriegsmarine entwickelte. In einem geheimen Zusatzartikel erkannte Franz II. den Rhein als Ostgrenze Frankreichs an.

Zuvor – im Januar 1795 – hatten sich Österreich und Russland auf die dritte Teilung Polens verständigt, in die im Oktober auch Preußen einbezogen wurde. Mit der nun vollständigen Beseitigung des Königreichs Polen wurde das westliche Galizien mit Lublin und Krakau (Kraków) habsburgisch. An der vorangegangen, 1793 von Russen und Preußen vorgenommenen zweiten Teilung war Österreich, das nun erstmals eine gemeinsame Grenze mit Russland besaß, nicht beteiligt gewesen. Das eigenmächtige Vorgehen Österreichs und Russlands hatte allerdings Preußen so sehr verstimmt, dass es sich noch im Frühjahr 1795 aus dem Krieg gegen Frankreich zurückzog.

Der Kongress von Rastatt, Ende des Jahres 1797 zusammengetreten, um über eine Friedensordnung in Europa zu beraten, ging mit der neuerlichen Kriegserklärung Frankreichs im März 1799 erfolglos zu Ende. Mit Österreich hatten sich Russland, England, Portugal, Neapel und das Osmanische Reich verbündet. Zunächst blieb Erzherzog Karl bei Stockach und Zürich gegen französische Heere erfolgreich, in Italien siegten die Österreicher gemeinsam mit den Russen unter General Suworow. Sehr bald traten aber unter den Alliierten schwere Differenzen auf, Russland verließ noch im Herbst 1799 die Koalition. Zur selben Zeit kehrte Napoleon von seinem ägyptischen Feldzug zurück, erlangte durch einen Staatsstreich die

Position des Ersten Konsuls der Französischen Republik und griff in weiterer Folge mit großem Erfolg auf dem italienischen Kriegsschauplatz ein. Nach den Niederlagen bei Marengo und Hohenlinden (14. Juni bzw. 3. Dezember 1800) war auf österreichischer Seite an ein Fortführen des Zweiten Koalitionskriegs nicht mehr zu denken. Er endete für die Habsburgermonarchie mit dem am 9. Februar 1801 ratifizierten Frieden von Lunéville glimpflich, da sie keine weiteren Gebietsverluste hinzunehmen hatte.

1803 wurde im so genannten Reichsdeputationshauptschluss festgelegt, jene weltlichen Fürsten, die in den Revolutionskriegen ihre Gebiete verloren hatten, durch säkularisierte kirchliche sowie durch mediatisierte kleinere weltliche Herrschaften zu entschädigen. So erhielt Großherzog Ferdinand III. (*1769, †1824), ein Sohn Kaiser Leopolds II., der in Lunéville auf die Toskana hatte verzichten müssen, das in ein weltliches Kurfürstentum umgewandelte Erzstift Salzburg mit dem Land der Propstei Berchtesgaden, Eichstätt und einem Teil von Passau. Auch die Territorien der Bischöfe von Brixen und Trient fielen damals der Säkularisation anheim und gingen im Land Tirol auf.

Nachdem sich das Heilige Römische Reich durch die französische Expansion und den Reichsdeputationshauptschluss nachhaltig verändert und sich Napoleon Bonaparte am 18. Mai 1804 zum Kaiser der Franzosen gemacht hatte, hielt es Franz II. für erforderlich, das Haus Habsburg-Lothringen mit einem eigenen Kaisertitel auszustatten. Das am 11. August 1804 proklamierte erbliche österreichische Kaisertum sollte neben der höchsten Würde im Reich bestehen und dafür sorgen, dass die Habsburger dem russischen Zaren und dem französischen Emporkömmling im Rang ebenbürtig blieben. Als Symbol der neuen Würde diente die Privatkrone Rudolfs II. Rechtlich war das Vorgehen des ersten und einzigen Doppelkaisers problematisch, weil er weder die Kurfürsten und den Reichstag noch die Landtage der habsburgischen Länder einbezogen hatte.

Die Friedensjahre nach dem Vertrag von Lunéville ermöglichten – trotz einiger Reformen etwa im Heerwesen – keine nachhaltige Konsolidierung der Verhältnisse in den Ländern der Habsburgermonarchie, sodass auch der Dritte Koalitionskrieg, der der französischen Kriegserklärung vom 23. September 1805 folgte, höchst unglücklich verlief. Bereits im April dieses Jahres hatten sich Großbritannien und Russland verbündet, um die Niederlande und die Schweiz zu befreien. Österreich trat dieser dritten Koalition nach der Annexion Genuas und der Krönung Napoleons zum König von Italien bei. Die mit Bayern, Württemberg und Baden verbündeten Franzosen siegten zunächst bei Ulm, erreichten schon bald Salzburg und drangen der Donau entlang auf Wien vor, wo Napoleon Mitte November kampflos einzog und sich im Schloss Schönbrunn niederließ. Die endgültige Entscheidung brachte die »Dreikaiserschlacht« bei Austerlitz (Slavko), unweit von Brünn (Brno). Napoleons etwa 75 000 Mann starkes Heer traf am 2. Dezember 1805 auf die vereinigten habsburgischen und russischen Truppen, die etwa 85 000 bis 90 000 Soldaten, davon ungefähr 16 000 Österreicher, zählten und erfocht einen eindrucksvollen Sieg. Kaiser Franz musste in einen sofortigen Waffenstillstand einwilligen, die Russen zogen aus Österreich ab. Die Bedingungen des am 26./27. Dezember geschlossenen Friedens von Pressburg waren hart: Die Habsburgermonarchie verlor die ehemals venezianischen Gebiete samt Istrien und Dalmatien an das Königreich Italien, die um die Stiftslande von Brixen und Trient erweiterte Grafschaft Tirol, Vorarlberg, Burgau und einige kleinere Gebiete an das zum Königreich erhobene Bayern, die übrigen vorderösterreichischen Besitzungen teilten sich Württemberg und Baden. Als einzige Kompensation wurde das zwei Jahre zuvor eingerichtete Kurfürstentum Salzburg österreichisch, Kurfürst Ferdinand, vormals Großherzog der Toskana, erhielt statt dessen Würzburg.

Als sich im Juni 1806 16 süd- und westdeutsche Reichsstände unter dem Protektorat Napoleons zum »Rheinbund« zusammenschlossen und formell aus dem Reich ausschieden, war das Ende des freilich schon lange machtlosen Heiligen Römischen Reichs deutscher Nation besiegelt. Am 6. August legte Franz, von nun an nur mehr Kaiser Franz I. von Österreich, auf ein Ultimatum Napoleons hin, der mit einem Angriff auf Österreich drohte, die römisch-deutsche Kaiserwürde nieder und erklärte, dass damit das Reich erloschen sei. Auf Verhandlungen mit den noch verbliebenen Reichsständen hatte der Habsburger verzichtet, sie protestierten freilich auch nicht. Erzherzog Karl und der neue Außenminister Johann Philipp Graf Stadion (* 1763, † 1824), die wichtigsten Berater des Kaisers, empfahlen die in dieser Form juristisch problematische Auflösung des Reichs schon deshalb, um es Napoleon schwer zu machen, sich selbst an seine Spitze zu stellen. »Das Ereignis war für die österreichische Geschichte eine Epochenwende. Ganz bewusst und mit aller Konsequenz, von den Zeitgenossen auch sehr bald in seiner Bedeutung erkannt, hatte sich Österreich politisch von Deutschland getrennt. Das schien in einem Moment, als der moderne Nationalismus in Mitteleuropa gerade erst im Entstehen war, kein besonderes Problem darzustellen. Für das Deutschtum in Österreich hatte diese Trennung zunächst gar nicht so sehr in Hinblick auf seine politische und ökonomische Herrschaft im Habsburgerstaat, sehr wohl aber für seine kulturelle Identität schwerwiegende und nie mehr bewältigte mentale Folgen« (Helmut Rumpler).

Napoleon blieb weiterhin unbezwungen. Sein Sieg in der Doppelschlacht bei Jena und Auerstedt im Oktober 1806 leitete den Zusammenbruch Preußens ein, im folgenden Jahr musste Russland mit dem Kaiser der Franzosen den Frieden von Tilsit schließen, französische Truppen besetzten Portugal. England sollte durch die Kontinentalsperre, eine Wirtschaftsblockade gegen die britischen Inseln, in die Knie gezwungen werden. Trotz der widrigen Gesamtkonstellation bereitete Graf Stadion einen neuen Krieg vor, in dem nach französischem Vorbild die Landwehr eine wichtige Rolle spielen sollte. Wien wurde damals zu einem Mittelpunkt des Widerstands gegen Napoleon, der eine zunehmend national-patriotische Note erhielt. Während es freilich der österreichischen Politik vor allem darum ging, die einstige Position der Habsburgermonarchie in einem gesamtdeutschen Rahmen wiederherzustellen, dachten die jungen deutschen Intellektuellen bereits an ein vom deutschen Volk getragenes Vaterland.

1808 hatte Napoleon Spanien besetzen lassen, die Bourbonen zum Thronverzicht genötigt und seinen Bruder Joseph als König installiert. Als sich die Bevölkerung gegen die Fremdherrschaft erhob und es den Franzosen nicht gelang, den Aufstand niederzuschlagen, hielten die maßgeblichen Kreise am Wiener Hof die Zeit für gekommen, den Waffengang zu wagen. Graf Stadion hoffte, dass die österreichische Kriegserklärung vom 9. April 1809 die Initialzündung für einen deutschen Befreiungskrieg sein würde. Obwohl es viel Sympathie für Österreich gab, wagten es die Regierenden aber nicht, sich gegen den Kaiser der Franzosen zu wenden. Nur in den ehemals österreichischen, im Pressburger Frieden an Bayern abgetretenen Gebieten war das Unruhepotential groß genug für eine allgemeine Erhebung. Dort hatten die aufgeklärten, zentralistischen Verfassungs- und Verwaltungsreformen der Bayern unter Minister Maximilian Joseph Graf Montgelas einen enormen Modernisierungsschub bewirkt, den die konservative Bevölkerung, insbesondere die um ihren Einfluss bangenden lokalen Eliten, nicht hinnehmen wollten. Joseph Freiherr von Hormayr (*1782, †1848), der Tiroler Vertraute Erzherzog Johanns (*1782, †1859), sorgte für die Vorbereitung des Aufstands und die zeitliche Koordination. Als Erzherzog Karl am 22. Mai 1809 Napoleon bei Aspern und Eßling (heute Wien) eine erste, propagandistisch wichtige Niederlage zufügte, hatten sich Tiroler Schützen und der Landsturm bereits selbst von der bayerisch-französischen Besatzung befreit und die Kontrolle über das Land gewonnen. Wenig später, am 29. Mai, siegten sie unter dem Kommando des Wirts, Vieh- und Weinhändlers Andreas Hofer (*1767,†1810) aus St. Leonhard in Passeier am Bergisel bei Innsbruck über ein bayerisches Heer, das zur Wiedereroberung des Landes angetreten war, nun aber abziehen musste. Da es Erzherzog Karl an Entschlossenheit gefehlt hatte, seinen bei Aspern errungenen Erfolg auszunützen, brachte der Sieg, den Napoleon am 5./6. Juli bei Deutsch Wagram (Niederösterreich) über Karl feierte, die Wende. Österreich musste um Waffenstillstand bitten und sich zur Räumung Tirols verpflichten. Obwohl nun völlig auf sich gestellt, entschlossen sich die Tiroler zur Fortsetzung des Kampfs – und fügten den Anfang August von allen Seiten ins Land vorstoßenden französischen, bayerischen und sächsischen Truppen schwere Verluste zu. Am Bergisel schlugen Andreas Hofers Männer – etwa 15 000 – das gleich starke gegnerische Heer unter Marschall Lefèbre und zwangen es zum Abzug. Hofer war als Oberkommandierender von Tirol am Höhepunkt seines Ruhms angelangt. Da verzichtete Kaiser Franz I. im Frieden von Schönbrunn vom 14. Oktober 1809 neuerlich auf Tirol, obwohl er noch Ende Mai zugesichert hatte, keine Verträge zu schließen, die die Abtretung des Landes zum Inhalt haben würden. Zur Niederwerfung Tirols boten Bayern und Franzosen daraufhin ein 50 000 Mann zählendes Heer auf, das das Land rasch besetzte. Ein weiteres Gefecht am Bergisel endete am 1. November mit einer Niederlage der bäuerlichen Aufgebote, ebenso ein letztes Aufbäumen der Tiroler knapp zwei Wochen später. Im Januar 1810 geriet Andreas Hofer, der sich in den Bergen versteckt hatte, durch Verrat in gegnerische Hand. Er wurde nach Mantua gebracht, vor ein Kriegsgericht gestellt und am 20. Februar 1810 erschossen. Schon bald erlangte der Freiheitskampf der Tiroler als ein Symbol der deutschen Nationalbewegung Berühmtheit. Es verwundert daher nicht, dass der Text des Andreas-Hofer-Lieds (»Zu Mantua in Banden«), der heutigen Tiroler Landeshymne, von Julius Mosen, einem Jenaer Burschenschafter jüdischer Herkunft, stammt. Auch in Vorarlberg war es unter Führung des Advokaten Anton Schneider (*1777, †1820) zu einem zunächst erfolgreichen Aufstand gekommen.

Im Schönbrunner Frieden waren dem österreichische Kaisertum weitere territoriale Verluste auferlegt worden: Salzburg mit dem Berchtesgadenerland sowie Teile Oberösterreichs kamen an Bayern, ein Stück Kärntens, Krain, Görz, Triest sowie kroatisches Gebiet an das Königreich Italien bzw. an die unter französischer Kontrolle befindlichen »lllyrischen Provinzen«. Österreich verlor damit seinen Zugang zur Adria. Westgalizien wurde dem Herzogtum Warschau zugeschlagen, Russland erhielt ostgalizische Bezirke. Dazu kamen eine hohe Kriegsentschädigung, die Verpflichtung zur Verkleinerung des Heeres und zum Anschluss an die Kontinentalsperre. Die Habsburgermonarchie schien auf Dauer geschwächt.

Im Jahr 1809 war in Österreich aber auch eine grundlegende politische Weichenstellung vollzogen worden. Der aus dem Rheinland stammende Clemens Graf (ab 1813 Fürst) Metternich-Winneburg (*1773, †1859), zuvor Botschafter in Paris, löste Außenminister Graf Stadion ab, der sich fortan um die Staatsfinanzen kümmerte.

Metternich war davon überzeugt, dass die französische Vormacht in Europa aufgrund ihrer strukturellen Gegebenheiten über kurz oder lang zu Ende gehen werde, man sich daher abwartend den Gegebenheiten anzupassen habe. Innenpolitisch führte diese Maxime einerseits zur Entlassung der Erzherzöge Karl, Johann und Rainer, die sich ins Privatleben zurückzogen, andererseits zum Bestreben, die Verhältnisse im Inneren auf allen Ebenen längerfristig zu konsolidieren und zu vereinheitlichen. Eindrückliches Zeugnis dafür ist das »Allgemeine Bürgerliche Gesetzbuch« von 1811, das an Modernität dem Allgemeinen Landrecht Preußens und Napoleons Code Civil nicht nachstand. Einen deutlichen Aufschwung der Wirtschaft unterbrach der 1811 von einer stark inflationären Entwicklung verursachte Staatsbankrott nur kurz.

Eine Ehe ermöglichte den vorläufigen Ausgleich mit Frankreich. Napoleon hatte sich, um eine seiner neuen kaiserlichen Würde adäquate Verbindung eingehen zu können, von Joséphine Beauharnaise getrennt; 1810 heiratete er auf Vermittlung Metternichs Maria Luise (* 1791 in Wien, † 1847), die Tochter Franz' I. Es war also vorherzusehen, dass der österreichische Kaiser im Krieg, den Frankreich nun gegen Russland plante, auf der Seite seines Schwiegersohns stehen würde, zumal der Zar wegen seiner Expansionspolitik mehr denn je zu einem Konkurrenten Österreichs geworden war. Als Napoleons »Große Armee« im Sommer 1812 bis nach Moskau vordrang, wurde sie an der Südflanke von einem etwa 30 000 Mann starken österreichischen Hilfskorps unter Feldmarschall Karl Philipp Fürst Schwarzenberg (* 1771, † 1820) unterstützt.

Nachdem Napoleons »Große Armee« auf dem Rückzug aus Russland untergegangen war, verbündete sich Zar Alexander I. mit König Friedrich Wilhelm III. von Preußen zur »Befreiung Deutschlands« und zur »Wiederherstellung des Reichs«. Österreich hingegen zögerte – einerseits weil Metternich mit dem Blick auf die ethnische Vielfalt der Habsburgermonarchie der deutschen Nationalbewegung distanziert gegenüberstand, andererseits weil er Napoleon so lange wie möglich stützen wollte, um als Vermittler auftreten zu können. Als die Tiroler um den Freiherrn von Hormayr mit Zustimmung Erzherzog Johanns einen neuerlichen Aufstand planten und im Frühjahr 1813 zum Losschlagen bereit waren, schritt Metternich daher gegen den »Alpenbund« ein. Die Anführer wurden gefangen gesetzt, selbst Erzherzog Johann kam unter Polizeiaufsicht. Da der Kaiser der Franzosen aber keinerlei Kompromissbereitschaft erkennen ließ, trat Österreich schließlich dem Bündnis Russlands, Preußens, Englands sowie Schwedens bei und erklärte am 12. August 1813 Frankreich den Krieg. Nach kleineren Gefechten entschied die »Völkerschlacht« bei Leipzig (16.–19. Oktober 1813) über das weitere Schicksal Europas. Mehr als eine halbe Million Soldaten traf in

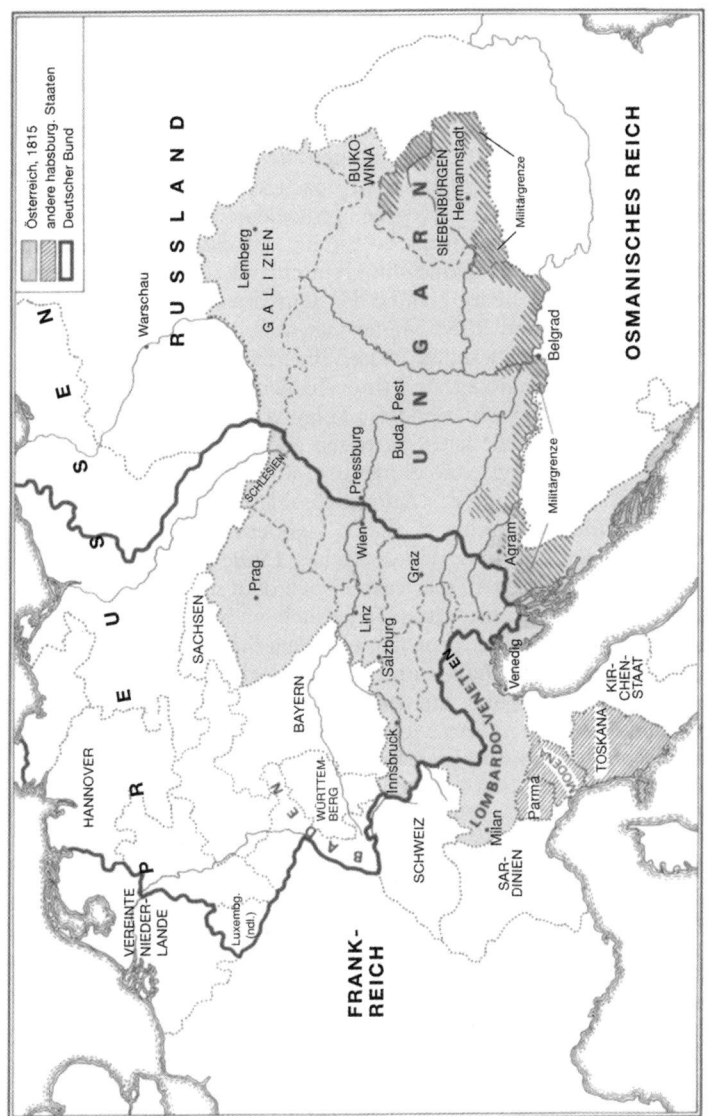

Karte 6: Der habsburgische Machtbereich 1815

der bis dahin größten militärischen Konfrontation der Geschichte aufeinander, 120 000 fielen. Am dritten Tag der gewaltigen Auseinandersetzung, für die Johann Joseph Wenzel Graf Radetzky (* 1766, † 1858) als Chef des Quartiermeisteramts die Planung besorgt hatte, stand der Sieg der Koalition, deren Truppen unter dem Oberkommando Schwarzenbergs kämpften, fest. Napoleon konnte sich nach Frankreich durchschlagen, musste aber im April 1814 auf den Thron verzichten und nach Elba ins Exil gehen. Als die Verbündeten am 31. Mai 1814 in Paris einzogen, endeten die Koalitionskriege.

Der auf den Herbst des Jahres 1814 nach Wien einberufene Kongress hatte die schwierige Aufgabe, gegen eine Vielzahl von staatlichen Einzelinteressen Europa eine neue, stabile Friedensordnung zu geben, die Kräfteverhältnisse in Deutschland zu klären und dabei auch Österreichs Rolle im Gefüge der deutschen Staaten zu definieren. Kaiser Franz und Fürst Metternich, der in der Konferenz der Diplomaten den Vorsitz führte, waren blendende Gastgeber, die den teilnehmenden Monarchen und ihren Stäben mit immensem finanziellen Aufwand eine schier endlose Folge von Festlichkeiten boten, den Kongress tanzen ließen. Sie trugen aber auch, ohne stets einer Meinung zu sein, Sorge, dass einigermaßen tragfähige Kompromisse gefunden werden konnten. Metternichs Hauptziel war die Schaffung eines Gleichgewichts zwischen den europäischen Mächten. Schon deswegen musste er den deutschen Einheitsbestrebungen ablehnend gegenüberstehen, die zudem noch dem multiethnischen österreichischen Kaisertum hätten gefährlich werden können. Selbst die von vielen vehement propagierte Wiederherstellung des Reichs unter Habsburgs Führung kam nicht in Betracht, weil es Metternich für erforderlich erachtete, zur Erhaltung des Gleichgewichts Preußens Rang zu wahren. An seine Stelle trat der »Deutsche Bund«, dem 35 Fürsten und vier Freie Städte, darunter die Habsburger mit Österreich und Böhmen, aber ohne Ungarn, Galizien und Oberitalien, angehörten. In der Bundesversammlung, zu der die Gesandten der Mitglieder in Frankfurt am Main zusammentrafen, führte zwar Österreich den Vorsitz, besaß damit aber nur den Ehrenvorrang. Dass die Habsburgermonarchie auf alle ihre vorderösterreichischen Besitzungen und damit auf den letzten Rest der Stammlande verzichtete, gehört ebenfalls in diesen Kontext: Baden, Württemberg und Bayern sollten gestärkt werden, zumal die Wittelsbacher ohnehin verstimmt waren, weil sie Vorarlberg, Tirol, Salzburg und die oberösterreichischen Erwerbungen nicht behalten durften. Die Gebiete an der oberen Adria (die »Illyrischen Provinzen«) kehrten ebenso wie ein Teil Galiziens unter habsburgische Herrschaft zurück. Größere Zugewinne konnten als Kompensation für den Verzicht auf Belgien, die österreichischen Niederlande, in Oberitalien verbucht werden. Venetien und die Lombardei samt dem Veltlin wurden zum Königreich Lombardo-Venetien zusammengefasst und Österreich unterstellt. Dazu kamen als habsburgische Sekundogenituren die Toskana, Modena sowie Parma und Piacenza. Metternichs Vorhaben, ganz Italien als einen Staatenbund (*Lega italica*) unter Österreichs Dominanz zu organisieren, ließ sich jedoch nicht verwirklichen. Die Entscheidung über das weitere Schicksal Polens und Sachsens hatte den Kongress Anfang des Jahres 1815 an den Rand des Scheiterns gebracht, aber eben nur an den Rand. Napoleons Rückkehr nach Frankreich und die 100 Tage seiner neuerlichen Herrschaft verursachten nicht einmal eine Unterbrechung der Verhandlungen, die Unterzeichnung der Schlussakte des Wiener Kongresses erfolgte am 9. Juni 1815, neun Tage vor der Schlacht von Waterloo.

An die Stelle einer internationalen Garantie zur Absicherung der Resultate des Kongresses, wie sie England wünschte, trat auf Betreiben Zar Alexanders I. die »Heilige Allianz«, eine Übereinkunft zwischen Russland, Preußen und Österreich, einander auf christlicher Grundlage verbunden zu bleiben und sich beizustehen, ohne aber reale Verpflichtungen zu formulieren. In weiterer Folge traten fast alle europäischen Mächte – außer England und dem nichtchristlichen Osmanischen Reich – der Allianz bei. Um nationale Fragen, um die Anliegen der allmählich an Identität gewinnenden Völker und des aufstrebenden Bürgertums hatte sich der Wiener Kongress bei der Neuordnung Europas nicht gekümmert, derlei lag außerhalb des Interessenhorizonts der in Wien versammelten Monarchen und ihrer Spitzendiplomaten. Dennoch folgte dem Kongress eine Phase des Friedens, die auch die österreichischen Länder nach den enormen Anstrengungen der Koalitionskriege bitter nötig hatte.

»Vormärz« und Revolution (1814–1849)

Das »System Metternich«

Als vordringlichste Aufgabe der österreichischen Innenpolitik stand nach dem Ende des Wiener Kongresses die Ordnung der Staatsfinanzen an, mit der Johann Philipp Graf Stadion als Finanzminister betraut war. Zur Sanierung der Währung rief er 1816 die Österreichische Nationalbank als unabhängige Notenbank mit dem alleinigen Recht zur Ausgabe von Banknoten ins Leben. Weniger erfolgreich war Stadion hingegen mit der Reform des Steuerwesens, die unter anderem an der Autonomie der Länder scheiterte. Die Anlage des »Franziszeischen« Katasters zur Neuordnung der Grundsteuer, die die Haupteinnahmequelle des Fiskus bildete, zog sich jahrzehntelang hin. Weiterhin verhinderten feudale Strukturen sowie die Interessen der Industrie, der Banken und des Großhandels die Schaffung eines modernen Steuersystems. Die regelmäßig zu verbuchenden Defizite mussten durch Anleihen abgedeckt werden, wodurch die Staatsschuld kontinuierlich anstieg. 1847 entfiel bereits ein Drittel der Ausgaben auf den Zinsendienst, ein weiteres Drittel machten die Aufwendungen für das Militär aus.

Zum 300. Jahrestag von Martin Luthers Thesenanschlag und im Gedenken an die Völkerschlacht bei Leipzig hatte die Jenaer Burschenschaft 1817 zum Wartburgfest geladen und dort ihr nationalliberales Programm formuliert. Die wichtigsten Forderungen der akademischen Jugend waren die politische, wirtschaftliche und religiöse Einheit Deutschlands, die Einführung der konstitutionellen Monarchie, Gleichheit vor dem Gesetz, Öffentlichkeit der Rechtspflege, Einführung von Schwurgerichten, ein einheitliches Gesetzbuch, die Abschaffung der Geburtsvorrechte und der Leibeigenschaft sowie die Rede- und Pressefreiheit. Das Wartburgfest sowie die Ermordung des russischen Staatsrats und Dichters August von Kotzebue durch den Theologiestudenten und Burschenschafter Karl Ludwig Sand führten zu den Karlsbader Beschlüssen vom August 1819, die der Bundestag in Frankfurt kurz darauf bestätigte. Unter dem maßgeblichen Einfluss Metternichs verpflichteten sich die deutschen Staaten zum Verbot der Burschenschaften, der strengen Überwachung der Universitäten, der Entfernung verdächtiger Professoren und zur Zensur. Auch in Österreich vollzog sich damit die Wende zur restaurativen Repression, weil Metternich davon überzeugt war, dass sich der deutsche Nationalismus und der Fortbestand des österreichischen Gesamtstaats ausschlossen. Es kam zu Bespitzelungen, Verhaftungen und Verhören, der Zensur unterlagen sogar die Werke anerkannter Dichter; Oppositionelle verließen Österreich. Den Professoren des Laibacher Lyzeums soll Kaiser Franz 1821 ins Stammbuch geschrieben haben: »Halten sie sich übrigens an das Alte, denn dieses ist gut und unsere Vorfahren haben sich gut dabei befunden; warum sollten wir es nicht? Es sind jetzt neue Ideen in Schwung, die Ich nicht billigen kann und nie billigen werde. Enthalten Sie sich von diesen und halten Sie sich an das Positive, denn Ich brauche keine Gelehrten, sondern brave rechtschaffene Bürger. Die Jugend zu solchen zu bilden, liegt Ihnen ob. Wer Mir dient, muß lehren, wie Ich befehle; wer dies nicht thun kann, oder Mir mit neuen Ideen kommt, der kann gehen, oder Ich werde ihn entfernen.«

Nicht nur im Nationalismus der Deutschen sah Metternich, der 1821 den Titel »Staatskanzler« erhalten hatte, eine Bedrohung des habsburgischen Kaiserstaats. Besonderes Misstrauen hegte er gegen die Einheitsbestrebungen der Italiener, weil es dabei auch um Österreichs Zugang zum Mittelmeer ging. In Lombardo-Venetien, das sich zwar wirtschaftlich und kulturell sehr gut entwickelte, dem Kaiser Franz aber keinerlei Autonomierechte hatte zubilligen wollen, stand zunächst der vor allem von den Intellektuellen formulierte Wunsch nach Unabhängigkeit im Vordergrund. Der Aufstand der *Carbonari*, eines der Freimaurerei ähnlichen Geheimbunds, in den Königreichen Neapel-Sizilien und Piemont 1820/21 gab Metternich nicht nur die Gelegenheit zu einer durch die Kongresse von Troppau und Laibach international legitimierten militärischen Intervention, sondern auch zur Unterdrückung der liberalen Opposition in Lombardo-Venetien, die durch Hochverratsprozesse mundtot gemacht werden sollte. Auch die Ungarn, Böhmen, Slowaken, Slowenen, Kroaten, Serben und Polen betraten damals den Weg der nationalen Selbstfindung. Dass Metternich sie dabei in kultureller Hinsicht sogar förderte, mochte von der Vorstellung bestimmt gewesen sein, eine Art multinationales Gleichgewicht unter einem »neutralen« Monarchen garantiere am ehesten den Bestand der Habsburgermonarchie. »Föderalistische« Ansätze bei der Organisation des Staates, die über die herkömmliche landständische Struktur hinausgingen, wurden jedoch nicht zugelassen.

Nach der Pariser Julirevolution von 1830, die die Bourbonen stürzte und Louis Philippe von Orléans, den »Bürgerkönig«, auf den Thron brachte, einem polnischen Aufstand, den russische Truppen 1831 niederschlugen, und dem »Hambacher Fest« der deutschen Liberalen, die ein freies, föderatives, dem demokratischen Gedanken verpflichtetes Deutschland forderten, wurde die Gangart härter. Die Regierung verschärfte die Überwachung der Opposition, ebenso die Zensurmaßnahmen. Schriftsteller, die sich als Avantgarde des bürgerlichen Liberalismus sahen, gingen ins Ausland. In Anlehnung an das »Junge Deutschland« war von ihnen als dem »Jungen Österreich« die Rede, das freilich keine patriotisch-österreichische, sondern eine deutschnationale Attitüde hatte. Die repressiven Maßnahmen der Obrigkeit waren zwar unangenehm, aber letztlich nicht effizient genug, um das Entstehen einer politisierten Öffentlichkeit und deren Versorgung mit Informationen zu verhindern. Neben den künstlerisch tätigen Intellektuellen standen das Wirtschaftsbürgertum, ja selbst Teile des Adels, des Klerus und der josephinischen Traditionen verpflichteten Beamtenschaft in einem Gegensatz zum System Metternich. Insbesondere die Universitäten und höhere Schulen waren – aller Überwachung zum Trotz – Zentren liberaldemokratischer Ideen, die Bildungselite deren Träger und Multiplikator. Aber auch die »unpolitische« Mehrheit der Bevölkerung war unzufrieden. Sie bekam vor allem die Auswirkungen der Wirtschaftskrisen, denen die Politik machtlos gegenüberstand, zu spüren. Selbst die Ernährung der Bevölkerung war nicht gesichert. Der Staat reagierte auf die misslichen Verhältnisse mit der Erhöhung von Steuern und Abgaben, die in erster Linie die Ärmeren empfindlich trafen.

Die kurze Zeitspanne monarchischer Solidarität in Europa war zu Ende gegangen. England wandte sich dem Liberalismus, bald aber auch dem Imperialismus zu. Russlands Erfolge gegen das osmanische Reich, die unter anderem zur Befreiung Griechenlands (1830) beitrugen, wurden für die Habsburgermonarchie im Osten zur Bedrohung. In Deutschland schlossen sich die meisten Staaten unter Preußens Führung 1833 zum Deutschen Zollverein zusammen, dem Österreich nicht aus ökonomischen Gründen fernblieb, sondern weil Metternich in ihm ein Instrument deutscher Nationalpolitik sah.

Kaiser Franz I., dem zwar die Wiederherstellung der Habsburgermonarchie aus den Wirren der Koalitionskriege gelungen war, der sich aber jeder Form ihrer Weiterentwicklung verweigert hatte, starb am 2. März 1835. Die Nachfolge trat sein ältester Sohn Ferdinand »der Gütige« (* 1793, † 1875) an. Dass der neue Kaiser an Epilepsie litt und nur bedingt handlungsfähig war, spielte keine Rolle. Für ihn regierte de facto die Geheime Staatskonferenz. Den Vorsitz führte Erzherzog Ludwig (* 1784, † 1864), ein Bruder des verstorbenen Kaisers; weitere Mitglieder waren Erzherzog Franz Karl (* 1802, † 1878), Ferdinands jüngerer Bruder als Thronfolger bzw. als Platzhalter für seinen Sohn Franz Joseph, Staatskanzler Fürst Metternich und sein Gegenspieler Franz Anton Graf Kolowrat-

Liebsteinsky (* 1778, † 1861), der seit 1826 als Leiter der politischen Sektion des Staatsrates sowie als Staatsminister die österreichische Innenpolitik bestimmte. Metternichs Position war in dieser Konstellation bereits deutlich geschwächt, zumal sich auch die beiden weiterhin von der Regierung ausgeschlossenen Erzherzöge Karl und Johann auf Kolowrats Seite stellten, der gemäßigten Reformen nicht völlig abgeneigt schien. Die heftigen Gegensätze innerhalb dieses leitenden Gremiums lähmten die österreichische Politik. Dass sich das System Metternich längst überlebt hatte, stand den Handelnden klar vor Augen. Friedrich von Gentz (* 1764, † 1832), Sekretär und Berater Metternichs, schrieb schon 1830, dass sich sein Untergang keinesfalls aufhalten lasse. Demgemäß charakterisiert die auch in Österreich übliche Epochenbezeichnung »Vormärz« die Jahrzehnte nach dem Wiener Kongress mit jenem Ereignis, das einen tief greifenden Wandel der Verhältnisse herbeiführen sollte – mit der Märzrevolution des Jahres 1848.

Biedermeier – Gesellschaft und Kultur in der ersten Hälfte des 19. Jahrhunderts

Der Begriff Biedermeier geht auf eine fiktive literarische Figur zurück, den schwäbischen Lehrer Gottfried Biedermeier, dem »seine kleine Stube, sein enger Garten, sein unansehnlicher Flecken und das dürftige Los eines verachteten Dorfschulmeisters zu irdischer Glückseligkeit verhelfen«. Die von der Französischen Revolution verursachten Umwälzungen, vor allem aber das repressive System des Vormärz hätten, wie es hieß, die Menschen zum Rückzug ins Private, Häusliche veranlasst, was einerseits zur Idealisierung der kleinbürgerlichen Idylle geführt, andererseits auf kulturellem Gebiet stilbildend gewirkt habe. Angesichts der technologischen, wirtschaftlichen und sozialen Entwicklungen, der zunehmenden Politisierung der Gesellschaft wird damit aber nur eine Facette biedermeierlicher Realität umrissen.

Von etwa 1830 an gewann die Industrialisierung eine neue Dimension. Als ihre Zentren auf heute österreichischem Gebiet fungierten der Wiener Raum, Niederösterreich sowie auch Vorarlberg, wobei vor allem der in Fabriken konzentrierten Textilproduktion wachsende Bedeutung zukam. Voraussetzung wie Folge der Industrialisierung war der Ausbau des Verkehrsnetzes. 1832 ging die Strecke von Linz nach Budweis noch als – bald unrentable – Pferdeeisenbahn in Betrieb. 1836 wurde mit dem Bau der ersten Dampfeisenbahn Österreichs begonnen, der von Wien nach Krakau (Kraków) führenden Kaiser-Ferdinand-Nordbahn, 1839 mit der als

Verbindung nach Triest konzipierten Südbahn. Zu ihr gehört die Semmeringbahn (errichtet 1848–1854), die von Karl von Ghega (*1802, †1860) geplante erste Gebirgsbahn Europas. 1829 erfolgte die Gründung der »Donaudampfschifffahrtsgesellschaft«; der »Österreichische Lloyd« mit Sitz in Triest entwickelte sich seit 1836 zum größten Schifffahrtsunternehmen des Mittelmeerraums.

Der wirtschaftliche Wandel verursachte massive Bevölkerungsverschiebungen und tief greifende soziale Veränderungen. Die Entwicklung von Industrie und Gewerbe, aber auch der Ausbau der Bürokratie ließ die Zentralorte rasch wachsen. Wien zählte im Jahr 1800 232 000 Einwohner, 50 Jahre später aber bereits 431 000, von denen etwa 70 Prozent den Unterschichten angehörten. Ein erheblicher Teil der 1846 in Wien tätigen Arbeiter – etwa 100 000 bis 130 000 – war freilich noch in kleingewerbliche Strukturen eingebunden. Da der Stadtkern zunehmend vom Hof, der Verwaltung und dem Adel vereinnahmt worden war, verlagerte sich das Wirtschaftsleben in die expandierenden Vorstädte. Zuwandernde Arbeitskräfte wurden oft in eigenen Siedlungen im Umfeld der Produktionsstätten untergebracht, wodurch die Abhängigkeit vom Dienstgeber wuchs. Der Lebensstandard der Arbeiter war äußerst niedrig, vielfach sicherte nur der Arbeitslohn der ganzen Familie – einschließlich der Kinder – die Existenz.

Parallel zur Arbeiterschaft gewann jene soziale Gruppe an Bedeutung, die schon die zeitgenössische Literatur als »Mittelstand« bezeichnete und dem sie vor allem Akademiker, Fabrikanten, Kaufleute, Beamte sowie Künstler zuzählte. Als Träger einer neuen bürgerlichen Kultur fanden sie bald adäquate Organisationsformen. Kaffeehäuser etablierten sich als Zentren der Kommunikation und der politischen Diskussion, Salons und musikalische Gesellschaften dienten der kultivierten Geselligkeit. Vielerorts entstanden Lesevereine, landwirtschaftliche Gesellschaften, Gewerbevereine. Die Obrigkeit beobachtete die Anfänge des modernen Vereinswesens mit Argwohn. Dass diese zunehmend selbstbewusste, überwiegend liberal orientierte Öffentlichkeit auch politische Mitbestimmung beanspruchte, brachte sie zwangsläufig in Gegensatz zu den patriarchalischen Vorstellungen des Kaiserhofs und der Regierung, die nur die herkömmlichen ständischen Repräsentationsformen zu dulden gewillt waren. An die Spitze der bürgerlichen Gesellschaft traten Bankiersfamilien wie die Rothschild, Steiner, Arnsteiner, Fries oder Geymüller, die mit ihren Anleihen den Staat funktionsfähig erhielten. Zwar bald nobilitiert und einen feudalen Lebensstil pflegend, im Grund aber dem bürgerlichen Spektrum zugehörig, bildeten sie zusammen mit Großunternehmern und hohen Beamten die »zweite Gesellschaft«. Vor ihr rangierte weiterhin der Hochadel, der seine Position durch eine konsequente Abgrenzung, durch enormen

Repräsentationsaufwand und demonstrative Hofnähe zu betonen suchte. Obwohl sich auch die Hocharistokratie seit den Koalitionskriegen stärker im jeweiligen ethnischen Rahmen verankert sah, blieb sie der wichtigste Träger einer übernationalen österreichischen Reichsideologie.

Trotz des ökonomischen Wandels blieb die Habsburgermonarchie überwiegend agrarisch strukturiert. Zur Mitte des 19. Jahrhunderts bewegte sich der Anteil der bäuerlichen Bevölkerung in den Alpen- und Donauländern zwischen 53 Prozent (Niederösterreich) und 78 Prozent (Tirol). Die Reformen des aufgeklärten Absolutismus hatten die Lage der Bauern – auch gegenüber den Grundherrschaften – verbessert, neue Anbaumethoden und Veränderungen der Wirtschaftsweise ließen die Erträge wachsen, erhöhten aber auch den Bedarf an Arbeitskräften, der mehr denn je mit ganzjährig verdingtem Gesinde gedeckt wurde. Außerbäuerlicher Nebenerwerb trat infolge der Konzentration auf die landwirtschaftliche Tätigkeit in den Hintergrund, sodass zeitgleich mit der Industrialisierung eine Agrarisierung des ländlichen Raums stattfand.

Als Förderer kulturellen Schaffens trat die »zweite Gesellschaft« ebenbürtig an die Seite der »ersten«; der Aufstieg des Bürgertums schuf außerdem ein breites interessiertes und zudem auch fachkundiges Publikum. Wien galt seit dem ausgehenden 18. Jahrhundert als eine der Metropolen der musikalischen Welt. Ludwig von Beethoven (* 1770, † 1827), der misstrauische Freidenker, blieb auch unter Metternichs System in der Kaiserstadt, wo er alle seine großen Werke schuf und die Klassik zum Höhepunkt führte. Die Verehrung, die die Wiener ihm und seiner Musik entgegenbrachten, war so groß, dass am Tag seines Begräbnisses Zehntausende die Straßen säumten und die Schulen geschlossen blieben. Franz Schubert (* 1797, † 1828) schätzten die Zeitgenossen in erster Linie als Liederkomponisten. Den künstlerischen Rang seines umfangreichen, alles andere als »biedermeierlichen« Gesamtwerks erkannte man freilich erst nach seinem frühen Tod. Wichtige Impulse gingen von der 1812 in Wien gegründeten »Gesellschaft der Musikfreunde« aus. Als Tanz- und Unterhaltungsmusik gewann der Walzer ungeheure Popularität, den Josef Lanner (* 1801, † 1843) schuf und Johann Strauß Vater (* 1804, † 1849) vollendete. Heimstätte der deutschen wie der italienischen Oper war das Wiener Kärntnertortheater. Einen spezifisch bürgerlichen Aspekt erhielt die musikalische Produktion durch den Boom, den die Hausmusik im Biedermeier erlebte.

Das Wiener Burgtheater festigte, obwohl seine Produktionen der Zensur unterlagen, die selbst vor den Klassikern nicht Halt machte, seinen Ruf als führendes deutschsprachiges Schauspielhaus. Die Vorstadtbühnen (Theater in der Leopoldstadt, Theater in der Josefstadt, Theater an der Wien) pflegten das Volksstück, das sich schichtenübergreifend großer Beliebtheit erfreute. Als Autoren und Schauspieler führten Ferdinand Raimund (*1790, †1836), Schöpfer anrührender, aber auch sozialkritischer Zaubermärchen, und der scharfzüngige Satiriker Johann Nestroy (*1801, †1862) dieses typisch wienerische Genre zum Höhepunkt. Franz Grillparzer (*1791, †1872), der größte österreichische Dramatiker, befasste sich sowohl mit antiken Stoffen (»Sappho«, Trilogie »Das Goldene Vlies«, »Des Meeres und der Liebe Wellen«), aber auch mit Themen der Habsburgergeschichte (»König Ottokars Glück und Ende«, »Ein Bruderzwist in Habsburg«). Vom Misserfolg seines Lustspiels »Wehe dem, der lügt« und den Schikanen der Zensur vergrämt, schrieb er seine späteren Werke, darunter den »Bruderzwist«, »Die Jüdin von Toledo« und »Libussa« nicht mehr für die Öffentlichkeit. Als liberaler, gemäßigt deutschnationaler Staatsbeamter war Grillparzer zwar – wie viele Intellektuelle seiner Zeit – mit der politischen Situation unzufrieden, dennoch bedeuteten ihm die Habsburgermonarchie und ihre Einheit weit mehr als nur ein historisches Faktum. Der Mit- und Nachwelt wurde der Deutsch-Ungar Nikolaus Lenau (eigentlich: Nikolaus Franz Niembsch Edler von Strehlenau, *1802, †1850) vor allem als Lyriker der Schwermut und des elegischen Tons bekannt. Der politischen Dichtung verschrieb sich Anton Alexander Graf Auersperg (*1806, †1876). Um der Zensur zu entgehen, ließ er seine unter dem Pseudonym Anastasius Grün verfassten liberal-antiklerikalen Gedichte im Ausland verlegen. Eine neue, realistische Sicht auf die Natur und den gänzlich in sie und ihre Gesetze eingebetteten Menschen öffnete der Oberösterreicher Adalbert Stifter (*1805, †1868). Seine Erzählungen und Romane (u.a. »Bunte Steine«, »Nachsommer« und »Witiko«) weisen bereits über das Biedermeier hinaus.

Einem beinahe fotografischen Realismus verpflichtet war die Malerei der ersten Hälfte des 19. Jahrhunderts. Sie bevorzugte Landschaft, Genre und Portrait. Als wichtige österreichische Vertreter gelten Ferdinand Waldmüller (*1793, †1865), Joseph Höger (*1801, †1877), Friedrich von Amerling (*1803, †1887), Friedrich Gauermann (*1807, †1862) und Rudolf von Alt (*1812, †1905), der unter anderem mit seinen Architekturveduten Aufsehen erregte. Besonderes Augenmerk galt im Biedermeier der Wohnkultur, das Mobiliar sollte schlicht, aber formschön gestaltet sein, es erhielt klare, sanft geschwungene Linien. 1842 kam Michael Thonet (*1796, †1871) nach Wien und begann mit der industriellen Fertigung von Bugholzmöbeln.

Die Revolution von 1848

Dass die 1848er Revolution kommen würde, hatte man vorausgesehen, ebenso auch das Versagen aller präventiven Maßnahmen, die das System Metternich weit mehr in Anspruch genommen hatten, als die zaghaften Versuche, sich mit den zahlreichen ungelösten Problemen auseinanderzusetzen. Zu Beginn des Jahres 1848 regte sich vielerorts der Widerstand des Volkes gegen die herrschenden Systeme. Ein Aufstand in Palermo machte den Anfang, im Februar stürzte in Paris »Bürgerkönig« Louis Philippe, 1830 selbst durch eine Revolution auf den Thron gekommen. Zur selben Zeit verhängte Feldmarschall Radetzky in Mailand den Ausnahmezustand. Vor dem ungarischen Landtag forderte Lajos Kossuth (*1802, †1894) grundlegende Veränderungen. In Wien wurden von verschiedener Seite Petitionen verfasst, die, weil Hof und Regierung sich nicht darum kümmerten, dem niederösterreichischen Landtag vorgelegt werden sollten. Von Anfang an gab es zwei Richtungen: Das gemäßigte, konstitutionelle Programm des Besitz- und Bildungsbürgertums stand einem radikaleren der Studenten gegenüber, die die soziale und vor allem die nationale Frage einbezogen wissen wollten. Ihnen gelang es, die Arbeiter zu mobilisieren, die binnen kurzem der Revolution zum Sieg verhalfen. Die Wiener Unruhen waren am 13. März, wohl nicht zufällig am Geburtstag Kaiser Josephs II., ausgebrochen, es gab, als Militär gegen die Demonstranten einschritt, die ersten Toten und Verwundeten. Noch am selben Tag war alles erreicht, was die bürgerlichen Liberalen sich erhofft hatten: Metternichs Sturz, die Zusage einer Verfassung und das Ende der Zensur. Dass die Arbeiter in den Vorstädten nun darangingen, Maschinen zu demolieren, war hingegen nicht in ihrem Sinn. Nationalgarden wurden aufgestellt, um die Ordnung wiederherzustellen. Weitere Erhebungen folgten in Ungarn, in Venedig, wo die Republik ausgerufen wurde, und in Mailand, das Radetzky räumen musste.

Allmählich wurde aber deutlich, wie weit die Interessen auseinanderklafften. Wo die Habsburger als – aus nationaler Sicht – »fremde« Herren regierten, stand die »Befreiung« im Vordergrund. Welche Staatsform danach kommen sollte, war zunächst nebensächlich. Das Bürgertum in Österreich wollte verfassungsmäßig gesicherte Rechte, Mitsprache in Wirtschafts- und Finanzfragen, keinesfalls aber politische Rechte für die Arbeiterschaft, der es vordringlich um die Verbesserung ihrer sozialen Lage, weniger aber um Politik ging. Anhänger einer demokratischen Republik fanden sich in erster Linie unter den Studenten. Die Bauern hatten die Beseitigung der Grundherrschaft als Ziel vor Augen, wo ihre Situation aber, wie im deutschsprachigen Teil der Habsburgermonarchie, ohnehin besser war, hielten sie sich von der Revolution überwiegend fern. Sie war daher in den österreichischen Alpen- und Donauländern ein primär städtisches, von bürgerlichen Kräften getragenes Phänomen.

Unter dem Druck der Ereignisse wurden die Strukturen auf Regierungsebene grundlegend und auf Dauer verändert. An die Stelle von Hofkanzleien, -kammern und anderen Hofstellen traten Ministerien, als Regierungsorgan fungierte fortan der Ministerrat. Die von Innenminister Franz Freiherr von Pillersdorf (*1786, †1862) nach belgischem Vorbild ausgearbeitete Verfassung, die Kaiser Ferdinand am 25. April 1848 erließ, stellte die Liberalen indes nicht zufrieden. Sie wurde nach Protesten der Akademischen Legion – der bewaffneten Wiener Studentenschaft – zurückgenommen und die Wahl eines verfassungsgebenden Reichsrats zugesagt. Die Flucht des kaiserlichen Hofs nach Innsbruck verschärfte Mitte Mai die Spannungen, Barrikaden wurden errichtet, gewaltsame Auseinandersetzungen drohten. Nachdem im Juli ein überwiegend liberales Kabinett unter Anton Freiherr von Dobelhoff-Dier (*1800, †1872) gebildet worden, der Reichsrat zusammengetreten war und als wichtigstes Ergebnis auf Antrag des Schlesiers Hans Kudlich (*1823, †1917) die Aufhebung der bäuerlichen Untertänigkeitsverhältnisse beschlossen hatte, beruhigte sich die Lage zunächst.

Noch aber drohte das Auseinanderbrechen der Habsburgermonarchie: Abgeordnete der deutschen Teile der Habsburgermonarchie nahmen an der Nationalversammlung in der Frankfurter Paulskirche teil, deren Ziel der deutsche Einheitsstaat war und die einen Habsburger, Erzherzog Johann, zum Reichsverweser wählte. Radikaler stellte die ungarische Adelsopposition unter Lajos Kossuth und Lajos Graf Batthyány (*1807, †1849) die Staatseinheit in Frage. Sie arbeitete offen auf eine Trennung von Österreich hin. Demgegenüber stellten sich die ethnischen Minderheiten in den Ländern der Stephanskrone – vor allem Kroaten, Serben, Slowaken und Rumänen – auf die Seite Wiens, weil sie ihre Identität unter habsburgischer Herrschaft viel eher gewahrt sahen, als in einem ungarischen Nationalstaat. Die Tschechen forderten die administrative Autonomie der böhmischen Länder, ein eigenes Parlament sowie das Ausscheiden Böhmens aus dem Deutschen Bund, dem es zusammen mit den österreichischen Alpen- und Donauländern angehörte. Hinsichtlich der Zukunft der Habsburgermonarchie gingen die Meinungen auseinander. Während nationalistische Gruppen im Sinn panslawistischer Vorstellungen bereits an ihre Liquidation glaubten, trat der Historiker und geistige Führer der Tschechen, František Palacký (*1798, †1876), nachdrücklich für ihren Fortbestand ein: »Wahrlich! Existierte der österreichische Kaiserstaat nicht schon längst, man müßte im Interesse Europa's, im Interesse der Humanität selbst sich beeilen, ihn zu schaffen.« Als Bedingung sah er freilich eine Reorganisation auf föderalistischer Grundlage. Auch in Prag blieben Unruhen nicht aus, die das Militär aber unterdrückte.

Das Kaiserhaus war nicht bereit, die Gesamtstaatlichkeit der Habsburgermonarchie aufzugeben und sich mit einer auf das Prinzip der Personalunion reduzierten Herrschaft zufrieden zu geben, auch weil das Bürgertum angesichts der Gefahr des Zerfalls aus wirtschaftlichen Erwägungen auf Distanz zur Revolution ging. Als Radetzky im Sommer 1848 in Oberitalien siegte und Lombardo-Venetien wieder den Habsburgern unterwarf, wendete sich das Blatt. Selbst für Liberale, die sich zunächst für die Revolution begeistert hatten, wurde die Armee zum Hoffnungsträger. Grillparzer veröffentlichte damals folgende Verse: »Glück auf, mein Feldherr, führe den Streich! / Nicht bloß um des Ruhmes Schimmer, / In deinem Lager ist Österreich, / Wir andern sind einzelne Trümmer.«

Der Banus von Kroatien, Feldmarschallleutnant Josip Graf Jellačič von Bužim (*1801, †1859), rüstete mit stillschweigender Duldung Wiens gegen die revolutionäre Regierung in Ungarn, die sich daraufhin auch im Finanz- und Militärwesen von der Habsburgermonarchie löste und unter Kossuth nun gleichfalls eine gewaltsame Lösung anstrebte. Als ruchbar wurde, dass Kriegsminister Theodor Graf Baillet von Latour (*1780, †1848) Jellačič unterstützte, und am 6. Oktober 1848 Truppen aus Wien nach Ungarn ausrücken sollten, kam es zu heftigen Protesten der »Linken«. Nationalgarde, Studenten und Arbeiter wollten den Abmarsch verhindern, es kam zu Gefechten, in deren Verlauf die kaiserlichen Truppen aus der Stadt vertrieben wurden. Die Menge stürmte das Kriegsministerium und lynchte den Kriegsminister. Kaiser Ferdinand floh mit seinem Hofstaat ins mährische Olmütz (Olomouc), der Reichstag wurde nach Kremsier (Kroměříž) verlegt.

Das liberale Bürgertum hatte sich an der Wiener »Oktoberrevolution« nicht mehr beteiligt und erleichterte damit ihre Niederschlagung. Feldmarschall Alfred Fürst zu Windisch-Graetz (*1787, †1862), der Oberbefehlshaber des kaiserlichen Heers, marschierte von Prag nach Wien, Jellačič rückte aus Ungarn heran. Die Stadt wurde eingeschlossen und in den letzten Oktobertagen trotz beträchtlichen Widerstands, den der polnische General Josef Bem (*1795, †1850) organisierte, eingenommen. Bei den Kämpfen kamen in den letzten Oktobertagen des Jahres 1848 etwa 2000 Menschen ums Leben. Ein ungarisches Entsatzheer unterlag bei Schwechat. Mit der standrechtlichen Erschießung einiger Anführer, darunter des Kommandanten der Wiener Nationalgarde Cäsar Wenzel Messenhauser (*1813, †1848) und des Abgeordneten zur Frankfurter Nationalversammlung Robert Blum (*1807, †1848), nahm die österreichische 1848er-Revolution ein blutiges Ende. In Ungarn, dessen Reichstag im April 1849 die Unabhängigkeit erklärte, die Republik ausrief und Kossuth zum Reichsverweser mit diktatorischen Befugnissen bestellte, dauerten die Kämpfe noch einige Zeit an. Mit russischer Unterstützung warf die österreichische Armee schließlich Anfang Oktober die letzten Aufständischen nieder und statuierte mit dem »Blutgericht von Arad«, dem auch Ministerpräsident Graf Batthyány zum Opfer fiel, ein Exempel, das das Verhältnis der Ungarn zur Dynastie auf lange Sicht schwer belasten sollte. Wien vertrat in der Folge die »Verwirkungstheorie«, der zufolge Ungarn mit der Erhebung gegen den Kaiser alle staatsrechtlichen Privilegien eingebüßt habe.

Das Zeitalter Kaiser Franz Josephs I. (1848–1916)

Nachdem sich das Kabinett Dobelhoff mit dem Ausbruch der Oktoberrevolution aufgelöst hatte, wurde im Oktober 1848 der Offizier und Diplomat Felix Fürst zu Schwarzenberg (*1800, †1852) zum Außenminister bestellt und mit der Bildung einer neuen Regierung betraut. Auch an der Spitze der Habsburgermonarchie kam es zu einem Wechsel: Anfang Dezember desselben Jahres verzichtete Kaiser Ferdinand zugunsten seines Neffen Franz Joseph (*1830, †1916) auf den Thron. Damit begann jene Ära, die Golo Mann folgendermaßen charakterisierte: »Auch Österreich kam nicht wieder zur Metternichschen Ruhe. Vor 1848 war es eine große geschichtliche Tatsache gewesen. Seit 1848 war Österreich ein beständig sich neu definierendes, prüfendes und verwerfendes Staatswesen, wie ein Kranker, der auf seinem Bett immer nach neuen Lagen sucht. Eine Krankheit des Staates, nie geheilt, immer mit neuen Mitteln traktiert und dann wieder hoffnungslos ihrem eigenen Gesetz überlassen – das ist die Geschichte der langen, langen Regierungszeit Kaiser Franz Josephs. Politische Unschuld und Unbewußtheit blieben verloren.«

Jene Verehrung, die Franz Joseph in seinen späteren Lebensjahrzehnten entgegengebracht wurde, hatte er in seiner Jugend vermissen müssen, der Kaiser war zunächst alles andere als populär. Das änderte sich allmählich, nachdem er am 24. April 1854 seine 16-jährige Cousine Elisabeth, die Tochter des bayerischen Herzogs Maximilian Joseph, geheiratet und dabei der Öffentlichkeit ein glänzend inszeniertes Schauspiel geboten hatte.

Der Neoabsolutismus (1848–1859)

Der junge Kaiser, bei Antritt der Herrschaft gerade 18-jährig und noch unter dem Einfluss seiner Mutter, der Wittelsbacherin Sophie, war von der Notwendigkeit der Rückkehr zum Absolutismus überzeugt. Der Reichstag wurde im März 1849 aufgelöst, die von der Regierung Schwarzenberg ausgearbeitete »Oktroyierte Verfassung« vom 4. März 1849 blieb auf dem Papier. Schließlich entmachtete

Franz Joseph den Ministerpräsidenten, indem er im Frühjahr 1851 selbst den Vorsitz im Ministerrat übernahm. Als beratendes Gremium für den Monarchen wurde ein »ständiger Reichsrat« unter dem Freiherrn Karl Friedrich Kübeck von Kübau (*1780, †1855) eingerichtet. Den formellen Schlussstrich unter die 48er-Revolution zog das »Silvesterpatent« vom 31. Dezember 1851. Es hob die Verfassung von 1849 auf, schuf die Voraussetzungen für eine weitgehend einheitliche, hierarchisch aufgebaute Staatsstruktur, behielt jedoch die Gleichheit vor dem Gesetz und die Aufhebung der Untertanenlasten bei.

Mitbestimmung, gleich in welcher Form, sah der Neoabsolutismus Franz Josephs nicht vor. Gleichwohl sollte sein Reich, das er von »Gottes Gnaden« regierte, ein in gewissen Bereichen fortschrittlicher Wohlfahrtsstaat sein. Dazu waren Reformen notwendig: Karl Ludwig Freiherr von Bruck (*1798, †1860), zunächst Handels-, später Finanzminister, setzte 1851 die Aufhebung der Zollgrenze zwischen Österreich und Ungarn durch, auch der preußisch-österreichische Handelsvertrag von 1853 belebte die Wirtschaft der Habsburgermonarchie fühlbar. Mit der Gründung der »Credit-Anstalt für Handel und Gewerbe« entstand 1855 die größte Bank des Kaiserreichs. 1858 folgte eine Währungsreform, ein Jahr später eine neue Gewerbeordnung, die die letzten zünftischen Beschränkungen aufhob. Der Abriss der Wiener Stadtbefestigungen, dem der Kaiser 1857 zustimmte, ermöglichte mit dem Bau der Ringstraße ein städtebauliches Projekt von bis dahin nicht gekanntem Ausmaß. Innenminister Alexander Freiherr von Bach (*1813, †1893) schuf ein modernes, mehrstufiges Verwaltungssystem, das der Bevölkerung mehr Rechtssicherheit bot. Allerorts präsentes Organ der Staatsmacht war die 1849 als Teil des Heeres gegründete Gendarmerie, die Ruhe und Ordnung aufrechterhalten sollte, sich aber auch bei der Bespitzelung politisch Verdächtiger hervortat. Für eine gründliche Erneuerung des österreichischen Universitäts- und Schulwesens sorgte – nach Vorarbeiten des Pädagogen Franz Serafin Exner (*1802, †1853) – Unterrichts- und Kultusminister Leopold Graf von Thun und Hohenstein (*1811, †1888): Die Gymnasien wurden achtklassige allgemeinbildende Schulen; die Ablegung der »Maturitätsprüfung« bildete fortan die Voraussetzung für die Zulassung zum Hochschulstudium; an den nunmehr autonomen Universitäten entstanden Philosophische Fakultäten, Forschung und Lehre sollten fortan verbunden sein. Die Aufsicht über das Pflichtschulwesen fiel dem Konkordat von 1855 gemäß, an dessen Zustandekommen Thun-Hohenstein gleichfalls maßgeblich beteiligt war, der katholischen Kirche zu – außerdem das Eherecht und die Ehegerichtsbarkeit sowie die Zensur über das Buchwesen. Bereits 1850 hatte der Staat die Kontrolle über die Kirche aufgegeben, dem josephinischen

Staatskirchentum damit ein Ende gesetzt, um durch das »Bündnis zwischen Thron und Altar« den Katholizismus zu einem zentralen Bestandteil der österreichischen Staatsideologie zu machen. Eine weitere Säule des franzisko-josephinischen Absolutismus bildete das Heer, das de facto in der Verfügungsgewalt des Kaisers stand und auch im politischen Leben großen Einfluss besaß.

Staatliche Neuordnung und die Lösung der deutschen Frage

Das neoabolutistische System Kaiser Franz Josephs war zwar unbeliebt, aber – gestützt auf Kirche, Heer und Bürokratie – verhältnismäßig stabil. Der ökonomische Aufschwung der Fünfzigerjahre hatte das Bürgertum wenigstens wirtschaftlich zufrieden gestellt, aber auch die Lage der Arbeiterschaft verbessert; die im Grunde ohnehin konservativen Bauern begnügten sich mit der Beibehaltung der für sie wichtigen Errungenschaften von 1848 und den staatlichen Beihilfen bei der Ablöse der Feudallasten. Zwar gewann das Nationalitätenproblem an Gewicht, verharrte Ungarn im Widerstand gegen alle zentralisierenden Maßnahmen, eine echte Gefahr drohte aber nur auf außenpolitischem Gebiet. Die Beziehungen zu Preußen waren seit längerem belastet, zu England bestanden wirtschaftliche Gegensätze, den russischen Zaren machte sich Außenminister Karl Ferdinand von Buol-Schauenstein (* 1797, † 1865) zum Feind, als sich Österreich im Krimkrieg nicht an seine Seite stellte. Napoleon III. förderte die Unabhängigkeitsbewegung in Lombardo-Venetien mit dem Ziel, Oberitalien zwischen Frankreich und Piemont aufzuteilen. Der französische Kaiser und Piemonts Außenminister Camilio Benso Graf von Cavour waren bereit, dafür einen Krieg mit Österreich zu riskieren. Franz Joseph ließ sich im April 1859 zum Angriff auf das Königreich Piemont-Sardinien provozieren, das schlecht geführte österreichische Heer unterlag aber dem Gegner in den Schlachten von Magenta (4. Juni) und Solferino (24. Juni). Der Kaiser, der vergebens auf eine Unterstützung durch Preußen bzw. den Deutschen Bund gehofft hatte, entschloss sich daraufhin um den Preis des Verlusts der Lombardei zu einem raschen Frieden. Wenig später brach auch die Herrschaft der Habsburger in den Sekundogenituren Toskana und Modena zusammen, die sich nach revolutionären Umstürzen Piemont-Sardinien anschlossen.

Angesichts der Niederlagen in Italien war Franz Joseph entschlossen, Österreichs Position im Deutschen Bund gegenüber Preußen zu stärken. Die erforderlichen Mittel konnten aber nur durch eine Lockerung des neoabsolutistischen Systems aufgebracht werden. Tatsächlich fand sich der Kaiser dazu bereit. Mit dem »Oktoberdiplom« vom 20. Oktober 1860 sollte der österreichische Kaiserstaat zu jener föderalistischen Struktur zurückfinden, die durch die Wiedereinrichtung von Landtagen vor allem den Interessen der Aristokratie entsprach. Es ließ sich allerdings nicht umsetzen, sodass mit Wirkung vom 26. Februar 1861 das von Staatsminister Anton von Schmerling (*1805, †1893), einem großdeutschen Liberalen, ausgearbeitete »Februarpatent« als Verfassung an seine Stelle trat. Es billigte den Ländern eigene Vertretungen zu und schuf einen Reichsrat mit zwei Kammern – Herren- und Abgeordnetenhaus –, die von den Landtagen beschickt wurden. Das an die Steuerleistung gebundene Zensuswahlrecht ließ nun zwar auch das städtischen Bürgertum und die ländlichen Oberschichten zu den Wahlen zu, es schloss aber nach wie vor den Großteil der Bevölkerung vom politischen Leben aus. Die Wirksamkeit des Parlaments, das unter Vorbehalt des kaiserlichen Vetorechts für die Reichsgesetzgebung zuständig war, litt erheblich unter der Abstinenz der nichtdeutschen Nationalitäten. Während die Ungarn den Reichstag von Anfang an boykottierten, zogen sich die Tschechen 1863 aus ihm zurück. Dennoch konnte das Parlament, in dem die liberale »Verfassungspartei« die Mehrheit besaß, während der Regierung Schmerlings mit der Gleichstellung der Protestanten, einem Presse- und einem Immunitätsgesetz, dem Gesetz über die persönliche Freiheit, einer neuen Strafprozessordnung sowie einer Reihe von Wirtschaftsgesetzen Wesentliches für die Modernisierung des Staates leisten. Von Bedeutung war auch das Reichsgemeindegesetz (1862), das die kommunale Selbstverwaltung stärkte, freilich auch auf dieser Ebene die Vorherrschaft der Vermögenden sicherte.

Als Otto von Bismarck 1862 die Leitung der preußischen Außenpolitik übernahm, erwuchs den österreichischen Ambitionen, die Rolle des Kaiserstaates im Deutschen Bund zu stärken, ein entschlossener Gegner. Dem katholisch-großdeutschen Modell Österreichs stellte er die protestantisch-kleindeutsche Lösung unter Preußens Dominanz gegenüber, die das Ausscheiden der Habsburgermonarchie aus Deutschland zur Voraussetzung hatte.

Nachdem Preußen und Frankreich 1862 einen gegen Österreich gerichteten Freihandelsvertrag geschlossen hatten, unternahmen Kaiser Franz Joseph und sein Außenminister Bernhard Graf von Rechberg und Rothenlöwen (*1806, †1899) auf einem Fürstentag in Frankfurt einen letzten Versuch, den Deutschen Bund in ihrem Sinn zu reformieren. Der Vorschlag, ihn mit einem fünfköpfigen Direktorium unter dem Vorsitz des österreichischen Kaisers, einem gewählten Bundesrat und einem Bundesgericht auszustatten, fand zwar die Sympathie jener Mitgliedsstaaten, die sich von den preußischen Hegemonialbestrebungen bedroht sahen, ließ sich aber gegen Bismarck nicht verwirklichen.

Noch einmal wirkten Österreich und Preußen zusammen, als Dänemark Ende des Jahres 1863 Schleswig-Holstein seinem Staatsverband eingliederte und die deutsche Öffentlichkeit eine Militärintervention forderte. Die von den beiden Mächten entsandten Truppen siegten, doch ergaben sich nun Streitigkeiten über die politische Zukunft bzw. die Verwaltung der besetzten Elbherzogtümer. Längst ging es dabei nicht mehr allein um Schleswig-Holstein, sondern um die deutsche Frage, zu deren Lösung ein Krieg zwischen Österreich und Preußen immer wahrscheinlicher wurde. In dieser Situation ersetzte Kaiser Franz Joseph Staatsminister Schmerling durch den Grafen Richard Belcredi (*1823, †1902), der sogleich den Reichsrat sistierte. Auch Außenminister Rechberg musste den Hut nehmen, an seine Stelle trat Alexander Graf von Mensdorff-Pouilly (*1813, †1871).

Beide Seiten suchten, sich außenpolitisch abzusichern. Preußen schloss eine Allianz mit dem seit kurzem vereinigten Italien, Österreich versicherte sich der Neutralität Frankreichs um den hohen Preis des Verzichts auf Venetien auch im Fall eines Siegs. Nachdem Preußen das von Österreich verwaltete Holstein besetzt, Österreichs Ausschluss aus dem Deutschen Bund verlangt, dieser die Mobilmachung gegen Preußen beschlossen und Preußen daraufhin den Bund für erloschen erklärt hatte, begannen im Juni 1866 die Kriegshandlungen. In Italien siegten die Österreicher bei Custozza (24. Juni) sowie zur See unter Konteradmiral Wilhelm Freiherr von Tegetthoff (*1827, †1871) vor der Adriainsel Lissa (Vis). Die Entscheidung brachte aber die Schlacht von Königgrätz (Hradec Králové) am 3. Juli 1866. Die besser organisierte, besser bewaffnete, besser ausgebildete und von Helmuth von Moltke besser geführte preußische Armee siegte über die von Generalfeldzeugmeister Ludwig von Benedek (*1804, †1881) kommandierten Österreicher, nachdem der Kaiser seinen Feldherrn zur Annahme der Entscheidungsschlacht gezwungen hatte. Von den deutschen Verbündeten der Habsburgermonarchie nahmen nur die Sachsen an der Schlacht von Königgrätz teil.

Um Österreich nicht in Frankreichs Arme zu treiben, drängte Bismarck auf einen raschen, maßvollen Frieden, der Österreich weitere Demütigungen ersparen sollte. Auf Gebietsabtretungen wurde gänzlich verzichtet, das Kaiserreich musste im Frieden von Prag (23. August 1866) lediglich die Zustimmung zur Auflösung des Deutschen Bundes geben, was Franz Joseph zu diesem Zeitpunkt nicht schwer fiel. Der Verlust Venetiens an Italien ging zu Lasten der im Vorfeld des Kriegs mit Frankreich getroffenen Vereinbarungen.

Der »Ausgleich« mit Ungarn 1867 und die liberale Ära (bis 1879)

Das nunmehr endgültige Ausscheiden Österreichs aus Deutschland hatte schwerwiegende Folgen. Zum einen beschleunigte es die schon vor dem Krieg gegen Preußen in die Wege geleitete Neuordnung der inneren Verhältnisse. Der Kaiser, aber auch sein neuer Außenminister, der frühere sächsische Ministerpräsident Friedrich Ferdinand Graf von Beust (*1809, †1886), fanden sich bereit, die Forderung Ungarns nach Wiederherstellung der staatlichen Integrität zu erfüllen und damit die Idee von einem zentralistischen Gesamtstaat zu Grabe zu tragen. Aufgrund der »Verwirkungstheorie«, nach der Wien handelte, hatte Ungarn als Folge der Revolution von 1848 alle Rechte und Freiheiten eingebüßt, andererseits hatten die Ungarn die 1861 für den Gesamtstaat erlassene Verfassung nicht anerkannt, den Reichsrat nicht beschickt und allein die Pragmatische Sanktion sowie ihre Gesetze von 1848 als staatsrechtliche Grundlage akzeptiert. Die Gespräche führten Beust auf österreichischer sowie Ferenc Deák (*1803; †1876) und Gyula Graf Andrássy (*1823, †1890) auf ungarischer Seite. Eine besondere Fürsprecherin hatten die Ungarn in der Kaiserin Elisabeth. Der »Ausgleich«, der zu Beginn des Jahres 1867 auf der Grundlage einer Vereinbarung zwischen dem Kaiser und dem ungarischen Landtag, nunmehr Reichstag, unter Dach und Fach war, stellte die Selbstständigkeit Ungarns wieder her.

Fortan bestand die »österreichisch-ungarische Monarchie«, so der nun offizielle Titel, aus zwei »Reichshälften«: »die im Reichsrat vertretenen Königreiche und Länder« westlich der Leitha, für die sich die Bezeichnung »Cisleithanien« einbürgerte, und die »Länder der ungarischen Krone« (»Transleithanien«). Gemeinsam war zunächst die Person des Herrschers, in Cisleithanien als Kaiser von Österreich, in Transleithanien als König von Ungarn. Gemeinsam blieben die Außenpolitik, das Kriegswesen und die Finanzen, die jeweiligen Ressortminister bildeten das »gemeinsame Ministerium«, in dem der Außenminister als der im Rang höchste den Vorsitz führte. Die Verteilung der Lasten für die gemeinsamen Angelegenheiten bot freilich schon bald Anlass zu Streitigkeiten, die in wechselnder Intensität bis zum Ende der Monarchie fortwährten. Innenpolitisch waren die beiden Teile voneinander unabhängig, sie wählten jeweils einen eigenen Reichsrat, besaßen eigene Regierungen mit eigenen Ministerpräsidenten. An die Spitze der ungarischen Regierung trat der 1848 zum Tode verurteilte, aber nach Frankreich geflohene Graf Andrássy, in Österreich ernannte der Kaiser im Februar 1867 nach Belcredis Rücktritt Beust zum Ministerpräsidenten (von 1868 an mit dem Titel »Reichskanzler«). Die gemeinsamen Angelegenheiten

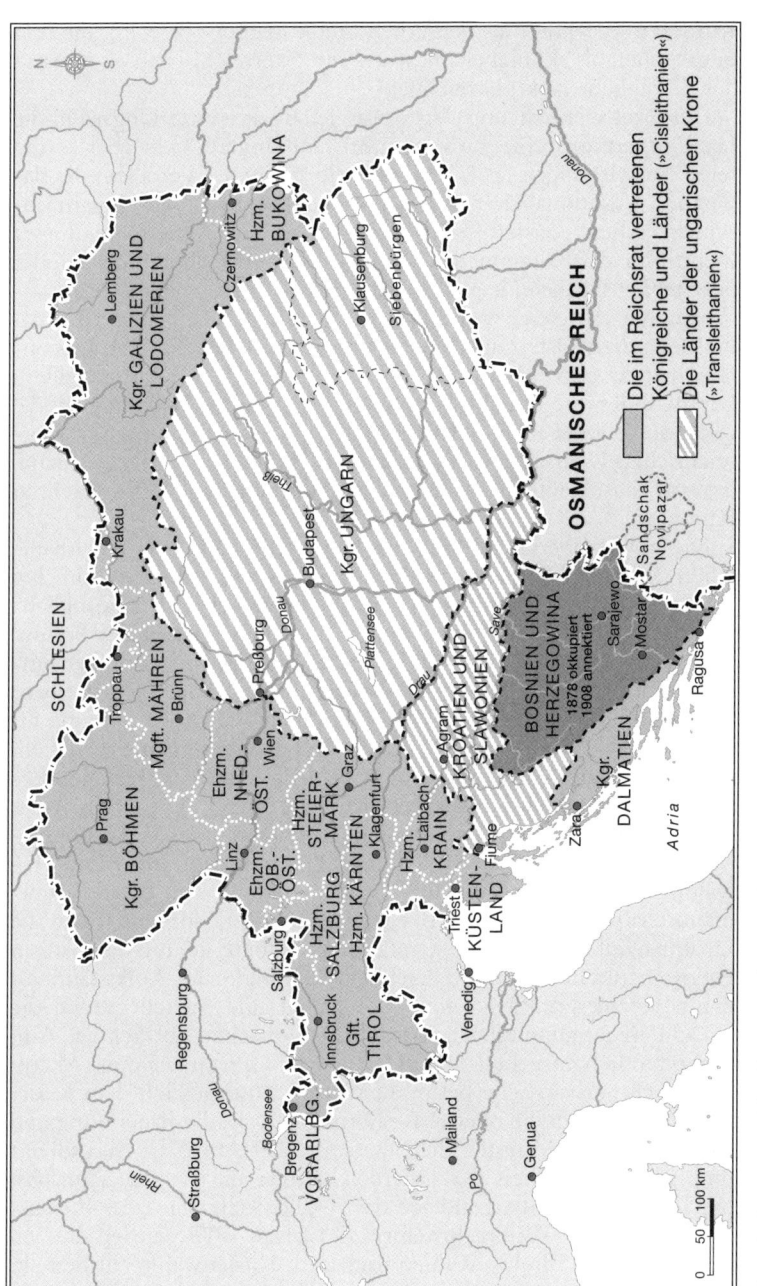

Karte 7: Der österreichisch-ungarische »Ausgleich« 1867

wurden in der Folge als »kaiserlich und königlich« (k. u. k.), die rein ungarischen als »königlich« (k.) und die österreichischen als »kaiserlich-königlich« (k. k.) bezeichnet.

Der österreichisch-ungarische Ausgleich hatte zwar Ungarn in die Habsburgermonarchie zurückgeführt, auf längere Sicht aber waren seine Auswirkungen fatal: Weil sich die anderen – vor allem die slawischen – Nationalitäten von den Deutschen bzw. den Ungarn dominiert sahen, vertiefte sich ihre Distanz zur Monarchie immer mehr. Nur das Königreich Kroatien erhielt im Rahmen der Länder der Stephanskrone eine gewisse Autonomie zugestanden (ungarisch-kroatischer Ausgleich von 1868). Das politische Übergewicht, das die deutschen Österreicher in der westlichen Reichshälfte gewonnen hatten, obwohl sie nur ein Drittel der Bevölkerung stellten, konnte indes ihre Enttäuschung über die verlorene Hoffnung auf die nationale Einheit nicht aufwiegen: »Die Nationalisierung des österreichischen Deutschtums als Folge der Trennung von Deutschland, das war die eigentliche katastrophale Wirkung von 1866« (Helmut Rumpler).

Die »Dezemberverfassung« des Jahres 1867 für den cisleithanischen Teil der Monarchie enthielt einen Katalog der Grundrechte (unter anderem Gleichheit vor dem Gesetz, gleiche Zugänglichkeit der öffentlichen Ämter, Freiheit und Freizügigkeit der Person; Unverletzlichkeit des Eigentums, Aufenthaltsfreiheit, Briefgeheimnis, Petitionsrecht, Vereins-, Versammlungs- und Pressefreiheit, Glaubens- und Gewissensfreiheit, öffentliche Religionsausübung für die gesetzlich anerkannten Kirchen und Religionsgemeinschaften, private Religionsausübung für Anhänger sonstiger Religionsbekenntnisse, Freiheit der Wissenschaft und ihrer Lehre, Freiheit der Berufswahl), schuf ein Reichsgericht als Vorläufer des Verfassungsgerichtshofs, bestimmte die vollständige Trennung von Justiz und Verwaltung (1868 Einrichtung der bis heute bestehenden Bezirkshauptmannschaften als staatliche Bezirksverwaltungsbehörden) sowie die Unabhängigkeit der Richter, außerdem verfügte sie, um den Slawen entgegenzukommen, die Gleichberechtigung »aller Volksstämme«, deren Recht auf Pflege von Nationalität und Sprache sowie die Gleichberechtigung aller landesüblicher Sprachen »in Schule, Amt und öffentlichem Leben« – im Gegensatz zu Ungarn, wo das Magyarische als Staatssprache bestimmt wurde. Ausdrücklich dem Kaiser vorbehalten blieb die oberste Regierungsgewalt, die Ernennung und Abberufung der Minister, die Besetzung aller Ämter im Staatsdienst und selbstverständlich der Oberbefehl über die Armee. Zunächst beschickten noch die Landtage das Abgeordnetenhaus des Reichsrats, erst seit der Wahlrechtsreform des Jahres 1873 wurden die 353 Mandate durch direkte Wahlen nach dem Kurienwahlrecht bestellt. Es bestanden vier Klassen, in die die Wähler nach ihrem Vermögen

eingeordnet wurden. Wahlberechtigt waren damit zwischen fünf und zehn Prozent der Bevölkerung, nämlich nur Männer, die jährlich mindestens 10 Gulden direkte Steuern entrichteten.
Aufgrund des Wahlrechts dominierte im Abgeordnetenhaus die liberale Verfassungspartei des deutschen Besitz- und Bildungsbürgertums, auch dem 1868 ernannten Kabinett des österreichischen Ministerpräsidenten Karl (Carlos) Fürst von Auersperg (* 1814, † 1890) gehörten fast durchwegs liberale Minister an. Wichtigstes innenpolitisches Ziel bildete zunächst die Beseitigung jener Teile des Konkordats von 1855, die mit der Dezemberverfassung nicht in Einklang standen. Mit den in bürgerlich-intellektuellen Kreisen lebhaft begrüßten »Maigesetzen« wurde die Schulaufsicht gänzlich dem Staat unterstellt und damit der katholischen Kirche entzogen, sie ermöglichten die Zivilehe sowie den Wechsel des Glaubensbekenntnisses und wiesen die Ehegerichtsbarkeit dem staatlichen Gerichtswesen zu. Gegen diese Minderung des kirchlichen Einflusses auf die Gesellschaft kam es zu Protesten des Episkopats, aber auch der bäuerlichen Bevölkerung. Als das Erste Vatikanische Konzil 1870 das Dogma des päpstlichen Primats und der Unfehlbarkeit beschloss, erklärte Österreich das Konkordat überhaupt für unwirksam.
Angesichts des von den Tschechen, die den Reichsrat auch von 1863 bis 1879 boykottierten, vehement vorgetragenen Wunsches nach Autonomie stand die Frage eines österreichisch-böhmischen Ausgleichs nach ungarischem Vorbild im Raum. Nach der Abberufung Auerspergs 1871 führte der neue Ministerpräsident Karl Hohenwart Graf von Gerlachstein (* 1824, † 1899) durchaus Erfolg versprechende Gespräche mit den Exponenten Böhmens. Als deren Ergebnisse bekannt wurden, kamen von verschiedenster Seite Einwände: Die Ungarn fürchteten um ihre Sonderstellung, die liberalen Deutschen das Ausscheiden Böhmens aus dem Staatsverband, Schlesien und Mähren wollten nicht unmittelbar als Teile Böhmens gelten. Auch von den Tschechen wurden nun weiter reichende Forderungen gestellt, sodass der Ausgleich nicht zustande kam. Noch im Herbst 1871 trat das Kabinett Hohenwart zurück.
Die Politisierung der Gesellschaft gewann neue Dimensionen. So fanden die von einem Teil des österreichischen Episkopats sehr populär formulierten Proteste gegen die Maigesetze von 1868 bei der bäuerlichen Bevölkerung und dem Kleinbürgertum einigen Widerhall und trugen zur Ausformung des katholisch-konservativen Lagers als politischer Gruppierung bei. Der französisch-preußische Krieg des Jahres 1870, in dem sich auch die süddeutschen Staaten an Preußens Seite stellten, der rasche und vollständige Sieg sowie die Proklamation Wilhelms I. zum Deutschen Kaiser am 18. Januar 1871, die Geburtsstunde des Deutschen Reichs unter Führung der Hohenzollern, blieb nicht ohne Einfluss auf die politische Land-

schaft in Österreich. Während sich die Liberalen – grob gesagt – anfangs in ein gemäßigtes großbürgerliches Zentrum und einen linksliberal-fortschrittlichen Flügel gegliedert hatten, gewannen nun die »jungen« Deutschnationalen gegenüber den »alten« Liberalen an Gewicht. 1867 forderten die »Deutschen Autonomisten« die Abtrennung Galiziens, der Bukowina und Dalmatiens von Cisleithanien, um die deutschsprachige Mehrheit zu sichern. Für die deutschen Österreicher wurde es zunehmend schwieriger, den Spagat zwischen deutschem Nationalbewusstsein und der Loyalität zur Habsburgermonarchie zu schaffen. Gleichzeitig begann sich die vom Wahlrecht ausgeschlossene Arbeiterschaft außerparlamentarisch zu organisieren. 1872 bestanden im Gebiet des heutigen Österreich 59 Arbeiterbildungs- und 78 Gewerkschaftsvereine mit zusammen 80 000 Mitgliedern. Anfangs von den Liberalen als Verbündete gegen die Konservativen und den Feudaladel gefördert, standen sie ihr und vor allem ihrer Forderung nach dem allgemeinen Wahlrecht zunehmend kritisch gegenüber.

Dass Österreich-Ungarn im Krieg zwischen Frankreich und Preußen neutral bleiben würde, war nicht von Anfang an klar. Einflussreiche Hofkreise um Erzherzog Albrecht (* 1817, † 1895), dem Generalinspektur der Armee, hatten nämlich für eine Intervention an der Seite Napoleons III. Stimmung gemacht. Dem neu gegründeten Deutschen Reich näherte sich Österreich schließlich rasch an, auch Beusts Nachfolger als Außenminister, Graf Andrássy, beschritt diesen Weg, der längerfristig eine aktive, gegen Russlands panslawistische Ambitionen gerichtete Balkanpolitik Österreich-Ungarns ermöglichen sollte. Vorerst sicherte noch die 1873 zwischen Österreich und Russland geschlossene Konvention von Schönbrunn den Status quo am Balkan. Als dort aber die Herrschaft der Hohen Pforte zusehends ins Wanken geriet, sich 1875 die Montenegriner und Serben gegen die Türken erhoben und Russland 1878 gegen die Türkei Krieg führte, musste auch Österreich aktiv werden. Mit Bismarcks Hilfe gelang es, den russischen Hegemonialbestrebungen auf diplomatischem Weg entgegenzutreten. Auf dem Berliner Kongress des Jahres 1878 wurde der Habsburgermonarchie zugestanden, Bosnien und die Herzegowina zeitlich unbefristet zu besetzen. Das Gebiet war als Hinterland der österreichischen Adriaküste von wirtschaftlicher und militärischer Bedeutung, seine Besetzung verhinderte außerdem die Schaffung eines großserbischen Staats. Die Ergebnisse des Berliner Kongresses stabilisierten zwar den Balkan, verschlechterten jedoch die Beziehungen Russlands zu Österreich-Ungarn nachhaltig. Als Reaktion einigten sich Andrassy und Bismarck auf den am 7. Oktober 1879 in Wien abgeschlossenen »Zweibund«, ein ausschließlich gegen Russland gerichtetes Defensivbündnis, das, immer wieder verlängert, bis zum Ende des Ersten Weltkriegs die beiden Mächte aneinander band. 1882 wurde es durch die Einbeziehung Italiens zum »Dreibund«. 1883 trat ihm auch Rumänien bei.

In wirtschaftlicher Hinsicht hatte sich die Niederlage von 1866 nicht negativ ausgewirkt – im Gegenteil: Die durch den Ausgleich mit Ungarn bewirkte innere Konsolidierung der Habsburgermonarchie; mehrere sehr gute Ernten, der rasche Ausbau des Eisenbahnnetzes, die Fortschritte der Eisen- und Rübenzuckerindustrie, nicht zuletzt auch die Errichtung der Prunkbauten an der Wiener Ringstraße führten zu einer freilich schon bald überhitzten, von Spekulationsgeschäften geprägten Konjunktur, die ihren Höhepunkt anlässlich der Wiener Weltausstellung des Jahres 1873 erreichte. Auf die »erste Gründerzeit« folgte als Teil einer weltweiten wirtschaftlichen Zäsur der »Große Krach«. Er begann im Mai 1873 mit einem verheerenden Kurssturz an der Wiener Börse und mündete – verschärft durch eine Choleraepidemie, die fast eine halbe Million Menschenleben forderte – in eine massive, bis zum Ende der Siebzigerjahre anhaltende Wirtschaftskrise. Die Beschäftigtenzahlen sanken ebenso wie die Reallöhne deutlich, die Investitionsbereitschaft erlahmte. Mindestens ebenso groß wie die unmittelbaren ökonomischen Auswirkungen der Krise waren die mentalen. Das Vertrauen in die liberale Wirtschaftspolitik, in den Liberalismus überhaupt, ging verloren.

Die konservative Regierung Taaffe (1879–1893)

Den Anfang vom Ende der liberalen Vorherrschaft markierten die Auseinandersetzungen um die Besetzung Bosnien-Herzegowinas, die von einem Teil des Lagers abgelehnt wurde, weil sie den slawischen Bevölkerungsanteil in der Habsburgermonarchie vergrößerte. Bei den Neuwahlen des Jahres 1879 verloren die Liberalen schließlich die Mehrheit. Da die Tschechen die Obstruktion des Parlaments beendet hatten, war die Bildung einer konservativen Regierung unter Eduard Graf Taaffe (*1833, †1895) möglich geworden. Sie stützte sich auf den »Eisernen Ring« aus Großgrundbesitzern, Katholisch-Konservativen sowie den im Parlament vertretenen Polen und Tschechen. Ihr stand eine liberale Opposition unter Eduard Herbst (*1820, †1892) gegenüber, die zu keiner einheitlichen Linie mehr fand und infolge der Wahlrechtsreform von 1882, die den Zensus halbierte und damit die Zahl der Wahlberechtigten deutlich erhöhte, weiter an Boden verlor. Georg von Schönerer (*1842, †1921) formulierte ein Programm, in dem sich die Forderung nach sozialen Reformen zugunsten des Kleingewerbes und der Bauern, nach dem allgemeinen Wahlrecht, einer möglichst engen Bindung der deutschsprachigen Gebiete Österreichs an das Deutsche Reich mit einem prononcierten Antisemitismus und Antiklerikalismus (»Los-von-Rom-Bewegung«) verbanden. Es fand zunächst vor allem an den Universitäten Eingang. Schließlich zerfiel auch die liberale Fraktion im Abgeordnetenhaus in eine Gruppierung, die Schönerers Ansichten vertrat, und einen stärkeren Flügel, der an der Verfassungsrealität der Habsburgermonarchie festzuhalten gedachte.

Die Zukunft sollte den Volksparteien mit breiter Basis gehören: 1887 etablierten sich die Christlichsozialen als politisches Sammelbecken des Bauernstandes und des Kleinbürgertums. Politischer Exponent der christlichsozialen Bewegung wurde der charismatische, freilich wegen seines »konfessionell-ökonomisch gefärbten Antisemitismus« (Erich Zöllner) umstrittene spätere Wiener Bürgermeister Karl Lueger (*1844, †1910). Nach seinem Tod trat Aloys Prinz Liechtenstein (*1846, †1920) an die Spitze der Partei. Als Theoretiker einer berufsständisch orientierten christlichen Soziallehre österreichischer Prägung, die demokratische, protektionistische und patriarchalische Elemente verband, wirkte Karl Freiherr von Vogelsang (*1818, †1890). 1888/89 fand auch die österreichische Sozialdemokratie auf dem Hainfelder Parteitag unter dem Arzt Victor Adler (*1852, †1918) als »Sozialdemokratische Arbeiterpartei« (SDAP) zu einem gemeinsamen, auf Karl Marx basierenden – »austromarxistischen« – Programm, das freilich die Vielfalt der Richtungen nicht dauerhaft überwinden konnte. Obwohl bald – vor allem in den Industriegebieten Niederösterreichs, der Steiermark sowie in Böhmen und Mähren – zu einer Massenbewegung geworden, blieb ihr aufgrund des Zensuswahlrechts ein Wahlerfolg zunächst versagt. 1891 erreichten die Sozialdemokraten kaum mehr als ein Prozent der Stimmen und konnten nicht in den Reichsrat einziehen. Es war freilich nur mehr eine Frage der Zeit, bis das allgemeine Wahlrecht politische Realität würde.

Die verhältnismäßig fortschrittliche, von Vogelsangs Reformschrift »Die materielle Lage des Arbeiterstandes in Österreich« (1884) beeinflusste Sozialgesetzgebung der konservativen Regierung Taaffe verfolgte zwei Ziele: das von der wirtschaftlichen Entwicklung in seiner Existenz bedrohte Kleingewerbe zu stärken und die Arbeiterschaft durch eine moderate Verbesserung ihrer Situation von der Sozialdemokratie fernzuhalten. Die 1883 novellierte Gewerbeordnung verlangte fortan Befähigungsnachweise und die Zugehörigkeit zu berufsständischen Vertretungen. Von 1883 an überprüften Gewerbeinspektoren die Einhaltung der Bestimmungen des Arbeiterschutzes. 1885 wurde unter anderem die Beschäftigung von Kindern unter zwölf überhaupt bzw. unter 14 Jahren in Fabriken untersagt, der Wöchnerinnenschutz eingeführt und die Maximalarbeitszeit in Fabriken grundsätzlich auf elf Stunden herabgesetzt. 1887 folgte die Schaffung der Unfallversicherung für bestimmte Gruppen von Arbeitern, 1888 die der obligaten Krankenversicherung für alle Arbeiter und Angestellten in Handels-, Industrie- und Gewerbebetrieben.

Bereits Ende der Siebzigerjahre waren fast alle europäischen Staaten und die USA auf Goldwährung übergegangen, Österreich hatte hingegen an der Silberwährung (ein Gulden zu 100 Kreuzer) festgehalten, was aufgrund der Schwankungen im Verhältnis zwischen Gold und Silber für die Wirtschaft der Habsburgermonarchie sehr nachteilig war. Die dringend notwendige Währungsreform kam schließlich 1892 zustande, sie führte die Kronenwährung ein (eine Krone zu 100 Heller).

Bedrohlicher als die sozialen Probleme erschienen die nationalen. Um den Slawen entgegenzukommen, verordnete die Regierung Taaffe 1880 die Zweisprachigkeit der Verwaltung in Böhmen und Mähren, 1882 in Slowenien sowie dem österreichischen Schlesien und teilte 1882 die Prager Universität in eine deutsche und eine tschechische. In Brünn entstand neben der deutschen technischen Hochschule auch eine tschechische. Die 1890 wieder aufgenommenen Verhandlungen über einen deutsch-tschechischen Ausgleich waren bereits weit gediehen, die Deutschböhmen, die 37 Prozent der Bevölkerung stellten, wie auch die gemäßigten »alttschechischen« Politiker hatten sich auf einen Kompromiss geeinigt. Da gewannen die radikaleren »Jungtschechen«, die einen nur in Personalunion mit den anderen Teilen der Monarchie verbundenen tschechischen Nationalstaat forderten, die Oberhand. Schwere Krawalle begleiteten in Prag und Brünn das Scheitern des Ausgleichs. Der Widerstand der Slowenen entzündete sich an der Ablehnung der Errichtung eines slowenischen Gymnasiums im untersteirischen Cilli (Celje). Sie strebten die Schaffung eines slowenischen Kronlandes im Rahmen der Habsburgermonarchie an, das Krain, Görz, Istrien, Triest sowie Teile von Kärnten und der Steiermark vereinen hätte sollen. Im Gegensatz dazu betonten die in den gemischtsprachigen Gebieten lebenden Deutschen ihre nationale Identität, zu deren Wahrung zahlreiche Vereine – wie etwa der Schulverein »Südmark« – gegründet wurden.

Das Kabinett Taaffe stürzte, als das Parlament 1893 einer Reform des Wahlrechts die Zustimmung verweigerte. Auf die Übergangsregierungen unter Alfred (III.) Fürst zu Windisch-Graetz (*1851, †1927) und Erich Graf Kielmansegg (*1847, †1923) folgte 1895 der polnische Aristokrat Kasimir Graf Badeni (*1846, †1909). Er fand 1896 die Mehrheit für eine Änderung des Wahlrechts, die neben den Kurien des Großbesitzes, der Städte, der Handels- und Gewerbekammern und der Landgemeinden eine »Allgemeine Kurie«

schuf. Zwar erhielten damit alle Männer, die 24 Jahre oder älter waren, das Wahlrecht, auf die fünfte Kurie entfielen aber nur etwa 17 Prozent der zu vergebenden Sitze; ein Mandat der ersten Kurie »kostete« 60 Stimmen, eines der fünften hingegen 74 000. Nach den Reichsratswahlen des Jahres 1897 zogen erstmals die Sozialdemokraten mit 14 Abgeordneten ins Parlament ein, die Liberalen kamen auf 77 Mandate, die deutschnationalen Gruppierungen auf 47, die Christlichsozialen auf 30. Einen starken Block bildeten die Jungtschechen mit 62 Abgeordneten. Um sich deren Unterstützung zu sichern, erließ Badeni im April 1897 Verordnungen, die die Zweisprachigkeit aller ziviler Behörden Böhmens und Mährens bestimmten und von den Beamten binnen drei Jahren die Kenntnis beider Sprachen in Wort und Schrift verlangten. Die »Badenischen Sprachenverordnungen«, die auch in den rein deutschsprachigen Gebieten Böhmens zur Anwendung kommen sollten, zogen Massenproteste und Krawalle nach sich, sodass der Kaiser Badeni am 28. November 1897 entließ und das nunmehr von der Obstruktion der deutschen Abgeordneten betroffene Parlament schloss.

Auf dem Weg in die Katastrophe

Die auf die Regierung Badeni folgenden, durchwegs kurzlebigen Kabinette regierten zumeist in Umgehung des sich selbst lähmenden Parlaments mit Hilfe von Notverordnungen. Sie hatten die Badenischen Sprachenverordnungen zwar Schritt für Schritt zurückgenommen, aber keine Lösung für die immer aggressiver in die Öffentlichkeit getragene Nationalitätenproblematik finden können. Eine stabilere Phase setzte erst wieder im Jahr 1900 ein, nachdem der Kaiser Ernest von Koerber (*1850, †1919) zum Ministerpräsidenten bestellt und mit der Bildung einer Regierung beauftragt hatte. Als ehemaliger Handels- und Innenminister versuchte er, durch eine auf die Förderung der Wirtschaft ausgerichtete Politik den Nationalitätenstreit zu entschärfen. Der »Koerberplan« sah einen großzügigen Ausbau des Bahn- und Wasserstraßennetzes vor, der zwar bei weitem nicht vollständig verwirklicht wurde, dennoch aber einen Konjunkturaufschwung bewirkte und die Koexistenz für kurze Zeit erleichtert. Außerdem konnte ein »mährischer Ausgleich« in Fragen der Verwaltung, des Schulwesens und der Verwendung der Landessprachen erzielt werden. Kaiserbesuche in Prag, den Sudetenländern und in Galizien trugen zu einer vorläufigen Entspannung bei. Letztlich aber blieb das ordnungsgemäß beschlossene Budget für das Jahr 1902, das erste seit fünf Jahren, einer der Höhepunkte der Politik Koerbers.

Exerzierfeld für das Austragen zeittypischer Konflikte wurden zunehmend die Universitäten. Als im November 1904 die von der Regierung Koerber als Zugeständnis an die Trentiner Autonomiebewegung an der Universität Innsbruck eingerichtete italienische Sektion der Rechtsfakultät eröffnet werden sollte, inszenierte die deutschsprachige Studentenschaft schwere Tumulte. Die ideologisch motivierten Auseinandersetzungen nahmen zu, nachdem Karl Lueger die »Eroberung« der liberal-deutschnational dominierten Universitäten zu einem vorrangigen Ziel christlichsozialer Politik erklärt hatte. In Graz lieferten sich die in Verbindungen organisierten deutschnationalen und katholischen Studenten so heftige Scharmützel, dass 1908 Militär eingesetzt wurde.

Das Verhältnis zwischen der österreichischen und der ungarischen Reichshälfte verschlechterte sich ebenfalls. Die Ungarn erhoben im Rahmen der Verhandlungen über die Verteilung der Lasten weit reichende Forderungen, selbst das gemeinsame Heer und die gemeinsame Außenpolitik wurden in Frage gestellt. Auf österreichischer Seite äußerten die Christlichsozialen den Wunsch nach Aufkündigung des »Ausgleichs« von 1867. Zwar konnte die Krise 1905 nach außen hin beigelegt werden, die von einem intensiven Nationalismus getragene Sehnsucht nach staatlicher Selbstständigkeit bestimmte jedoch weiterhin das Verhältnis Ungarns zum Gesamtstaat. Einfluss auf das Klima hatte außerdem der tragische Tod des Kronprinzen Rudolf (* 1858, † 1889) gehabt, der sich mit seiner Geliebten, der Baroness Mary Vetsera, in Schloss Mayerling das Leben nahm. Während Rudolf, wie seine Mutter Elisabeth, Ungarn sehr positiv gegenübergestanden war, hegte der neue Thronfolger, Franz Ferdinand (* 1863, † 1914), ein Sohn Erzherzog Karl Ludwigs (* 1833, † 1896), Pläne für eine Umgestaltung der Monarchie, die mit der Schaffung eines kroatisch-bosnisch-dalmatinischen Reichsteils zu Lasten Ungarns gehen würden. Überdies machte er aus seiner Abneigung gegen die Magyaren keinen Hehl.

Ende des Jahres 1904 hatte der Kaiser das Rücktrittsgesuch Koerbers akzeptiert. Wieder folgte eine Phase rascher Regierungswechsel. Ein letzter innenpolitischer Meilenstein war die von der Regierung des Ministerpräsidenten Max Vladimir Freiherr von Beck (* 1854, † 1943) ausgearbeitete und Ende des Jahres 1906 vom Parlament mit großer Mehrheit angenommene Wahlrechtsreform, die das gleiche, allgemeine, direkte und geheime Männerwahlrecht zur Bestellung der 516 Mandatare des Abgeordnetenhauses einführte. Freilich sollte die Reform, der eine eindrucksvolle Demonstration von mehr als 200 000 Arbeitern in Wien vorangegangen war, nicht so sehr die Demokratisierung der Gesellschaft fördern, sondern stabilere Mehrheitsverhältnisse im Parlament schaffen. Lange Zeit hatten sich gerade die Liberalen, sogar die inzwischen in höchste Ämter aufgestiegenen Veteranen von 1848, erfolgreich gegen alle Bestrebungen zur Ausweitung des Wahlrechts auf die Unterschichten zur Wehr gesetzt. »Die Liberalen waren nicht demokratisch und die Demokraten waren nicht liberal: Damit ist das Dilemma des späten 19. Jahrhunderts, das als schweres Erbe im 20. Jahrhundert lange nachwirkte, kurz und zutreffend umschrieben« (Ernst Bruckmüller).

Aus den Reichsratswahlen des Jahres 1907 gingen die Sozialdemokraten und die Christlichsozialen als Sieger hervor, die liberaldeutschnationalen Gruppierungen büßten hingegen an Bedeutung ein. Zur Lösung der Nationalitätenfrage konnte auch ein auf der Grundlage des allgemeinen Wahlrechts bestelltes Parlament, dessen Abgeordnete Vertreter einer Weltanschauung, einer Nationalität und einer gesellschaftlichen Schicht waren, letztlich nur wenig beitragen. Angesichts der wachsenden Begeisterung für die »Nation« und der Tatsache, dass weite Teile der Habsburgermonarchie ethnisch in unterschiedlichster Weise gemischt waren, war sie legistisch bzw. verwaltungstechnisch wohl gar nicht zu lösen. Selbst die österreichische Sozialdemokratie, die sich ausdrücklich zum Internationalismus bekannte, zunächst als einzige Reichspartei auftrat und 1899 in ihrem »Brünner Programm« zur Überwindung des Nationalitäten- und Sprachenproblems die Umwandlung der österreichisch-ungarischen Monarchie in einen Bundesstaat forderte, vermochte die nationalen Barrieren innerhalb der eigenen Organisation nicht zu überwinden und schrumpfte am Ende zu einer deutsch-österreichischen Partei. Im Jahr 1910 verteilte sich die Bevölkerung in Österreich-Ungarn prozentual im Wesentlichen auf folgende Nationalitäten: Deutsche (23,9%), Magyaren (20,2%), Tschechen (12,6%), Polen (10,0%), Ruthenen (7,9%), Kroaten (5,3%), Rumänen (6,4%), Slowaken (3,8%), Serben (3,8%), Slowenen (2,6%), Italiener und Ladiner (2,0%) sowie Bosnier (1,2%).

Gemeinsam war den meisten Ethnien der Habsburgermonarchie der Antisemitismus. Er manifestierte sich bei den Deutschösterreichern einerseits als katholischer Antisemitismus auf überwiegend religiös-kultureller bzw. sozial-antikapitalistischer und antiliberaler Grundlage, wie ihn Karl Lueger sehr erfolgreich als Instrument der politischen Agitation verwendete. Dagegen propagierten Georg von Schönerer und seine Anhänger einen in erster Linie rassisch definierten Antisemitismus, der insbesondere im antiklerikal-deutschnationalen Bürgertum Eingang fand. Theodor Herzl, der ursprünglich im Milieu einer Wiener Burschenschaft sozialisierte jüdische Journalist und Schriftsteller (*1860, †1904), antwortete mit seiner Schrift »Der Judenstaat« (1896), die die theoretische Grundlage des Zionismus legte und den Wunsch nach einem eigenen jüdischen Staat in Palästina wecken sollte. Das ökonomisch und gesellschaftlich einflussreiche jüdische Besitz- und Bildungsbürgertum, das sich neben dem Bankwesen vor allem im Textilbereich, im Handel sowie in den freien Berufen etabliert hatte, identifizierte sich überwiegend mit den Deutschliberalen, die aber ihrerseits zunehmend auf Distanz zu ihm gingen. Eine tiefe Bruchlinie zog sich freilich auch zwischen den in der bürgerlichen »zweiten Gesellschaft« integrierten, »modernen« und den immer zahlreicher aus dem Osten, vor allem aus Galizien, zuwandernden orthodoxen Juden.

Die Parlamentsneuwahlen des Jahres 1911 verschoben, da die Christlichsozialen nach dem Tod des populären Wiener Bürgermeisters Karl Lueger Einbußen hinnehmen mussten, das Kräfteverhältnis etwas zugunsten der im »Deutschen Nationalverband« zusammengeschlossenen liberal-nationalen Gruppierungen. Der Nationalverband erreichte bei den Deutschösterreichern einen Stimmenanteil von 32 Prozent und lag damit auch knapp vor den Sozialdemokraten. Die im selben Jahr unter dem Ministerpräsidenten Karl Graf von Stürgkh (*1859, †1916) gebildete Regierung verhandelte nochmals über einen Ausgleich mit den Tschechen – obwohl man einem Erfolg sehr nahe schien, mussten die Gespräche im Februar 1914 abgebrochen werden. Wenig später sistierte Stürgkh wegen neuerlicher Obstruktion den Reichsrat, der erst nach der Ermordung des Ministerpräsidenten im Jahr 1916 – bereits mitten im Ersten Weltkrieg – wieder einberufen werden sollte.

Außenpolitisch begab sich Österreich – geführt von Außenminister Alois Graf Lexa von Aehrenthal (*1854, †1912) – mit einer Intensivierung der Balkanpolitik auf ein gefährliches Terrain. Das Verhältnis zu Serbien verschlechterte sich nachhaltig, als der durch einen Staatsstreich an die Macht gekommene König Petar Karadjordjević sich zunehmend an Russland und Frankreich orientierte und es schließlich 1906 zum »Schweinekrieg«, einem österreichischen Handelsembargo gegen Serbien, kam. 1908 folgte die Annexion der seit 1878 besetzten Länder Bosnien und Herzegowina, die von den europäischen Mächten sehr unfreundlich aufgenommen wurde und beinahe zu einer militärischen Konfrontation mit Serbien und Russland geführt hätte. Angesichts der expansiven Bestrebungen der Balkanstaaten – vor allem Serbiens – und der panslawistischen Politik Russlands versprach sich Aehrenthal von der nun auch staatsrechtlichen Eingliederung Bosnien-Herzegowinas eine Festigung der österreichischen Stellung in diesem Raum. Tatsächlich schlossen sich 1912 Serbien, Bulgarien, Montenegro und Griechenland im Balkanbund zusammen und führten im Herbst dieses Jahres Krieg gegen das Osmanische Reich, das rasch den größten Teil seiner noch verbliebenen europäischen Gebiete verlor. Die Aufteilung der Beute erfolgte 1913 im Vertrag von London, wobei sich der neue österreichisch-ungarische Außenminister Leopold Graf Berchtold (*1863, †1942) mit Erfolg für die Unabhängigkeit

Albaniens einsetzte, um Serbien von der Adria fernzuhalten. Eine Stabilisierung des Balkans gelang freilich nicht. Schon der zweite Balkankrieg 1913 verschob die Gewichte zugunsten Montenegros, Griechenlands und vor allem Serbiens, das, von Russland unterstützt, einen Krieg gegen Österreich-Ungarn propagandistisch und durch Aufbau terroristischer Untergrundorganisationen vorbereitete. Ziel war die Schaffung eines südslawischen Reichs unter serbischer Dominanz. Zu einer gewaltsamen Lösung des Balkanproblems durch einen Präventivkrieg gegen Serbien wurde freilich auch auf österreichischer Seite geraten, insbesondere vom Chef des Generalstabs, Franz Freiherr (seit 1918: Graf) Conrad von Hötzendorf (*1852, †1925), aber auch von Kreisen der österreichischen Diplomatie, die die Entwicklungen am Balkan als existentielle Bedrohung der Habsburgermonarchie ansahen. Sie konnten sich nicht durchsetzen, vor allem weil der Thronfolger Franz Ferdinand in Hinblick auf den vermeintlich bald bevorstehenden Herrschaftsantritt der Festigung der innerstaatlichen Verhältnisse und dem Aufbau der Armee Priorität gegenüber einer aggressiven und unter Umständen die eigene Zukunft gefährdenden Außenpolitik einräumte.

Das Beziehungsgeflecht der europäischen Mächte hatte sich zu Beginn des 20. Jahrhunderts derart gewandelt, dass Hötzendorf auch einem Präventivkrieg gegen Italien das Wort redete. Das seit 1861 geeinte Königreich trat als Schutzmacht der in der Habsburgermonarchie lebenden, zumindest nach Autonomie, meist aber bereits nach der Vereinigung mit dem Vaterland strebenden Italiener auf. Zur Absicherung seiner expansiven Mittelmeerpolitik hatte es sich mit Frankreich arrangiert und ein Abkommen über gegenseitige Neutralität im Kriegsfall geschlossen, ohne aber den »Dreibund«, das mit Österreich-Ungarn und dem Deutschen Reich eingegangene Defensivbündnis, zu verlassen. Auch mit Russland einigte sich Italien hinsichtlich der beiderseitigen Interessen am Balkan. Während sich die Beziehungen des mit Frankreich verbündeten Zarenreichs zu Österreich-Ungarn infolge der Annexion Bosnien-Herzegowinas weiter verschlechterten, gelang ihm 1907 ein Ausgleich mit England, das seinerseits 1904 die *Entente cordiale* mit Frankreich geschlossen hatte. Einziger verlässlicher Verbündeter Österreichs blieb das Deutsche Reich Kaiser Wilhelms II., an das sich die Habsburgermonarchie immer enger band.

Als bekannt wurde, dass Erzherzog Franz Ferdinand im Frühsommer 1914 nach Bosnien reisen, als Generalinspekteur der gesamten bewaffneten Macht (seit 1906) an Heeresmanövern teilnehmen und dabei die Landeshauptstadt Sarajewo besuchen werde, fassten einige junge Männer den Entschluss, auf den Thronfolger ein Attentat zu verüben. Sie gehörten der Studentenorganisation *Mlada Bosna* (»Jung-Bosnien«) an, ihre Ausbildung sowie logistische Unterstützung hatten sie von Angehörigen des Geheimbunds *Cerna ruka* (»Schwarze Hand«) und der serbischen Armee erhalten. Wahrscheinlich wusste auch die Belgrader Regierung von ihren Plänen. Am 28. Juni 1914 feuerte der 20-jährige Gavrilo Princip, ein bosnischer Serbe mit österreichisch-ungarischer Staatsbürgerschaft, in Sarajewo zwei Schüsse auf den Wagen Franz Ferdinands ab, die den Thronfolger und seine Frau Sophie tödlich verletzten. Kurz zuvor war bereits ein Bombenanschlag fehlgeschlagen.

Franz Ferdinand war nie besonders populär; Kaiser Franz Joseph hielt ihn sogar für einen »gefährlichen Narren« und ließ seinen präsumtiven Nachfolger daher an den Regierungsgeschäften nicht teilhaben. Dagegen entwarf der Erzherzog Pläne für eine grundlegende Reform des Reichs und baute auf seinem Sitz, dem Schloss Belvedere, eine Art Gegenregierung auf. Dass Franz Ferdinand an die Schaffung eines Serbien einschließenden südslawischen Staates unter kroatischer Führung im Rahmen der Habsburgermonarchie dachte, trug ihm sowohl den Hass der ungarischen wie der serbischen Nationalisten ein; seine Nähe zu den Christlichsozialen und seine betont klerikal-konservative, autoritäre Gesinnung diskreditierten ihn bei den Anhängern der anderen politischen Lager. Dem Kaiser konnte der Erzherzog wiederum nicht verzeihen, dass er seine Ehe mit der böhmischen Gräfin Sophie Chotek (*1868, seit 1909 Herzogin von Hohenberg) erst nach längerem Zögern und dann nur als morganatisch zugelassen hatte, sodass ihre Kinder von der Thronfolge ausgeschlossen blieben. 1914 rückte daher Karl, der ältere Sohn des wegen seines exzessiven Lebensstils berüchtigten Erzherzogs Otto (*1865, †1906), als Thronfolger nach.

Gut eine Woche nach dem Attentat in Sarajewo hatte sich der gemeinsame Ministerrat Österreich-Ungarns um den zunächst noch zögernden Außenminister Berchtold mit deutscher Rückendeckung zum Krieg gegen Serbien entschlossen. Prestigedenken spielte dabei eine wichtige Rolle, die Vorstellung, die Ehre einer Großmacht verteidigen zu müssen, auch der Glaube, nur mit einer offensiven Politik könne Österreich-Ungarn den Bedrohungen von außen wie von innen wirksam begegnen, nur die Flucht nach vorne ihren weiteren Bestand gewährleisten. Viele hofften, der Krieg würde als Katharsis wirken, die nationalen und sozialen Probleme lösen. Ihren Untergang nahm die politische Elite dabei freilich in Kauf; denn es war absehbar, dass ein Krieg gegen Serbien in eine Konfrontation mit Russland münden und in weiterer Folge die Aktivierung der europäischen Bündnissysteme bedeuten würde.

Am 23. Juli forderte Österreich-Ungarn von Serbien ultimativ, gegen Bestrebungen, die auf die Abtrennung von österreichischem Gebiet hinwirkten, sowie gegen entsprechende Organisationen vorzugehen, antiösterreichische Propaganda zu unterdrücken und Beteiligte am Attentat von Sarajewo aus dem Staatsdienst zu entfernen sowie die Mitwirkung von Organen der Habsburgermonarchie an der Aufklärung der Hintergründe des Attentats zu gestatten. Sollte nicht binnen 48 Stunden eine befriedigende Antwort eintreffen, würde Österreich-Ungarn die diplomatischen Beziehungen abbrechen. Als die serbische Regierung fristgerecht antwortete, zwar den Großteil der Forderungen akzeptierte, aber hinsichtlich einer Tätigkeit österreichischer Organe Vorbehalte machte, lag ihr bereits die Zusicherung des Zaren vor, sie militärisch zu unterstützen. Am 28. Juli 1914 erklärte Österreich-Ungarn dem Königreich Serbien den Krieg.

Sozialer Wandel

Von 1857 bis 1910 wuchs die Bevölkerung der Habsburgermonarchie von 37,8 auf 49,6 Millionen an, davon im Gebiet des heutigen Österreich von 4,1 auf 6,6 Millionen. Das Wachstum verteilte sich jedoch keineswegs gleichmäßig und rührte zu einem erheblichen Teil aus Wanderungen her, von denen die Industriegebiete, die größeren Ansiedlungen, vor allem aber die urbanen Zentren profitierten: Wien zählte 1910, freilich auch als Folge von Eingemeindungen, bereits mehr als zwei Millionen Einwohner, ein halbes Jahrhundert früher waren es gut 400 000 gewesen. Graz wuchs ähnlich stark auf immerhin 150 000 Bewohner an. Fast die Hälfte der Österreicher lebte am Vorabend des Ersten Weltkriegs in Orten mit mehr als 2 000 Einwohnern. Die Binnenwanderungen gingen in der Regel von agrarisch dominierten Regionen aus, die von den Modernisierungsprozessen ausgeschlossen waren (»Landflucht«). Verschiebungen der traditionellen ethnischen Strukturen waren die Folge, wenn die Zuwanderer ihre Sprache, ihre nationale Identität beibehielten, wie etwa die in die Braunkohlenreviere Nordwestböhmens zugezogenen Tschechen. Dagegen entwickelte die Metropole Wien, in der um die Jahrhundertwende allein etwa eine Viertelmillion Tschechen und Slowaken lebten, eine starke assimilierende Kraft. Darüber hinaus spielten saisonale Arbeitsmigration sowie fluktuierende Hilfskräfte eine große Rolle. Die Habsburgermonarchie stellte aber auch eine große Zahl von Auswanderern. Allein im Jahr 1903 verließen mehr als 200 000 Menschen ihre Heimat, von denen die meisten in die USA emigrierten.

Bevölkerungswachstum und Migrationen führten zu großer Wohnungsnot, prekären Wohnverhältnissen und völlig unzureichenden hygienischen Bedingungen, von denen vor allem die städtische Unterschicht betroffen war. Zu ihr gehörten neben den

Arbeitern und Dienstboten auch ein Großteil der kleinen Gewerbetreibenden, um die Wende zum 20. Jahrhundert mehr als 80 Prozent der Gesamtbevölkerung. Den demographischen Veränderungen lag das – freilich durch die Krise nach dem Börsenkrach von 1873 verlangsamte – Wachstum von Industrie und Gewerbe zugrunde. Bis 1910 stieg der Anteil der in diesem Sektor Beschäftigten in den österreichischen Alpenländern auf 33 Prozent an, während der der in Land- und Forstwirtschaft Tätigen knapp unter diesen Wert sank. In den alpinen Regionen überwogen Milchwirtschaft und Viehzucht, im Voralpenland der Getreidebau, dazu kamen die Weinbaugebiete in Niederösterreich und der Südsteiermark. Klein- und mittelbäuerliche Strukturen dominierten: 1902 wurden annähernd zwei Drittel der Bauerngüter auf dem Gebiet des heutigen Österreich als reine Familienbetriebe ohne fremde Arbeitskräfte geführt – mit weiter steigender Tendenz. Sie waren von der latenten Agrarkrise, die die letzten Jahrzehnte der Donaumonarchie kennzeichnete, besonders betroffen. Der technologische Fortschritt und die staatliche Schutzzollpolitik nützten in erster Linie dem Großgrundbesitz; der Ausbau des Verkehrsnetzes erleichterte den großräumigen Austausch der Produkte. Die Bauern der Alpenländer litten unter der ungarischen Konkurrenz, aber auch bereits unter der zunehmenden Globalisierung, die den Import billiger Agrarprodukte aus Übersee ermöglichte. Aufgrund der topographischen und klimatischen Gegebenheiten sowie anderer struktureller Faktoren waren die Hektarerträge und die Arbeitsproduktivität der Landwirtschaft in Österreich deutlich niedriger als im Deutschen Reich. Seit den Siebzigerjahren des 19. Jahrhunderts wuchs die Verschuldung der Bauern stark an, eine große Zahl von Zwangsversteigerungen war die Folge. Etwa zwölf Prozent der Höfe im heutigen Österreich wechselten auf diese Weise den Eigentümer, oft zugunsten des Großgrundbesitzes. Zur Selbsthilfe entstanden bäuerliche Betriebs-, Verkaufs- und Kreditgenossenschaften (in den Alpenländern vor allem nach dem System des deutschen Sozialreformers Friedrich Wilhelm Raiffeisen, *1818, †1888), sowie Standesvertretungen, die aber meist regional beschränkt blieben.
Die industriell am stärksten entwickelten Regionen Österreichs waren Wien und das Wiener Becken, die Obersteiermark sowie Vorarlberg. Sie erlebten in der »ersten Gründerzeit« bis zum »Großen Krach« von 1873 sowie nochmals in den letzten Jahrzehnten der Donaumonarchie, der »zweiten Gründerzeit«, eine Phase deutlichen Wachstums. Während Vorarlberg von der Textilindustrie geprägt wurde, dominierten in der steirischen Mur-Mürz-Furche der Bergbau, Verhüttung und Stahlerzeugung, von Karl Wittgenstein (*1847, †1913), »Österreichs Krupp«, rationalisiert und zu einem Kartell zusammengeführt. Vielfältiger entwickelte sich der Wiener

Raum, wo der Waggon- und Lokomotivenbau sowie die Elektroindustrie zu den innovativen Zweigen zählte. Die 1899 in Wiener Neustadt gegründete Österreichische Daimler-Motoren-Gesellschaft beschäftigte schon nach wenigen Jahren etwa 1 500 Mitarbeiter, die Automobile, Lastwagen, Omnibusse, Schiffs- und Flugzeugmotoren sowie Schienenfahrzeuge baute. Angesichts des Bevölkerungswachstums und der Ausbildung von Ballungsräumen kam der Nahrungs- und Genussmittelindustrie wachsende Bedeutung zu. Hochburg der österreichischen Waffenproduktion war Steyr. Rasche Expansion der florierenden Betriebe und die fortschreitende Tendenz zur Konzentration sind charakteristisch für die Entwicklung um die Wende vom 19. zum 20. Jahrhundert: Auf dem Gebiet des heutigen Österreich waren schon 44 Prozent der Arbeiter in Gewerbe- und Industriebetrieben tätig, die mehr als 20 Beschäftigte zählten, in Wien gab es acht Unternehmen mit mehr als 1 000 Beschäftigten.

Die qualifizierte Arbeiterschaft der größeren Industrieviere trat als eine gut organisierte, überwiegend im sozialdemokratischen Milieu verankerte, selbstbewusste Klasse mit einem eigenen Wertekanon und eigenen kulturellen Ausdrucksformen auf. Sie – und mit ihr die »k. u. k. Sozialdemokratie« – war staatstragend in dem Sinn, dass der Erhalt des großen Wirtschaftsraums der Habsburgermonarchie die Voraussetzung für die Erfüllung ihres fortschrittsgläubigen Wunsches nach weiterer Modernisierung und Industrialisierung war. Darüber hinaus bildeten die Arbeiter der franzisko-josephinischen Epoche eine heterogene, sozial vielfach geschichtete Gruppe mit sehr unterschiedlichen Ausprägungsformen und einer keineswegs durchgängig schichtenübergreifenden Solidarität.

Als Folge der zunehmenden Urbanisierung, des weiteren Ausbaus des Verkehrsnetzes und der wachsenden Bürokratie – die Zahl der öffentlich Bediensteten vervierfachte sich allein von 1890 bis 1910 – erfuhr der Dienstleistungssektor (Handel und Verkehr, öffentlicher Dienst und freie Berufe) eine markante Zunahme. Ihm gehörten 1910 in den österreichischen Alpenländern mehr als 650 000 Menschen an, fast doppelt so viele als noch 20 Jahre zuvor. Zum Wachstum des tertiären Sektors trug auch der Fremdenverkehr bei, der besonders im alpinen Raum zu einem relevanten Wirtschaftsfaktor wurde. Zur »Sommerfrische« und zum Besuch der Heilbäder kamen der Alpinismus und seit dem ausgehenden 19. Jahrhundert der Wintersport.

An der Spitze der Gesellschaft sah sich nach wie vor der Hochadel – vom »Rest« des sozialen Spektrums weitgehend, nicht nur hinsichtlich des Konubiums, abgeschlossen, mit dem Privileg des Zugangs zum Hof versehen und politisch einflussreich. Seine ökonomische Grundlage bildete der Großgrundbesitz, wobei ihm allerdings die – längst nobilitierten – Großindustriellen Konkurrenz machten: 1913 schienen in der Steiermark die als Montanunternehmer groß gewordenen Freiherren Mayr von Melnhof als größte Latifundienbesitzer auf. Ein kleinerer Teil des hohen Adels wurde selbst unternehmerisch tätig, im Bankwesen, aber auch in der Industrie. In Politik und Verwaltung blieben das Ministerium des Äußeren und die Diplomatie seine Domäne, außerdem Ämter, deren Inhaber den Kaiser vertraten, wie etwa die Landeschefs als Leiter der Statthaltereien. Der Dienst in der Armee verlor dagegen in der zweiten Hälfte des 19. Jahrhunderts rasch an Attraktivität.

Auf die Hocharistokratie folgte in der sozialen Hierarchie ein etwas diffuses, ständeübergreifendes Spektrum bürgerlich-kleinadeliger Gruppen. Ihm gehörten, konzentriert im urbanen Ambiente, um 1900 zwar nur etwa drei bis sieben Prozent der Gesamtbevölkerung an, es war aber im Hinblick auf die Partizipation am politischen und kulturellen Leben sowie auf seine Rolle in Bürokratie und Armee »staatstragend«. Der Selbstdefinition dieser gesellschaftlich relevanten Schicht diente der in einer Industriegesellschaft im Grunde genommen anachronistische Begriff der »Satisfaktionsfähigkeit«, also die Berechtigung (und die Pflicht), die persönliche Ehre gegebenenfalls im Duell zu verteidigen. Ursprünglich dem Adel vorbehalten, bildete dieses in weiterer Folge von den Studenten und Akademikern beanspruchte und auch erlangte Recht auf den Zweikampf eine wichtige Komponente gesellschaftlicher Anerkennung. Seit 1868 konnten Absolventen eines Gymnasiums oder anderer mittlerer Schulen nach der Militärzeit als »Einjährig-Freiwillige« den Rang eines Reserveoffiziers erlangen. Dadurch fanden immer breitere Kreise die Möglichkeit, am Sozialprestige des Offiziersrangs teilzuhaben und sich damit seinem strengen, deswegen aber elitären Ehrenkodex zu unterwerfen. Obwohl das Duell verboten war und die Teilnehmer strafrechtlich verfolgt werden konnten, hatte seine Verweigerung gravierende Folgen. Aktive Offiziere wurden aus dem Dienst ausgeschieden, Reserveoffiziere verloren ihre Charge. So trennte der Besitz der Satisfaktionsfähigkeit den Adel, das zunehmend (1896 zu 71 Prozent) bürgerliche Offizierskorps, die höhere Beamtenschaft sowie das Besitz- und Bildungsbürgertum vom Gros der Bevölkerung, mit dem man Ehrenhändel vor Gericht oder in nicht ritualisierter, handgreiflicher Form austragen durfte. Selbst in der politischen Konfrontation war der Zweikampf geläufig: So forderte Ministerpräsident Graf Badeni im Herbst 1897 den deutschnationalen Reichsratsabgeordneten Karl Hermann Wolf, der ihn der »Schufterei« bezichtigt hatte. Badeni erlitt eine Schussverletzung an der Schulter. Trotz des enormen Aufsehens, das der Zweikampf erregt hatte, unterblieb seine Ahndung. Der Justizminister erklärte, Badeni sei derart gereizt worden, dass ihm zur Aufrechterhaltung seiner Ehre, auch aus staatspolitischen Rücksichten, keine andere Wahl geblieben sei. Wolf alleine aber könne nicht zur Rechenschaft gezogen werden. Gegen das »Duellunwesen« wandten sich zunächst vor allem eine katholisch-konservative Gruppe des Adels, Christlichsoziale und katholische Studenten.

Bildung war das am breitesten wirksame Vehikel für sozialen Aufstieg: Die Maturitätsprüfung, insbesondere aber ein Studium, vorzugsweise mit dem akademischen Grad eines Doktors abgeschlossen, konnte auch für junge Männer aus bäuerlichem oder kleinbürgerlichem Milieu die Eintrittskarte zur »besseren« Gesellschaft sein. Von 1890 bis 1910 stieg deswegen der Anteil der Studierenden bei den 20- bis 24-Jährigen von 0,85 auf 3,77 Prozent. Überproportional hoch war der Anteil jüdischer Studenten, er lag in Wien zu Beginn des 20. Jahrhunderts bei knapp einem Viertel aller Hörer. Der Übergang in den »Bagatelladel« war fließend, etwa 9000 Nobilitierungen erfolgten im Verlauf der franzisko-josephinischen Epoche. Bereits jedem aktiven Offizier stand nach vierzigjähriger, untadeliger Dienstzeit das »von« zu. Die Möglichkeiten der Lebensgestaltung bestimmten freilich auch im Bürgertum die materiellen Verhältnisse, die keineswegs mit Rang und Titel übereinstimmen mussten.

Bildung und Wissenschaft

Aus der Aufklärung herrührende Traditionen, Fortschrittsglaube, staatliche Aufsicht und nicht zuletzt der ideologische »Kampf um die Schule« hatten in Österreich ein auf allen Ebenen effizientes Bildungswesen geschaffen. Den Grundschulen, an denen ausgebildete und sozial abgesicherte Lehrer wirkten, gelang – allen Widerständen zum Trotz – die weitgehend flächendeckende Alphabetisierung der Bevölkerung, in größeren Orten ergänzten die dreiklassigen Bürgerschulen (6.–8. Schulstufe) das Bildungsangebot. Die Gewerbeordnungsnovelle von 1897 verpflichtete die Lehrlinge zum Besuch der Berufsschulen und gab damit dem »dualen System« der Berufsausbildung in Lehrbetrieb und Schule die gesetzliche Verankerung. Zu den allgemeinbildenden achtklassigen Gymnasien kamen im Bereich des mittleren bzw. höheren Schulwesens die Realschulen (später Realgymnasien) mit mathematisch-naturwissenschaftlicher Ausrichtung und lebenden Fremdsprachen. An den Erfordernissen des modernen Wirtschaftslebens orientierten sich die in zweiklassige Handelsschulen und drei- bis vierklassige Handelsakademien gegliederten kaufmännischen sowie die technisch-gewerblichen Schulen (Höhere Gewerbe-, Werkmeister-, Fach-, gewerbliche Fortbildungsschule). In den Siebzigerjahren wurden – auf privater Basis –

die ersten höheren Schulen für Mädchen eröffnet, 1892 in Wien eine »gymnasiale Mädchenschule«. Die Maturitätsprüfung mussten junge Frauen aber vorerst noch an Knabengymnasien ablegen. Als ordentliche Hörerinnen wurden Frauen an den philosophischen Fakultäten erst 1897, an den medizinischen im Jahr 1900 zugelassen, nach dem Ersten Weltkrieg schließlich an den juristischen Fakultäten und den meisten Hochschulen.

Die höchste Ebene des österreichischen Bildungswesens wurde in der zweiten Hälfte des 19. Jahrhunderts gleichfalls ausgebaut. Die Universitäten in Graz und Innsbruck profitierten von der Gründung medizinischer Fakultäten (1863 bzw. 1869). Durch die Reorganisation bestehender Einrichtungen entstanden in Wien und Graz Technische Hochschulen, in Wien außerdem Hochschulen für Handel, Land- und Forstwirtschaft (Bodenkultur), Veterinärwesen sowie für Kunst (Akademie der bildenden Künste). Leoben erhielt eine Bergakademie als Montanistische Hochschule.

Durch besondere wissenschaftliche Leistungen zeichnete sich die medizinische Fakultät der Wiener Universität aus. Den Grundstein legten die Anatomen Carl Freiherr von Rokitansky (*1804, †1878) und Josef Hyrtl (*1810, †1894), weiter an Ansehen gewann die »Zweite Wiener Schule« mit dem 1867 nach Wien berufenen Chirurgen Theodor Billroth (*1829, †1894), der unter anderem die erste erfolgreiche Magenresektion durchführte. Der Serologe und spätere Nobelpreisträger Karl Landsteiner (*1868,†1943) entdeckte die Blutgruppen, Clemens Freiherr von Pirquet (*1874, †1929) begründete die Lehre von den Allergien und führte den Begriff in die wissenschaftliche Literatur ein. Auch Robert Bárány (*1876, †1936) wurde mit dem Nobelpreis ausgezeichnet, er forschte über die Physiologie des Bogengang-Apparats im Gehör des Menschen. Auf dem Gebiet der Psychiatrie traten unter anderem Theodor Meynert (*1833, †1892), von dem grundlegende Forschungen über Bau und Funktion des Gehirns stammen, und Julius Wagner-Jauregg (*1857, †1940 Wien), gleichfalls Nobelpreisträger (1927), hervor. Die Psychoanalyse, mit der Sigmund Freud (*1856, †1939), ausgehend von seiner Arbeit »Traumdeutung« (1900), die Grundlage für die moderne Tiefenpsychologie und Psychotherapie legte und einen wichtigen Beitrag zum Verständnis des menschlichen Erlebens und Handelns leistete, entstand in Wien freilich außerhalb des universitären Rahmens.

Zu den bedeutendsten Physikern ihrer Zeit werden Ludwig Boltzmann (*1844, †1906) und Ernst Mach (*1838, †1916) gezählt. Beide befassten sich außerdem mit erkenntnistheoretischen Fragen und bezogen dabei einen streng positivistischen Standpunkt, der sich auch bei den österreichischen Philosophen als Gegenströmung zum deutschen Idealismus bemerkbar machte. Als Chemiker, Erfinder und Unternehmer erfolgreich war Carl Auer Freiherr von Welsbach (* 1858, † 1929), auf den das Gasglühlicht, die elektrische Metallfadenlampe und der Zündstein im Feuerzeug zurückgehen. Auf technischem Gebiet fanden inner- wie außerhalb der Hochschulen Mechanik und Maschinenlehre, Elektrotechnik sowie auch die Radiotechnik besondere Aufmerksamkeit. Siegfried Marcus (* 1831, † 1898) entwickelte in Wien 1864 den ersten mit Benzin betriebenen Verbrennungsmotor.

1851 wurde an der Universität Wien ein Lehrstuhl für Geographie, der erste seiner Art in Österreich, eingerichtet, fünf Jahre später dort die Geographische Gesellschaft ins Leben gerufen. Damit kam auch auf diesem Gebiet eine rege wissenschaftliche Tätigkeit in Gang. Friedrich Simony (* 1813, † 1896) erschloss das Dachsteingebiet und begründete damit die moderne Hochgebirgsforschung. Expeditionen führten österreichische Forscher in viele Teile der Welt. Großen wissenschaftlichen Ertrag brachte die Weltumseglung der Fregatte Novara (1857–1859), an der sieben Fachgelehrte teilnahmen. 1873 entdeckte Julius von Payer (* 1841, † 1915) im Rahmen einer österreichisch-ungarischen Nordpolexpedition die nördlichsten Inseln Eurasiens, die er Franz-Joseph-Land nannte. Oskar Baumann (* 1864, † 1899) kartographierte weite Teile des heutigen Tanzania, von Ruanda und Burundi. 1893 erreichte er als erster Europäer die Quelle des Kagera-Nil.

Überzeugt von der identitätsstiftenden Wirkung und dem politischen Nutzen von historischem Wissen, förderten Unterrichtsminister Leopold Graf Thun-Hohenstein und sein Staatssekretär Joseph Alexander Freiherr von Helfert (* 1820, † 1910) die Geschichtswissenschaft. Das in diesem Zusammenhang 1854 in Wien begründete »Institut für österreichische Geschichtsforschung« wurde zur Kaderschmiede der österreichischen Historikerzunft. Alfred von Arneth (* 1819, † 1897) öffnete das Haus-, Hof- und Staatsarchiv der Forschung; Franz Krones von Marchland (* 1835, † 1902) und Alfons Huber (* 1834, † 1898) verfassten Standardwerke zur Geschichte Österreichs. Während in Wien vornehmlich die Reichsgeschichte gepflegt wurde, entstanden in Böhmen und Ungarn historische Studien auf nationalgeschichtlicher Grundlage. In den Ländern waren Museal- und Geschichtsvereine als Wegbereiter der historischen Landeskunde tätig.

Historismus und Moderne – das künstlerische Schaffen

Den kulturellen Mittelpunkt der Habsburgermonarchie bildete unbestritten Wien – für die Produzenten wie für das zunehmend bürgerliche Publikum, das Kulturkonsum als einen elementaren Bestandteil verfeinerter Lebensweise ansah.

Bis in die Achtzigerjahre des 19. Jahrhunderts war die Architektur vom Historismus geprägt, der seinen augenfälligsten Ausdruck in den Neostilen der Repräsentationsbauten an der 1865 eröffneten Wiener Ringstraße fand: das antikisierende Parlament (1873–1883), das neugotische Rathaus (1872–1883) sowie Oper (1861–1869), Universität (1873–1884), Hofmuseen (1872–1891) und Burgtheater (1874–1888), die Elemente der Renaissance wie des Barock aufweisen. Zu den wichtigsten Architekten des »Ringstraßenstils« zählen Heinrich Freiherr von Ferstel (*1828, †1883), Gottfried Semper (*1803, †1879), Carl Freiherr von Hasenauer (*1833, †1894), Theophil Freiherr von Hansen (*1813, †1891), Eduard van der Nüll (*1812, †1868) und Friedrich Freiherr von Schmidt (*1825, †1891). Unvollendet blieb das »Kaiserforum« mit dem Kunsthistorischen und dem Naturhistorischen Museum sowie dem »Thronfolgerflügel« der Hofburg. Als bedeutendster historistischer Kirchenbau und zugleich als größtes Gotteshaus Österreichs entstand von 1862 an der neogotische Linzer Dom.

Das Pendant zur Ringstraßen-Architektur gab in der Malerei der neobarocke, von üppiger Farbigkeit und ungezügelter Lust am Dekorativen geprägte »Makart-Stil« ab – benannt nach dem gebürtigen Salzburger Hans Makart (*1840, †1884). Sein Atelier war ein beliebter Treffpunkt der Wiener Gesellschaft. Ähnlich wie Makart orientierte sich auch Hans Canon (*1829, †1885) als Portraitist und Historienmaler an Peter Paul Rubens sowie dem venezianischen Barock. Der als Professor an der Münchner Akademie wirkende Tiroler Franz von Defregger (*1835, †1921) wurde mit Szenen aus dem bäuerlichen Alltag sowie aus dem Tiroler Freiheitskampf des Jahres 1809 als Genremaler am Übergang vom Historismus zum Naturalismus bekannt. Zu den wenigen österreichischen Malern, die sich dem Impressionismus zuwandten, zählt Defreggers Landsmann Theodor von Hörmann (*1840, †1895). Unter den Vertretern der Monumentalplastik der Ringstraßenära ist vor allem Caspar von Zumbusch (*1830, †1915) als Schöpfer der Denkmäler für Kaiserin Maria Theresia und Ludwig von Beethoven in Wien zu nennen.

Den Übergang vom Historismus zur Moderne markiert 1897 die Gründung der »Wiener Secession« durch eine Gruppe von Künstlern und Architekten, die sich mit dem konventionellen Kunstverständnis des »Künstlerhauses«, der 1868 gegründeten »Gesellschaft bildender Künstler Österreichs«, und dem Lehrbetrieb an der Akademie nicht mehr identifizieren wollten. 1898 erhielt die neue Künstlervereinigung ein eigenes Ausstellungsgebäude, die noch bestehende »Secession«. Von der Secession ging die Gründung der »Wiener Werkstätte« (1903) aus, die im Zusammenwirken mit bildenden Künstlern qualitativ hochwertige kunstgewerbliche Produkte entwarf und herstellte.

Der Secession gehörte auch der Architekt Otto Wagner (*1841, †1918) an, der anfangs selbst noch dem Historismus verpflichtet gewesen war, sich aber in den Neunzigerjahren von ihm distanzierte. Mit den Wiener Stadtbahnpavillons (1894–1900), der Kirche am Steinhof (1902–1907) und dem Postsparkassengebäude (1904–1906) kreierte er den Secessions-Stil, die österreichische Variante der Jugendstilarchitektur. In seinem Spätwerk gewannen Sachlichkeit und Funktionalität an Bedeutung, neue Materialen wie Stahlbeton und Aluminium veränderten die Ästhetik der Objekte. Wesentlich radikaler dachte und plante zur selben Zeit aber bereits Adolf Loos (*1870, †1933), der – im Gegensatz zur Secession – auf jeglichen dekorativen Schmuck verzichtete (Loos-Haus am Wiener Michaelerplatz, 1910), damit heftige Kontroversen auslöste und zu einem der Pioniere der Moderne in der europäischen Architektur wurde.

Als erster Präsident der Wiener Secession fungierte Gustav Klimt (*1862, †1918), der bekannteste Vertreter der Wiener Jugendstilmalerei. Typisch für seine Bilder, unter ihnen der berühmte »Kuss« (1907/08), sind statische Flächenhaftigkeit, ornamentale Gestaltung, intensive Farben und die häufige Verwendung des Goldgrunds. Klimt war ein gefragter Portraitist der Frauen des Wiener Großbürgertums. Während seine Landschaftsbilder Elemente des Impressionismus erkennen lassen, weist ein Teil des Spätwerks abstrakte und expressionistische Einflüsse auf. Der Sezession gehörte um 1910 auch der Tiroler Albin Egger-Lienz (*1868, †1926) an, der aber schließlich einen ganz eigenen, in seiner symbolträchtigen Monumentalität beeindruckenden Stil entwickelte. Die sezessionistische Ästhetik wurde schon bald als ungenügend empfunden und überwunden. Junge Maler wie Richard Gerstl (*1883, †1908), Oskar Kokoschka (*1886, †1980) und vor allem Egon Schiele (*1890, †1918) fanden zu einer wesentlich expressiveren, oft als provozierend empfundenen Formen- und Farbensprache.

Brüche weist auch das Musikschaffen der franzisko-josephinischen Epoche auf. Noch heute genießt die Wiener Operette als ein populäres Produkt der Zeit Weltgeltung. Sie bot gehobene Unterhaltung, war Spiegelbild, gelegentlich auch sanfte Karikatur der »besseren« Gesellschaft der Donaumonarchie. Die »Fledermaus« und der »Zigeunerbaron« des »Walzerkönigs« Johann Strauß Sohn (*1825, †1899) oder Carl Zellers (*1842, †1898) »Vogelhändler« gehören zur Zeit der »Goldenen Operette«, Franz Léhars »Lustige Witwe«

(* 1870, † 1948) bereits zur »Silbernen« des 20. Jahrhunderts. Zu einer der heimlichen Hymnen Österreichs wurde der Walzer »An der schönen blauen Donau« von Johann Strauß. Hugo Wolf (* 1869, † 1903) ist vor allem durch sein umfangreiches Liedschaffen bekannt, das den Endpunkt in der Entwicklung des romantischen Kunstlieds darstellt. Die Wiener Klassik vollendete – an Beethoven anknüpfend – der aus Hamburg stammende Johannes Brahms (* 1833, † 1897). Einen anderen Weg als musikalischer Einzelgänger ging der Oberösterreicher Anton Bruckner (* 1824, † 1896). Seine breit angelegten Symphonien stießen beim zeitgenössischen Publikum und der Kritik nicht immer auf Verständnis, die Bedeutung seines Schaffens, das die Entwicklung der abendländischen Musik nachhaltig beeinflusste, wurde erst in seinen späteren Lebensjahren erkannt. Auch die Kompositionen Gustav Mahlers (* 1860, † 1911), der Hofoperndirektor in Wien und ein höchst erfolgreicher Dirigent war, standen zwischen den Zeiten, sodass sie erst nach dem Zweiten Weltkrieg volle Anerkennung fanden. Den vollständigen Bruch mit der Tradition vollzog schließlich Arnold Schönberg (* 1874, † 1951), indem er zugunsten eines Systems von zwölf nur aufeinander bezogener Töne (»Zwölftonmusik«) auf die Tonalität verzichtete.

Zu den wichtigsten Erzählern der zweiten Hälfte des 19. Jahrhunderts gehören Marie Freifrau von Ebner-Eschenbach (* 1830, † 1916) und Ferdinand von Saar (* 1833, † 1906). Stilistisch im Spätrealismus verankert, rückten sie das Schicksal des Individuums, seine Verstrickung in die Zwänge der Konventionen und Zeitumstände mit einem scharfen Blick für die soziale Problematik in den Mittelpunkt. Der Steirer Peter Rosegger (* 1843, † 1918) fand die Stoffe für seine Romane und Erzählungen, die ihn noch zu Lebzeiten über die Donaumonarchie hinaus bekannt machten, in der vom Untergang bedrohten bäuerlichen Welt seiner Heimat. Sozialkritische, freisinnig-aufklärerische, antiklerikale sowie auch bereits naturalistische Elemente enthalten die volkstümlichen Bühnenstücke Ludwig Anzengrubers (* 1839, † 1889).

Den Beginn der österreichischen Moderne datiert die Literaturgeschichte in das Jahr 1890. Damals scharte der wandlungsfähige Schriftsteller Hermann Bahr (* 1863, † 1934) eine avantgardistische Gruppe um sich, die sich den Namen »Jung-Wien« gerne gefallen ließ. Aus diesem Kreis gingen einige der wichtigsten Autoren des Fin de Siècle hervor: Der Arzt Arthur Schnitzler (* 1862, † 1931), als Erzähler (»Leutnant Gustl«), vor allem aber als Bühnenautor (unter anderem »Liebelei«, »Der Reigen«, »Das weite Land«) erfolgreich, analysierte den Zustand der bürgerlichen Gesellschaft am Rande des Abgrunds. Hugo von Hofmannsthal (* 1874, † 1929) schrieb unter anderem Libretti für die Opern von Richard Strauss, bis heute ist er als Schöpfer des Mysterienspiels »Jedermann« bekannt. Als gnadenloser Satiriker und unerbittlicher Kämpfer für einen sorgfältigen Umgang mit der Sprache nimmt Karl Kraus (*1874, †1936), Herausgeber der »Fackel«, einen festen Platz in der österreichischen Kulturgeschichte ein. Außerhalb dieses Kontextes lebte und arbeitete – lange weitgehend unbeachtet – mit dem Prager Franz Kafka (*1883, †1924) einer der Großen der Weltliteratur. Wie Kafka stammte auch Rainer Maria Rilke (*1875, †1926) aus Prag. Als einflussreichster Lyriker der Jahrhundertwende pflegte er zunächst den symbolistisch-impressionistischen Fin de Siècle-Stil, überwand ihn aber in seinem Haupt- und Spätwerk, den »Duineser Elegien«. Dem Expressionismus stehen die schwermütigen Gedichte des Salzburgers Georg Trakl (*1887, †1914) nahe. Ein beachtliches Niveau erreichte das Wiener Feuilleton. Zu seinen wichtigsten Vertretern gehörten Felix Salten (*1869, †1945), Ludwig Hevesi (*1842, †1910) oder Alfred Polgar (*1873, †1955), der ebenso wie Peter Altenberg (*1859, †1919) und Egon Friedell (*1873, †1938) auch für das zu Beginn des 20. Jahrhunderts in Wien blühende Kabarett schrieb.

Erster Weltkrieg und Zusammenbruch der Donaumonarchie

Die österreichische Kriegserklärung an Serbien beantwortete Russland mit der Mobilmachung. Das Deutsche Reich erklärte am 1. August Russland, am 3. Frankreich den Krieg und stieß ins neutrale Belgien vor. Am 4. August kam es zur Kriegserklärung Großbritanniens an Deutschland. Österreich folgte mit der Kriegserklärung an Russland am 6. August, einen Tag zuvor hatte Montenegro Österreich-Ungarn den Krieg erklärt. Am 11. bzw. 12. August erklärten Frankreich und Großbritannien der Habsburgermonarchie den Krieg, am 28. auch Belgien; die österreichische Kriegserklärung an das Kaiserreich Japan erfolgte am 23. August. An die Seite Deutschlands und Österreich-Ungarns – der Mittelmächte – traten im Spätherbst 1914 die Türkei sowie im folgenden Jahr auch Bulgarien. Italien berief sich darauf, dass der mit dem Deutschen Reich und Österreich geschlossene Dreibund als Defensivbündnis nur eine Beistandspflicht im Fall eines Angriffs auf die Vertragspartner vorsehe, und blieb zunächst »wohlwollend« neutral.

Die Enthusiasmus war groß, vor allem in den Mittel- und Oberschichten, man rechnete mit einem raschen Sieg. Keines der politischen Lager bezog gegen den Krieg Stellung. Eine parlamentarische Debatte konnte es ohnehin nicht geben, weil der Reichsrat nach wie vor sistiert war.

Die Ausgangslage schien nicht ungünstig. Österreich-Ungarn hatte nach der Annexion Bosnien-Herzegowinas und den Balkankriegen der Jahre 1912/13 beträchtliche Rüstungsanstrengungen unternommen. Die Friedensstärke der k. u. k. Armee betrug mehr als 400 000 Mann, weitere 2,3 Millionen wurden bis zum Ende des Jahres 1914 aufgeboten.

Auch als feststand, dass Russland militärisch eingreifen würde, hielt die Heeresleitung am Plan fest, zunächst Serbien niederzuwerfen. Allerdings scheiterten von August bis Dezember 1914 drei Offensiven an der mangelhaften Vorbereitung und am erbitterten Widerstand des unterschätzten Gegners. Den Russen, die noch im August in die Offensive gegangen waren, gelang es, große Teile Galiziens zu besetzen und die Österreicher bis in den Raum von Krakau zurückzudrängen. Schon der ungünstige Verlauf der Auseinandersetzungen während der ersten Kriegsmonate schwächte die österreichisch-ungarische Armee nachhaltig, allein in Serbien verlor sie 220 000 Mann, an der russischen Front, vor allem in den beiden Schlachten bei Lemberg, weitere 500 000, darunter überproportional viele Angehörige des aktiven Offizierskorps. Als die von den Russen seit Monaten eingeschlossene Festung Przemyśl (im heutigen Polen) im Frühjahr 1915 kapitulieren musste, gerieten 120 000 Soldaten in Gefangenschaft. Das russische Heer war nicht nur quantitativ überlegen, sondern auch besser ausgerüstet und moderner organisiert. Außerdem kannte es die österreichischen Aufmarschpläne, die der 1913 als Spion aufgeflogene Generalstabsoffizier Alfred Redl verraten hatte.

Im Frühjahr 1915 hatte sich die Lage soweit zugunsten der Entente entwickelt, dass sich Italien entschloss, an ihrer Seite in den Krieg einzutreten (Kündigung des Dreibunds am 4., Kriegserklärung an Österreich am 24. Mai). Es sollte dafür im Fall eines Siegs unter anderem das südliche Tirol bis zum Brenner, Triest und Istrien sowie das nördliche und mittlere Dalmatien mit den vorgelagerten Inseln erhalten. Die Ressentiments, die das als »Verrat« empfundene Vorgehen der Italiener hervorrief, blieben noch lange wach. Innerhalb kurzer Zeit musste nun eine neue Front gebildet werden, die vom Stilfser Joch bis zu den Julischen Alpen über weite Strecken in äußerst schwierigem, hochalpinen Gelände verlief und im Süden bis in die Gegend von Triest reichte. Die Hauptlast des strapaziösen Stellungskriegs trugen anfangs Landsturmeinheiten und Standschützen. In den vier Isonzoschlachten des Jahres 1915 erreichten die Italiener trotz großer numerischer Überlegenheit ihr Kriegsziel – den Durchbruch nach Triest und Laibach – nicht. Nachdem den Mittelmächten im Mai 1915 weiträumige Vorstöße in Galizien, Polen und Weißrussland geglückt waren, traten österreichische, deutsche und bulgarische Verbände im Herbst 1915 zu einer Offensive am Balkan an, die zur Jahreswende mit der Besetzung Serbiens und im Januar 1916 mit der Kapitulation Montenegros endete. In der Adria konnte sich die k. u. k. Marine gegen die Alliierten behaupten.

Noch einmal drangen russische Truppen im Sommer 1916 in Wolhynien (»Lodomerien«) und Galizien westwärts bis zu den Karpaten vor und nahmen unter anderem Czernowitz ein (Brussilow-Offensive) – freilich unter enormen Verlusten, die das Zarenreich zunehmend destabilisierten und zu den Auslösern der Februarrevolution des Jahres 1917 gehörten. Auf österreichischer Seite wirkte sich erstmals im Kriegsverlauf die Nationalitätenproblematik fühlbar aus: Tschechische und ruthenische Soldaten gingen zu tausenden, oft in geschlossenen Formationen, zum Gegner über. Das Eingreifen deutscher Truppen bereinigte die Lage, schwächte aber die ohnehin angeschlagene österreichische Position gegenüber dem verbündeten Deutschen Reich noch weiter. Im August 1916 trat Rumänien der

Entente bei, konnte sich militärisch aber nicht behaupten, die Mittelmächte besetzten rasch einen großen Teil des Landes. Am Isonzo veränderten fünf weitere, mit großem Einsatz an Menschen und Material vorgetragene italienische Angriffe den Frontverlauf nicht entscheidend (fünfte bis neunte Isonzoschlacht, März sowie August bis November 1916).

Das Jahr 1916 war in mehrerlei Hinsicht ein Wendepunkt. Nachdem sich die Kriegswirtschaft zunächst konsolidiert hatte, setzte nun ein Produktionsrückgang ein. Die Zahl der zwangsbewirtschafteten Güter nahm rasch zu, Ersatznahrungsmittel gewannen zusehends an Bedeutung, die Inflation konnte nicht gebremst werden. Im Hinterland wie an der Front wurde der Mangel nun immer heftiger spürbar, Hunger und Unterernährung griffen um sich. Allmählich zerbrach der zu Kriegsbeginn zwischen den politischen Lagern geschlossene »Burgfrieden«. Am 21. Oktober erschoss Friedrich Adler (*1879, †1960), Wortführer des linken Flügels der österreichischen Sozialdemokraten und Sohn des Parteigründers, den Ministerpräsidenten Graf Stürckh, um gegen die Kriegspolitik der Regierung, darunter auch die Nichteinberufung des Reichsrats, zu protestieren. Vor allem aber verlor die Habsburgermonarchie durch den Tod Kaiser Franz Josephs, der am 21. November 1916 nach 68 (!) Regierungsjahren starb, ihre bereits zu Lebzeiten zur Legende gewordene, mit der Aura des Sakralen umgebene Integrationsfigur.

Sein Großneffe und Nachfolger, Karl I., konnte den Kaisermythos nicht mehr für sich in Anspruch nehmen. Der neue, 29-jährige Herrscher galt zwar als jovial, auch als durchaus ambitioniert. Allerdings mangelte es ihm an politischer Erfahrung, wohl auch an der Fähigkeit, stringent zu planen und zu handeln. Der Einfluss, den seine ehrgeizige Frau Zita von Bourbon-Parma (*1892, †1989) auf ihn ausübte, wird unterschiedlich bewertet. Unbestritten bleibt, dass es Karls wichtigstes politisches Ziel war, die Donaumonarchie aus dem Weltkrieg herauszuführen, unbestritten freilich auch, dass er es zumindest ungeschickt verfolgte und sich dabei selbst ins Zwielicht setzte. Ende des Jahres 1916 wies die Entente ein Friedensangebot der Mittelmächte als zu vage zurück. Daraufhin knüpfte Karl im Frühjahr 1917 über seine Schwäger Sixtus und Xaver von Bourbon-Parma direkte Kontakte zur französischen Regierung, ohne sich mit dem Bündnispartner und seinem Außenminister Ottokar Graf Czernin (*1872, †1932) ins Einvernehmen zu setzen. In seinem Schreiben bezeichnete der Kaiser Frankreichs Ansprüche auf Elsass-Lothringen als berechtigt. Die geheimen Verhandlungen scheiterten zwar an der Frage österreichischer Gebietsabtretungen an Italien, ihr Inhalt wurde aber im folgenden Jahr unter höchst peinlichen Umständen publik: Nachdem Czernin erklärt hatte, Gespräche mit Frankreich seien wegen eben dieser Forderungen abgebrochen worden, veröffentlichte Ministerpräsident Georges Clemenceau Karls Brief, dessen Existenz der Kaiser verleugnet hatte. Die »Sixtus-Affäre« ruinierte Karls Ruf und den seiner Frau, der »italienischen Verräterin«, nicht nur in deutschnationalen Kreisen, Österreich-Ungarn musste sich nun vollends dem Deutschen Reich, von dem es auch wirtschaftlich abhängig war, militärisch unterordnen.

Die Kriegslage schien nicht völlig aussichtslos. Der Sturz des Zaren im Frühjahr 1917 und die bolschewistische Oktoberrevolution führten zum Sonderfrieden von Brest-Litowsk mit Russland (3. März 1918), zuvor schon mit der Ukraine. Gegen Italien brachte ein nach der zehnten und elften Isonzoschlacht gemeinsam mit deutschen Truppen vorgetragener Entlastungsangriff beträchtliche Gebietsgewinne, die Front konnte bis zum Piave vorgeschoben werden. Der Kriegseintritt der Vereinigten Staaten von Amerika an der Seite der Entente im April 1917 (Kriegserklärung an die Habsburgermonarchie am 7. Dezember 1917) sicherte den Alliierten aber unwiderruflich das Übergewicht, zumal der Friedensschluss im Osten nicht die gewünschte Entlastung brachte. Die katastrophale Versorgungslage wirkte sich nun auch auf die Moral der Kerntruppen aus, Meutereien waren die Folge. So wie im Frühjahr 1918 die letzte große deutsche Offensive im Westen scheiterte, blieb auch der österreichische Angriff auf der Hochebene von Asiago, am Monte Grappa und am unteren Piave, der im Juni an der Südfront den Sieg gegen die Italiener bringen sollte, trotz enormer Verluste erfolglos. Am 24. Oktober gingen schließlich die Italiener – unterstützt von britischen und französischen Verbänden sowie von einer tschechischen Division – in die Offensive (Schlacht von Vittorio Veneto). Nach anfänglichen Abwehrerfolgen setzten sich die ungarischen Truppen ab, die Front begann sich aufzulösen. Angesichts des unmittelbar bevorstehenden Zusammenbruchs drängte die österreichische Heeresleitung auf einen raschen Waffenstillstand, der am 3. November 1918 in der Villa Giusti bei Padua geschlossen wurde – zu einem Zeitpunkt, als die Habsburgermonarchie de facto bereits nicht mehr existierte. Obwohl er erst am Nachmittag des folgenden Tages in Kraft treten sollte, befahl das k. u. k. Armee-Oberkommando seinen Truppen die sofortige Einstellung der Kampfhandlungen, was die Italiener dazu nutzen, mehr als 350 000 Soldaten kampflos in Kriegsgefangenschaft zu führen. Die Waffenstillstandsbedingungen waren hart: vollständige Demobilisierung, Rückzug aus allen während des Kriegs besetzten Gebieten, völlige Bewegungsfreiheit für die Alliierten auf österreichisch-ungarischem Staatsgebiet, Abzug der deutschen Truppen, Räumung Südtirols bis zum Brenner. Die militärischen Strukturen brachen daraufhin rasch zusammen, die k. u. k. Armee zerfiel im Chaos, hunderttausende Soldaten waren auf dem Weg in die Heimat; es kam zu Hungerkrawallen, Plünderungen und Gewaltausbrüchen.

Mit dem Ende des Ersten Weltkriegs ging der Untergang der Donaumonarchie Hand in Hand. Der Prozess des Zerfalls hatte freilich schon zuvor eingesetzt: In seiner Heimatstadt Trient endete 1916 Cesare Battisti (*1875), ein kriegsgefangener italienischer Offizier, als Hochverräter am Galgen. Seine Verurteilung erregte großes Aufsehen, denn Battisti war seit 1911 Abgeordneter zum österreichischen Reichsrat sowie seit 1914 auch zum Tiroler Landtag gewesen und hatte der österreichisch-ungarischen Armee als Reserveoffizier angehört. Nach dem Ausbruch des Ersten Weltkriegs ging er nach Italien, um dort für den Kriegseintritt zu werben, 1915 meldete er sich als Freiwilliger zum italienischen Heer. Im selben Jahr entstand in Frankreich der »Tschechoslowakische Nationalrat« als eine Art Exilregierung. Spätestens seit sich abzeichnete, dass ein Sonderfriede mit der Habsburgermonarchie nicht zustande kommen würde, waren sich die Alliierten einig, sie zu zerschlagen. Als der amerikanische Präsident Woodrow Wilson in seinem berühmten »14-Punkte-Programm« im Januar 1918 den Völkern Österreich-Ungarns eine autonome Entwicklung versprach, ließ in Österreich ein Massenstreik bereits den Ausbruch einer Revolution befürchten. Die Ankündigung Kaiser Karls vom 16. Oktober 1918, Cisleithanien in einen Bund von Nationalstaaten umzuwandeln – ein letzter Rettungsversuch –, kam nicht nur zu spät, sondern legitimierte sogar die Auflösung. Der Kaiser, seine letzte Regierung unter dem Ministerpräsidenten Heinrich Lammasch (*1853, †1920) und der Rest des Reichsrates, der bis in den Herbst 1918 zusammentrat, konnten auf den Gang der Dinge keinen Einfluss mehr nehmen.

Der Krieg hatte immense Opfer gefordert. Allein auf das Gebiet des heutigen Österreich berechnet, waren circa 190 000 Gefallene zu beklagen, dazu kamen jene, die bleibende Schäden davongetragen hatten oder erst nach Jahren aus der Gefangenschaft zurückkehrten. Insgesamt verlor die österreichisch-ungarische Monarchie etwa 1,5 Millionen Soldaten, die im Feld oder in Gefangenschaft starben. Die Wirtschaft lag am Boden, das Transportwesen war zusammengebrochen. Trotz strengster Rationierung konnte höchstens ein Drittel des Bedarfs an Nahrungsmitteln aus heimischer Produktion gedeckt werden. Ein großer Teil der Bevölkerung hungerte und fror. Ähnlich ungünstig war die Lage auf dem Energiesektor. Die Inflation hatte die Kaufkraft während der Kriegsjahre auf ein Sechzehntel gesenkt. Zur materiellen kam die ideelle Not, die der Zusammenbruch der Monarchie als Werte- und Bezugssystem nach sich zog.

Die Erste Republik (1918–1938)

Et ce qui reste, c'est l'Autriche – Die Gründung der
Republik Österreich und ihre Entwicklung bis 1933

Am 21. Oktober 1918 traten die deutschsprachigen Reichsratsabgeordneten im niederösterreichischen Landhaus zusammen und erklärten sich gemäß dem kaiserlichen Manifest vom 16. Oktober zur konstituierenden Nationalversammlung Deutsch-Österreichs. Sie bestellte einen Staatsrat, der mit der Führung der Regierungsgeschäfte Staatssekretäre betraute, und gab dem neuen Staat am 30. Oktober eine provisorische Verfassung. Wenig später, am 11. November, erklärte Kaiser Karl, »auf jeden Anteil an den Staatsgeschäften« zu verzichten, am folgenden Tag wurde die Republik ausgerufen. Parallel dazu erfolgte in Prag die Proklamation des tschechoslowakischen Staats, lösten sich die südslawischen Völker und Ungarn aus dem Verband der Habsburgermonarchie, schloss sich Galizien dem wiedererstandenen Polen an.

Die Nationalversammlung verstand sich zunächst als Vertretung aller deutschsprachigen Bewohner Cisleithaniens, also auch der Sudetendeutschen oder der Südtiroler. Welchen Umfang der neue Staat haben würde, war allerdings noch nicht klar. Einzig die Überzeugung, dass er nicht lebensfähig sei, hatte sich über die Grenzen der politischen Parteien hinweg durchgesetzt. Da der Plan, einen freiwilligen Staatenbund mit den anderen Nachfolgestaaten zu bilden, keine Aussicht auf Realisierung hatte, bestimmte die provisorische Verfassung, dass Deutsch-Österreich ein Bestandteil der deutschen Republik sei. Am 2. März 1919 unterzeichneten der Sozialdemokrat Otto Bauer (*1881, †1938) als Leiter des Amtes für Äußeres und der deutsche Außenminister den Staatsvertrag über die Eingliederung Österreichs in die neue Deutsche Republik. Zentrifugale Kräfte wirkten in den Ländern: Vorarlberg wollte die Angliederung an die Schweiz, Tirol ventilierte zunächst die staatliche Selbstständigkeit, stimmte dann aber, ebenso wie Salzburg, mit überwältigender Mehrheit für den Anschluss an Deutschland.

Die Entscheidung über Österreichs Zukunft trafen schließlich die Siegermächte im Friedensvertrag von St.-Germain-en-Laye (10. September 1919). Sie verboten den Anschluss an Deutschland

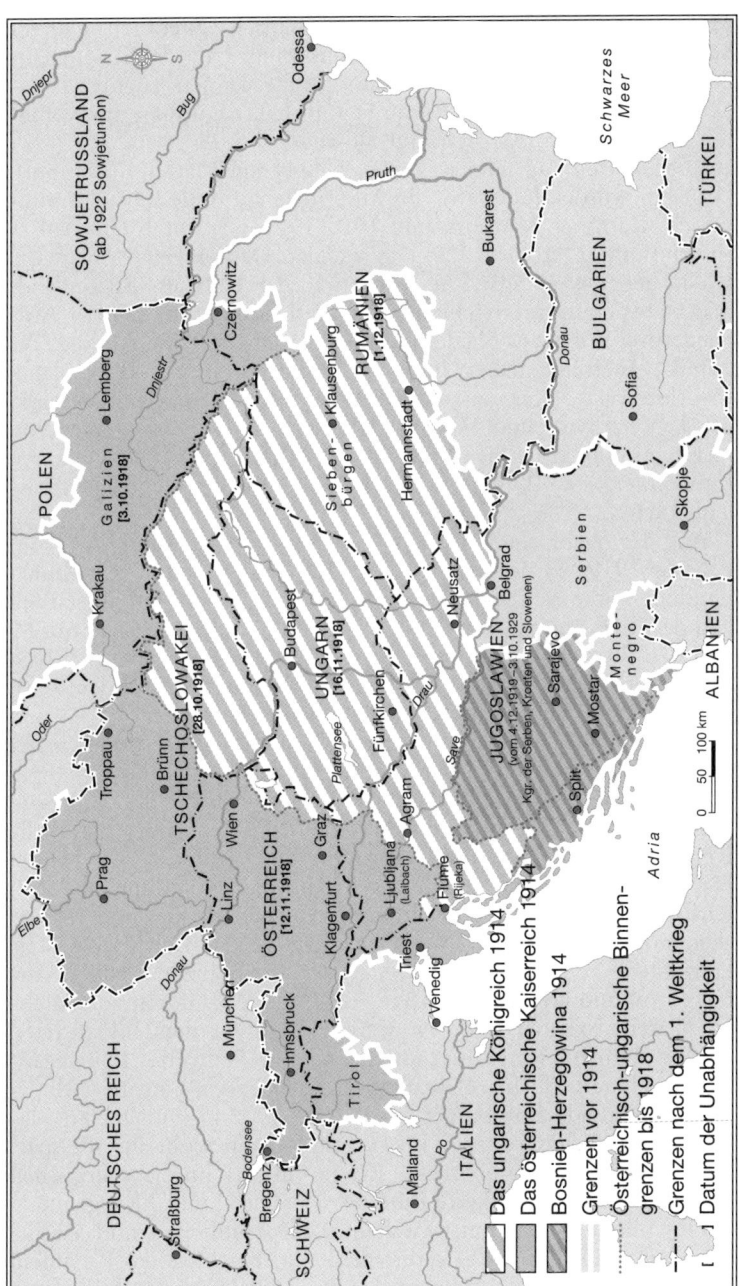

Karte 8: Die Nachfolgestaaten der Donaumonarchie

sowie auch die Führung des Namens Deutsch-Österreich. Die zur Selbstständigkeit gezwungene Republik musste auf die Sudetenländer verzichten, die an die Tschechoslowakei kamen, zugunsten Italiens auf Südtirol und das Kärntner Kanaltal, zugunsten des Königreichs der Serben, Kroaten und Slowenen (»SHS-Staat«, von 1929 an Jugoslawien) auf untersteirisches Gebiet mit Marburg (Maribor). Dagegen wurden jugoslawische Ansprüche auf Teile Kärntens militärisch (Kärntner Abwehrkampf 1918/19) sowie durch eine Volksabstimmung (Oktober 1920) abgewendet. Den einzigen Zugewinn bildete jener westungarische Landstrich, der 1921 als »Burgenland« den Status eines österreichischen Bundeslands erhielt. Seit der Ausgliederung Wiens aus Niederösterreich im Jahr 1922 besteht die Republik Österreich daher aus neun Bundesländern – Burgenland, Oberösterreich, Kärnten, Niederösterreich, Salzburg, Steiermark, Tirol, Vorarlberg und Wien – und umfasst ein Staatsgebiet von knapp 84 000 km². Sie zählte im Jahr 1919 circa 6,4 Millionen Einwohner, etwa 20 Prozent der Bevölkerung des ehemaligen Cisleithanien.

Aus der Wahl zur konstituierenden Nationalversammlung vom Februar 1919, an der erstmals auch die Frauen hatten teilnehmen können, waren die Sozialdemokraten mit 72 Mandaten als stärkste Fraktion hervorgegangen, gefolgt von den Christlichsozialen mit 69 und den deutschnational-freisinnigen Gruppierungen, die sich bald darauf unter Franz Dinghofer (*1873, †1956) in der Großdeutschen Volkspartei zusammenfanden, mit 26 Sitzen. Sozialdemokraten und Christlichsoziale bildeten eine große Koalition unter Staatskanzler Karl Renner (*1870, †1950) und Vizekanzler Jodok Fink (*1853, †1929). Die Regierung vereitelte Putschversuche der äußersten Linken und brachte im Frühjahr 1919 das »Gesetz betreffend die Landesverweisung und die Übernahme des Vermögens des Hauses Habsburg-Lothringen« durch das Parlament. Es verfügte die Abschaffung aller Vorrechte des früheren Herrscherhauses und verwies alle seine Angehörigen, soweit sie nicht auf Herrschaftsansprüche verzichteten, des Landes. Ein weiteres Gesetz hob alle adeligen Vorrechte auf und verbot in weiterer Folge auch das Führen von Adelsprädikaten. Exkaiser Karl war wenige Tage vor dem Inkrafttreten des Habsburgergesetzes mit seiner Familie ins Schweizer Exil gegangen. Nach vergeblichen Restaurationsversuchen in Ungarn starb der letzte regierende Habsburger am 1. April 1922 in Funchal auf Madeira. Seine Seligsprechung im Jahr 2004 kann wohl als eine späte Reminiszenz der katholischen Kirche an das im habsburgischen Spätabsolutismus verankerte Bündnis von Thron und Altar gelten.

Obwohl die Koalition zwischen Sozialdemokraten und Christlichsozialen im Juni 1920 zerbrochen war, beschloss das Parlament noch die Bundesverfassung vom 1. Oktober 1920 und erfüllte damit seinen Auftrag als konstituierende Nationalversammlung. Insgesamt fällt die Bilanz der revolutionären Phase der Republikgründung (Oktober 1918 bis Oktober 1920) positiv aus: Es war unter schwierigsten Rahmenbedingungen geglückt, den neuen Staat politisch und vorderhand auch wirtschaftlich einigermaßen zu festigen sowie durch eine moderne Sozialgesetzgebung Impulse für einen gesellschaftlichen Wandel zu setzen.

Beim Zusammenbruch der Habsburgermonarchie waren die Parteien der Kitt gewesen, der einen gemeinsamen, kleinösterreichischen Weg ermöglicht hatte. Nun aber vertiefte sich die Kluft zwischen den beiden großen politischen Lagern, zwischen »Rot« und »Schwarz«, zusehends, was sich insbesondere auch auf das Verhältnis zwischen Peripherie und Zentrale auswirkte: Ein Drittel aller Österreicher lebte in Wien, einer Metropole, die noch immer auf die Verhältnisse einer Großmacht zugeschnitten war, daher als »Wasserkopf« empfunden wurde und zudem fest in »roter« Hand war – im Gegensatz zu den anderen, konservativ dominierten Bundesländern, die sich überdies, aus dem Gesamtgefüge der Donaumonarchie gelöst, einem schmerzhaften Prozess der Provinzialisierung ausgesetzt sahen.

Seit den Neuwahlen vom 17. Oktober 1920 stellten die Christlichsozialen die stärkste Fraktion im Parlament, sie bedurften aber der Unterstützung der Großdeutschen. Zunächst amtierte der Historiker Michael Mayr (*1864, †1922) als Bundeskanzler, 1921 folgte ihm der dem großdeutschen Lager zugerechnete Wiener Polizeipräsident Johann Schober (*1874, †1932) nach. Als die Sanierung der Staatsfinanzen dringend notwenig wurde, trat 1922 mit dem Priester und Moraltheologen Ignaz Seipel (*1876, †1932) der gewichtigste Politiker der Christlichsozialen an die Spitze der Regierung. Zwar hatte sich die Konjunktur gut entwickelt, war die Zahl der Arbeitslosen von 350000 im Jahr 1919 innerhalb von zwei Jahren auf ein Zehntel gefallen, doch stiegen die Preise seit dem Herbst 1921 um mehr als 50 Prozent pro Monat. Von der Hyperinflation profitierten nur die Spekulateure, das Gros der Bevölkerung musste erhebliche Einkommensverluste hinnehmen, Ersparnisse gingen verloren. Besonders betroffen war der Mittelstand. Die Staatsschulden erreichten ein enormes Ausmaß, Österreich stand vor dem Bankrott, den nur mehr ausländische Hilfe abwenden konnte. Bundeskanzler Seipel überzeugte die Siegermächte, dass der wirtschaftliche Kollaps der Alpenrepublik Mitteleuropa in eine gefährliche Krise stürzen würde, und erwirkte auf der Grundlage der »Genfer Protokolle« vom 4. Oktober 1922 eine von Großbritannien, Frankreich, Italien und der Tschechoslowakei garantierte Anleihe in der Höhe von 650 Millionen Goldkronen. Österreich musste seine Finanzen der Kontrolle des Völkerbunds unterwerfen und sich zu einem strengen Sanierungsprogramm verpflichten. Dazu gehörte eine Währungsreform – am 1. Januar 1925 wurde der Schilling als Zahlungsmittel eingeführt –, der Abbau eines Drittels der Beamtenschaft sowie Steuererhöhungen und die Einführung neuer Steuern. Darüber hinaus hatte Österreich den Verzicht auf den Anschluss an das Deutsche Reich zu bestätigen. Die Sanierung des Staatshaushalts gelang, die der Wirtschaft allerdings nicht. Vor allem der Bankensektor blieb weiterhin höchst anfällig. Die um die Genfer Protokolle und das Sanierungspaket geführte, von den Sozialdemokraten angeheizte Debatte verschlechterte das politischen Klima empfindlich.

Bei den Neuwahlen des Jahres 1923 konnten die Christlichsozialen Zugewinne verbuchen, die aber nicht für die absolute Mehrheit ausreichten. Nachdem Bundeskanzler Seipel im Herbst 1924 bei einem Attentat schwer verletzt worden war, gingen die Regierungsgeschäfte an Rudolf Ramek (* 1881, † 1941) über, der 1926 wegen einer Finanz- und Bankenaffäre demissionierte. Nun folgte Seipels zweite Amtszeit. Für die Wahlen des Jahres 1927 bildete er eine gemeinsame Liste mit den Großdeutschen. Zwar verloren die Christlichsozialen Stimmen und Mandate, konnten aber – gemeinsam mit den Großdeutschen und dem Landbund, einer in freisinnigen Traditionen fußenden bäuerlichen Partei – eine Regierung bilden.

Die Militarisierung der politischen Lager hatte durch den Aufbau paramilitärischer Verbände im Verlauf der Zwanzigerjahre bedeutende Ausmaße erreicht. 1923/24 war aus Ordnerformationen der Sozialdemokratischen Partei der mit Infanteriewaffen ausgerüstete »Republikanische Schutzbund« gebildet worden. Auf konservativer Seite stand die »Frontkämpfervereinigung«, eine Organisation ehemaliger Frontsoldaten der k. u. k. Armee, in weiterer Folge vor allem aber die »Heimwehr« (regional auch »Heimatschutz« oder »Heimatwehr«), die nach dem Ersten Weltkrieg aus Selbstschutzverbänden entstanden war und sich auf Länderebene organisierte. Der Schutzbund zählte Ende der Zwanzigerjahre etwa 80 000 Mitglieder, die Heimwehr zumindest 150 000, davon ein Drittel militärisch Ausgebildete. Damit waren die Wehrverbände der politischen Lager weit stärker als das durch den Friedensvertrag von St. Germain auf 30 000 Mann limitierte Bundesheer. Es stand zunächst unter sozialdemokratischem Einfluss, den der Bundesminister für Heereswesen Carl Vaugoin (* 1873, † 1949) von 1922 an konsequent zugunsten der Christlichsozialen zurückdrängte.

Im Januar 1927 fielen im burgenländischen Schattendorf bei einem Zusammenstoß zwischen Frontkämpfern und Angehörigen des Schutzbunds Schüsse, wobei auf sozialdemokratischer Seite zwei Menschen ums Leben kamen. Als ein Geschworenengericht die Angeklagten freisprach, kam es in Wien zu Demonstrationen und Ausschreitungen, in deren Verlauf der Justizpalast in Flammen aufging und die Polizei auf die Demonstranten schoss. Obwohl diese »Julirevolte« 89 Todesopfer sowie mehr als 1 000 Verletzte forderte und die Sozialdemokratie massiv gegen den »Prälaten ohne Milde« Stellung bezog, konnte sich die Regierung Seipel zunächst halten. Der Graben zwischen dem »roten« und dem »schwarzen« Lager war freilich tiefer denn je. Das im Wesentlichen auf den »Chefideologen« der Sozialdemokratischen Arbeiterpartei, Otto Bauer, zurückgehende Linzer Programm (1926) wurde von bürgerlicher Seite wegen seines Bekenntnisses zum Marxismus als Aufruf zum Klassenkampf verstanden, weshalb die von Kanzler Seipel unterstützte Heimwehr zunehmend an Gewicht gewann. Sie sollte die Sozialdemokraten notfalls mit Gewalt in Schach halten. Die Linke erwog den Bürgerkrieg hingegen als letztes Mittel, sich gegen eine »Gegenrevolution der Bourgeoisie« zur Wehr zu setzen. Im Parlament zog das »dritte«, laizistisch-bürgerliche Lager (Großdeutsche und Landbund), um die »Diktatur des Proletariats« zu verhindern, zumeist mit den Christlichsozialen an einem Strang, in einer Reihe von gesellschaftspolitischen Fragen stand es den Sozialdemokraten aber näher als den Klerikalen.

Es war der Politik seit der Gründung der Ersten Republik nicht gelungen, dem demokratischen System eine breite Vertrauensbasis zu verschaffen – nicht zuletzt weil ihm führende Politiker selbst reserviert gegenüberstanden und angesichts der mannigfachen strukturellen Probleme mit autoritären Lösungen liebäugelten. Außerdem hatte sich an den patriarchalischen Strukturen der Gesellschaft und ihrer militaristischen Ausrichtung kaum etwas geändert. Am 18. Mai 1930 wandte sich die Heimwehr offen gegen den »westlich-demokratischen Parlamentarismus« und legte ein Bekenntnis zum Führerprinzip sowie zur Idee eines faschistischen Ständestaats ab. Zu den Exponenten der vom italienischen Diktator Benito Mussolini unterstützen Heimwehrbewegung gehörten Richard Steidle (*1881, †1940), Ernst Rüdiger (Fürst von) Starhemberg (*1899, †1956) und Emil Fey (*1886, †1938).

Bei den Nationalratswahlen im November 1930, denen seit dem Rücktritt Seipels im Frühjahr 1929 drei kurzlebige Kabinette vorangegangen waren, trat eine eigene Liste der Heimwehr (»Heimatblock«) an, erhielt aber nur acht Mandate. Erstmals seit 1919 lagen die Sozialdemokraten (72 Sitze) vor den Christlichsozialen (66 Sitze) und den Großdeutschen, die einen Listenverband mit dem Landbund bildeten (»Nationaler Wirtschaftsblock und Landbund«) und 19 Mandate erzielten. Aufgrund des Zusammenwirkens von Christlichsozialen, Großdeutschen und Landbund wurden auch in der Folge bürgerliche Regierungen gebildet. Sie hatten sich insbesondere mit den Folgen der Weltwirtschaftskrise auseinanderzusetzen, die Österreich von 1930 an hartnäckig im Griff hielt. Banken und

Versicherungen brachen zusammen; der massive Produktionsrückgang ließ die Arbeitslosenrate auf über 25 Prozent (1933) ansteigen, was sich auf die sozialen Verhältnisse dramatisch auswirkte. Ein strikter, der Budgetsanierung dienender Sparkurs verschärfte die Krise zusätzlich. Der 1931 erwogene Plan einer Zollunion mit Deutschland scheiterte am Widerstand Frankreichs. Auch mit Hilfe einer weiteren, 1932 vom Völkerbund zur Linderung der Finanznot in Österreich bewilligten Anleihe (Lausanner Protokolle, mit neuerlichem Anschlussverbot), konnte die Krise nicht überwunden werden.

Im Mai 1932 wurde Engelbert Dollfuß (* 1892, † 1934), der aus dem politisch einflussreichen Bauernbund stammte und dem vorangegangenen Kabinett als christlichsozialer Landwirtschaftsminister angehört hatte, von Bundespräsident Wilhelm Miklas (* 1872, † 1956) mit der Bildung einer Regierung beauftragt. Sie verfügte, gestützt auf Christlichsoziale, Heimatblock und Landbund, nur über eine äußerst knappe Mehrheit, die, so nahm man an, im Fall von Neuwahlen verloren gehen würde. Nachdem die Sozialdemokraten aus parteitaktischen Gründen 1931 das Angebot der Christlichsozialen zum Eintritt in eine Konzentrationsregierung ausgeschlagen hatten, verweigerten nun die Christlichsozialen eine Konsenspolitik mit der Linken, weil sie fürchteten, dadurch den Nationalsozialisten in die Hände zu spielen.

Die österreichische NSDAP hatte zwar bei den Parlamentswahlen des Jahres 1930 mit drei Prozent der Stimmen kein Grundmandat erreicht, konnte aber bei den folgenden Landtagswahlen teils erhebliche Zuwächse verzeichnen. Die nationalsozialistische Wählerschaft stammte keineswegs ausschließlich aus dem großdeutschen Lager. Ehemalige Heimatblock-Wähler stellten gleichfalls einen bedeutenden Anteil. Auch die Sozialdemokraten verloren Stimmen an die NSDAP, 1930 kam – außerhalb Wiens – annährend jeder dritte NSDAP-Wähler von ihnen. Zum bäuerlichen Milieu fanden die Nationalsozialisten vorerst kaum Zugang, im tertiären Sektor waren sie dagegen überproportional vertreten. Der Nationalsozialismus wurde von den Christlichsozialen nun zwar als politischer Widersacher wahrgenommen, den sie aber durch eine autoritäre Politik zu »überhitlern« gedachten. Ihren Hauptgegner erblickten sie nach wie vor in der Sozialdemokratie.

Die Gelegenheit, den Staat unter christlichsoziale Kontrolle zu bringen – mehr noch: ihn in antimarxistischem, antiliberalem und autoritärem Sinn umzugestalten –, bot sich am 4. März 1933: Bei der Abstimmung über einen von Sozialdemokraten und Großdeutschen im Parlament gegen die Regierung Dollfuß eingebrachten Misstrauensantrag gab es Unstimmigkeiten wegen der Gültigkeit eines Stimmzettels, woraufhin die drei Nationalratspräsidenten – der Sozialdemokrat Karl Renner, der Christlichsoziale Rudolf Ramek und der Großdeutsche Sepp Straffner (*1875, †1952) – zurücktraten. Dollfuß nützte die Gelegenheit, die ihm als Fügung Gottes schien. Die Wiedereinberufung des Nationalrats verhinderte der Kanzler durch den Einsatz der Polizei. Bundespräsident Miklas unterließ es, ihn aufzulösen und Neuwahlen auszuschreiben. Dollfuß argumentierte, das Parlament habe sich selbst ausgeschaltet, und regierte mit Notverordnungen auf der Grundlage des »Kriegswirtschaftlichen Ermächtigungsgesetzes« von 1917. Ende Mai setzte die Regierung alle Wahlen auf Bundes-, Landes- und Gemeindeebene aus. Es kam zur Einschränkung der Freiheitsrechte (Einführung der Zensur, Versammlungs- und Aufmarschverbot). Die Todesstrafe wurde wieder eingeführt, Anhaltelager für politische Gegner entstanden; die von Kardinal Theodor Innitzer (*1875, †1955) in Österreich repräsentierte katholischen Kirche, die die Ausschaltung des Parlaments ausdrücklich begrüßte, gewann an politischem Einfluss. Auf Wunsch der Wirtschaft erfolgte der Abbau von Sozialleistungen. Ab 1933 setzte in der öffentlichen Verwaltung die konsequente Diskriminierung jüdischer Beamter ein, viele von ihnen wurden unter dem Vorwand, sie stünden der Linken nahe, aus ihren Stellen entfernt.

Am 20. Mai 1933 wurde die Christlichsoziale Partei in die »Vaterländische Front« umgewandelt, die nun eine »überparteiliche« Vereinigung »aller vaterlandstreuen Österreicher und Österreicherinnen« sein wollte, in Wahrheit aber die politische Monopolorganisation des Ständestaats sein sollte. Ihr erster Bundesführer war Engelbert Dollfuß. Mit der Integration der Heimwehr als Hilfspolizei in den Staatsapparat sicherte sich die Regierung deren Potential. Es folgten das Verbot der Kommunistischen Partei, des republikanischen Schutzbunds und schließlich der zunehmend aggressiv auftretenden NSDAP. Die Betroffenen gingen in die Illegalität, manche auch ins Ausland. Deutschland, wo Adolf Hitler die Macht ergriffen hatte, reagierte mit der »Tausend-Mark-Sperre«, einer Visumtaxe von 1 000 Mark für die Einreise nach Österreich, die den Fremdenverkehr schwer belastete.

Obwohl sich die Führung der Sozialdemokratie in hohem Maß nachgiebig gezeigt hatte, wurde – unter dem Einfluss Mussolinis – die ihr gegenüber eingeschlagene Gangart zusehends härter, wofür neben Dollfuß vor allem Emil Fey als Vizekanzler und Heimwehrführer verantwortlich war. Als Heimwehrangehörige am 12. Februar 1934 die Parteizentrale der Linzer Sozialdemokraten durchsuchen wollten, eskalierte die Situation. Schutzbündler leisteten bewaffneten Widerstand, woraufhin die Auseinandersetzungen auf Wien und die Industriegebiete Ober- und Niederösterreichs sowie der Steiermark übergriffen und es zu teils heftigen Gefechten kam. Bundesheer, Polizei und die rechten Wehrverbände waren vorbereitet, ein Aufruf zum Generalstreik blieb wirkungslos, daher behielt die Regierung ohne große Probleme die Kontrolle. Bei den vier Tage dauernden »Februarkämpfen«, in deren Verlauf über 1600 Menschen getötet oder verletzt wurden, kam auch Artillerie gegen Wiener Gemeindebauten zum Einsatz. Neun Schutzbündler wurden nach dem Standrecht hingerichtet, außerdem kam es zu mehr als 10000 Verhaftungen. Noch am 12. Februar wurde die SDAP samt ihren Unterorganisationen verboten. Führende Sozialdemokraten wie Otto Bauer und Julius Deutsch (* 1884, † 1968) emigrierten in die Tschechoslowakei. Die Schatten des Bürgerkriegs reichen bis in die Gegenwart.

Der »Ständestaat« (1934–1938)

Nach der Eliminierung der Sozialdemokratie wollte das Regime den Staat rasch in seinem Sinn umgestalten, dabei aber den Anschein der Legalität wahren. Symbolträchtig am 1. Mai 1934 trat eine neue, von Minister Otto Ender (* 1875, † 1960) entworfene Verfassung – teilweise – in Kraft. Sie machte, beeinflusst von der Enzyklika *Quadragesimo Anno* Papst Pius' XI., aus der Republik Österreich einen »christlichen deutschen Bundesstaat auf ständischer Grundlage« – den »Ständestaat«, in dem die Staatsgewalt nicht vom Parlament, sondern von berufständisch organisierten Kammern ausgeht. Tatsächlich aber konzentrierte sich die Macht auf den Kanzler und die Regierung, lediglich ein Teil der Berufsstände wurde eingerichtet, die weiteren beratenden bzw. beschließenden Organe dienten im Grunde nur dazu, die autoritären Strukturen zu kaschieren. Gleichzeitig wurde ein Konkordat zwischen Österreich und dem Heiligen Stuhl ratifiziert, das die Zugriffsmöglichkeiten der katholischen Kirche auf das Schulwesen vergrößerte und das Eherecht dem Einfluss der staatlichen Machtsphäre entzog.

Der Ständestaat war durchaus repressiv – er verletzte Menschenrechte, übte Druck aus, internierte »sicherheitsgefährliche Personen« ohne Beiziehung der Gerichte –, aber nicht grundsätzlich terroristisch, auch ausgesprochen konservativ, etwa hinsichtlich der Renaissance monarchistischer Relikte oder der Rekatholisierung des öffentlichen Lebens im Stil einer Gegenreformation. Auf die heftig diskutierte Frage, ob er faschistisch oder »nur« autoritär gewesen sei, kann es wohl keine eindeutige Antwort geben: Der Ständestaat »muß im Konnex mit dem zeitgenössischen Faschismus gesehen werden, er muß aber ebenso in den Traditionen des spezifisch österreichischen Autoritarismus interpretiert werden – vom Metternichschen Polizeistaat über den Neoabsolutismus bis zum Kriegsabsolutismus des Ersten Weltkrieges. Jedenfalls unterschied er sich vom vollfaschistischen Typus: in der Intensität der terroristischen Unterdrückung, in der weniger lückenlosen Propaganda, in der letztlich ziemlich undichten Kontrolle des Staatsapparates, im Fehlen der Massenmobilisierung« (Ernst Hanisch). Aus der Distanz von 70 Jahren erscheint er in vielem als ein etwas unbeholfener »Imitationsfaschismus«.

Seit der Ausschaltung der Sozialdemokratie verstärkten die illegalen Nationalsozialisten, von Hitlerdeutschland unterstützt, ihre propagandistischen und zunehmend auch terroristischen Aktivitäten. Sie gipfelten am 25. Juli 1934 in einem Putschversuch. Angehörige der illegalen SS drangen in Wien in das Bundeskanzleramt ein, wobei sie Bundeskanzler Dollfuß erschossen. Eine andere Gruppe besetzte das Gebäude des Rundfunks (RAVAG), um mit der Meldung, Dollfuß habe die Macht an den ehemaligen Landeshauptmann der Steiermark Anton Rintelen (*1876, †1946), nun österreichischer Gesandter in Rom, übertragen, das Signal zu einer allgemeinen Erhebung zu geben. Während die Lage in Wien rasch geklärt war, kam es in Teilen Kärntens, der Steiermark und Oberösterreichs zu mehrtägigen Kämpfen, bei denen 269 Menschen starben. Deutschland griff, nachdem Mussolini an der österreichischen Grenze Truppen hatte aufmarschieren lassen, nicht ein. 13 der Putschisten wurden hingerichtet, etwa 4000 Personen in Anhaltelager eingewiesen. Der Ständestaat hatte seinen Märtyrer und pflegte fortan den Kult des »Heldenkanzlers« mit großer Hingabe. Das Amt des Bundeskanzlers übernahm Kurt (von) Schuschnigg (*1897, †1977), an die Spitze der Vaterländischen Front trat Ernst Rüdiger Starhemberg.

Die Grundzüge der ständestaatlichen Wirtschaftspolitik waren antikapitalistisch, antimodernistisch und strukturkonservierend, was sich etwa in der Abkehr von der seit Jahrzehnten gültigen Gewerbeordnung und der Wiedereinführung des Zunftwesens im Jahr 1935 zeigt. Staatliche Maßnahmen beschränkten sich auf zwar prestigeträchtige, ökonomisch aber wenig effiziente Unternehmungen, vor allem Straßenbauprojekte wie die Errichtung der Großglockner-Hochalpenstraße. Die Zahl der Arbeitslosen blieb in Österreich daher weiterhin hoch, während sie im nationalsozialistischen Deutschland rasch sank und damit die Hoffnung nährte, der Anschluss würde der wirtschaftlichen Misere und der Not der Langzeitarbeitslosen ein Ende setzen. Ein großer Teil der Unternehmerschaft, vor allem im westlichen Österreich, sympathisierte gleichfalls mit den Nationalsozialisten bzw. dem Anschluss an das Deutsche Reich, von dem man sich einen Aufschwung versprach.

Ungünstig war auch Österreichs außenpolitische Situation. Gegen Hitlers erklärtes Ziel, seine österreichische Heimat »heim ins Reich« zu führen, fand der Ständestaat in erster Linie beim faschistischen

Italien Rückhalt. Mit den Römischen Protokollen des Jahres 1934 sollte die wirtschaftliche Zusammenarbeit der beiden Staaten vertieft werden, sie schränkten aber auch den österreichischen Handlungsspielraum ein. Im selben Jahr garantierten England, Frankreich und Italien in einer Dreimächteerklärung die Unabhängigkeit Österreichs.

Als Mussolini wegen des Abessinienkriegs aber politisch isoliert und von Hitlerdeutschland abhängig wurde, sah sich auch Kanzler Schuschnigg zu einem Kurswechsel genötigt, zumal Österreich die italienische Aggressionspolitik im Völkerbund vorbehaltlos verteidigt und damit England nachhaltig verärgert hatte: 1936 schlossen Österreich und das Deutsche Reich das »Juliabkommen«. Hitler garantierte darin die Souveränität Österreichs, erklärte den österreichischen Nationalsozialismus zur inneren Angelegenheit und hob die Tausend-Mark-Sperre auf. Die Regierung Schuschnigg verpflichtete sich zu einer Politik »als deutscher Staat«, zur Beteiligung der »nationalen Opposition« an der Regierung und Amnestierung der inhaftierten Nationalsozialisten. Schuschnigg ernannte Edmund Glaise-Horstenau (*1882, †1946) zum Minister ohne Portefeuille und Guido Schmidt (*1901, †1957) zum Staatssekretär des Äußeren. Parallel dazu erfolgte die Entmachtung Starhembergs, der weiterhin auf die italienische Karte setzte, und, nach heftigen inneren Konflikten, die Auflösung der Heimwehr.

Schuschnigg mochte gehofft haben, eine Politik der Entspannung würde ihn Zeit gewinnen lassen, allenfalls auch das nationale Lager spalten, um gemäßigte Kräfte für eine Mitarbeit in der Vaterländischen Front zu gewinnen. Eine Schlüsselrolle war dabei Katholisch-Nationalen wie dem Offizier und Historiker Glaise-Horstenau oder dem zum Staatsrat ernannten und mit der »Angelegenheit der Befriedung der nationalen Kreise« betrauten Rechtsanwalt Arthur Seyß-Inquart (*1892, †1946) zugedacht.

Adolf Hitler und seine Umgebung blieben freilich aus ideologischen und insbesondere auch wirtschaftlichen Gründen entschlossen, den Anschluss Österreichs bei passender Gelegenheit zu vollziehen. Schuschniggs Politik hatte daher allenfalls aufschiebende Wirkung. Im Grunde fielen die Würfel, als Mussolini im September 1937 Hitler freie Hand in der österreichischen Frage gab und England wenig später erkennen ließ, die Eingliederung der Alpenrepublik ins Deutsche Reich gegebenenfalls zu tolerieren.

Bei einer Unterredung am 12. Februar 1938 in Berchtesgaden setzte Hitler den österreichischen Kanzler mit der Drohung eines Einmarsches massiv unter Druck. Schuschnigg sah sich gezwungen, Seyß-Inquart zum Innen- und Sicherheitsminister zu bestellen, damit die Kontrolle über den Exekutivapparat aus der Hand zu geben und den österreichischen Nationalsozialisten de facto freie politische

Entfaltung zuzugestehen. Der Versuch, Österreichs Souveränität durch die Aufnahme eines der Sozialdemokratie zugerechneten Staatssekretärs zu retten, kam viel zu spät und blieb wirkungslos, ebenso die Ankündigung einer Volksabstimmung »für ein freies und deutsches, unabhängiges, christlich und soziales Österreich« am 13. März 1938. Angesichts des Aufmarsches deutscher Truppen an der Grenze sowie aufgrund der Tatsache, dass der Staatsapparat längst von Nationalsozialisten durchsetzt war, verlor das Regime vollends die Kontrolle über das Geschehen. Auf ein Ultimatum Hitlers erklärte Schuschnigg am 11. März zunächst die Absage der Abstimmung und trat am selben Abend als Kanzler zurück.

Kunst und Wissenschaft zwischen den Weltkriegen

Das Jahr 1918 segmentierte einen weitläufigen, gerade in seiner Vielfalt höchst fruchtbaren Kulturraum, verengte die Bezugsfelder, provinzialisierte und entwurzelte. Nicht zuletzt deswegen blieben die Donaumonarchie und ihre Gesellschaft präsent: in Joseph Roths (*1894, †1939) Romanen »Radetzkymarsch« und »Die Kapuzinergruft« ebenso wie in Robert Musils (*1894, †1942) Hauptwerk, dem allerdings erst nach dem Zweiten Weltkrieg bekannt gewordenen »Mann ohne Eigenschaften«. Während sich Hermann Broch (*1886, †1951) in der Trilogie »Die Schlafwandler« mit dem Zerfall der Wertesysteme in der Wendezeit des wilhelminischen Deutschland auseinandersetzte, bot Heimito von Doderer (*1896, †1966) – erst nach dem Zweiten Weltkrieg – in »Die Strudlhofstiege oder Melzer und die Tiefe der Jahre« eine treffende Analyse der Wiener Gesellschaft der ersten Jahrzehnte des 20. Jahrhunderts. Stefan Zweig (*1881, †1942), beim zeitgenössischen Publikum vor allem als Autor historisch-biografischer Romane beliebt, idealisierte das großbürgerliche Wiener Fin de Siècle zur »goldenen Zeit«. Neben ihm zählte Franz Werfel (*1890, †1945) zu den erfolgreichsten österreichischen Erzählern der Zwischenkriegszeit. Während Zweig Österreich aber schon 1934 verließ, war Werfel dem Ständestaat künstlerisch und politisch verbunden. In »Die vierzig Tage des Musa Dagh« widmete er sich dem Freiheitskampf der Armenier gegen die Türken. An katholisch-barocke Kulturtraditionen knüpften Hugo von Hofmannsthal (*1874, †1929) und der Regisseur Max Reinhardt (*1873, †1943) an. Sie riefen 1920 die Salzburger Festspiele ins Leben, um den mit dem Untergang des Kaiserstaats eingetretenen kulturellen Bruch zu überwinden. Zunächst standen Hofmannsthals Mysterienspiele »Jedermann« und das »Große Salzburger Welttheater« im Mittelpunkt, in weiterer Folge kamen auch Opernproduktionen hinzu. Im Gegensatz dazu zeichnete Ödön von Horváth (* 1901, † 1938) in seinem Volksstück »Geschichten aus dem Wienerwald« ein bedrückendes Bild kleinbürgerlicher Realität. Als wichtiger politischer Schriftsteller der Linken profilierte sich in den Dreißigerjahren Jura Soyfer (* 1912, † 1939). Für das beliebte Genre der »Heimatkunst«, die das Bodenständig-Ländliche dem Großstädtisch-Dekadenten gegenüberstellte und deswegen sowohl vom Ständestaat wie vom Nationalsozialismus vereinnahmt wurde, stehen in der Literatur Josef Weinheber (* 1883, † 1945) und Karl Heinrich Waggerl (* 1897, † 1973). Erfahrungen aus der Zwischenkriegs- und Kriegszeit verarbeitete der spätere Träger des Literaturnobelpreises Elias Canetti (* 1905, † 1994) in seinem 1960 erschienenen Hauptwerk »Masse und Macht«.

Die Malerei zwischen den beiden Weltkriegen repräsentieren in Österreich unter anderem der Kärntner Herbert Boeckl (* 1894, † 1966), der Salzburger Anton Faistauer (* 1887, † 1930) und der aus Mähren stammende, in Kärnten ansässige Anton Kolig (* 1886, † 1950). Zunächst vom Expressionismus geprägt, schufen sie teils monumentale Werke von üppiger Farbigkeit, die sich bei Faistauer und Boeckl durchaus in barocker Tradition verstehen. Der Abstraktion näherte sich Boeckl erst nach dem Zweiten Weltkrieg an. Anton Hanak (* 1875, † 1934) erneuerte die österreichische Plastik, indem er sie durch ausdrucksstarke Figürlichkeit und Monumentalität von der Architektur zu lösen suchte.

Städtebauliche Maßstäbe setzten die Gemeindebauten im »roten« Wien, Großwohnanlagen wie der Karl-Marx-Hof mit mehr als 1 300 Wohneinheiten. »Festungen des Mieterschutzes« nannte sie der sozialdemokratische Politiker Otto Glöckel (* 1874, † 1935) und spielte damit auch auf den Baustil an. Im Katholizismus verwurzelt und ein kulturpolitischer Repräsentant des Ständestaats war der Architekt Clemens Holzmeister (* 1886, † 1983). Zu seinem umfangreichen Oeuvre zählen in Österreich Umbauten des ersten Salzburger Festspielhauses (»Felsenreitschule«), das Große Festspielhaus sowie zahlreiche Kirchen; von 1938 bis in die Fünfzigerjahre wirkte er überwiegend in der Türkei. Zum Wegbereiter einer modernen alpinen Architektur wurde Lois Welzenbacher (* 1889, † 1955).

Für die klassische Moderne in der Musik stehen Arnold Schönberg und seine Schüler Alban Berg (* 1885, † 1936) sowie Anton von Webern (* 1883, † 1945). Ihre oft umstrittenen Werke, darunter Bergs 1925 uraufgeführte Oper »Wozzeck«, erreichten freilich nur einen verhältnismäßig kleinen, elitären Kreis an Interessenten.

Trotz der schwierigen wirtschaftlichen Lage und einem strikten Sparkurs der Regierung konnte auf dem Gebiet der Wissenschaften das Vorkriegsniveau einigermaßen gehalten werden. Der Wirtschaftswissenschaftler Ludwig von Mises (* 1881, † 1973) führte die betont liberale, staatliche Eingriffe strikt ablehnende »Österreichische Schule« der Nationalökonomie weiter. Zu seinen Schülern zählt Friedrich August von Hayek (*1899, †1992), der als einer der wichtigsten Denker des Liberalismus im 20. Jahrhundert 1974 mit dem Nobelpreis für Wirtschaftswissenschaften ausgezeichnet wurde. Ähnliche Bedeutung besaß der »Wiener Kreis«, eine Gruppe von Philosophen und Wissenschaftstheoretikern, die sich in den Zwanziger- und Dreißigerjahren um Moritz Schlick (*1882, †1936) sammelte und zu dem auch Ludwig Wittgenstein (*1889, †1951) sowie – von Schlick allerdings zurückgewiesen – Karl Popper (*1902, †1994) Kontakte pflegten. Der Wiener Kreis entwickelte den logischen Empirismus, der sich als Gegenpol zum Idealismus, zu Metaphysik und Mystik, aber auch zur Psychoanalyse Sigmund Freuds verstand. Hans Kelsen (*1881, †1973) stellte den Rechtspositivismus auf eine neue theoretische Grundlage; er war maßgeblich an der Formulierung der Bundesverfassung von 1920 beteiligt. Wien blieb ein Zentrum psychologischer Forschung, hier begründete Alfred Adler (*1870, †1937), nachdem er sich von Freud abgewandt hatte, die Individualpsychologie. 1936 ging der Nobelpreis für Medizin an Otto Loewi (*1873, †1971), der die chemische Übertragung der Nervenimpulse entdeckt hatte. Lorenz Böhler (*1885, †1973) schuf die moderne Unfallchirurgie und initiierte in Wien die Einrichtung des weltweit ersten Unfallkrankenhauses. Nobelpreise für Chemie erhielten Fritz Pregl (*1869, †1930), Richard Zsigmondy (*1865, †1929) und Richard Kuhn (*1900, †1967), für Physik Erwin Schrödinger (*1887, †1961), Viktor Hess (*1883, †1964) und Wolfgang Pauli (*1900, †1958). Entscheidend zur Entdeckung der Kernspaltung trug Lise Meitner (*1878, †1968) bei. Zu den wichtigsten österreichischen Historikern der Ersten Republik zählten Heinrich von Srbik (*1878, †1951), der groß- und kleindeutsche Geschichtsschreibung zu einer »gesamtdeutschen« Geschichtsauffassung harmonisieren wollte und 1929/30 der Regierung Schober als Unterrichtsminister angehörte, sowie der auf Fragen der Wirtschafts- und Verfassungsgeschichte spezialisierte Mediävist Alfons Dopsch (*1868, †1953).

Bessere Arbeitsbedingungen ließen freilich schon während der Zwanzigerjahre eine Reihe von Forschern ins Ausland, vor allem nach Deutschland und in die Vereinigten Staaten, abwandern. Eine weitere Zäsur bildete das Jahr 1934; nicht nur Politiker der Linken kehrten Österreich den Rücken, sondern auch Künstler und Intellektuelle.

»Anschluss« an Hitlerdeutschland, nationalsozialistische Herrschaft und Zweiter Weltkrieg (1938–1945)

Am späten Abend des 11. März 1938 waren die österreichischen Nationalsozialisten faktisch an der Macht, nachdem Bundespräsident Miklas Arthur Seyß-Inquart zum Kanzler ernannt und seine Regierungsliste unterzeichnet hatte. Des von Hitler bereits befohlenen Einmarsches deutscher Truppen am folgenden Morgen hätte es nicht mehr bedurft, er ließ sich aber nicht mehr stoppen. Widerstand wurde nicht geleistet. Am 13. März beschloss die Regierung das Bundesverfassungsgesetz über die »Wiedervereinigung Österreichs mit dem Deutschen Reich«. Nicht zuletzt angesichts des Jubels, mit dem breite Kreise der Bevölkerung auf den Anschluss reagierten, blieb es auf dem internationalen Parkett bei einigen lauen Protesten, die relevanten Mächte akzeptierten die Annexion Österreichs. Am 15. März verkündete der aus Braunau in Oberösterreich gebürtige Adolf Hitler auf dem Wiener Heldenplatz »den Eintritt meiner Heimat in das Deutsche Reich«.

Unverzüglich setzten staatlicher Terror und massive Repressionen gegen Funktionäre des Ständestaats, andere tatsächliche oder potentielle Gegner des Regimes und vor allem – auf der Grundlage der »Nürnberger Gesetze« – gegen die jüdische Bevölkerung ein. Zehntausende wurden bereits in den ersten Tagen verhaftet, kamen in Gefängnisse oder Konzentrationslager, viele andere entzogen sich dem NS-Regime durch Flucht oder Emigration, nicht wenige durch Suizid. Österreichs Kulturschaffen und Wissenschaft erlitt einen enormen Aderlass; fast alle bedeutenden Schriftsteller, Künstler, Wissenschaftler und Intellektuellen, unter ihnen Hermann Broch, Elias Canetti, Ödön von Horváth, Robert Musil, Joseph Roth, Franz Werfel, Stefan Zweig, Arnold Schönberg, Clemens Holzmeister, Sigmund Freud Ludwig von Mises und Karl Popper, emigrierten, andere wie Jura Soyfer kamen in Vernichtungslagern um. Die im Land Bleibenden hatten die Wahl zwischen kultureller Mittäterschaft und der Inneren Emigration.

Mit enormem propagandistischen Aufwand sowie wirtschaftlichen und sozialen Maßnahmen bereiteten die neuen Machthaber die auf den 10. April festgesetzte Volksabstimmung vor, mit der die Annexion Österreichs plebiszitär legitimiert werden sollte. Ihr Ergebnis – 99,6 Prozent Ja-Stimmen – ist angesichts der Umstände freilich wenig aussagekräftig. Im Vorfeld hatten sich auch die österreichischen Bischöfe und der Sozialdemokrat Karl Renner, der erste österreichische Staatskanzler, für ein »Ja« ausgesprochen. Der »Anschluss« löste in Österreich eine beträchtliche wirtschaftliche Dynamik, eine »dritte Gründerzeit«, aus und brachte »messbare Modernisierungsschübe« (Ernst Hanisch) mit sich. Großprojekte wie der Autobahnbau oder der Ausbau der Schwer- und Rüstungsindustrie (u. a. »Reichswerke Hermann Göring« in Linz) ließen die Arbeitslosigkeit rasch sinken und schienen die in die Angliederung an den deutschen Wirtschaftsraum und seine Hochkonjunktur gesetzten Hoffnungen zu bestätigen. Bürokratisch geplante und durchgeführte »Arisierungen« veränderten die Besitzverhältnisse in der Wirtschaft vor allem zugunsten von NS-Sympathisanten. Mehr als 30 000 jüdische Unternehmen und Betriebe waren in Österreich davon betroffen. Allein in Wien wurden außerdem etwa 70 000 Wohnungen »arisiert«. Auch Kulturgüter gelangten auf diese Weise in großer Zahl in andere Hände, nicht zuletzt in öffentliche Einrichtungen wie Museen und Bibliotheken.

Mit der Eingliederung des »Landes« Österreich – in der NS-Terminologie die »Ostmark« – gingen strukturelle Veränderungen Hand in Hand. Bundeskanzler Seyß-Inquart führte vom 15. März 1938 an den Titel »Reichsstatthalter in Österreich«, er unterstand aber dem »Reichskommissar für die Wiedervereinigung Österreichs mit dem Deutschen Reich« Josef Bürckel (*1895, †1944). Aus der Bundesregierung war die verkleinerte »Österreichische Landesregierung« geworden. Mit ihrer durch das Ostmarkgesetz vom 14. April 1939 verfügten Auflösung gingen die Kompetenzen des Reichsstatthalters in Österreich auf den Reichskommissar über, dessen Funktion am 31. März 1940 erlosch.

Als Mittelinstanzen entstanden sieben Reichsgaue (die »Ostmark-Reichsgaue« bzw. ab 1942 »Alpen- und Donaureichsgaue« Kärnten, Oberdonau, Niederdonau, Salzburg, Steiermark, Tirol mit Vorarlberg und Wien), wobei das Burgenland zwischen der Steiermark und Niederdonau aufgeteilt und Osttirol zu Kärnten geschlagen wurde. Die gemäß dem Münchener Abkommen vom 29. September 1938 von der Tschechoslowakei abgetretenen südböhmischen Gebiete kamen zu Ober- und Niederdonau. An der Spitze der Reichsgaue standen dem Innenminister unterstellte Reichsstatthalter, die als Gauleiter auch die gleichfalls auf Gauebene gegliederte Parteiorganisation leiteten. Anstelle der Bezirkshauptleute amtierten von 1939 an als politische Behörden erster Instanz Landräte, ihre Sprengel hießen Landkreise. Charakteristisch für das NS-System war auch in Österreich einerseits die Verschmelzung von Partei und Staat, andererseits das oft von heftigen Konkurrenzkämpfen geprägte Nebeneinander verschiedener Parteiorganisationen, von denen die gefürchtetste, Heinrich Himmlers SS-Gestapo-Komplex, zusehends an Einfluss gewann.

Die Integration der Bevölkerung in den NS-Staat wurde mit Zuckerbrot und Peitsche vorangetrieben. Es war dem Regime zunächst gelungen, durch die Hebung des Lebensstandards, durch soziale Maßnahmen zugunsten der Arbeiter und der Bauern eine Art Aufbruchsstimmung zu schaffen. Der wirtschaftliche Aufschwung tat ein Übriges. Dazu kamen mentale Aspekte: Man war aus der Enge des außenpolitisch machtlosen Ständestaats herausgetreten, gehörte zu einer großen Nation, deren Führer alles zu gelingen schien, auch die Tilgung der Schmach von 1918/19. Der Preis – Wohlverhalten – war für viele zahlbar, man arrangierte sich. Ein gut geschulter Apparat von Meinungsmultiplikatoren ging daran, bis in die hintersten Alpentäler Propaganda für den NS-Staat zu betreiben. Über Schule, Hitlerjugend (HJ) und Bund Deutscher Mädel (BDM) griff das Regime auf Kinder und Jugendliche zu.

Der Umsturz im Frühjahr 1938 veränderte die sozialen Hierarchien, ermöglichte Karrieren, vor allem für junge fortschrittsgläubige Technokraten ohne Skrupel. Zwar wurde eine Reihe führender Positionen von Reichsdeutschen eingenommen, dennoch blieb der Anteil der Österreicher, die den NS-Machtapparat mittrugen, hoch. Etwa 700 000 traten der NSDAP bei oder waren Anwärter, nicht wenige jedoch, um ihre materielle Existenz zu sichern. Insbesondere im öffentlichen Dienst war der Anpassungsdruck hoch.

Auf der anderen Seite standen jene 100 000 Menschen, die zwischen 1938 und 1945 aus politischen Gründen in Haft kamen, und jene 2 700, die wegen aktiven Widerstands hingerichtet wurden. Im Sommer 1939 begann das Regime mit der Ermordung kranker Kinder. Der »Euthanasie« fielen allein in der Vernichtungsanstalt Hartheim (Gemeinde Alkoven, Oberösterreich) zwischen Mai 1940 und September 1941 mehr als 18 000 psychisch Kranke und Behinderte zum Opfer. Proteste der katholischen Kirche bewirkten schließlich den Abbruch des Programms. Noch 1938 war der in Österreich aufgewachsene Adolf Eichmann nach Wien beordert worden, um dort die »Zentralstelle für jüdische Auswanderung« einzurichten. In knapp anderthalb Jahren verließen 150 000 Juden zwangsweise das Land. Die Deportation der in Österreich verbliebenen, in Wiener Ghettos zusammengetriebenen Juden setzte 1941 ein, mehr als 65 000 von ihnen fanden in Vernichtungslagern den Tod, ebenso auch etwa 6 000 Sinti und Roma. Annähernd 200 000 Menschen, Angehörige von mehr als 30 Nationen, kamen wegen ihrer politischen oder religiösen Überzeugung, ihrer Homosexualität, aus »rassischen« Gründen, als »Kriminelle« oder »Asoziale«, aber auch als Kriegsgefangene in das noch 1938 unweit von Linz eingerichtete Konzentrationslager Mauthausen bzw. seine Nebenlager, 120 000

Häftlinge starben an den Folgen von Zwangsarbeit, Krankheiten, Unterernährung, medizinischen Versuchen oder wurden von den Wachmannschaften ermordet. Annährend eine Million Frauen und Männer (insbesondere Zivilarbeiterinnen und -arbeiter aus den besetzten Gebieten, Kriegsgefangene, KZ-Häftlinge, ungarische Juden) mussten zwischen 1939 und 1945 auf österreichischem Gebiet Zwangs- bzw. Sklavenarbeit leisten. Sie kamen in der Industrie und im Gewerbe ebenso zum Einsatz wie in der Landwirtschaft, zuletzt auch im Stellungsbau. Viele überlebten die harten Arbeitsbedingungen nicht.

Nach dem Anschluss wurde das österreichische Bundesheer aufgelöst, ein großer Teil seiner Offiziere und Soldaten – etwa 66000 Mann – in die Wehrmacht übernommen. Mit dem Einmarsch deutscher Truppen in Polen am 1. September 1939, der den Zweiten Weltkrieg verursachte, begannen in den Wehrkreisen XVII (Ostösterreich) und XVIII (Westösterreich) die Einberufungen zum Kriegsdienst in der Deutschen Wehrmacht, der Luftwaffe und der Kriegsmarine. Zwar wiesen einzelne Verbände einen größeren Anteil österreichischer Soldaten auf, die Aufstellung rein österreichischer Verbände vermied die Heeresführung. Zehntausende meldeten sich freiwillig zur Waffen-SS oder wurden im weiteren Kriegsverlauf zu ihr eingezogen. Insgesamt leisteten von 1939 bis 1945 etwa 1,25 Millionen Österreicher sowie auch Österreicherinnen (Frauen vor allem im Sanitätswesen und als Nachrichtenhelferinnen) militärische Dienste. Fast 247000 von ihnen ließen ihr Leben, etwa 100000 kehrten als Invaliden zurück, eine halbe Million Österreicher geriet in Kriegsgefangenschaft.

Im August 1943 bombardierten amerikanische Flugzeuge mit Wiener Neustadt erstmals ein Ziel in Österreich. Mit dem Vorrücken in Italien steigerten die Alliierten Frequenz und Intensität der vor allem gegen Industrieanlagen und die Verkehrsinfrastruktur gerichteten Luftangriffe zusehends, wobei allerdings auch Wohnsiedlungen und Städte getroffen wurden. In Wiener Neustadt waren bei Kriegsende 40 Prozent der Gebäude völlig zerstört, weitere 48 Prozent beschädigt. Graz erlebte 58 Bombardements, Wien 52. Der Luftkrieg über Österreich kostete etwa 26000 Zivilisten das Leben und forderte 40000 Verletzte. Jagdflieger und Flugabwehr, bei der auch Schüler als Luftwaffenhelfer zum Einsatz kamen, konnten den Bombergeschwadern der Amerikaner und Engländer wenig entgegensetzen. Verdunkelung, Fliegeralarm und zahllose bange Stunden in den Luftschutzkellern bestimmten zunehmend das Alltagsleben der Zivilbevölkerung.

Die Menschen hatte den Krieg nicht – wie 1914 – euphorisch begrüßt. Es war offenkundig, dass er wieder die Welt erschüttern und enorme Opfer fordern würde. Nach den »Blitzkriegen« der Wehrmacht gegen Polen und Frankreich, selbst noch während des erfolgreichen Vorstoßes nach Russland glaubten aber viele an den »Endsieg«. Erst mit dem Untergang der 6. Armee in Stalingrad Anfang des Jahres 1943 und der Ausweitung des Luftkriegs auf österreichisches Gebiet, das bis dahin als »Reichsluftschutzkeller« gegolten hatte, begann die Stimmung zu kippen. Das destabilisierte das Regime jedoch nicht ernstlich, zumal die Versorgung der Bevölkerung – anders als im Ersten Weltkrieg – im Großen und Ganzen aufrechterhalten werden konnte.

Unter diesen Voraussetzungen vermochte der Widerstand gegen ein System, das die Klaviatur der Unterdrückung und des Terrors bestens beherrschte, nicht an Breite zu gewinnen. Regimefeindliche Zellen und Gruppen blieben isoliert, an Ideologien, ehemalige Parteien und Organisationen gebunden. Das Spektrum reichte vom monarchistischen Widerstand bis zu den besonders aktiven Kommunisten. Für viele bot die katholische Kirche Rückhalt und Raum für Widersetzlichkeit. 27 österreichische Priester starben deswegen in Konzentrationslagern und Gefängnissen, 15 wurden hingerichtet. Bewaffneten Widerstand leisteten slowenische Partisanen in Südkärnten sowie in den nach dem Überfall auf Jugoslawien zur Steiermark geschlagenen untersteirischen Gebieten. Nicht wenige gingen, ihrem Gewissen folgend, den Weg individueller Verweigerung konsequent zu Ende, unter ihnen Franz Jägerstätter (* 1907, † 1943), ein oberösterreichischer Bauer, der, von der Ungerechtigkeit des Kriegs zutiefst überzeugt, den Tod unter dem Fallbeil dem Wehrdienst vorzog. Nach dem Attentat auf Hitler vom 20. Juli 1944 war es zwar zunächst gelungen, im Rahmen der Operation »Walküre« führende NS-Funktionäre festzusetzen, nach kurzer Zeit brach der Umsturzversuch aber auch in Österreich zusammen. Erst gegen Ende des Kriegs entstand das »Provisorische Österreichische Nationalkomitee«, das koordinierend wirken wollte, formierten sich örtliche Widerstandsgruppen, versuchten Zivilisten wie Soldaten unter Einsatz ihres Lebens, beim Vormarsch der Alliierten sinnlose Kampfhandlungen und Zerstörungen zu verhindern.

Am 29. März 1945 überschritten Verbände der Roten Armee im Burgenland die ungarisch-österreichische Grenze. Bald darauf, am 13. April, nahmen sie nach schweren, verlustreichen Kämpfen Wien ein. Amerikanische Truppen erreichten am 28. April Tirol und besetzten am 3. Mai Innsbruck, wo kurz zuvor schon eine Widerstandsgruppe die Kontrolle über die Stadt erlangt hatte. Am selben Tag wurde auch Salzburg den Amerikanern übergeben, die in weiterer Folge nach Oberösterreich vorstießen und dabei die überlebenden Insassen des Konzentrationslagers Mauthausen befreiten. Bereits Ende April waren Franzosen und Marokkaner in Vorarlberg einmarschiert. Gleichzeitig mit der deutschen Kapitulation am

8. Mai rückten britische und jugoslawische Einheiten in Kärnten ein. Trotz der militärisch aussichtslosen Lage hatten vor allem Verbände der Waffen-SS, aber auch Wehrmachtseinheiten noch in den letzten Kriegstagen teils erbitterten Widerstand geleistet, waren Hitlerjugend und Volkssturm gegen die Alliierten aufgeboten worden. Eine Orgie der Gewalt begleitete den Zusammenbruch des NS-Regimes: Kampfhandlungen, Standgerichte über Deserteure und »Verräter«, Racheakte, Morde, Selbstmorde, die von Soldaten der Roten Armee im Osten Österreichs verübten Massenvergewaltigungen.

Die Zweite Republik (ab 1945)

Österreich unter alliierter Besatzung (1945–1955)

Die Verfolgten, Verschleppten, Geschundenen, die alten politischen Eliten erlebten den Einmarsch der Alliierten als Befreiung. »Die Gefühle des Volkes hingegen oszillierten zwischen den Polen Befreiung – Niederlage – Besetzung« (Ernst Hanisch). Weil die USA, die Sowjetunion und Großbritannien in der Moskauer Deklaration, der sich in weiterer Folge auch die französische Exilregierung anschloss, 1943 ausdrücklich erklärt hatten, Österreich sei als erstes freies Land der »typischen Angriffspolitik Hitlers« anheim gefallen, war es nicht schwer, den Opferstatus zum staatstragenden Grundkonsens des Neubeginns zu machen. Freilich hatten die Alliierten seinerzeit nicht vergessen, auf die Mitverantwortung der Österreicher hinzuweisen, denn am Ende gelte es zu berücksichtigen, wie viel sie zu ihrer Befreiung beigetragen hätten. Sie waren 1943 außerdem übereinkommen, Österreich nach dem Sieg über Hitlerdeutschland als selbstständigen Staat wiedererstehen zu lassen. Auch die Österreicher setzten auf eine autonome, von Deutschland unabhängige Zukunft. Zum einen hatten sieben Jahre NS-Herrschaft dem Gros der Bevölkerung die latente Anschlusssehnsucht ausgetrieben, was in weiterer Folge die Entwicklung einer österreichischen Staatsideologie möglich machen sollte. Zum anderen musste es darum gehen, nicht als Rechtsnachfolger des Dritten Reichs angesehen zu werden.

Vorerst hatten die Sieger das Sagen: Österreich wurde gemäß dem Kontrollabkommen vom 4. Juli 1945 in vier Besatzungszonen aufgeteilt: Die Franzosen erhielten Vorarlberg und Nordtirol, die Amerikaner Salzburg und das südliche Oberösterreich, die Engländer Osttirol, Kärnten und die Steiermark, die Russen das nördliche Oberösterreich, Niederösterreich und das Burgenland. Die Bundeshauptstadt Wien wurde unter den Besatzungsmächten aufgeteilt, nur die Innere Stadt gemeinsam verwaltet. Höchste Instanz war der am 11. September 1945 konstituierte »Alliierte Rat«, den die vier Oberstkommandierenden – später die Botschafter – als Hochkommissare bildeten.

Noch vor Kriegsende formierten sich im befreiten Wien Parteien: die Sozialistische Partei Österreichs (seit 1991 Sozialdemokratische Partei Österreichs, SPÖ), die Österreichische Volkspartei (ÖVP) als

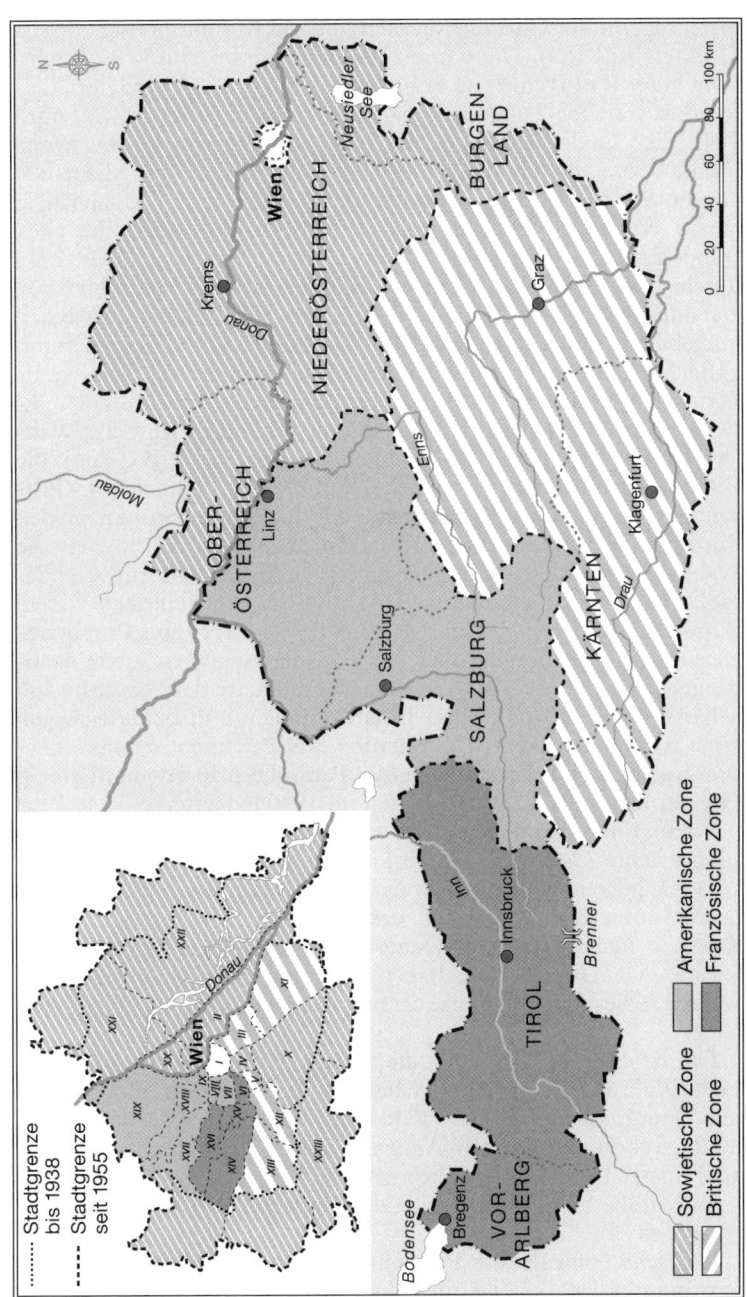

Karte 9: Besatzungszonen 1945–1955

Nachfolgerin der Christlichsozialen und die Kommunistische Partei Österreichs (KPÖ). Die Russen bildeten eine Provisorische Regierung unter Karl Renner als Staatskanzler, die sich aus Vertretern dieser drei Parteien zusammensetzte. Sie proklamierte am 27. April 1945 die Wiederherstellung der Republik Österreich. Die Westmächte versagten allerdings der Regierung Renner aus Misstrauen gegenüber den Sowjets zunächst die Anerkennung. Unabhängig davon entstanden in den westlichen Besatzungszonen die alten Bundesländer wieder. Ihre Vertreter setzten im September 1945 durch, dass Österreich erneut als Bundesstaat zu strukturieren sei. Daraufhin akzeptieren auch die westlichen Alliierten die inzwischen umgebildete, mit Ländervertretern »föderalisierte« Bundesregierung.

Baldige Nationalrats- und Landtagswahlen sollten zur Demokratisierung Österreichs beitragen und die politischen Verhältnisse stabilisieren. Am 25. November 1945 entschied sich die Hälfte der Wähler – davon 62 Prozent Wählerinnen – für die ÖVP, die damit die absolute Mandatsmehrheit erzielte. Auf die SPÖ entfielen 45 Prozent der Stimmen, die KPÖ schaffte mit fünf Prozent nur knapp den Einzug in den Nationalrat. Trotzdem erkannten die Sowjets die Wahlen an, von denen die ehemaligen Mitglieder und Anwärter der NSDAP sowie Angehörige von SS und SA ausgeschlossen waren. Bundeskanzler Leopold Figl (* 1902, † 1965) bildete eine Proporzregierung aus Angehörigen aller drei Parlamentsparteien sowie unabhängigen Fachministern, als Vizekanzler fungierte der Sozialist Adolf Schärf (* 1890, † 1965). Erster Bundespräsident im Nachkriegsösterreich wurde Karl Renner. Regierung und Parlament standen unter der strikten Kontrolle des Alliierten Rats, die man erst nach einem zweiten Kontrollabkommen Ende Juni 1946 lockerte.

Politik und Öffentlichkeit waren davon überzeugt, dass die Besatzungsmächte Österreich sehr bald räumen und in die vollständige Unabhängigkeit entlassen würden. Diese Hoffnung erfüllte sich – bereits unter den Vorzeichen des allmählich einsetzenden Kalten Kriegs – nicht; selbst mit Deutschland verbündete kriegführende Staaten wie Ungarn oder Italien erhielten einen Friedensvertrag, während die Alpenrepublik weiterhin unter alliierter Oberhoheit blieb.

Das Kriegsende hatte auch die Staatsgrenzen zur Disposition gestellt. Während Österreich vor allem auf die Rückkehr Südtirols, das mit dem Ende des Ersten Weltkriegs an Italien gekommen war, hoffte, erhob Jugoslawien Anspruch auf Teile Kärntens und der Steiermark. Letztlich aber blieb Österreich in den Vorkriegsgrenzen bestehen, die Südtirolfrage sollte das Verhältnis zu Italien aber noch lange Zeit erheblich belasten.

Das schwerwiegendste Problem der Regierung Figl bildete die Versorgung der Bevölkerung, hunderttausender Flüchtlinge und

»Displaced Persons«. Allein in Vorarlberg kamen auf 152 000 Einheimische 65 000 Flüchtlinge. Noch 1946 und 1947 hungerten viele Menschen. Die UNRRA-Hilfe (United Nations Relief and Rehabilitation Administration), die 1946 etwa 60 Prozent der an die Bevölkerung ausgegebenen Lebensmittel aufbrachte, und mehr als eine Million CARE-Pakte (Cooperative for American Remittances to Europe) aus den Vereinigten Staaten linderten die Not. Die Schweiz und zahlreiche andere Länder nahmen in den ersten beiden Nachkriegsjahren mehr als 100 000 österreichische Kinder zur Erholung auf.

Beim Wiederaufbau der Wirtschaft hatte der Westen Österreichs die bessere Ausgangsposition. Die Schäden durch den Luftkrieg waren dort geringer; im Gegensatz zu den Sowjets verzichteten die Westalliierten weitgehend auf die Demontage von Produktionseinrichtungen zur Deckung von Reparationsansprüchen. Dagegen schuf die Rote Armee auf der Grundlage des beschlagnahmten »Deutschen Eigentums« in ihrer Besatzungszone einen quasi-extraterritorialen Wirtschaftskomplex (USIA – Verwaltung des sowjetischen Vermögens in Österreich – und SMV – Sowjetische Mineralölverwaltung), der bis zu 55 000 Menschen beschäftigte. Stimulierend wirkte die seit 1948 gewährte, zum größten Teil von den USA aufgebrachte Marshallplan-Hilfe (ERP – European Recovery Program), die vorerst überwiegend den Westzonen zugute kam. Eine erhebliche Belastung bildeten dagegen die Kosten für die anfangs 700 000 Besatzungssoldaten, die Österreich in Rechnung gestellt wurden. Bereits 1945 hatte eine Währungsreform die Reichsmark wieder durch den österreichischen Schilling ersetzt, dabei aber durch die Limitierung des Umtauschs die umlaufende Geldmenge drastisch beschränkt. Mit dem »Währungsschutzgesetz« von 1947 gingen die zwei Jahre zuvor zwangsweise eingefrorenen Guthaben endgültig verloren. Verstaatlichungen betrafen vor allem die Elektrizitätswirtschaft, Unternehmen der Schwerindustrie und des Bergbaus sowie einige größere Banken. Bis etwa 1950 bildete der vornehmlich auf dem Tauschhandel basierende Schwarzmarkt ein zwar illegales, aber wichtiges Segment des Wirtschaftslebens, da zahlreiche Güter auf dem freien Markt nicht erhältlich waren.

Mit dem materiellen und ideellen Neubeginn musste die »Entnazifizierung« Hand in Hand gehen. Auf der einen Seite wurden die Besatzungsmächte tätig, indem sie Internierungs- und Arbeitslager einrichteten, wobei die Einweisungen ohne gerichtliche Verfahren erfolgten. Offenkundig ging es den Militärbehörden anfangs vor allem darum, führenden Nationalsozialisten die Möglichkeit zu politischer Wirksamkeit zu nehmen, andererseits aber auch ihren Gegnern zu zeigen, dass sofort gehandelt wird. Ein nicht geringer Teil der Internierten blieb bis 1947 in Haft.

Parallel dazu erfolgten Maßnahmen auf der Grundlage der österreichischen Gesetzgebung: Am 8. Mai 1945 trat das Verfassungsgesetz über das Verbot der NSDAP (»Verbotsgesetz«) in Kraft, das unter anderem alle Personen, die zwischen 1933 und 1945 Mitglied der NSDAP oder einer ihrer Wehrverbände gewesen waren, verpflichtete, sich registrieren zu lassen. Davon waren circa 537 000 Männer und Frauen betroffen. Sonderbestimmungen gab es für die so genannten »Illegalen«, also jene, die zwischen dem 1. Juli 1933 und dem 13. März 1938 der Partei oder ihren Gliederungen angehört hatten; diesen gleichgestellt wurden auch Personen, die vor dem »Anschluss« finanzielle Zuwendungen an die illegale NSDAP geleistet hatten. Andererseits konnten jene begnadigt werden, die ihre Mitgliedschaft nicht »missbraucht« hatten. Die Verfolgung nationalsozialistischer Wiederbetätigung, von Hochverrat, Kriegshetzerei, Verletzung der Menschenwürde, Vertreibung aus der Heimat, Denunziation u. ä. oblag den 1945 geschaffenen »Volksgerichten«. In den von ihnen bis 1955 gegen etwa 130 000 Personen eingeleiteten Verfahren ergingen mehr als 13 500 Schuldsprüche. Die Volksgerichte fällten 43 Todesurteile, von denen 30 vollstreckt wurden. Unter den im Hauptkriegsverbrecherprozess in Nürnberg zum Tod Verurteilten und Hingerichteten befanden sich die Österreicher Arthur Seyß-Inquart, von 1940–45 Reichskommissar für die besetzten Niederlande, und Ernst Kaltenbrunner (*1903, †1946), 1943–45 Chef des Reichssicherheitshauptamtes.

Am 6. Februar 1947 folgte das NS-Gesetz, das gruppenweise Sühnemaßnahmen für »Belastete« und »Minderbelastete« (»Mitläufer«) vorsah. Als belastet galten Funktionäre der NSDAP oder ihrer Gliederungen sowie Angehörige der SS, alles in allem ungefähr 42 000 Personen. Ihnen war die Ausübung freier Berufe untersagt, wurden Gewerbeberechtigungen entzogen, sie durften keine Betriebe leiten. Insgesamt verloren in den ersten Nachkriegsjahren 7,5 Prozent aller Erwerbstätigen als (ehemalige) Nationalsozialisten für einen mehr oder weniger langen Zeitraum ihre Arbeitsstelle oder unterlagen einem Berufsverbot: 100 000 Angehörige des öffentlichen Dienstes sowie 70 000 Personen aus der Privatwirtschaft und den freien Berufen. Diese Sanktionen wurden aber zwischen 1948 und 1957 durch mehrere Amnestien aufgehoben. 1948 endeten auch die Sühnemaßnahmen der Minderbelasteten – vor allem Sondersteuern und Ausschluss vom Wahlrecht.

Wer sich willig zeigte, am Aufbau des neuen Österreich mitzuwirken, wurde in der Regel davon nicht allzu lange ausgeschlossen. Dafür gab es handfeste wirtschaftliche Gründe sowie das Interesse der Parteien an den Stimmen der 500 000 Minderbelasteten. Zudem passten ehemalige Nationalsozialisten nicht in das die österreichische Nachkriegsidentität bestimmende Bild von der Alpenrepublik als dem ersten Opfer Hitlers, das die Jahre zwischen 1938 und 1945 nun zusehends aus der österreichischen Geschichte ausklammerte und, da Österreich in dieser Zeit eben nicht existiert habe, der deutschen zuwies. Dass die Republik Österreich hinsichtlich der Entschädigung von NS-Opfern und der Restitution entzogener Vermögenswerte sehr zurückhaltend agierte, erklärt sich gleichfalls aus diesem Zusammenhang.

Kritik an der österreichischen Entnazifizierungspraxis wurde erst mehr als ein halbes Jahrhundert später laut. Freilich unterblieb dabei die Erörterung der Frage, inwieweit es gesellschaftspolitisch sinnvoll bzw. überhaupt möglich gewesen wäre, die Entnazifizierung konsequenter zu betreiben, auf diese Weise aber einen erheblichen Teil der Bevölkerung mit einem überproportional hohen Anteil an Schlüsselkräften langfristig beruflich und sozial zu marginalisieren.

Bei den Nationalratswahlen des Jahres 1949 kandidierte wieder eine Liste des »dritten« – deutschnationalen, partiell auch liberalen – Lagers, die »Wahlpartei der Unabhängigen« (WdU) des »Verbands der Unabhängigen« (VdU). Sie erreichte 16 Mandate. Stärkste Gruppierung wurde neuerlich die Volkspartei mit 77 Sitzen, die mit den Sozialisten (67 Mandate) eine weiterhin von Bundeskanzler Figl geführte Koalition einging.

Das Zusammenrücken der Großparteien mündete in den »Proporz«, der Österreichs politische Kultur jahrzehntelang prägen sollte: Stellen im öffentlich Bereich bis zur Ebene der Gemeinden sowie in den verstaatlichten Betrieben wurden vornehmlich mit Mitgliedern und Sympathisanten der ÖVP und der SPÖ besetzt. Auch die mächtigen Interessenvertretungen waren – und sind – an den beiden dominierenden politischen Lagern ausgerichtet. Während die SPÖ den Österreichischen Gewerkschaftsbund und die Arbeiterkammer dominiert, gehören Bundeswirtschaftskammer und Landwirtschaftskammer zum Einflussbereich der Volkspartei. Was zunächst der Stabilisierung der Verhältnisse diente, wirkte sich aber auf längere Frist negativ aus, da das politische System zunehmend verkrustete. Überlegungen der Großparteien, eine kleine Koalition mit dem VdU und seiner Nachfolgerin, der Freiheitlichen Partei Österreichs (FPÖ, seit 1955/56) zu bilden, hatten in den Fünfziger- und Sechzigerjahren nur den Zweck gehabt, politischen Druck auf das Gegenüber auszuüben.

Als Instrument des Interessensausgleichs zwischen den Vertretungen der Arbeitgeber und der Arbeitnehmer entstand die »Sozialpartnerschaft«, die – allerdings ohne verfassungsrechtliche Verankerung und durchgängige demokratische Legitimation – den »sozialen Frieden« in Österreich über Jahrzehnte sicherte. In ihrem Rahmen wurde zunächst vor allem über die Löhne sowie über das Arbeits- und Sozialrecht, später auch über weitere wirtschafts- und sozialpolitische Angelegenheiten verhandelt. Regierung und Parlament folgten in der Regel den von den Sozialpartnern erzielten Kompromissen. Den institutionellen Kern bildet die 1957 gegründete »Paritätische Kommission«, in der die Spitzen der Interessensvertretungen (Arbeiterkammer, Gewerkschaftsbund, Wirtschaftskammer und Landwirtschaftskammer) sowie Mitglieder der Bundesregierung vertreten sind.

Von innen erschüttert wurde das Nachkriegssystem nur im Herbst 1950. Ein Lohn- und Preisabkommen löste bei Teilen der Arbeiterschaft Proteste und Streiks aus, welche die 1947 aus der Regierung ausgeschiedenen Kommunisten für sich instrumentalisieren wollten, um politisch wieder an Boden zu gewinnen. Regierung und Gewerkschaftsbund ließen daraufhin verbreiten, es sei ein kommunistischer Putsch, die Einführung der »Volksrepublik« wie in Ungarn oder der Tschechoslowakei geplant und wurden damit rasch wieder Herr der Lage. In den westlichen Zonen erfolgte daraufhin mit amerikanischer Unterstützung die Aufstellung der »B-Gendarmerie« als Vorläufer des Bundesheers.

Die vorgezogenen Nationalratswahlen des Jahres 1953 bescherten den Sozialisten erstmals in der Zweiten Republik eine knappe Stimmenmehrheit, die Volkspartei konnte aber die Mehrheit der Parlamentssitze behaupten und stellte mit Julius Raab (*1891, †1964) weiterhin den Bundeskanzler. Leopold Figl, sein Vorgänger, wechselte ins Außenressort, Reinhard Kamitz (*1907, †1993) wurde Wirtschaftsminister, Adolf Schärf von der SPÖ blieb Vizekanzler. Der marktwirtschaftlich orientierte »Raab-Kamitz-Kurs« bewirkte durch die Liberalisierung der Wirtschaftspolitik, durch die Stabilisierung der Währung und die Senkung der direkten Einkommensbesteuerung schon bald einen enormen Aufschwung, das »österreichische Wirtschaftswunder«: Allein im Jahr 1955 wuchs das Bruttoinlandsprodukt um 11,5 Prozent, die Industrieproduktion um 16 Prozent. Die Zahl der Arbeitslosen sank, staatliche Bewirtschaftung und Preiskontrollen gehörten der Vergangenheit an, vor allem stieg der Lebensstandard merklich. Großprojekte wie die Tauernkraftwerke Kaprun symbolisierten die Überwindung des Nachkriegselends.

Restauration war auch im »offiziösen« Kunst- und Kulturschaffen angesagt. Nach einer kurzen Aufbruchphase unmittelbar nach Kriegsende dominierten konservative, vom Katholizismus bzw. einer prononciert österreichischen Staatsgesinnung geprägte Strömungen, wie sie in der Literatur Heimito von Doderer am qualitätvollsten repräsentierte. Neue Töne kamen aber bereits von Ilse Aichinger (*1921) und Ingeborg Bachmann (*1926, †1973). Sie lenkten den Blick auf den von der älteren Generation ausgeblendeten Nationalsozialismus und kritisierten die restaurativen Kräfte der Nachkriegsgesellschaft. Ein Paradigmenwechsel kündigte sich, von der Öffentlichkeit zunächst kaum wahrgenommen, Mitte der 1950er Jahre an. Die »Wiener Gruppe« begann, auf der Suche nach progressiven, avantgardistischen Schreibweisen mit der Sprache zu experimentieren, knüpfte dabei an den literarischen Expressionismus, an Surrealismus und Dadaismus an und entdeckte den Dialekt für die moderne Dichtung. H. C. Artmann (*1921, †2000) war einer der Initiatoren dieses Kreises, der auch Ernst Jandl (*1925, †2000) und Friederike Mayröcker (*1924) beeinflusste und in enger Verbindung zur bildenden Kunst und den Anfängen des Aktionismus stand. In Graz folgte einige Jahre später das »Forum Stadtpark«, eine Interessen- und Aktionsgemeinschaft von Künstlern und Wissenschaftlern.

Schon 1947 hatte in Wien der Art-Club als Plattform für Maler, Bildhauer, Autoren und Musiker den Kampf um die Anerkennung der modernen Kunst aufgenommen. Dass aber die monumentalen, archaisch-strengen, auf die Grundformen reduzierten Steinskulpturen des Bildhauers Fritz Wotruba (*1907, †1975) den Geschmack des Nachkriegspublikums nicht trafen, war zeittypisch. Nach surrealistischen Anfängen entwickelte Arnulf Rainer (*1929), heute der wohl international bekannteste zeitgenössische Maler Österreichs, aus dem Drang nach der Zerstörung des Herkömmlichen die Übermalung als eigene Kunstform. Als ein dem Surrealismus nahe stehendes österreichisches Spezifikum der Malerei etablierte sich in den Fünfzigerjahren die »Wiener Schule des Phantastischen Realismus«. Ihre wichtigsten Vertreter wurden Robert Hausner (*1928), Wolfgang Hutter (*1928), Arik Brauer (*1929), Anton Lehmden (*1929) und Ernst Fuchs (*1930). An der Maltechnik der Alten Meister geschult, wollten sie – jeder auf eigene Weise – das aus dem Unterbewussten drängende Irrationale ordnen und bändigen. Mentor der österreichischen Nachkriegs-Moderne im Allgemeinen sowie Lehrer der phantastischen Realisten war Albert Paris Gütersloh (*1887, †1973). Gleichfalls schon in den Fünfzigerjahren machte Friedensreich Hundertwasser (*1928, †2000) auf sich aufmerksam, erklärte die Gerade für unmoralisch und entdeckte die Spirale als zentrales Motiv seiner künstlerischen Aussage. Später wurde er vor allem als Baukünstler bekannt. Die Vielfalt der Ausdrucksformen und die Befreiung von stilistischen Zwängen charakterisieren das umfangreiche Werk von Maria Lassnig (*1919). In den Fünfzigerjahren hatte sie die »informelle« Malerei in Österreich geprägt, in weiterer Folge zu den »Körpergefühlsbildern« gefunden.

Weitgehend elitär blieb die »ernste« Musik. Sie vertraten der zur Ikone der klassischen Musikszene stilisierte Dirigent Herbert von Karajan (*1908, †1998), die Wiener Staatsoper und die Wiener Philharmoniker, daneben konnte die Festspielstadt Salzburg ihren Weltruf als musikalisches Zentrum sichern. Im Rampenlicht standen die Interpreten, weniger die Komponisten. Zu den wirksamsten zählte der gebürtige Schweizer Gottfried von Einem (*1918, †1996), der als »gemäßigter Moderner« Opern, darunter »Dantons Tod« (1947), sowie Chor-, Orchester- und Kammermusik schuf.

Staatsvertrag und österreichische Nation

Als größten politischen Erfolg konnte die erste Regierung Raab den Abschluss des Staatsvertrags mit den Alliierten verbuchen, der Österreich die volle völkerrechtliche Souveränität wiedergab. Die zermürbenden, 1946/47 begonnenen Verhandlungen hatten sich – von der Sowjetunion an einen Friedensvertrag der Alliierten mit Deutschland geknüpft und durch das gegenseitige Misstrauen im Kalten Krieg behindert – über Jahre erfolglos hingezogen. Noch 1952 scheiterte ein entsprechender Vorstoß der Westmächte an der ablehnenden Haltung der Russen. Schließlich verbesserten Josef Stalins Tod im März 1953, der Amtsantritt des neuen amerikanischen Präsidenten Dwight D. Eisenhower sowie auch die gegenüber der UdSSR pragmatischere Politik der Regierung Raab das Gesprächsklima. An der Außenministerkonferenz in Berlin zu Beginn des Jahres 1954 konnte Österreich schon als gleichberechtigter Partner teilnehmen. Ins Zentrum rückte die russische Forderung nach der Neutralität des unabhängigen Österreich, die schließlich trotz gewisser Bedenken von den Westmächten wie von der österreichischen Politik mit der Einschränkung, dass es sich um eine »freiwillige« Neutralität handeln müsse, akzeptiert wurde. Ökonomische Westorientierung und Bündnislosigkeit sollten sich vereinbaren lassen. Die Verbindung mit der deutschen Frage wurde durch den Beitritt Westdeutschlands zur NATO (North Atlantic Treaty Organisation), dem westlichen Verteidigungsbündnis, hinfällig. Nach den Moskauer Verhandlungen im April 1955 war der österreichische Staatsvertrag im Wesentlichen unter Dach und Fach. Zuletzt erwirkte Außenminister Figl noch die Streichung der Mitverantwortung Österreichs am Zweiten Weltkrieg aus der Präambel des Abkommens, dessen Unterzeichnung am 15. Mai 1955 im Schloss Belvedere in Wien von der Bevölkerung begeistert gefeiert wurde.

Das nunmehr souveräne Österreich unterwarf sich im Staatsvertrag unter anderem dem Verbot der politischen oder wirtschaftlichen Vereinigung mit Deutschland, verpflichtete sich zur Anerkennung der Menschenrechte sowie der Rechte der slowenischen und der kroatischen Minderheit, zur Auflösung nazistischer und faschistischer Organisationen und zur Unterbindung nationalsozialistischer Wiederbetätigung.

Nachdem die alliierten Streitkräfte Österreich fristgerecht geräumt hatten, beschloss der Nationalrat am 26. Oktober 1955 das Bundesverfassungsgesetz über die unbefristete – »immerwährende« – Neutralität Österreichs. Es schließt den Beitritt zu militärischen Bündnissen aus und verlangt, sich selbst »mit allen zu Gebote stehenden Mitteln« zu verteidigen. Die – indes nur halbherzig betriebene – Aufstellung des Österreichischen Bundesheers war eine aus dem Neutralitätsgesetz abzuleitende Notwendigkeit. Bereits im Herbst 1956 musste das Bundesheer seinen ersten Grenzeinsatz leisten, als die Rote Armee den ungarischen Volksaufstand blutig niederschlug. Mehr als 180 000 Flüchtlinge gelangten damals nach Österreich.

Noch 1955 wurde Österreich in die Vereinten Nationen aufgenommen, im folgenden Jahr in den Europarat. Zwar verstand sich Österreich aufgrund seiner Neutralität und seiner Lage zwischen den großen Blöcken – der NATO und den Warschauer-Pakt-Staaten – als »Tor zum Osten«, an der politischen und kulturellen Westintegration änderte die mit dem Staatsvertrag gewonnene Souveränität jedoch nichts.

Die Neutralität entwickelte sich bald zu einer der Säulen der neuen österreichischen Identität und genießt bis heute bei der Bevölkerung hohe Wertschätzung. 1965 bestimmte der Nationalrat den 26. Oktober, den Tag der Annahme des Neutralitätsgesetzes, zum Nationalfeiertag. Im Gegensatz zur Ersten Republik und dem Ständestaat, die sich ausdrücklich als »deutsch« verstanden hatten, begann sich Österreich nach dem Zweiten Weltkrieg mit Erfolg als eigene Nation zu definieren, schon 1945 im Parteiprogramm der Österreichischen Volkspartei und in der Regierungserklärung des ersten Kabinetts Figl. Später trugen der Staatsvertrag, aber auch das »Wirtschaftswunder« und nicht zuletzt sportliche Erfolge wie der legendäre Sieg der österreichischen Fußballnationalmannschaft über die deutsche bei der Weltmeisterschaft 1978 im argentinischen Córdoba, entscheidend zum Aufbau eines »national« verstandenen Österreich-Bewusstseins bei. Von der Mitte bis zum Ende des 20. Jahrhunderts wuchs der Anteil jener, die die Existenz der österreichischen Nation bejahten, von weniger als 50 auf über 80 Prozent an.

Von der großen Koalition zur ÖVP-Alleinregierung

Staatsvertrag und Wirtschaftsaufschwung ließen die ÖVP in der Wählergunst steigen. Sie gewann bei den Nationalratswahlen des Jahres 1956 acht Mandate hinzu und verfehlte mit 82 Sitzen die absolute Mehrheit nur knapp. Die SPÖ kam auf 74 Mandate. Im Vergleich zu den 16 Nationalratssitzen, über die der VdU verfügt hatte, schnitt seine Nachfolgerin, die weiter nach rechts gerückte FPÖ, mit sechs Sitzen deutlich schlechter ab. Die Kommunisten zogen mit drei Mandataren zum letzten Mal in den Nationalrat ein. Das Amt des Bundespräsidenten blieb weiterhin in sozialistischer Hand: Auf den 1951 gewählten Theodor Körner (*1873, †1957) folgte 1957 Adolf Schärf, der bisherige Vizekanzler. Für ihn zog Bruno Pittermann (*1905, †1983) in die erneut unter Führung von Julius Raab gebildete schwarz-rote Koalition ein, die freilich zusehends an Problemlösungskompetenz verlor. 1959 lagen die beiden Großparteien, nachdem Korruptionsskandale in der Wirtschaft ruchbar geworden waren, wieder annähernd gleichauf. Der Überhang eines Mandats sicherte der ÖVP aber weiterhin das Kanzleramt für Julius Raab, der es 1961 an Alfons Gorbach (*1898, †1972) weitergab. Bleibende Ergebnisse der Regierungspolitik dieser Jahre waren 1960 der »Grüne Plan«, der die Gewährleistung der Ernährung, die Erhaltung eines wirtschaftlich gesunden Bauernstandes und die Bereitstellung entsprechender Förderungsmittel zum Ziel hatte, sowie das Schulgesetz von 1962, das das Schulwesen grundlegend reformierte und die Schulpflicht von acht auf neun Jahre anhob.

1964 löste der als Reformer geltende ÖVP-Politiker Josef Klaus (*1910, †2001), zuvor Landeshauptmann von Salzburg sowie Finanzminister, Alfons Gorbach als Bundeskanzler ab, was das Ende der Großen Koalition einleitete. Bei den Nationalratswahlen des Jahres 1966 erreichte die Volkspartei erstmals die absolute Mehrheit und verzichtete darauf, die Sozialisten in die Regierung zu nehmen. Zum Wahlsieg der ÖVP hatte der Sturz des Innenministers und vormaligen Präsidenten des Österreichischen Gewerkschaftsbunds Franz Olah (*1910) beigetragen, der nach hartem innerparteilichen Machtkampf 1964 aus der SPÖ ausgeschlossen worden war. Das Verhältnis zwischen den beiden großen Parteien wurde unter anderem durch die Habsburgerfrage belastet, nachdem der Verwaltungsgerichtshof 1963 die Verzichtserklärung des Kaisersohns Otto Habsburg-Lothringen (*1912) als ausreichend erklärt und seine Ausweisung daher aufgehoben hatte.

Die Regierung Klaus, der mit Grete Rehor (*1910, †1987) als Bundesministerin für soziale Verwaltung erstmals eine Frau angehörte, versuchte, den sozialen, ökonomischen und mentalen Veränderungen Rechnung zu tragen. Maßstäbe setzten der »Koren-Plan«, mit dem Finanzminister Stephan Koren (*1919, †1988) die österreichische Wirtschaft modernisierte, sowie eine ambitionierte Bildungsoffensive. Das Rundfunkgesetz von 1966/67, mit dem die Regierung auf ein zwei Jahre zuvor von den unabhängigen Tageszeitungen und einigen Zeitschriften initiiertes Volksbegehren reagierte, löste den Österreichische Rundfunk (ORF) aus seiner durch den Proporz verursachten Lähmung und föderalisierte ihn durch die Einrichtung von Landesstudios. Als außenpolitischer Erfolg kann die Unterzeichnung des so genannten »Südtirol-Pakets« 1969 gelten, das Italien verpflichtete, die gesetzlichen Voraussetzungen für die bislang weitgehend verweigerte Autonomie Südtirols zu schaffen. Zuvor hatten sich Südtiroler Aktivisten mit mehreren Wellen von Sprengstoffanschlägen gegen die von den Italienern geschaffene »Atmosphäre präpotenter Repression« (Rolf Steininger) zur Wehr gesetzt. Mit der Südtirolfrage hing freilich auch das Scheitern der Verhandlungen Österreichs, das seit 1960 der Europäischen Freihandelszone (European Free Trade Association, EFTA) angehörte, bezüglich einer Assoziierung mit der Europäischen Wirtschaftsgemeinschaft (EWG) durch das Veto Italiens 1967 zusammen. Bereits 1962 hatte die Sowjetunion einen Beitritt als mit der österreichischen Neutralität unvereinbar erklärt. In die Amtszeit des Kabinetts Klaus fiel 1968 die Niederschlagung des »Prager Frühlings« durch Truppen des Warschauer Pakts, vor denen mehr als 160 000 Menschen nach Österreich flohen.

Den Neubeginn nach 1945 verbrämten sich Teile der österreichischen Gesellschaft mit dem Rückgriff auf Bewährtes, mit der Wiederbelebung eines katholisch-bürgerlich-bäuerlichen Weltbilds – das Programm der Volkspartei sprach 1958 vom »Vatererbe unserer christlich-abendländischen Kultur« – bzw. des sozialdemokratischen Arbeiterideals. Der soziale wie mentale Wandel, den Wirtschaftswunder, Konsumgesellschaft, technologischer Fortschritt und Amerikanisierung in den Fünfzigerjahren verursachten, ließ sich damit nicht aufhalten. Die patriarchal-autoritären Strukturen der Nachkriegspolitik, ihr Obrigkeitsdenken, das schwerfällige, intransparente Proporzsystem wurden als genauso überholt empfunden wie die ideologisch noch in den Dreißigerjahren wurzelnde Lagermentalität der Parteien, die mit der sozialen Realität längst nicht mehr in Einklang stand und gerade die aufstiegsorientierten neuen Mittelschichten nicht ansprach. »Versachlichung der Politik« wurde zum Schlagwort.

Die gesellschaftlichen Veränderungen der Sechzigerjahre spiegelten sich im kulturellen Schaffen. Mit konsequentem Tabubruch und radikaler Ablehnung aller hergebrachten Ästhetik verstörte der »Wiener Aktionismus« die Öffentlichkeit zutiefst. Hermann Nitsch (*1938) entwickelte daraus das »Orgien Mysterien Theater«; bekannt wurde er außerdem mit seinen »Schüttbildern«, einer Übergangsform von Malerei und Aktionismus. Ähnlich provozierend wirkte die totale, düstere Kritik an Staat und Gesellschaft, die Thomas Bernhard (*1931, †1989) in seinen Romanen, Erzählungen und Bühnenstücken äußerte. Der junge Peter Handke (*1942) legte sich mit dem literarischen Establishment an und inszenierte seine Auftritte im Stil von Happenings. Die Auseinandersetzung mit der Vätergeneration und damit auch mit dem Nationalsozialismus wurde zu einem zentralen Thema der Literatur. Wolfgang Bauer (*1941, †2005) und Peter Turrini (*1944) machten mit gesellschaftskritischen Theaterstücken auf sich aufmerksam. Auf die habsburg-nostalgische Österreichtümelei der Nachkriegszeit folgte die unbarmherzige Abrechnung mit dem österreichischen Selbstverständnis – personifiziert vom »Herrn Karl«, dem Prototypen des opportunistischen Österreichers, den Carl Merz (*1906, †1979) und Helmut Qualtinger (*1928, †1986) 1961 auf die Bühne brachten.

Die Ära Kreisky (1970–1983)

Der Versuch der Österreichischen Volkspartei, mit einer Regierung der Erneuerung unter Josef Klaus den veränderten Gegebenheiten Rechnung zu tragen, endete bereits mit den Nationalratswahlen des Jahres 1970, aus denen die SPÖ als stimmen- und erstmals auch als mandatsstärkste Partei (81 Sitze gegenüber 78 der ÖVP) hervorging. Unumstrittener Wahlsieger war Bruno Kreisky (*1911, †1990), der 1967 die Führung der Partei übernommen, sie straff organisiert, ideologisch modernisiert und mit dem Motto »Leistung, Aufstieg, Sicherheit für ein modernes Österreich« in den Wahlkampf geführt hatte. Aus großbürgerlich-liberalem jüdischen Milieu stammend, als Außenminister der Jahre 1959–66 weltgewandt, trotzdem volkstümlich, mit den modernen Medien bestens vertraut, ein Meister der Inszenierung, sprach Kreisky nicht nur die traditionellen Stammwähler der SPÖ an.

Die SPÖ bildete zunächst eine von der FPÖ unter Friedrich Peter (*1921, †2005) geduldete Minderheitsregierung und errang schließlich bei den Neuwahlen im Oktober 1971 die absolute Mehrheit. Im vergrößerten Nationalrat – nach einer Wahlrechtsreform als Zugeständnis an die Freiheitlichen – verfügte die SPÖ über 93, die ÖVP über 80 und die FPÖ über zehn Mandate. Bei den Parlamentswahlen 1975 änderte sich dieses Kräfteverhältnis nicht, 1979 gewann die SPÖ weitere zwei Mandate hinzu.

Das Kabinett Kreisky nahm mit einem liberalen Reformprogramm die Modernisierung Österreichs rasch und konsequent in Angriff. Unter Justizminister Christian Broda (*1916, †1987) entstand ein von Grund auf erneuertes Strafrecht (Strafgesetzbuch 1974). Es stellte die Homosexualität unter Erwachsenen sowie – nach harten Auseinandersetzungen – den Schwangerschaftsabbruch während der ersten drei Monate straffrei, strich nicht mehr zeitgemäße Tatbestände wie den der »Amtsehrenbeleidigung« gänzlich. Zentrale Änderungen betrafen außerdem das Sanktionensystem, insbesondere durch die starke Erweiterung der bedingten Strafnachsicht und der Geldstrafe. Dazu kamen ein neu formuliertes Jugendstrafrecht und eine Reform des Strafvollzugs, die die Resozialisierung in den Mittelpunkt stellte. In der zweiten Hälfte der Siebzigerjahre folgte die Anpassung des Familienrechts auf der Grundlage der Gleichberechtigung der Geschlechter. 1974 verabschiedete der Nationalrat ein Schulunterrichtsgesetz, das Eltern und Schüler das Recht der Mitbestimmung und Mitwirkung zubilligt. Die Demokratisierung der Entscheidungsprozesse in den Kollegialorganen der Universitäten leitete Wissenschaftsministerin Herta Firnberg (* 1909, † 1994) mit dem Universitäts-Organisationsgesetz von 1975 ein. Bereits 1972 war ein eigenes Ministerium für Gesundheit und Umweltschutz unter Ingrid Leodolter (* 1919, † 1986) eingerichtet worden, das vor allem auf dem Gebiet der Präventivmedizin Maßstäbe setzte. Ein Jahr später räumte das Arbeitsverfassungsgesetz den Betriebsräten die Drittelparität im Aufsichtsrat von Kapitalgesellschaften ein. Dazu kam eine Vielzahl populärer Maßnahmen, die von der generellen Einführung der Vierzigstundenwoche über die Senkung der Wehrdienstzeit, die Hausstandsgründungshilfe und Geburtenbeihilfe, Gratisschulbücher und Schülerfreifahrten bis zur Senkung des Alters der Volljährigkeit reichten. Im Dialog mit dem Erzbischof von Wien, Kardinal Franz König (* 1905, † 2004), gelang es dem Kanzler, das seit den Dreißigerjahren belastete Verhältnis zwischen der SPÖ und der katholischen Kirche zu verbessern.

Bruno Kreiskys Österreich mag als das Projekt eines aufgeklärten, in gewisser Weise »spätjosephinischen« Sozialstaats gelten, der als wohlmeinende Obrigkeit mit Hilfe eines mächtigen Apparats um den Bürger von der Geburt bis zum Tod besorgt ist, ihm Arbeit und Auskommen garantiert, sich freilich auch vorbehält, ihn gegebenenfalls zu seinem Glück zu nötigen. Der Bundeskanzler hatte über die hergebrachten Parteigrenzen hinweg eingeladen, diesen »österreichischen« Weg ein Stück mit ihm zu gehen – viele sind ihm dabei gerne gefolgt. Soziale Sicherheit, ein modernes Reformprogramm, der Prozess gesellschaftlicher Öffnung, die Integration des Kulturlebens in den Sozialstaat waren Anreiz genug. Dass dieses kostspielige System trotz zweier Ölkrisen (1973, 1979) und einer ungünstigen Entwicklung der Weltwirtschaft offenkundig funktionierte, ließ Österreich als »Insel der Seeligen« erscheinen; Kanzler Kreisky wurde zur »politischen Symbolfigur, zum politischen Über-Vater« (Robert Kriechbaumer), die Medien stilisierten ihn zum »Sonnenkönig«.

Bruno Kreiskys großes Faible war die Außenpolitik – weit über den mitteleuropäischen Rahmen ausgreifend, insbesondere auf den Nahen Osten und das Palästinenserproblem fokussiert. Sie half,

PLO-Chef Jassir Arafat salonfähig zu machen, führte zu mancherlei Verstimmungen mit Israel und begründete Österreichs guten Ruf in der arabischen Welt. Auch zu den Ländern des Ostblocks bestanden verhältnismäßig enge Beziehungen. Wien wurde Sitz internationaler Organisationen, 1979 auch dritter Sitz der Vereinten Nationen neben New York und Genf sowie Schauplatz höchstrangiger Zusammenkünfte. Obwohl keineswegs unumstritten, gab die Außenpolitik der Ära Kreisky das Gefühl, dass Österreich erstmals seit den Tagen der Habsburgermonarchie im Konzert der Großen wieder Beachtung fand. Terroristische Aktionen wie den Aufsehen erregenden Anschlag auf die Konferenz der Erdölminister der OPEC-Staaten 1975 in Wien oder den Angriff auf die Wiener Synagoge 1981 konnte Kreiskys »aktive Neutralitätspolitik« jedoch nicht verhindern.

Die Expansion des Staates, der massive Ausbau des öffentlich Sektors und des Sozialsystems sowie das Bestreben, die Arbeitslosenrate möglichst niedrig zu halten, ließen die Budgetdefizite und die Staatsverschuldung rasch anwachsen. »Ein paar Milliarden Schilling Schulden mehr machen mir weniger schlaflose Nächte als ein paar tausend Arbeitslose«, ließ Kanzler Kreisky, geprägt von den Erfahrungen der Zwischenkriegszeit, verlauten. Die Hartwährungspolitik, von der Finanzminister Hannes Androsch (*1938) und Nationalbankpräsident Stephan Koren, der frühere ÖVP-Finanzminister, nicht abrückten, sicherte Österreich aber während der 1970er Jahre noch vergleichsweise günstige Wirtschaftsdaten. Um 1980 wendete sich das Blatt jedoch, die ökonomische Krise griff auf die »Insel der Seeligen« über. Gegenmaßnahmen, in erster Linie die Erschließung neuer Einnahmequellen auf der Steuer- und Abgabenseite, belasteten die Bevölkerung. Auch die SPÖ-Regierung zeigte Abnutzungserscheinungen: Der Kanzler war krank, die Auseinandersetzungen zwischen ihm und seinem politischen Ziehsohn Androsch, der im Zusammenhang mit einer Steueraffäre 1981 aus der Regierung ausschied, hinterließen tiefe Wunden. Eine Reihe von Skandalen und Korruptionsfällen sollten Medien wie Gerichte noch jahrelang beschäftigen.

Noch einmal stellte Bruno Kreisky die Weichen. Als die SPÖ bei den Nationalratswahlen 1983 die absolute Mehrheit trotz der Drohung des Kanzlers, in diesem Fall zurückzutreten, verlor, stand die FPÖ unter ihrem neuen, dem liberalen Parteiflügel zugehörigen Obmann Norbert Steger (*1944) als Partner für eine kleine Koalition bereit. Der Kanzler machte seine Ankündigung wahr, ihm folgte Fred Sinowatz (*1929) nach, zuvor seit 1971 Minister für Unterricht und Kunst sowie von 1981 an Vizekanzler.

Die Ära Kreisky gilt zu Recht als eine Phase der Modernisierung, in der die institutionellen Strukturen des Staats an die gesellschaftliche Realität herangeführt wurden, außerdem als Zeit der Festigung sozialstaatlicher Zielsetzungen, mit der einem zentralen Bedürfnis der Bevölkerung entsprochen wurde. Auf die zeitgleich ablaufenden Prozesse des Wandels reagierte die zur sozialliberalen Partei mutierte SPÖ hingegen kaum. Zwar war es Kreisky gelungen, die 1978 verlorene Volksabstimmung über die Inbetriebnahme des einzigen österreichischen Kernkraftwerks in Zwentendorf in einen Wahlsieg umzumünzen, für basisdemokratische Attitüden der Jugend, für die rasch an Zuspruch gewinnenden Umwelt- und Bürgerbewegungen vermochte die Sozialdemokratie indessen kaum Verständnis aufzubringen. Der Reformprozess brach ab.

Die ÖVP, nach dem Kriegsende 25 Jahre lang Kanzlerpartei, hatte sich mit der Oppositionsrolle zunächst nur schwer zurechtgefunden. Auf Josef Klaus folgten als Parteiobmänner 1970 Hermann Withalm (*1912, †2003) und 1972 Karl Schleinzer (*1924, †1975), unter dem sich die Volkspartei in einem neuen Programm als christliche Partei der »progressiven Mitte« definierte. Drei Monate vor den Nationalratswahlen 1975 verlor die ÖVP ihren Spitzenkadidaten durch einen Verkehrsunfall. An seine Stelle trat Josef Taus (*1933). Wieder erwies sich Bruno Kreisky als übermächtiger Gegner. Nach der zweiten, noch deutlicheren Niederlage im Frühjahr 1979 machte Taus Platz für Alois Mock (*1934). Auch bei den Bundespräsidentenwahlen konnte die Volkspartei nicht reüssieren. Als der Tod von Franz Jonas (*1899, †1974), der das Amt seit 1965 innegehabt hatte, die Wahl eines Nachfolgers notwendig machte, siegte der von der SPÖ als parteifreier Kandidat ins Rennen geschickte Rudolf Kirchschläger (*1915, †2000). Bei seiner Wiederwahl im Jahr 1980 unterstützen ihn beide Großparteien.

Stagnation und Umbruch – Österreich an der Wende zum 21. Jahrhundert

Die von Bundeskanzler Fred Sinowatz geleitete SPÖ-FPÖ-Koalition verfügte zwar mit 102 Mandaten (gegenüber 81 der ÖVP) über eine stabile Mehrheit, die aus der *deficit-spending*-Politik der vorangegangenen Jahre herrührenden Lasten und die sich verschlechternden wirtschaftlichen Rahmenbedingungen beschränkten aber den Handlungsspielraum. Immer offenkundiger wurde zudem die Krise der Verstaatlichten Industrie, die mit hohen Zuschüssen aus dem Budget über Wasser gehalten werden musste.

Auch das politische Klima veränderte sich. Technologie und Konsumgesellschaft gerieten in Kritik, der Fortschrittsglaube, der von der Aufklärung bis in Zeit nach dem Zweiten Weltkrieg Triebfeder für segensreiche wie für höchst unheilvolle Entwicklungen gewesen war, wich angesichts immer augenfälligerer Umweltschäden – der Begriff »Waldsterben« kam damals auf – einem zunächst etwas diffusen ökologischen Bewusstsein. Es verband sich mit der vielfach gleichermaßen diffusen Ideologie der 68er-Generation zu einem autoritäts-, konventions- und systemkritischen Mix, zu einer »postmaterialistischen Lebensphilosophie« (Ernst Hanisch), die das Regieren zunehmend schwieriger machte. Zum Symbol für den Paradigmenwechsel wurde das durch massive Proteste, darunter die Besetzung der Stopfenreuther Au Ende des Jahres 1984, verhinderte Donauwasserkraftwerk Hainburg, für dessen Errichtung Regierung, Opposition und die Sozialpartner eingetreten waren. An diesen Veränderungen hatte der massive Ausbau des Bildungswesens, die Verdichtung des Netzes von allgemein- und berufsbildenden höheren Schulen, die Gründung neuer Universitäten in Linz, Salzburg und Klagenfurt maßgeblichen Anteil. Von der Mitte der Fünfziger- bis zur Mitte der Achtzigerjahre stieg die Zahl der Studierenden von 20 000 auf 175 000 – mit einem bereits überwiegenden Frauenanteil.

Im Frühjahr 1986 standen Bundespräsidentenwahlen an. Da Rudolf Kirchschläger, der beliebte Amtsinhaber, nicht mehr kandidieren durfte, nominierte die SPÖ Gesundheitsminister Kurt Steyrer (*1920), die ÖVP mit dem vormaligen Generalsekretär der Vereinten Nationen (1972 bis 1981), Kurt Waldheim (*1918), einen auf dem internationalen Parkett erfahrenen Karrierediplomaten. Der Wahlkampf geriet zur Schlammschlacht, als ein österreichisches Nachrichtenmagazin und der Jüdische Weltkongress (*World Jewish Congress*, WJC) Waldheim vorwarfen, nationalsozialistischen Organisation angehört zu haben, als Offizier der Deutschen Wehrmacht während des Zweiten Weltkriegs in Griechenland an Kriegsverbrechen beteiligt gewesen zu sein und in seiner kurz zuvor erschienenen Autobiographie sein Verhalten während der NS-Zeit »geschönt« zu haben. Da der Kandidat der Volkspartei im ersten Wahlgang am 4. Mai die absolute Mehrheit knapp verfehlte, zog sich die Auseinandersetzung bis zur Stichwahl am 8. Juni hin, bei der Waldheim mit dem Slogan »Jetzt erst recht« gegen Kurt Steyrer mit annähernd 54 Prozent der Stimmen die Oberhand behielt. Bundeskanzler Sinowatz und sein Außenminister Leopold Gratz (*1929, †2006) traten daraufhin zurück. Bald sollte sich herausstellen, dass die Kampagne von der SPÖ-Spitze ausgegangen war. 1987 setzten die Vereinigten Staaten Waldheim auf die so genannte *Watch List*, untersagten ihm damit die Einreise, ebenso auch Kanada und Israel, das zudem seinen Botschafter aus Österreich abberief. Der Bundespräsident blieb in der Folge außenpolitisch weitgehend isoliert und verzichtete nach Ablauf seiner sechsjährigen Amtszeit auf eine neuerliche Kandidatur. Eine von der Regierung mit der Untersuchung der gegen ihn erhobenen Anschuldigungen betraute internationale Historikerkommission fand keine Hinweise auf eine Beteiligung Waldheims an Kriegsverbrechen, hielt aber fest, dass seine eigenen Angaben lückenhaft und teilweise falsch waren.

Das »grundsätzliche Vergessen«, das die Historikerkommission Kurt Waldheim attestierte, war für den Umgang der Zweiten Republik mit der Geschichte der NS-Zeit und des Zweiten Weltkriegs nicht untypisch. Der staatstragende, seit dem Kriegsende sorgsam gepflegte Konsens von der ausschließlichen Opferrolle Österreichs und das Ausblenden der Jahre 1938 bis 1945 aus der österreichischen Geschichte hatten das Verdrängen möglich und die Schwarz-Weiß-Malerei zum Prinzip der Erinnerungskultur gemacht. Was aus der Sicht der Nachkriegsgesellschaft zu einem integrativen gesellschaftlichen Wiederaufbau notwendig gewesen sein mag, ließ sich ein halbes Jahrhundert nach dem »Anschluss« nicht mehr aufrechterhalten. Die »Waldheim-Affäre« zerbrach diesen Konsens und löste eine sehr emotional geführte öffentliche Debatte aus, die noch nicht beendet ist.

Auf Fred Sinowatz folgte im Juni 1986 als Regierungschef der Bankmanager und vormalige Finanzminister Franz Vranitzky (*1937). Noch im selben Jahr kündigte er die Kooperation mit der FPÖ auf, nachdem Jörg Haider (*1950), der Landesobmann der Kärntner Freiheitlichen, auf einem tumultartig verlaufenen Parteitag Bundesobmann Norbert Steger abgelöst und damit einen Kurswechsel der Partei nach rechts eingeleitet hatte. Aus den Neuwahlen im November 1986 ging die SPÖ, trotz deutlicher Verluste, neuerlich als stärkste Partei (80 Mandate gegenüber 77 der ÖVP) hervor. Die FPÖ konnte ihre Stimmenzahl auf annähernd 10 Prozent verdoppeln. Erstmals zogen die Grünen als »Grüne Alternative«, ein Zusammenschluss der eher bürgerlichen »Vereinten Grünen Österreichs« und der weiter links positionierten »Alternativen Liste Österreichs«, mit 4,8 Prozent der Stimmen und acht Mandaten in den Nationalrat ein. SPÖ und ÖVP bildeten eine große Koalition; Kanzler blieb Franz Vranitzky, die Volkspartei stellte mit Alois Mock (*1934) den Vizekanzler.

Als dringlichste wirtschaftspolitische Aufgabe stand die Sanierung der in der Ära Kreisky zu unübersichtlichen Mischkonzernen zentralisierten Verstaatlichten Industrie an. Zu ihr gehörten die VOEST-Alpine AG (mit der Vereinigten Edelstahlwerke AG als Tochterunternehmen), die Vereinigte Metallwerke Ranshofen-Berndorf AG, die Elin-Union AG, die Simmering-Graz-Pauker AG, die Österreichische Mineralölverwaltung, die Chemie Linz AG (vorher Österreichische Stickstoffwerke AG), die Wolfsegg-Traunthaler Kohlenwerks AG, die Bleiberger Bergwerksunion AG und die Siemens AG Austria. 1986 entstanden neue Branchenholdings, die mit den Erlösen aus Privatisierungen saniert und über die Börse privatisiert werden sollten. Ökonomisch zwar unumgänglich und in den nächsten Jahren erfolgreich abgewickelt, verunsicherte dieser auch parteiintern keineswegs unumstrittene Sanierungskurs aber die sozialdemokratischen Kernschichten. Die Kluft zwischen dem »Nadelstreif-Sozialisten« Vranitzky und den »Steinzeitsozialisten« in den Arbeitnehmervertretungen wuchs. Als Belastung erwies sich ferner die Verwicklung von SPÖ-Spitzenfunktionären in den »Noricum-Skandal«, bei dem es um illegale Waffenlieferungen an den Iran ging, sowie in die »Lucona-Affäre«, eine Kriminalgeschichte um Mord und Versicherungsbetrug. Innenminister Karl Blecha (*1933) und Nationalratspräsident Leopold Gratz mussten deswegen ihren Hut nehmen. Trotz des Wissens um den raschen wirtschaftlichen Wandel als Folge der Internationalisierung des Wettbewerbs und des Bekenntnisses zu Modernisierung und Reformen – »Handlungsbedarf« wurde zum politischen Schlagwort – blieb der Gestaltungswille der beiden Großparteien höchst beschränkt. Erfordernisse wie langfristig ausgerichtete Anpassungen im Bereich des Sozial-, Pensions-, Gesundheits- und Bildungssystems oder die Modernisierung und Straffung der Verwaltung wurden zwar erkannt, für Reformen fehlten aber Wille und Kraft. In ihrer Koalition wie gefangen, schienen sie sich darauf zu beschränken, Kompromisse zugunsten der jeweils eigenen Klientel zu schließen. Auch die Chancen, die Ostöffnung und die boomenden Informationstechnologien boten, wurden nur halbherzig ergriffen. Dass Österreich vom wirtschaftlichen Strukturwandel an der Wende zum 21. Jahrhundert dennoch profitieren konnte, erweist sich weniger als Folge staatlicher Politik denn unternehmerischer Initiative – und nicht zuletzt der EU-Förderungsprogramme für Problemregionen. Gemessen am Bruttoinlandsprodukt pro Einwohner unter Berücksichtigung der Kaufkraft liegt die Alpenrepublik als moderne Dienstleistungsgesellschaft derzeit gemeinsam mit den Dänen und Niederländern auf Platz sechs der wohlhabendsten Länder. Der Anteil der Dienstleistungen am Bruttosozialprodukt beträgt 65 Prozent, wovon neun Prozent auf den Fremdenverkehr entfallen, der des industriell-gewerblichen Sektors 33 Prozent und der der Land- und Forstwirtschaft gerade noch zwei Prozent.

Als politische Alternative zu den beiden großen Volksparteien, deren Kernschichten deutlich geschrumpft waren, bot sich die von ihrem charismatischen Obmann Jörg Haider aus der Bedeutungslosigkeit geführte FPÖ an. Er »entideologisierte« die traditionelle, im mittelständischen Milieu verankerte deutschnational-freisinnige Weltanschauungspartei, um sie gleichermaßen als Kontrollpartei, als populistische Protestbewegung des »Kleinen Mannes«, der »Tüchtigen« und »Ehrlichen« wie als liberale Wirtschaftspartei zu positionieren. Wenn es notwendig erschien, verwendete Haider Versatzstücke aus dem deutschnationalen Fundus, scheute sich nicht vor NS-Anspielungen, redete aber gleichermaßen einem ausgeprägten Österreich-Patriotismus das Wort. Diese »ideologische ›Promiskuität‹« (Kurt Richard Luther) hatte durchschlagenden Erfolg, weil der FPÖ der Einbruch in die Arbeiterschaft gelang: Bei den Nationalratswahlen 1990 wuchs ihre Nationalratsfraktion von 18 auf 33 Abgeordnete an, 1994 erreichte sie 22,5 Prozent der Wählerstimmen und damit 42 Mandate. Beide Großparteien büßten Stimmen und Mandate ein. Die Sitze im Nationalrat verteilten sich nun folgendermaßen: SPÖ 65, ÖVP 52, FPÖ 42, Grüne 13. Das Liberale Forum, eine Abspaltung von der FPÖ unter Heide Schmidt (*1948), kam auf 11 Mandate. In Kärnten war Haider 1989 mit Hilfe der ÖVP zum Landeshauptmann gewählt worden; er verlor das Amt aber 1991 nach einem Misstrauensantrag wegen einer Äußerung über die »ordentliche Beschäftigungspolitik im Dritten Reich«. Kanzler Vranitzkys Strategie, dem als rechtspopulistisch etikettierten Freiheitlichen durch konsequente Abgrenzung den Wind aus den Segeln zu nehmen, scheiterte nicht zuletzt deshalb, weil sie über die von Haider medienwirksam aufgezeigten Fehlentwicklungen und Missstände diskussionslos hinwegging, die weithin verbreitete Verdrossenheit und den Wunsch nach Reformen ignorierte. Bei den EU-Wahlen 1996 erzielte die FPÖ mit 27,5 Prozent der Stimmen ihr bestes Ergebnis bei einer bundesweiten Wahl, 1999 wurde sie in Kärnten, wo Jörg Haider seither wieder als Landeshauptmann amtiert, mit circa 40 Prozent stärkste Partei.

Maßstäbe setzte die Große Koalition auf dem Gebiet der Außenpolitik. Als Mitglied der EFTA hatte Österreich jahrzehntelang eine Assoziation mit der Europäischen Wirtschaftsgemeinschaft (EWG) bzw. der späteren Europäischen Gemeinschaft (EG) angestrebt, sich aber damit abfinden müssen, dass die Sowjetunion eine Mitgliedschaft als mit der Neutralität unvereinbar erklärte. Angesichts der Krise der Verstaatlichten Industrie, des wirtschaftlichen und sozialen Reformbedarfs, aber auch des zu Ende gehenden Kalten Kriegs intensivierte die Regierung von 1987 an die Integrationsbemühungen. Treibende Kräfte waren die ÖVP, insbesondere Außenminister Alois Mock, sowie die Industriellenvereinigung; die SPÖ zögerte vorerst. Am 17. Juli 1989 beantragte Österreich – unter dem Vorbehalt der Neutralität – die Aufnahme in die Europäische Gemeinschaft. In einer völlig veränderten weltpolitischen Konstellation – im selben Jahr durchschnitten Außenminister Mock und sein ungarischer bzw. tschechischer Amtskollege symbolisch den Eisernen Vorhang – ließ Michail Gorbatschow wissen, dass die Sowjetunion keine Einwände erheben werde. Vor allem Deutschlands Bundeskanzler Helmut Kohl unterstützte die Beitrittsambitionen des Nachbarlands mit großem Nachdruck, sodass die EU im Sommer 1991 Zustimmung signalisierte. Seit dem 1. Januar 1994 nahm die Alpenrepublik am Europäischen Wirtschaftsraum teil, am 12. Juni ergab eine Volksabstimmung die überraschend klare Mehrheit von 66,6 Prozent für den Beitritt, der am 1. Januar 1995 wirksam wurde. EU-skeptische Töne waren im Vorfeld von der FPÖ und von den Grünen gekommen. Es folgten der Beitritt zum Schengener Abkommen (1995, Ende der stationären Grenzkontrollen ab 1. Dezember 1997) und die Aufnahme in die Euro-Zone (1998, Einführung des Euro als Zahlungsmittel am 1. Januar 2002). Trotz des Neutralitätsvorbehalts bekannte sich Österreich auch zu den verteidigungspolitischen Zielen der Union. Der von der ÖVP in Erwägung gezogene Beitritt zur NATO erwies sich als nicht realisierbar, weil ein großer Teil der Bevölkerung an der zwar überschätzten und faktisch bereits obsoleten Neutralität festhalten will.

1989 löste Landwirtschaftsminister Josef Riegler (*1938) Alois Mock als Bundesparteiobmann der ÖVP sowie als Vizekanzler ab. Nachdem die Partei bei den Nationalratswahlen 1990 17 Mandate eingebüßt hatte, gab er beide Ämter an Erhard Busek (*1941) weiter, der seinerseits nach der Nationalratswahl des Jahres 1994, die der ÖVP weitere acht Mandate kostete, von Wolfgang Schüssel (*1945) beerbt wurde. 1995 kündigte die ÖVP nach Streitigkeiten über das Budget die Koalition auf. Die Ende des Jahres abgehaltenen Neuwahlen verschoben das Kräfteverhältnis aber nur unwesentlich. Noch einmal bildeten SPÖ und ÖVP eine Koalitionsregierung. Als einzigen überregionalen Wahlerfolg konnte die Volkspartei in diesen Jahren den Sieg ihres Kandidaten, des Diplomaten Thomas Klestil (*1932, †2004), bei den Bundespräsidentenwahlen 1992 und 1998 verbuchen.

1997 übergab Franz Vranitzky die Ämter des Regierungschefs und des Parteivorsitzenden an Finanzminister Viktor Klima (*1947), der die Sozialdemokraten zwei Jahre später in die schwerste Niederlage ihrer Geschichte führte. Am 3. Oktober 1999 verschoben sich die Gewichte in einem bis dahin nicht gekannten Ausmaß. Die SPÖ blieb zwar stärkste Partei, sank aber auf 33,3 Prozent der Stimmen bzw. 65 Mandate. Ihr folgte als zweitstärkste Kraft die FPÖ mit knappem Vorsprung vor der ÖVP. Beide erreichten 26,9 Prozent und 52 Nationalratssitze. Die Grünen kamen auf 14 Mandate, das Liberale Forum schaffte den Einzug ins Parlament nicht mehr.

Der Bundespräsident beauftragte die SPÖ als stärkste Partei mit der Regierungsbildung; eine Neuauflage des Bündnisses mit der Volkspartei schien zunächst wahrscheinlich. Allerdings hatten die langen Jahre der großen Koalition deutliche Spuren hinterlassen, in der ÖVP war das Misstrauen gegenüber den Sozialdemokraten vor allem infolge des noch von Kanzler Vranitzky 1996 initiierten Verkaufs der »schwarzen« Creditanstalt an die »rote« Bank Austria gewachsen. Die Verhandlungen scheiterten, im Februar 2002 einigte sich die ÖVP mit der FPÖ auf eine gemeinsame Regierung. Das Amt des Bundeskanzlers ging an Wolfgang Schüssel, 1996–1999 Vizekanzler und Außenminister, das der Vizekanzlerin an Susanne Riess-Passer (* 1961) von der FPÖ. Die Sozialdemokraten, die 30 Jahre lang den Kanzler gestellt hatten, mussten den Gang in die Opposition antreten. Anstelle von Viktor Klima übernahm Alfred Gusenbauer (* 1960) den Parteivorsitz.

Die Freiheitlichen hatten im Wahlkampf die Ausländerproblematik thematisiert und damit heftige Kontroversen ausgelöst. Seit 1980 war die Bevölkerung Österreichs vor allem durch die Zuwanderung von Arbeitsmigranten aus der Türkei und Jugoslawien sowie durch Asylwerber um fast 10 Prozent auf mehr als 8,2 Millionen (1996) angewachsen. Die Beteiligung der FPÖ an der Regierung zog im Inland heftige Proteste, insbesondere von Kulturschaffenden sowie aus linksorientierten und grün-alternativen Kreisen, nach sich. Die Schriftstellerin Elfriede Jelinek (* 1946) etwa, die 2004 mit dem Literaturnobelpreis ausgezeichnet werden sollte, verbot die Aufführung ihrer Stücke an den Bundestheatern. Auf Initiative Frankreichs und Belgiens folgten außerdem »Sanktionen« der übrigen EU-Länder, ein symbolisches Einfrieren der diplomatischen Beziehungen. Wie schon bei der »Waldheim-Affäre« wurde das in Österreich aber als ungerechtfertigte Einmischung in innere Angelegenheiten wahrgenommen, der gewünschte Erfolg blieb aus. Nach dem Vorliegen des von der EU in Auftrag gegebenen »Weisenberichts« über die politische Lage in Österreich, die der Regierung das Eintreten für die europäischen Werte attestierte, erfolgte die Aufhebung der nunmehr als kontraproduktiv eingeschätzten »Sanktionen«, was freilich das Anwachsen der EU-Skepsis in der österreichischen Bevölkerung nicht zu verhindern vermochte.

Die »schwarz-blaue« Regierung, der jeweils sechs Minister der beiden Parteien angehörten, schritt rasch an die Verwirklichung ihrer Reformvorhaben: Sanierung des Staatshaushalts (»Nulldefizit«), längerfristige Sicherung der Altersversorgung, Reform des Verwaltungswesens und des Bildungssystems, Privatisierung der staatlichen und staatsnahen Wirtschaft, Belebung des Kapitalmarkts, Zurückdrängen des Einflusses der Sozialpartner. Ein »Österreich-Konvent« sollte Vorschläge für eine grundlegende Staats- und Verfassungsreform erarbeiten. Internationale Beachtung fand das 2000 beschlossene Versöhnungsfondsgesetz sowie die Einrichtung des Allgemeinen Entschädigungsfonds für Opfer des Nationalsozialismus. Das phasenweise hohe Reformtempo, die teils als ungerecht empfundenen Einschnitte bei Pensionen und Sozialleistungen sowie die Veränderung der noch immer vom Proporz geprägten politischen

Landschaft verunsicherten aber die Bevölkerung. Zudem erwies sich die FPÖ als instabil. Mit einer aggressiven Oppositionspolitik sehr rasch gewachsen, war sie nun als Regierungspartei strukturell überfordert und sah sich vor das Problem gestellt, ihre heterogene Protestwählerschaft weiterhin zu halten. Während Vizekanzlerin Riess-Passer, die seit 2000 auch den Parteivorsitz innehatte, und Finanzminister Karl-Heinz Grasser (* 1969) für den Regierungskurs standen, forderten Jörg Haider und andere eine eigenständigere, kantigere Politik. Der Konflikt eskalierte bei einer außerordentlichen Delegiertenversammlung im September 2002 in Knittelfeld, Riess-Passer und Grasser traten zurück.

Entgegen Haiders Kalkül entschloss sich Kanzler Schüssel zu Neuwahlen, die im November 2002 ein für die ÖVP äußerst günstiges Ergebnis brachten. Sie wurde mit 42,3 Prozent der Stimmen und 79 Mandaten klar stärkste Partei vor der SPÖ mit 36,5 Prozent und 69 Sitzen. Die FPÖ stürzte hingegen auf 10 Prozent ab und blieb mit 18 Mandaten nur knapp vor den Grünen mit 17 Sitzen. Nach langen Sondierungsgesprächen entschied sich Schüssel abermals für die geschwächten Freiheitlichen als Koalitionspartner; Vizekanzler wurde zunächst Herbert Haupt (* 1947), der, da sich Haider nicht bereit gefunden hatte, die Parteiführung wieder zu übernehmen, als FPÖ-Chef in die Wahl gegangen war. Ihm folgte 2003 Hubert Gorbach (* 1956). Der Regierung gehörten nur mehr drei freiheitliche Minister an, Karl-Heinz Grasser wurde parteiloser Finanzminister für die ÖVP. Trotz neuerlicher Turbulenzen – 2005 gründete Jörg Haider nach parteiinternen Streitigkeiten das »Bündnis Zukunft Österreich« (BZÖ), zu dem die meisten freiheitlichen Spitzenpolitiker übertraten – hielt das Kabinett Schüssel II beinahe die ganze vierjährige Legislaturperiode durch, zuletzt als »schwarz-orange« Koalition. Die Rest-FPÖ formierte sich um den Wiener Parteiobmann und Haider-Konkurrenten Heinz-Christian Strache (* 1969).

Für die Sozialdemokraten, die sich nach regionalen Wahlerfolgen und dem Sieg ihres Kandidaten Heinz Fischer (* 1938) bei den Bundespräsidentenwahlen 2004 im Aufwind gesehen hatten, schien der Wahltermin am 1. Oktober 2006 äußerst ungünstig. Die im Eigentum des von der SPÖ dominierten Österreichischen Gewerkschaftsbunds befindliche Bank für Arbeit und Wirtschaft (BAWAG), das viertgrößte österreichische Bankinstitut, hatte durch die Verwicklung in die Insolvenz eines US-Finanzhauses (»Refco-Pleite«) sowie bei riskanten Veranlagungen (den »Karibik-Geschäften«) hohe Verluste erlitten, die von der Bank- und ÖGB-Spitze verschleiert und ohne Information der zuständigen Gremien mit dem Gewerkschaftsvermögen besichert wurden. Schließlich musste die Regierung Anfang Mai 2006 mittels einer Bundesgarantie den Konkurs der Bank abwenden. Der BAWAG-Skandal ließ die SPÖ bei den Meinungsumfragen im Frühsommer deutlich hinter die ÖVP zurückfallen, ein neuerlicher Wahlerfolg Wolfgang Schüssels galt als wahrscheinlich.

Nach einem für österreichische Verhältnisse etwas ruppig geführten Wahlkampf entschieden die Österreicherinnen und Österreicher am 1. Oktober 2006 jedoch anders: Das amtliche Endergebnis sah die SPÖ mit 35,3 Prozent der Stimmen und 68 Sitzen vor der ÖVP (34,3 Prozent, 66 Mandate). Drittstärkste Kraft wurden nunmehr die Grünen, die die FPÖ ganz knapp überholten und wie diese 11 Prozent bzw. 21 Mandate erreichten. Entgegen den Prognosen schaffte auch das BZÖ mit Peter Westenthaler (* 1967) als Spitzenkandidat den Einzug in den Nationalrat, ihm fielen sieben Mandate zu. Bundespräsident Fischer beauftragte Alfred Gusenbauer, den Vorsitzenden der Sozialdemokraten, mit der Bildung einer »stabilen« Regierung, womit angesichts der Kräfteverhältnisse im Grunde nur eine SPÖ-ÖVP-Koalition gemeint sein konnte. Allerdings schienen vorerst das zwischen den beiden Parteien bestehende Misstrauen, aber auch taktische Überlegungen eine solche Zusammenarbeit nicht zuzulassen.

Erst im Januar 2007 wurde schließlich doch eine Einigung erzielt. Die von Alfred Gusenbauer als Bundeskanzler und Wilhelm Molterer (* 1955) von der ÖVP als Vizekanzler und Finanzminister angeführte Koalitionsregierung legte ein nach Meinung der Kommentatoren wenig ambitioniertes Programm vor. Kanzler Gusenbauer sah sich außerdem mit dem Vorwurf konfrontiert, zentrale Wahlversprechen gebrochen zu haben und der ÖVP in den Verhandlungen unter anderem durch die Überlassung des Finanz-, Innen- und Außenministeriums zu weit entgegengekommen zu sein. Ob es der Regierung Gusenbauer gelingen wird, nach erheblichen Anlaufschwierigkeiten Tritt zu fassen, das politische, soziale und wirtschaftliche System Österreichs im erforderlichen Maß weiterzuentwickeln, scheint derzeit eher fraglich.

Literatur (Auswahl)

Die Titel sind nach chronologischen und thematischen Gesichtspunkten geordnet.

Gesamtdarstellungen und Überblickswerke

Der Österreichbegriff. Formen und Wandlungen in der Geschichte, hg. von Erich *Zöllner*. Wien 1988.
Was heißt Österreich? Inhalt und Umfang des Österreichbegriffs vom 10. Jahrhundert bis heute, hg. von Richard G. *Plaschka*/Gerald *Stourzh*/Jan Paul *Niederkorn*. Wien 1995.
Probleme der Geschichte Österreichs und ihrer Darstellung, hg. von Herwig *Wolfram*/Walter *Pohl*. Wien 1991.
Deutschland und Österreich. Ein bilaterales Geschichtsbuch, hg. von Robert A. *Kann*/Friedrich E. *Prinz*. Wien/München 1980.
Schweiz – Österreich. Ähnlichkeiten und Kontraste, hg. von Friedrich *Koja*/Gerald *Stourzh*. Wien 1986 (Studien zu Politik und Verwaltung 14).
Österreichische Geschichte, hg. von Herwig *Wolfram*:
- bis 15 v. Chr.: Otto H. *Urban*, Der lange Weg zur Geschichte. Die Urgeschichte Österreichs. Wien 2000.
- 15 v. Chr.–378 n. Chr.: Verena *Gassner*/Sonja *Jilek*/Sabine *Ladstätter*, Am Rande des Reichs. Die Römer in Österreich. Wien 2002.
- 378–907: Herwig *Wolfram*, Grenzen und Räume. Geschichte Österreichs vor seiner Entstehung. Wien 1995.
- 907–1156: Karl *Brunner*, Herzogtümer und Marken. Vom Ungarnsturm bis ins 12. Jahrhundert. Wien 1994.
- 1122–1278: Heinz *Dopsch*/Karl *Brunner*/Max *Weltin*, Die Länder und das Reich. Der Ostalpenraum im Hochmittelalter. Wien 1999.
- 1278–1411: Alois *Niederstätter*, Die Herrschaft Österreich. Fürst und Land im Spätmittelalter. Wien 2001.
- 1400–1522: Alois *Niederstätter*, Das Jahrhundert der Mitte. An der Wende vom Mittelalter zur Neuzeit. Wien 1996.
- 1522–1699: Thomas *Winkelbauer*, Ständefreiheit und Fürstenmacht. Länder und Untertanen des Hauses Habsburg im konfessionellen Zeitalter. 2 Teile. Wien 2003.
- 1699–1815: Karl *Vocelka*, Glanz und Untergang der höfischen Welt. Repräsentation, Reform und Reaktion im habsburgischen Vielvölkerstaat. Wien 2001.
- 1804–1914: Helmut *Rumpler*, Eine Chance für Mitteleuropa. Bürgerliche Emanzipation und Staatsverfall in der Habsburgermonarchie. Wien 1997.
- 1890–1990: Ernst *Hanisch*, Der lange Schatten des Staates. Österreichische Gesellschaftsgeschichte im 20. Jahrhundert. Wien 1994.
- Roman *Sandgruber*, Ökonomie und Politik. Österreichische Wirtschaftsgeschichte vom Mittelalter bis zur Gegenwart. Wien 1995.

- Rudolf *Leeb*/Maximilian *Liebmann*/Georg *Scheibelreiter*/Peter G. *Tropper*, Geschichte des Christentums in Österreich. Von der Spätantike bis zur Gegenwart. Wien 2003.
- Eveline *Brugger*/Martha *Keil*/Albert *Lichtblau*/Christoph *Lind*/Barbara *Staudinger*, Geschichte der Juden in Österreich. Wien 2006.

Erich *Zöllner*, Geschichte Österreichs. Von den Anfängen bis zur Gegenwart. Wien [8]1990.

Karl *Vocelka*, Geschichte Österreichs. Kultur – Gesellschaft – Politik. Graz/Wien/Köln 2000; auch: München [2]2002 (Heyne Sachbuch 827).

Jean *Bérenger*, Histoire de l'empire des Habsbourg, 1273–1918. Paris 1990; deutsch: Die Geschichte des Habsburgerreiches 1273–1918. Wien [2]1996.

Österreich Lexikon in zwei Bänden, hg. von Richard *Bamberger*/Maria *Bamberger*/Ernst *Bruckmüller*/Karl *Gutkas*. Wien 1995.

Österreichisches Biographisches Lexikon. Wien 1957 ff.

Adam *Wandruszka*, Das Haus Habsburg. Die Geschichte einer europäischen Dynastie. Wien/Freiburg/Basel [6]1987.

Michael *Erbe*, Die Habsburger 1493–1918. Eine Dynastie im Reich und in Europa. Stuttgart/Berlin/Köln 2000 (Urban-Taschenbücher 454).

Die Habsburger. Ein biographisches Lexikon, hg. von Brigitte *Hamann*. München [4]2001.

Die Quellen der Geschichte Österreichs, hg. von Erich *Zöllner*. Wien 1992 (Schriften des Institutes für Österreichkunde 40).

Hans *Krawarik*, Siedlungsgeschichte Österreichs. Siedlungsanfänge, Siedlungstypen, Siedlungsgenese. Wien/Berlin 2006 (Geographie 19).

Österreichisches Städtebuch. Bd. 1: Die Städte Oberösterreichs, red. von Herbert *Knittler*. Wien 1968; Bd. 2: Die Städte des Burgenlandes Ernö *Deák*. Wien [2]1996; Bd. 3: Die Städte Vorarlbergs, red. von Franz *Baltzarek*/Johanne *Pradel*. Wien 1973; Bd. 4/1: Die Städte Niederösterreichs. Teil 1 A–G (mit Pulkau und St. Valentin), red. von Friederike *Goldmann*. Wien 1988; Bd. 4/2: Die Städte Niederösterreichs. Teil 2 H–P, red. von Friederike *Goldmann*/Evelin *Oberhammer*/Johanne *Pradel*. Wien 1976; Bd. 4/3: Die Städte Niederösterreichs. Teil 3 R–Z, red. von Friederike *Goldmann*. Wien 1982; Bd. 5/1: Die Städte Tirols. Teil 1: Bundesland Tirol, von Franz-Heinz *Hye*/Franz *Huter*/Rudolf *Palme*/Meinrad *Pizzinini*. Wien 1980, Teil 2: Südtirol, von Franz-Heinz *Hye*. Innsbruck 2001 (Schlern-Schriften 313); Bd. 6/3: Die Städte der Steiermark. Teil 2 J–L, red. von Friederike *Goldmann*/Robert F. *Hausmann*. Wien 1990; Bd. 6/4: Die Städte der Steiermark. Teil 3 M–Z, red. von Friederike *Goldmann*/Nikolaus *Reisinger*. Wien 1995; Bd. 7: Die Stadt Wien, hg. von Peter *Csendes*/Ferdinand *Opll*, red. von Friederike *Goldmann*. Wien 1999.

Österreichischer Städteatlas. 1. Lieferung: Mödling, Wels, Wien, Wiener Neustadt. Wien 1982; 2. Lieferung: Bregenz, Hallein, Kapfenberg, Kufstein, Linz, Marchegg, Rust. Wien 1985; 3. Lieferung: Eisenstadt, Enns, Meran/Merano, Rottenmann, Sankt Pölten, Völkermarkt, Weitra. Wien 1988; 4. Lieferung, Teil 1: Freistadt, Klagenfurt, Klosterneuburg, Krems-Stein. Wien 1991, Teil 2: Hall in Tirol, Hartberg, Radstadt, Voitsberg. Wien 1993; 5. Lieferung, Teil 1: Graz, Innsbruck, Salzburg. Wien 1996, Teil 2, Eferding, Korneuburg, Maissau, Retz, Villach. Wien 1997; 6. Lieferung: Bad Aussee, Baden, Feldkirch, Laa a. d. Thaya, Schwaz. Wien 2000; 7. Lieferung: Friesach, Hainburg, Judenburg, Steyr, Tulln a. d. Donau. Wien 2002; 8. Lieferung: Gmunden, Lienz, Melk, Schladming, Zwettl. Wien 2004; 9. Lieferung: Eggenburg, Horn, Leoben, St. Veit an der Glan, Waidhofen an der Ybbs. Wien 2006.

Österreichs Städte und Märkte in ihrer Geschichte, hg. von Erich *Zöllner*. Wien 1985 (Schriften des Instituts für Österreichkunde 46).
Ferdinand *Tremel*, Wirtschafts- und Sozialgeschichte Österreichs. Wien 1969.
Ernst *Bruckmüller*, Sozialgeschichte Österreichs. Wien/München ²2001.
Österreichs Sozialstrukturen in historischer Sicht, hg. von Erich *Zöllner*. Wien 1980 (Schriften des Instituts für Österreichkunde 36).
Sabine *Weiss*, Die Österreicherin. Die Rolle der Frau in 1000 Jahren Geschichte. Graz/Köln/Wien 1996.
Wilhelm *Brauneder*, Österreichische Verfassungsgeschichte. Wien ⁸2001.
Friedrich *Walter*, Österreichische Verfassungs- und Verwaltungsgeschichte von 1500–1955, aus dem Nachlaß hg. von Adam *Wandruszka*. Wien/Köln/Graz 1972 (Veröffentlichungen der Kommission für Neuere Geschichte Österreichs 59).
Oskar *Lehner*, Österreichische Verfassungs- und Verwaltungsgeschichte mit Grundzügen der Wirtschafts- und Sozialgeschichte. Linz ³2002.
Hermann *Baltl*/Gernot *Kocher*, Österreichische Rechtsgeschichte unter Einschluß sozial- und wirtschaftsgeschichtlicher Grundzüge. Von den Anfängen bis zur Gegenwart. Graz ¹⁰2004.
Günther *Probszt*, Österreichische Münz- und Geldgeschichte. Von den Anfängen bis 1918. 2 Bde. Wien/Köln/Weimar ³1994.
Revolutionäre Bewegungen in Österreich, hg. von Erich *Zöllner*. Wien 1981 (Schriften des Instituts für Österreichkunde 38).
Wellen der Verfolgung in der österreichischen Geschichte, hg. von Erich *Zöllner*. Wien 1986 (Schriften des Instituts für Österreichkunde 48).
Anna *Drabek*, Das österreichische Judentum. Voraussetzungen und Geschichte. Wien/München ³1988.
Gustav *Reingrabner*, Protestanten in Österreich. Geschichte und Dokumentation. Wien/Köln/Graz 1981.
Hanna *Domandl*, Kulturgeschichte Österreichs. Von den Anfängen bis 1938. Wien ²1993.
Helmut *Engelbrecht*, Geschichte des österreichischen Bildungswesens. Erziehung und Unterricht auf dem Boden Österreichs. 5 Bde. Wien 1982–88.
Geschichte der bildenden Kunst in Österreich, hg. von Hermann *Fillitz*. 6 Bde. München 1998–2003.
Rupert *Feuchtmüller*, Kunst in Österreich. Vom frühen Mittelalter bis zur Gegenwart 2. Bde. Wien/Hannover/Basel 1972–73.
Geschichte der Literatur in Österreich. Von den Anfängen bis zur Gegenwart, hg. von Herbert *Zeman*. 7 Bde. Graz 1999–2004.
Musikgeschichte Österreichs, hg. von Rudolf *Flotzinger*/Gernot *Gruber*. 3 Bde. Wien/Köln/Weimar ²1995.

Landesgeschichte

Geschichte der österreichischen Bundesländer, hg. von Johann *Rainer*: August *Ernst*, Geschichte des Burgenlandes. Wien/München ²1991; Karl *Gutkas*, Geschichte Niederösterreichs. Wien/München 1984; Siegfried *Haider*, Geschichte Oberösterreichs. Wien/München 1987; Josef *Riedmann*, Geschichte Tirols. Wien/München ³2001; Friederike *Zaisberger*, Geschichte Salzburgs. Wien/München 1998; Karl Heinz *Burmeister*, Geschichte Vorarlbergs. Wien/München ⁴1998; Peter *Csendes*, Geschichte Wiens. Wien/München ²1990.

Claudia *Fräss-Ehrfeld*, Geschichte Kärntens. Bisher 3 Bde. Klagenfurt 1983–2000.

Wilhelm *Neumann.*, Bausteine zur Geschichte Kärntens. Klagenfurt 1985 (Das Kärntner Landesarchiv 12).

Silvia *Petrin*, Die Stände des Landes Niederösterreich. St. Pölten/Wien 1982 (Wissenschaftliche Schriftenreihe Niederösterreich 64).

Geschichte Salzburgs. Stadt und Land, hg. von Heinz *Dopsch*. Bd. 1/1–3 und 2/1–5 Salzburg 1981–91 (teilw. Neuauflagen).

Heinz *Dopsch*, Kleine Geschichte Salzburgs. Stadt und Land. Salzburg 2001.

Franz *Ortner*, Salzburgs Bischöfe in der Geschichte des Landes 696–2005. Frankfurt a. M. 2005.

Ferdinand *Tremel*, Land an der Grenze. Eine Geschichte der Steiermark. Graz 1966.

Die Steiermark. Brücke und Bollwerk. Katalog der Landesausstellung auf Schloß Herberstein bei Stubenberg, hg. von Gerhard *Pferschy*/Peter *Krenn*. Graz 1986.

800 Jahre Steiermark und Österreich 1192–1992. Der Beitrag der Steiermark zu Österreichs Größe, hg. von Othmar *Pickl*. Graz 1992.

Geschichte des Landes Tirol, hg. von Josef *Fontana*/Walter *Leitner*/Rudolf *Palme*/Josef *Riedmann*. 4 Bde. Bozen/Innsbruck/Wien 1985–1988 (teilw. Neuauflagen).

Josef *Gelmi*, Geschichte der Kirche in Tirol. Nord-, Ost- und Südtirol. Innsbruck/Wien/Bozen 2001.

Werner *Köfler*, Land – Landschaft – Landtag. Geschichte der Tiroler Landtage von den Anfängen bis zur Aufhebung der landständischen Verfassung 1808. Innsbruck 1985 (Veröffentlichungen des Tiroler Landesarchivs 3).

Benedikt *Bilgeri*, Geschichte Vorarlbergs. 5 Bde. Wien/Köln/Graz 1971–87.

Wien. Geschichte einer Stadt, hg. von Peter *Csendes*/Ferdinand *Opll*, 3 Bde. und 1 Sonderbd. Wien 2001–06.

Vorderösterreich. Eine geschichtliche Landeskunde, hg. von Friedrich *Metz*. Freiburg i. Br. ⁴2000.

Vorderösterreich – nur die Schwanzfeder des Kaiseradlers? Die Habsburger im deutschen Südwesten. Ulm ²1999.

Die Habsburger im deutschen Südwesten. Neue Forschungen zur Geschichte Vorderösterreichs, hg. von Franz *Quarthal*/Gerhard *Faix*. Stuttgart 2000.

Franz *Quarthal*, Landstände und landständisches Steuerwesen in Schwäbisch-Österreich. Stuttgart 1980 (Schriften zur südwestdeutschen Landeskunde 16).

Dieter *Speck*, Die vorderösterreichischen Landstände. Entstehung, Entwicklung und Ausbildung bis 1595/1602. 2 Bde. Freiburg i. Br./Würzburg 1994 (Veröffentlichungen aus dem Archiv der Stadt Freiburg im Breisgau 29).

Alpen-Adria. Zur Geschichte einer Region, hg. von Andreas *Moritsch*, red. von Harald *Krahwinkler*. Klagenfurt/Ljubljana/Wien 2001.

Römerzeit und Frühmittelalter

Die Kelten in Mitteleuropa. Kultur, Kunst, Wirtschaft. Salzburger Landesausstellung 1. Mai bis 30. September 1980 im Keltenmuseum Hallein, Österreich. Salzburg ²1980.

Johannes-Wolfgang *Neugebauer*, Die Kelten im Osten Österreichs. St. Pölten ⁴1994 (Wissenschaftliche Schriftenreihe Niederösterreich 92/94; Forschungsberichte zur Ur- und Frühgeschichte 14).

Paul *Gleirscher*, Die Räter. Chur 1991.

Artur *Betz*/Ekkehard *Weber*, Aus Österreichs römischer Vergangenheit. Wien 1990.

Der römische Limes in Österreich. Führer zu den archäologischen Denkmälern, hg. von Herwig *Friesinger*. Wien ³2005.

Géza *Alföldi*, Noricum. London/Boston 1974.

Friedrich *Lotter*, Severinus von Noricum, Legende und historische Wirklichkeit. Stuttgart 1976 (Monographien zur Geschichte des Mittelalters 12).

Rudolf *Zinnhobler*, Der heilige Severin. Linz 1981.

Eugippius und Severin. Der Autor, der Text und der Heilige, hg. von Walter *Pohl*/Max *Diesenberger*. Wien 2001 (Denkschriften der Österreichischen Akademie der Wissenschaften, Philosophisch-Historische Klasse 297).

Walter *Pohl*, Die Völkerwanderung. Eroberung und Integration. Stuttgart ²2005.

Herwig Wolfram, Die Germanen. München ⁷2002.

Walter *Pohl*, Die Germanen. München ²2004 (Enzyklopädie deutscher Geschichte 57).

Dieter *Geuenich*, Geschichte der Alemannen. Stuttgart/Berlin/Köln 1997 (Urban-Taschenbücher 575).

Die Alamannen. Begleitband zur Ausstellung »Die Alamannen« 14. Juni 1997 bis 14. September 1997, red. von Karlheinz *Fuchs*. Stuttgart ⁴2001.

Die Langobarden. Herrschaft und Identität, hg. von Walter *Pohl*/Peter *Erhard* (Denkschriften der Österreichischen Akademie der Wissenschaften, Philosophisch-Historische Klasse 329; Forschungen zur Geschichte des Mittelalters 9). Wien 2005.

Walter *Pohl*, Die Awaren, Ein Steppenvolk in Mitteleuropa 567–822 n. Chr. München ²2002.

Frühmittelalterliche Ethnogenese im Alpenraum, hg. v. Helmut *Beumann*/Werner *Schröder*. Sigmaringen 1985 (Nationes 5).

Typen der Ethnogenese unter besonderer Berücksichtigung der Bayern. Bd. 2, hg. von Herwig *Friesinger*/Falko *Daim*. Wien 1990 (Denkschriften der Österreichischen Akademie der Wissenschaften, Philosophisch-Historische Klasse 204; Veröffentlichungen der Kommission für Frühmittelalterforschung 13).

Die Bayern und ihre Nachbarn. Bd. 1, hg. von Herwig *Wolfram*/Andreas *Schwarcz*. Wien ²1989 (Denkschriften der Österreichischen Akademie der Wissenschaften, Philosophisch-Historische Klasse 179; Veröffentlichungen der Kommission für Frühmittelalterforschung 8).

Die Bajuwaren. Von Severin bis Tassilo 488–788. Gemeinsame Landesausstellung des Freistaates Bayern und des Landes Salzburg, Rosenheim/Bayern, Mattsee/Salzburg, 19. Mai bis 6. November 1988, hg. von Hermann *Dannheimer*/ Heinz *Dopsch*. München/Salzburg 1988.

Joachim *Jahn*, Ducatus Baiuvariorum. Das bairische Herzogtum der Agilolfinger. Stuttgart 1991 (Monographien zur Geschichte des Mittelalters 35).

Herwig *Wolfram*, Salzburg – Bayern – Österreich. Die Conversio Bagoariorum et Carantanorum und die Quellen ihrer Zeit. Wien/München 1995 (Mitteilungen des Instituts für österreichisches Geschichtsforschung, Ergänzungsbd. 31).

Paul *Gleirscher*, Karantanien. Das slawische Kärnten. Klagenfurt 2000.

Irmtraud *Heitmeier*, Das Inntal. Siedlungs- und Raumentwicklung eines Alpentales im Schnittpunkt der politischen Interessen von der römischen Okkupation bis in die Zeit Karls des Großen. Innsbruck 2005 (Schlern-Schriften 324).

Wilhelm *Sydow*, Kirchenarchäologie in Tirol und Vorarlberg. Die Kirchengrabungen als Quellen für Kirchen- und Landesgeschichte vom 5. bis in das 12. Jahrhundert. Horn 2001 (Fundberichte aus Österreich, Materialhefte A/9).

Alois *Niederstätter*, Alamannen, Romanen, Ostgoten und Franken in der Bodenseeregion. Forschungsstand und neue Überlegungen zur ältesten Vorarlberger Landesgeschichte. In: Montfort 49 (1997), S. 207–224.

Frühmittelalter zwischen Alpen und Bodensee, hg. von Wolfgang *Hartung*/Alois *Niederstätter*. Dornbirn 1990 (Untersuchungen zur Strukturgeschichte Vorarlbergs 1).

Rudolf *Schieffer*, Die Karolinger. Stuttgart/Berlin/Köln ⁴2006 (Urban-Taschenbücher 411).

Das Christentum im bairischen Raum. Von den Anfängen bis ins 11. Jahrhundert, hg. von Egon *Boshof*/Hartmut *Wolff*. Köln/Weimar/Wien 1994 (Passauer historische Forschungen 8).

Franz *Glaser*, Frühes Christentum im Alpenraum. Eine archäologische Entdeckungsreise. Darmstadt 1997.

Hoch- und Spätmittelalter

Alphons *Lhotsky*, Quellenkunde zur mittelalterlichen Geschichte Österreichs. Wien 1963 (Mitteilungen des Instituts für österreichische Geschichtsforschung, Ergänzungsbd. 19).

Heinrich *Fichtenau*, Das Urkundenwesen in Österreich vom 8. bis zum frühen 13. Jahrhundert. Wien 1971 (Mitteilungen des Instituts für österreichische Geschichtsforschung, Ergänzungsbd. 23).

Kurt *Klein*, Daten zur Siedlungsgeschichte der österreichischen Länder bis zum 16. Jahrhundert. Wien 1980 (Materialien zur Wirtschafts- und Sozialgeschichte 4).

Otto *Brunner*, Land und Herrschaft. Grundfragen der territorialen Verfassungsgeschichte Österreichs im Mittelalter (Darmstadt 1973).

Maximilian *Weltin*, Das Land und sein Recht. Ausgewählte Beiträge zur Verfassungsgeschichte Österreichs im Mittelalter, hg. von Folker *Reichert*/Winfried *Stelzer* (Mitteilungen des Instituts für österreichische Geschichtsforschung, Ergänzungsband 49). Wien/München 2006.

Herrschaftsstruktur und Ständebildung. Beiträge zur Typologie der österreichischen Länder aus ihren mittelalterlichen Grundlagen. 3 Bde. Wien 1973 (Sozial- und wirtschaftshistorische Studien).

Folker *Reichert*, Landesherrschaft, Adel und Vogtei. Zur Vorgeschichte des spätmittelalterlichen Ständestaats im Herzogtum Österreich. Köln/Wien 1985 (Beihefte zum Archiv für Kulturgeschichte 23).

Österreich im Mittelalter. Bausteine zu einer revidierten Gesamtdarstellung, hg. von Willibald *Rosner*. St. Pölten 1999 (Studien und Forschungen aus dem niederösterreichischen Institut für Landeskunde 26).

Österreich im Hochmittelalter, red. von Anna M. *Drabek*. Wien 1991 (Veröffentlichungen der Kommission für die Geschichte Österreichs 17).

Heide *Dienst*, Regionalgeschichte und Gesellschaft im Hochmittelalter am Beispiel Österreichs. Wien 1990 (Mitteilungen des Instituts für österreichische Geschichtsforschung, Ergänzungsbd. 27).

Walter *Pohl*, Die Welt der Babenberger. Schleier, Kreuz und Schwert, hg. von Brigitte *Vacha*. Graz /Köln/Wien 1995.

Heide *Dienst*, Die Babenberger 976–1246. Stuttgart/Berlin/Köln (Urban-Taschenbücher 589, in Vorbereitung).

1000 Jahre Babenberger in Österreich. Niederösterreichische Jubiläumsausstellung Stift Lilienfeld, 15. Mai bis 31. Oktober 1976, red. von Erich *Zöllner*. Wien ²1976.

Heinrich *Appelt*, Privilegium minus. Das staufische Kaisertum und die Babenberger in Österreich. Wien/Köln/Graz ²2006.

Das Werden der Steiermark. Die Zeit der Traungauer, hg. von Gerhard *Pferschy*. Graz 1980.

Eines Fürsten Traum: Meinhard II. – Das Werden des Landes Tirol. Katalog der Tiroler Landesausstellung, red. von Josef *Riedmann*. Dorf Tirol/Innsbruck 1995.

Hoch- und Spätmittelalter zwischen Alpen und Bodensee, hg. von Wolfgang *Hartung*/Alois *Niederstätter*. Dornbirn 1992 (Untersuchungen zur Strukturgeschichte Vorarlbergs 2).

Karl Siegfried *Bader*, Der deutsche Südwesten in seiner territorialstaatlichen Entwicklung. Sigmaringen ²1973.

Hans Erich *Feine*, Die Territorialbildung der Habsburger im deutschen Südwesten vornehmlich im späten Mittelalter. In: Zeitschrift für Rechtsgeschichte, Germanistische Abteilung 67 (1950), S. 176–308.

Karl-Friedrich *Krieger*, Die Habsburger im Mittelalter. Von Rudolf I. bis Friedrich III. Stuttgart/Berlin/Köln ²2004 (Urban-Taschenbuch 452).

Günther *Hödl*, Habsburg und Österreich 1273 bis 1493. Gestalten und Gestalt des österreichischen Spätmittelalters. Wien/Köln/Graz 1988.

Alphons *Lhotsky*, Geschichte Österreichs seit der Mitte des 13. Jahrhunderts (1281–1358). Wien 1967 (Veröffentlichungen der Kommission für die Geschichte Österreichs 1).

Die Zeit der frühen Habsburger. Dome und Klöster 1279–1379, red. von Floridus *Röhrig*/Gottfried *Stangler*. Wien 1979 (Katalog des Niederösterreichischen Landesmuseums N. F. 85).

Karl-Friedrich *Krieger,* Rudolf von Habsburg. Darmstadt 2003.

Rudolf von Habsburg 1273–1291. Eine Königsherrschaft zwischen Tradition und Wandel, hg. von Egon *Boshof*/Franz-Reiner *Erkens*. Wien/Köln/Weimar 1993 (Passauer historische Forschungen 7).

Jörg K. *Hoensch*, Přemysl Otakar II. von Böhmen. Der goldene König. Graz 1989.

Ottokar-Forschungen, hg. von Max *Weltin*/Andreas *Kusternig*. Wien 1979 (Jahrbuch für Landeskunde von Niederösterreich N. F. 44/45, 1978/79).

Alfred *Hessel*, Jahrbücher des Deutschen Reichs unter König Albrecht I. von Habsburg. München 1931 (Jahrbücher der Deutschen Geschichte).

Herbert *Hassinger*, Die althabsburgischen Länder und Salzburg 1350–1650. In: Handbuch der Wirtschafts- und Sozialgeschichte, hg. von Hermann *Kellenbenz*. Bd. 3. Stuttgart 1986, S. 927–967.

Wilhelm *Baum*, Die Habsburger in den Vorlanden 1386–1486. Krise und Höhepunkt der habsburgischen Machtstellung in Schwaben am Ausgang des Mittelalters. Wien/Köln/Weimar 1993.

Wilhelm *Baum*, Rudolf IV. der Stifter. Seine Welt und seine Zeit. Graz/Wien/Köln 1996.

Ursula *Begrich*, Die »fürstliche Majestät« Herzog Rudolfs IV. von Österreich. Ein Beitrag zur Geschichte der fürstlichen Herrschaftszeichen im späten Mittelalter. Wien 1965 (Wiener Dissertationen aus dem Gebiet der Geschichte 6).

Christian *Lackner*, Hof und Herrschaft. Rat, Kanzlei und Regierung der österreichischen Herzöge (1365–1406). Wien 2002 (Mitteilungen des Instituts für österreichische Geschichtsforschung; Ergänzungsbd. 41).

Günther *Hödl*, Albrecht II. Königtum, Reichsregierung und Reichsreform 1438–1439. Wien/Köln/Graz 1978 (Forschungen zur Kaiser- und Papstgeschichte des Mittelalters, Beihefte zu J. F. Böhmer, Regesta Imperii 3).

Ausstellung Friedrich III. Kaiserresidenz Wiener Neustadt. [Wien] 1966 (Katalog des Niederösterreichischen Landesmuseums NF 29).

Heinrich *Koller*, Friedrich III. Darmstadt 2005 (Gestalten des Mittelalters und der Renaissance).

Kaiser Friedrich III. (1440–1493) in seiner Zeit. Studien anläßlich des 500. Todestages am 19. August 1493/1993, hg. von Paul-Joachim *Heinig*. Köln/Weimar/Wien 1993 (Forschungen zur Kaiser- und Papstgeschichte des Mittelalters, Beihefte zu J. F. Böhmer, Regesta Imperii 12).

Paul-Joachim *Heinig*, Kaiser Friedrich III. (1440–1493). Hof, Regierung und Politik. 3 Bde. Köln/Weimar/Wien 1997 (Forschungen zur Kaiser- und Papstgeschichte des Mittelalters, Beihefte zu J. F. Böhmer, Regesta Imperii 17).

Alois *Zauner*, Erzherzog Albrecht VI. (1418–1463), Erbfürst des Landes ob der Enns. In: Oberösterreicher. Lebensbilder zur Geschichte Oberösterreichs 2. Linz 1982, S. 18–40.

Wilhelm *Baum*, Sigmund der Münzreiche. Zur Geschichte der habsburgischen Länder im Spätmittelalter. Bozen 1987.

Hermann *Wiesflecker*, Kaiser Maximilian I. 5 Bde. Wien 1971–86.

Hermann *Wiesflecker*, Maximilian I. Die Fundamente des habsburgischen Weltreiches. Wien/München 1991.

Manfred *Hollegger*, Maximilian I. (1459–1519). Herrscher und Mensch einer Zeitenwende. Stuttgart/Berlin/Köln 2005 (Urban-Taschenbücher 442).

Frühe Neuzeit

Kurt *Klein*, Die Bevölkerung Österreichs vom Beginn des 16. bis zur Mitte des 18. Jahrhunderts (mit einem Abriß der Bevölkerungsentwicklung von 1754 bis 1869). In: Beiträge zur Bevölkerungs- und Siedlungsgeschichte Österreichs. Nebst einem Überblick über die Entwicklung der Bevölkerungs- und Sozialstatistik, hg. von Heimold *Helczmanovski*. Wien 1973, S. 47–112.

Quellenkunde der Habsburgermonarchie (16.–18. Jahrhundert). Ein exemplarisches Handbuch, hg. von Josef *Pauser*/Martin *Scheutz*/Thomas *Winkelbauer*. Wien 2004 (Mitteilungen des Instituts für österreichische Geschichtsforschung, Ergänzungsbd. 44).

Markus *Reisenleitner*, Frühe Neuzeit, Reformation und Gegenreformation. Darstellung – Forschungsüberblick – Quellen und Literatur. Innsbruck/Wien 2000 (Handbuch zur neueren Geschichte Österreichs, hg. von Helmut *Reinalter*, Bd. 1).

Renaissance in Österreich. Geschichte, Wissenschaft, Kunst, red. von Rupert *Feuchtmüller*. Horn 1974.
Reformation, Emigration. Protestanten in Salzburg. Ausstellung 21. Mai bis 26. Oktober 1981, Schloß Goldegg, Pongau, Land Salzburg. Salzburg 1981.
Paula *Sutter Fichtner*, The Habsburg Monarchy, 1490–1848. Attributes of Empire. Basingstoke/New York 2003.
Robert A. *Kann*, Geschichte des Habsburgerreiches 1526 bis 1918. Wien/Weimar/Köln ³1993.
Robert J. W. *Evans*, The Making of the Habsburg Monarchy 1550–1700. An Interpretation. Oxford 1979; deutsch: Das Werden der Habsburgermonarchie 1550–1700. Gesellschaft, Kultur, Institutionen. Wien ²1989 (Forschungen zur Geschichte des Donauraumes 6).
Karin J. *MacHardy*, War, Religion and Court. Patronage in Habsburg Austria. The Social and Cultural Dimensions of Political Interaction 1521–1622. Basingstoke/New York 2003.
Adel im Wandel. Politik – Kultur – Konfession 1500–1700. Niederösterreichische Landesausstellung 12. Mai bis 28. Oktober 1990. Wien 1990 (Katalog des Niederösterreichischen Landesmuseums N. F. 251).
Die Kaiser der Neuzeit 1519–1918. Heiliges Römisches Reich, Österreich, Deutschland, hg. von Anton *Schindling*/Walter *Ziegler*. München 1990.
Günther R. *Burkert*, Landesfürst und Stände. Karl V., Ferdinand I. und die österreichischen Erbländer im Ringen um Gesamtstaat und Landesinteressen. Graz 1987 (Forschungen und Darstellungen zur Geschichte des Steiermärkischen Landtags 1).
Alphons *Lhotsky*, Das Zeitalter des Hauses Österreich. Die ersten Jahre der Regierung Ferdinands I. (1520–1527). Wien 1971 (Veröffentlichungen der Kommission für Geschichte Österreichs 4; Schriften des DDr. Franz Josef Mayer-Gunthof-Fonds 7).
Alfred *Kohler*, Karl V. 1500–1558. Eine Biographie. München ³2001.
Ferdinand *Seibt*, Karl V. Der Kaiser und die Reformation. München 1998.
Alfred *Kohler*, Ferdinand I. 1503–1564. Fürst, König und Kaiser. München 2003.
Robert J. W. *Evans*, Rudolf II. Ohnmacht und Einsamkeit. Graz/Wien/Köln/1980.
Karl *Vocelka*, Rudolf II. und seine Zeit. Wien/Köln/Graz 1985.
Bernd *Rill*, Kaiser Matthias. Bruderzwist und Glaubenskampf. Graz 1999.
Johann *Franzl*, Ferdinand II. Kaiser im Zwiespalt der Zeit. Graz/Wien/Köln ²1989.
Heinz *Noflatscher*, Maximilian der Deutschmeister (1558–1618). Glaube, Reich und Dynastie. Marburg 1987 (Quellen und Studien zur Geschichte des Deutschen Ordens 11).
Fürsterzbischof Wolf Dietrich von Raitenau. Gründer des barocken Salzburg. 4. Salzburger Landesausstellung, 16. Mai bis 26. Oktober 1987 im Residenz-Neugebäude und im Dommuseum zu Salzburg, red. von Ulrike *Engelsberger*/Franz *Wagner*. Salzburg 1987.
Charles W. *Ingrao*, The Habsburg Monarchy 1618–1815. Cambridge ²2000 (New Approaches to European History 3).
Anna *Coreth*, Pietas Austriaca. Österreichische Frömmigkeit im Barock. Wien ²1982 (Österreich-Archiv).
Hubert Christian *Ehalt*, Ausdrucksformen absolutistischer Herrschaft. Der Wiener Hof im 17. und 18. Jahrhundert. Wien/München 1980 (Sozial- und wirtschaftshistorische Studien 14).

Der oberösterreichische Bauernkrieg 1626, Ausstellungskatalog. Linz 1976.
Georg *Heilingsetzer*, Der oberösterreichische Bauernkrieg 1626. Wien 1976.
Georg *Grüll*, Bauer, Herr und Landesfürst. Sozialrevolutionäre Bestrebungen der oberösterreichischen Bauern von 1650–1848. Linz 1963.
Hellmut *Diwald*, Wallenstein. Eine Biographie. Esslingen ⁴1999.
Harm *Klueting*: Das Reich und Österreich 1648–1740. Münster 1999.
Erzbischof Paris Lodron (1619–1653). Staatsmann zwischen Krieg und Frieden, hg. von Peter *Keller*. Regensburg 2006 (Ausstellungskataloge des Dommuseums zu Salzburg).
Die Türken vor Wien. Europa und die Entscheidung an der Donau 1683. Ausstellungskatalog. Wien 1983 (Sonderausstellung des Historischen Museums der Stadt Wien 82).
Michael *Hochedlinger*, Austria's Wars of Emergence 1683–1795. Harlow 2002.
Prinz Eugen und das barocke Österreich, hg. von Karl *Gutkas*. Salzburg/Wien 1985.
Max *Braubach*, Prinz Eugen von Savoyen. Eine Biographie. 5 Bde. München 1963–65.
Oswald *Redlich*, Das Werden einer Großmacht. Österreich von 1700–1740. Wien ⁴1962.
Ernst *Wangermann*, The Austrian Achievement 1700–1800. London 1973.
Hanns Leo *Mikoletzky*, Österreich. Das große 18. Jahrhundert. Wien/München 1967.
Charles W. *Ingrao*, Josef I. Der »vergessene« Kaiser. Graz 1982.
John P. Spielman, Josef I. Zur Macht nicht geboren. Graz/Köln/Wien 1981.
Bernd *Rill*, Karl VI. Habsburg als barocke Großmacht. Graz 1992.
Von der Glückseligkeit des Staates. Staat, Wirtschaft und Gesellschaft in Österreich im Zeitalter des aufgeklärten Absolutismus, hg. von Herbert *Matis*. Berlin 1981.
Österreich im Europa der Aufklärung. Kontinuität und Zäsur in Europa zur Zeit Maria Theresias und Josephs II., red. von Richard Georg *Plaschka*. 2 Bde. Wien 1985.
Maria Theresia und ihre Zeit. Zur 200. Wiederkehr des Todestages. Ausstellung 13. Mai bis 26. Oktober 1980 Wien, Schloß Schönbrunn. Salzburg/Wien 1980.
Alfred von *Arneth*, Geschichte Maria Theresias. 10. Bde. Wien 1863–79.
Gerard van Swieten und seine Zeit: Internationales Symposium, veranstaltet von der Universität Wien im Institut für Geschichte der Medizin, 8.–10. Mai 1972, hg. von Erna *Lesky*/Adam *Wandruszka*. Wien 1973 (Studien zur Geschichte der Universität Wien 8).
Fred *Hennings*, Und sitzet zur linken Hand. Franz Stephan von Lothringen, Gemahl der selbstregierenden Königin Maria Theresia und Römischer Kaiser. Biographie. Wien 1963.
Österreich zur Zeit Kaiser Josephs II. Mitregent Kaiserin Maria Theresias, Kaiser und Landesfürst. Niederösterreichische Landesausstellung Stift Melk, 29. März bis 2. November 1980. Wien ⁴1980.
Karl *Gutkas*, Kaiser Josef II. Eine Biographie. Wien 1989.
Hans *Magenschab*, Josef II. Österreichs Weg in die Moderne. Wien 2006.
Elisabeth *Bradler-Rottmann*, Die Reformen Kaiser Josephs II. Göppingen ²1976 (Göppinger akademische Beiträge 67).
Ferdinand *Maass*, Der Josephinismus (1760–1850). 5 Bde. Wien 1950–60 (Fontes Rerum Austriacarum 2/71–75).
Der Josephinismus. Ausgewählte Quellen zur Geschichte der theresianisch-josephinischen Reformen, hg. von Harm *Klueting*. Darmstadt 1995 (Ausgewählte Quellen zur deutschen Geschichte der Neuzeit 12a).

Der Josephinismus. Bedeutung, Einflüsse und Wirkungen, hg. von Helmut *Reinalter*. Frankfurt am Main/Wien 1993 (Schriftenreihe der Internationalen Forschungsstelle »Demokratische Bewegungen in Mitteleuropa 1770–1850« 9).
Helga *Peham*, Leopold II. Herrscher mit weiser Hand. Graz/Köln/Wien 1987.
Adam *Wandruszka*, Leopold II. Erzherzog von Österreich, Großherzog von Toskana, König von Ungarn und Böhmen, Römischer Kaiser. 2 Bde. Wien 1963–65.

19. Jahrhundert und Erster Weltkrieg

Brigitte *Mazohl-Wallnig*, Zeitenwende 1806. Das Heilige Römische Reich und die Geburt des modernen Europa. Wien 2005.
Michael *Pammer*, Entwicklung und Ungleichheit. Österreich im 19. Jahrhundert. Stuttgart 2002 (Vierteljahrschrift für Sozial- und Wirtschaftsgeschichte, Beihefte 161).
Robin *Okey*, The Habsburg Monarchy. From Enlightenment to Eclipse. New York 2002.
Alan *Sked*, The Decline and Fall of the Habsburg Empire 1815–1918. Harlow ^{2}2001; deutsch: Der Fall des Hauses Habsburg. Der unzeitige Tod eines Kaiserreichs. Köln 2006.
Österreich 1790–1848. Das Tagebuch einer Epoche, hg. von Peter *Csendes*. Wien 1987.
David F. *Good*, The Economic Rise of the Habsburg Empire 1750–1914. Berkeley 1984; deutsch: Der wirtschaftliche Aufstieg des Habsburgerreiches 1750–1914. Wien 1986.
Alfred *Hoffmann*, Österreich-Ungarn als Agrarstaat. Wirtschaftliches Wachstum und Agrarverhältnisse in Österreich im 19. Jahrhundert. Wien 1978.
Die Aera Metternich. Wien 1984 (Sonderausstellung des Historischen Museums der Stadt Wien 90).
Heinrich von *Srbik*: Metternich – Der Staatsmann und der Mensch. 3 Bde. München, 1957.
Winfried *Romberg*, Erzherzog Carl von Österreich. Geistigkeit und Religiosität zwischen Aufklärung und Revolution. Wien 2006.
Hans *Magenschab*, Erzherzog Johann. Habsburgs grüner Rebell. München 2002 (Heyne-Bücher 19; Heyne-Sachbuch 828).
Erzherzog Johann von Österreich. Sein Wirken in seiner Zeit. Festschrift zur 200. Wiederkehr seines Geburtstags, hg. von Othmar *Pickl*. Graz 1982 (Forschungen zur geschichtlichen Landeskunde der Steiermark 33).
Hans *Magenschab*, Andreas Hofer. Held und Rebell der Alpen. Wien 2006.
1848. Revolution in Österreich, hg. von Ernst *Bruckmüller*. Wien 1999 (Schriften des Institutes für Österreichkunde 62).
Wolfgang *Häusler*, Von der Massenarmut zur Arbeiterbewegung. Demokratie und soziale Frage in der Revolution von 1848. Wien/München 1979.
Die Habsburgermonarchie 1848–1918, hg. von Adam *Wandruszka*/Peter *Urbanitsch* bzw. Helmut *Rumpler*/Peter *Urbanitsch*. Bd 1: Die wirtschaftliche Entwicklung, hg. von Alois *Brusatti*. Wien 1973; Bd. 2: Verwaltung und Rechtswesen. Wien 1975; Bd. 3: Die Völker des Reichs. Wien 1980; Bd. 4: Die Konfessionen. Wien

1995; Bd. 5: Die bewaffnete Macht. Wien 1987; Bd. 6: Die Habsburgermonarchie im System der internationalen Beziehungen. 2 Teilbde. Wien 1989–93; Bd. 7: Politische Öffentlichkeit und Zivilgesellschaft, 1. Teilbd.: Vereine, Parteien und Interessenverbände als Träger der politischen Partizipation. Wien 2006, 2. Teilbd.: Die Presse als Faktor der politischen Mobilisierung. Wien 2006.

Das Zeitalter Franz Josephs. Österreich 1848–1918. Das Tagebuch einer Epoche, hg. von Peter *Csendes*. Wien 1989.

Das Zeitalter Franz Josephs. Von der Revolution zur Gründerzeit 1848–1880. Niederösterreichische Landesausstellung, Schloß Grafenegg, 19. Mai bis 28. Oktober 1984. 2 Bde. Wien 1984 (Katalog des Niederösterreichischen Landesmuseums N. F. 147); Glanz und Elend 1880–1916. Niederösterreichische Landesausstellung, Schloß Grafenegg, 9. Mai bis 26. Oktober 1987. Wien 1987 (Katalog des Niederösterreichischen Landesmuseums N. F. 186).

Probleme der Franzisko-Josephinischen Zeit 1848–1916, hg. von Friedrich *Engel-Janosi*. Wien 1967 (Schriftenreihe des Österreichischen Ost- und Südosteuropa-Instituts 1).

William M. *Johnston*, Österreichische Kultur- und Geistesgeschichte. Gesellschaft und Ideen im Donauraum 1848–1938. Wien/Köln/Weimar [4]2006.

Carl E. *Schorske*, Wien. Geist und Gesellschaft im Fin de Siècle. München [2]1997.

Robert A. *Kann*, Das Nationalitätenproblem der Habsburgermonarchie. Geschichte und Ideengehalt der nationalen Bestrebungen vom Vormärz bis zur Auflösung des Reiches im Jahre 1918. 2 Bde. Graz/Köln [2]1964.

Eine zerstörte Kultur. Jüdisches Leben und Antisemitismus in Wien seit dem 19. Jahrhundert, hg. Gerhard *Botz*. Wien [2]2002.

Peter G. J. *Pulzer*, Die Entstehung des politischen Antisemitismus in Deutschland und Österreich 1867 bis 1914. Göttingen 2004.

Harm Hinrich *Brandt*, Der Neoabsolutismus. Staatsfinanzen und Politik 1848 bis 1860. Göttingen 1978 (Schriftenreihe der historischen Kommission bei der bayerischen Akademie der Wissenschaften 15).

Hans *Hautmann*/Rudolf *Kropf*, Die österreichische Arbeiterbewegung vom Vormärz bis 1945. Sozialökonomische Ursprünge ihrer Ideologie und Politik. Wien [3]1978 (Schriftenreihe des Ludwig Boltzmann Instituts für Geschichte der Arbeiterbewegung 4).

Herbert *Matis*, Österreichische Wirtschaft 1848–1913. Konjunkturelle Dynamik und gesellschaftlicher Wandel im Zeitalter Franz Josephs. Berlin 1972.

Karl *Bachinger*/Hildegard *Hemetsberger-Koller*/Herbert *Matis*, Grundriß der österreichischen Sozial und Wirtschaftsgeschichte von 1848 bis zu Gegenwart. Wien [5]1994.

Der österreichisch-ungarische Ausgleich von 1867. Seine Grundlagen und Auswirkungen. München 1968 (Buchreihe der südostdeutschen historischen Kommission 20).

Der österreichisch-ungarische Ausgleich von 1867. Vorgeschichte und Wirkungen, red. von Peter *Berger*. Wien 1967.

Österreichische Parteiprogramme 1868–1966, hg. von Klaus *Berchtold*. Wien 1967.

Lothar *Höbelt*, Kornblume und Kaiseradler. Die deutschfreiheitlichen Parteien Altösterreichs 1882–1918. Wien/München 1993.

Holger *Afflerbach*, Der Dreibund. Europäische Großmacht- und Allianzpolitik vor dem Ersten Weltkrieg. Wien 2002.

Günther *Kronenbitter*, »Krieg im Frieden«. Die Führung der k. u. k. Armee und die Großmachtpolitik Österreich-Ungarns 1906–1914. München 2003 (Studien zur internationalen Geschichte 13).

Manfried *Rauchensteiner*, Der Tod des Doppeladlers. Österreich-Ungarn und der Erste Weltkrieg. Graz/Wien ³1997.
Robert A. *Kann*, Die Sixtus-Affäre und die geheimen Friedensverhandlungen Österreich-Ungarns im Ersten Weltkrieg. Wien 1966.
Petronilla *Ehrenpreis*, Kriegs- und Friedensziele im Diskurs. Regierung und deutschsprachige Öffentlichkeit Österreich-Ungarns während des Ersten Weltkriegs. Innsbruck 2005.
Die Auflösung des Habsburgerreichs. Zusammenbruch und Neuorientierung im Donauraum, hg. von Richard Georg *Plaschka*/Karlheinz *Mack*. Wien 1970 (Schriftenreihe des Österreichischen Ost- und Südosteuropa-Instituts 3).
Jean-Paul *Bled*, Franz Joseph. Der letzte Monarch der alten Schule. Graz/Wien/Köln 1989.
Brigitte *Hamann*, Elisabeth. Kaiserin wider Willen. München 2005.
Brigitte *Hamann*, Kronprinz Rudolf. Ein Leben. Wien/München 2005.
Robert A. *Kann*, Erzherzog Ferdinand-Studien. Wien 1976 (Veröffentlichungen des Österreichischen Ost- und Südosteuropa-Instituts 10).

20. Jahrhundert

Österreichs Erste und Zweite Republik. Kontinuität und Wandel ihrer Strukturen und Probleme, hg. von Erich *Zöllner*. Wien 1985.
Karl *Bachinger*/Hildegard *Hemetsberger-Koller*/Herbert *Matis*, Grundriß der österreichischen Sozial und Wirtschaftsgeschichte von 1848 bis zu Gegenwart. Wien ⁵1994.
Felix *Butschek*, Die österreichische Wirtschaft im 20. Jahrhundert. Stuttgart ²1985.
Franz *Mathis*, Big Business in Österreich. 2 Bde. Wien/München 1987–90.
Peter *Pelinka*, Österreichs Kanzler. Wien 2000.
Handbuch des politischen Systems Österreichs. Erste Republik, 1918–1933, hg. von Emmerich *Tálos*/Herbert *Dachs*/Ernst *Hanisch*/Anton *Staudinger*. Wien 1995.
Österreich 1918–1938. Geschichte der Ersten Republik, hg. von Erika *Weinzierl*/Kurt *Skalnik*. 2 Bde. Graz/Wien/Köln 1983.
Walter *Goldinger*/Dieter A. *Binder*, Geschichte der Republik Österreich 1918–1939. Wien 1992.
Hellmut *Andics*, Der Staat, den keiner wollte. Österreich 1918–1938. Wien 1962.
Erika *Weinzierl*, Der Februar 1934 und die Folgen für Österreich. Wien 1994.
Austrofaschismus. Politik, Ökonomie, Kultur 1933–1938, hg. von Emmerich *Tálos*/Wolfgang *Neugebauer*. Wien ⁵2005.
The Dollfuß-Schuschnigg Era in Austria. A Reassessment, hg. von Günter *Bischof*. New Brunswick/London 2003 (Contemporary Austrian Studies 11).
Dirk *Hänisch*, Die österreichischen NSDAP-Wähler. Eine empirische Analyse ihrer Herkunft und ihres Sozialprofils. Wien/Köln/Weimar 1998.
Gerhard *Jagschitz*, Der Putsch. Die Nationalsozialisten 1934 in Österreich. Graz/Wien/Köln 1976,
NS-Herrschaft in Österreich. Ein Handbuch, hg. von Emmerich *Tálos*/Ernst *Hanisch*/Wolfgang *Neugebauer*. Wien 2000.
Vertriebene Vernunft. Emigration und Exil österreichischer Wissenschaft 1930–45, 2 Bde., hg. von Friedrich *Stadler*. Münster ²2004.

Österreich. Die Zweite Republik, hg. von Erika *Weinzierl*/Kurt *Skalnik*. 2 Bde. Graz/Wien/Köln 1972.
Das neue Österreich. Geschichte der Zweiten Republik, hg. von Erika *Weinzierl*/ Kurt *Skalnik*. Graz/Wien 1975.
Österreich 1945–1995. Gesellschaft – Politik – Kultur, hg. von Reinhard *Sieder*/ Heinz *Steinert*/Emmerich *Tálos*. Wien ²1996.
Österreich – 50 Jahre Zweite Republik, hg. von Rudolf G. *Ardelt*. Innsbruck/Wien 1997.
Oliver *Rathkolb*, Die paradoxe Republik. Österreich 1945 bis 2005. Wien ²2006.
Handbuch des politischen Systems Österreichs. Die Zweite Republik, hg. von Herbert *Dachs* [u. a.] . Wien ³1997.
Politik in Österreich. Die 2. Republik, Bestand und Wandel, hg. von Wolfgang *Mantl*. Wien/Köln/Graz 1992 (Studien zu Politik und Verwaltung 10).
Michael *Gehler*, Österreichs Außenpolitik der Zweiten Republik. Von der alliierten Besatzung bis zum Europa des 21. Jahrhunderts. 2 Bde. Innsbruck/Wien/Bozen 2005.
Michael *Gehler*, Vom Marshall-Plan bis zur EU. Österreich und die europäische Integration von 1945 bis zur Gegenwart. Innsbruck/Wien/Bozen 2006.
Felix *Butschek*, Vom Staatsvertrag zur Europäischen Union. Österreichische Wirtschaftsgeschichte von 1955 bis zur Gegenwart. Wien/Köln/Weimar 2004.
Geschichte der österreichischen Bundesländer seit 1945, hg. von Herbert *Dachs* (Schriftenreihe des Forschungsinstitutes für Politisch-Historische Studien der Dr.-Wilfried-Haslauer-Bibliothek, Salzburg 6): Bd. 1: Salzburg. Zwischen Globalisierung und Goldhaube, hg. von Ernst *Hanisch*/Robert *Kriechbaumer*. Wien/ Köln/Weimar 1997; Bd. 2: Kärnten. Von der deutschen Grenzmark zum österreichischen Bundesland, hg. von Helmut *Rumpler*. Wien/Köln/Weimar 1998; Bd. 3: Tirol. »Land im Gebirge« – Zwischen Tradition und Moderne, hg. von Michael *Gehler*. Wien/Köln/Weimar 1999; Bd. 4: Vorarlberg. Zwischen Fußach und Flint, Alemannentum und Weltoffenheit, Hg. von Franz *Mathis*/Wolfgang *Weber*. Wien/Köln/Weimar 2000; Bd. 5: Burgenland. Vom Grenzland im Osten zum Tor in den Westen, hg. von Roland *Widder*. Wien/Köln/Weimar 2000; Bd. 6: Niederösterreich. Land im Herzen – Land an der Grenze, hg. von Michael *Dippelreiter*. Wien/Köln/Weimar 2000; Bd. 7: Steiermark. Die Überwindung der Peripherie, hg. von Alfred *Ableitinger*/Dieter A. *Binder*. Wien/Köln/Weimar 2002; Suppl. Bd.: Liebe auf den zweiten Blick. Landes- und Österreichbewußtsein nach 1945, hg. von Robert *Kriechbaumer*. Wien/Köln/Weimar 1998.
Kontinuität und Bruch. 1938 – 1945 – 1955. Beiträge zur Kultur und Wissenschaftsgeschichte, hg. von Friedrich *Stadler*. Wien/München ²2004 (Emigration – Exil – Kontinuität 3).
Holocaust und Kriegsverbrechen vor Gericht. Der Fall Österreich, hg. von Thomas *Albrich*/Winfrid R. *Garscha*/Martin F. *Polaschek*. Innsbruck 2006 (Österreichische Justizgeschichte 1).
Dieter *Stiefel*, Entnazifizierung in Österreich. Wien 1981.
Verdrängte Schuld, verfehlte Sühne. Entnazifizierung in Österreich 1945–1955, hg. von Sebastian *Meissl*/Klaus Dieter *Mulley*/Oliver *Rathkolb*. Wien 1986.
Vermögensentzug – Rückstellung – Entschädigung, hg. von Hubert Christian *Ehalt*. Innsbruck/Wien 2005 (Österreich – Zweite Republik 7).
Clemens *Jabloner*, Schlussbericht der Historikerkommission der Republik Österreich. Vermögensentzug während der NS-Zeit sowie Rückstellungen und Entschädigungen seit 1945 in Österreich. Zusammenfassungen und Einschätzungen.

Wien/München 2003 (Veröffentlichungen der Österreichischen Historikerkommission 1).
Manfried *Rauchensteiner*, Der Sonderfall. Die Besatzungszeit in Österreich 1945–1955. Graz/Wien/Köln 1979.
Die bevormundete Nation: Österreich und die Alliierten 1945–1949, hg. von Günther *Bischof*/Josef *Leidenfrost*. Innsbruck 1988.
Menschen nach dem Krieg – Schicksale 1945–1955. Ausstellung Schloß Schallaburg 1995, hg. von Gerhard *Jagschitz*. [Wien] 1995.
Karl *Vocelka*, Trümmerjahre. Wien 1945–1949. Wien/München 1985.
Rolf *Steininger*, Autonomie oder Selbstbestimmung? Die Südtirolfrage 1945/46 und das Gruber-De Gasperi-Abkommen (Innsbrucker Forschungen zur Zeitgeschichte 12). Innsbruck 2006.
Rolf *Steininger*, Südtirol zwischen Diplomatie und Terror. 1947–1969. 3 Bde. Bozen 1999 (Veröffentlichungen des Südtiroler Landesarchivs 6–8).
Gerald *Stourzh*, Um Einheit und Freiheit. Staatsvertrag, Neutralität und das Ende der Ost-West-Besetzung Österreichs 1945–1955 (Studien zu Politik und Verwaltung 62). Wien/Graz ⁵2005.
Rolf *Steininger*, Der Staatsvertrag. Österreich im Schatten von deutscher Frage und Kaltem Krieg 1938–1955. Innsbruck/Wien/Bozen 2005.
Robert *Kriechbaumer*, Die Ära Kreisky. Österreich 1970–1983 in der historischen Analyse, im Urteil der politischen Kontrahenten und in Karikaturen von Ironimus. Wien/Köln/Weimar 2005 (Schriftenreihe des Forschungsinstitutes für politisch-historische Studien der Dr.-Wilfried-Haslauer-Bibliothek 22).
Die Ära Kreisky. Österreich im Wandel 1970–1983, hg. von Werner *Gatty* [u. a.]. Innsbruck/Wien 1997 (Bruno Kreisky International Studies 1).
Ernst *Bruckmüller*, Österreichbewußtsein im Wandel. Identität und Selbstverständnis in den 90er Jahren. Wien 1994.
Ist Österreich ein »deutsches« Land? Sprachenpolitik und Identität in der Zweiten Republik, hg. von Rudolf de *Cillia*/Ruth *Wodak*. Innsbruck/Wien/Bozen 2006 (Österreich – Zweite Republik. Befund, Kritik, Perspektive 16).
Emmerich *Tálos*/Berhard *Kittel*, Gesetzgebung in Österreich. Netzwerke, Akteure und Interaktionen in politischen Entscheidungsprozessen. Wien 2001.
Anton *Pelinka*/Sieglinde *Rosenberger*, Österreichische Politik. Grundlagen, Strukturen, Trends. Wien 2000.
Anton *Pelinka*. Vom Glanz und Elend der Parteien. Struktur- und Funktionswandel des österreichischen Parteiensystems. Innsbruck/Wien 2005 (Österreich – Zweite Republik 6).
Waldemar *Hummer*/Anton *Pelinka*, Österreich unter »EU-Quarantäne«. Wien 2001.
Anton *Pelinka*/Manfried *Welan*, Austria revisited. Demokratie und Verfassung in Österreich. Wien 2001.
The Haider Phenomenon in Austria, hg. von Ruth *Wodak*/Anton *Pelinka*. New Brunswick 2002.
Österreich in der Europäischen Union. Bilanz seiner Mitgliedschaft, hg. von Michael *Gehler*. Wien/Köln/Weimar 2003 (Schriftenreihe des DDr. Herbert-Batliner-Europainstitutes, Forschungsinstitut für Europäische Politik und Geschichte 7).

Zeittafel

15 v. Chr.	Eroberung des Ostalpenraums durch Drusus und Tiberius
41–54	Einrichtung der Provinzen Raetien, Noricum und Pannonien
106	Teilung der Provinz Pannonien; *Carnuntum* wird Zentrum der *Pannonia Superior*
193	Ausrufung des Septimius Severus in *Carnuntum* zum Kaiser
166–172	Erster Markomannenkrieg
177–182/83	Zweiter Markomannenkrieg
284–305	Teilung der Provinzen Raetien (*Raetia Prima, Raetia Secunda*) und Noricum (*Noricum Ripense, Noricum Mediterraneum*)
304	Martyrium des Florianus in *Lauricaum* (Enns-Lorch)
308	Kaiserkonferenz in *Carnuntum*
455/67–482	Wirken des hl. Severin in Noricum
476	Sturz des letzten weströmischen Kaisers durch Odoakar
488	Aufgabe von Ufernoricum; Abzug eines Teils der romanischen Bevölkerung
493	Sieg Theoderichs über Odoakar, der Ostalpenraum kommt unter ostgotische Herrschaft
536/37	Übergang der Schutzherrschaft über das rätisch-westnorische Gebiet an die Franken
555	Garibald erster Bayernherzog
595/um 610	Siege der Awaren über die Bayern festigen die Grenze an der Enns
610/11	Mission des hl. Columban in Bregenz
623/24–659	Slawisches Reich des Samo
um 700	Bischof Rupert gründet in Salzburg das Kloster St. Peter
711/12	Letzter awarischer Vorstoß über die Enns
739	Einrichtung der Bistümer Regensburg, Passau, Freising und Salzburg durch den hl. Bonifaz
741/42	Karantanien kommt unter bayerische Botmäßigkeit
746	Ausschaltung der Alamannenherzöge, Eingliederung Alamanniens in das fränkische Reich der Karolinger
791	Beginn der Offensive Karls der Große gegen das Awarenreich; Ausweitung des bayerischen Ostlands bis ins Wiener Becken
798	Schaffung der bayerischen Kirchenprovinz mit Salzburg als Metropolitansitz, Ernennung Arns zum Erzbischof
um 800	Einrichtung der bayerischen Ostlandpräfektur
806	Einführung der Grafschaftsverfassung in Churrätien
854	König Ludwig der Deutsche überträgt die Verwaltung des Ostlands seinem Sohn Karlmann
876	Arnulf »von Kärnten«, Karlmann Sohn, übernimmt die Regentschaft im Ostland

881	Kämpfen gegen die Ungarn bei Wien
907	Schlacht bei Pressburg; das bayerische Heer von den Ungarn vernichtet
909/10	Vordringen der Ungarn über Bayern bis nach Alamannien
955	Ungarnsieg Ottos I. auf dem Lechfeld bei Augsburg
960/62	Einrichtung der Mark an der Donau, Burchard erster Markgraf
976	Übertragung der Mark an der Donau an den Babenberger Leopold I., Ernennung des Luitpoldingers Heinrich zum Herzog von Kärnten
996	erste urkundliche Erwähnung der volkssprachlichen Bezeichnung *Ostarrichi* für das Ostland
1027	Der Bischof von Trient erhält die Grafschaften Vinschgau und Bozen, der Bischof von Brixen jene im Eisack- und im Inntal
1056	Otakar I. erstmals als Markgraf an der Mur, dem Kern der späteren Steiermark, bezeugt
1091	Grafschaft im Pustertal an den Bischof von Brixen
1122	Die Spanheimer erhalten des Kärntner Herzogtum
1138/1143	Belehnung der Babenberger Leopold IV. und Heinrich II. »Jasomirgott« mit Bayern
1156	*Privilegium minus*, Erhebung der Mark Österreich zum Herzogtum
1180	Trennung der Steiermark von Bayern und Erhebung zum Herzogtum
1186	Erbvertrag Leopolds V. von Österreich mit Otakar IV. von Steier; »Geogenberger Handfeste« als erste Verfassungsurkunde der Steiermark
1192	Der oberösterreichische Traungau, weite Teile der Steiermark sowie das südliche Niederösterreich kommen gemäß dem Vertrag von 1186 an die Babenberger; König Richard Löwenherz von England wird bei Wien gefangen genommen
1246	Tod Herzog Friedrichs II. von Österreich, des letzten männlichen Babenbergers
1251/1261	Přemysl Otakar von Böhmen übernimmt die Herrschaft in Österreich sowie in der Steiermark
1269/70	Přemysl Otakar erobert Kärnten und Krain
1273	Wahl Rudolfs I. von Habsburg zum römischen König
1276	Reichskrieg gegen Přemysl Otakar
1278	Am 26. August Schlacht von Dürnkrut und Jedenspeigen, Tod Přemysl Otakars
1282	Belehnung der Söhne Rudolfs von Habsburg mit Österreich, Steiermark, Krain und der Windischen Mark; Anerkennung der Stellung Tirols als eigenes »Land im Gebirge« durch König Rudolf
1283	Herzog Albrecht I. von Österreich alleiniger Landesherr
1286	Meinhard II. von Tirol mit dem Herzogtum Kärnten belehnt
1298	Albrecht I. römischer König
1306	Rudolf, Sohn Albrechts I., böhmischer König
1308	Ermordung Albrechts I. durch seinen Neffen Johann
1314	Doppelwahl zum römischen König: Ludwig von Bayern und Friedrich »der Schöne« von Österreich
1315	Schlacht am Morgarten, schwere habsburgische Niederlage gegen die Eidgenossen

1322	Schlacht bei Mühldorf: Ludwig von Bayern nimmt Friedrich den Schönen gefangen
1325	Ludwig und Friedrich einigen sich im Vertrag von München
1336	Kärnten und Krain an die Habsburger
1348/49	Pestepidemie
1358/59	Fälschung des *Privilegium maius*
1363	Übergang Tirols an die Habsburger
1365	Stiftung der Universität Wien
1368	Freiburg im Breisgau habsburgisch
1379	Teilung der habsburgischen Länder zwischen Albrecht III. und Leopold III. (Neuberger Vertrag)
1381	Verleihung der vollständigen Gerichtshoheit über ihr Territorium an die Erzbischöfe von Salzburg
1382	Triest habsburgisch
1386	Tod Herzog Leopolds III. in der Schlacht bei Sempach gegen die Eidgenossen
1395–1411	Erb- und Vormundschaftsstreitigkeiten im Haus Habsburg
1415	Ächtung Herzog Friedrichs IV., bedeutende territoriale Verluste im Westen
1420/21	Große Judenverfolgung in Wien
1438–1439	Kurzfristige Vereinigung der österreichischen, böhmischen und ungarischen Länder unter König Albrecht II.
1452	Friedrich III. als erster Habsburger in Rom zum Kaiser gekrönt
1453	Bestätigung und Erweiterung des *Privilegium maius*
1458	Österreich ob der Enns eigenständiges Herzogtum
1458–1463	Bruderkrieg zwischen Kaiser Friedrich und Herzog Albrecht VI.
1463	Vertrag von Wiener Neustadt, Eventualsukzession der Habsburger in Ungarn
1469	Gründung der Bistümer Wien und Wiener Neustadt
1471–1484	»Salzburger Bistumsstreit«
1473	Türkeneinfall in Kärnten
1477	Heirat Maximilians I. mit Maria von Burgund
ab 1477	Krieg mit Ungarn
1485–1490	Wien in der Hand des ungarischen Königs Matthias Corvinus
1490	Abdankung Herzog Sigmunds, Ende der mittelalterlichen Linienteilungen der Habsburger
1495	Heirat von Philipp und Margarete von Österreich mit Juana und Juan von Kastilien und Aragón
1499	»Schweizerkrieg«
1504	»Bayerischer Erbfolgekrieg«
1515	Heirat von Ferdinand I. und Maria von Österreich mit Anna und Ludwig von Ungarn
ab 1517	Ausbreitung der Reformation in weiten Teilen der österreichischen Erblande
1521/22	Verträge von Worms und Brüssel; Teilung der Habsburger in eine österreichische und eine spanische Linie
1525	Tod König Ludwigs in der Schlacht bei Mohács; Übergang der Kronen Böhmens und Ungarns an Ferdinand I.
1525/26	Bauernkriege
1527	»Ketzermandat« von Ofen gegen die Täufer

1527	Verwaltungsreform in den österreichischen Ländern
1529	Erste Türkenbelagerung Wiens
1541	Dreiteilung Ungarns
1545–1563	Konzil von Trient
1551	Berufung des Jesuitenordens nach Wien
1555	Augsburger Religionsfriede
1558	Kaiserkrönung Ferdinands I., Übergang der Kaiserkrone an die österreichische Linie der Habsburger
1564	Aufteilung der österreichischen Erblande nach dem Tod Ferdinands I.
1568–1578	Kaiser Maximilian II. und Erzherzog Karl legalisieren die Ausübung des lutherischen Kultus
1579	Münchner Geheimkonferenz über das Vorgehen gegen die Protestanten
1583	Rudolf II. verlegt seine Residenz von Wien nach Prag
1585/86	Gründung der Universität Graz
1593–1606	»Langer Türkenkrieg«
1595–1597	Bauernaufstände in Ober- und Niederösterreich
1604–1606	Aufstand in Ungarn
1606	Beginn des »Bruderzwists im Haus Habsburg«: Erzherzog Matthias gegen Kaiser Rudolf II. als Familienoberhaupt anerkannt
1608	Rudolf II. tritt die Herrschaft über Ungarn, Mähren sowie Ober- und Niederösterreich an Matthias ab
1612	Rückverlegung der Habsburgeresidenz nach Wien
1618	Prager Fenstersturz
1618–1648	Dreißigjähriger Krieg
1619	»Sturmpetition« der protestantischen Stände Niederösterreichs
1620	Niederlage der protestantischen Stände in der Schlacht am Weißen Berg bei Prag
1620–1628	Oberösterreich an Bayern verpfändet
1622	Gründung der Universität Salzburg
1626	Oberösterreichischer Bauernkrieg
1632	Bauernaufstand in Oberösterreich
1634	Tötung Wallensteins im Auftrag Kaiser Ferdinands II.
1648	Westfälischer Friede, Ende des Dreißigjährigen Kriegs
1664	Sieg der Kaiserlichen bei Mogersdorf über die Türken
1665	Ende der österreichischen Herrschaftsteilungen
1669	Gründung der Universität Innsbruck
1683	Zweite Türkenbelagerung Wiens
1683–1699	»Großer Türkenkrieg«
1684	»Heilige Liga« gegen das osmanische Reich
1686	»Augsburger Allianz« gegen Frankreich
1697	Prinz Eugen siegt bei Zenta über die Türken
1699	Friede von Karlowitz, Österreich erhält Siebenbürgen, große Teile Ungarns und Slawoniens sowie Kroatien von den Türken
1701–1714	Spanischer Erbfolgekrieg
1713	Pragmatische Sanktion: Regelung der weiblichen Erbfolge und Festlegung der Unteilbarkeit der habsburgischen Länder
1714	Friede von Rastatt, die Spanischen Niederlande, Mailand, Neapel und Mantua an Österreich

1716	Prinz Eugen siegt bei Peterwardein über die Türken
1717	Kapitulation von Belgrad
1718	Friede von Passarowitz mit dem osmanischen Reich
1722	Erhebung Wiens zum Erzbistum
1731/32	Ausweisung von mehr als 20 000 Salzburger Protestanten
ab 1733	Umsiedlung österreichischer Protestanten nach Siebenbürgen
1736	Heirat Maria Theresias mit Franz Stephan von Lothringen; Haus Habsburg-Lothringen
1740	Regierungsantritt Maria Theresias gemäß der Pragmatischen Sanktion
1740–1742	Erster Schlesischer Krieg, Verlust Schlesiens
1744–1748	Zweiter Schlesischer Krieg, neuerlicher Verzicht auf Schlesien
1745	Wahl Franz Stephans von Lothringen zum Kaiser (Franz I.)
1749	Verwaltungs- und Justizreform
1756	Bündnis mit Frankreich
1756–1763	Dritter Schlesischer (Siebenjähriger) Krieg, endgültiger Verzicht auf Schlesien
1761	Verwaltungs- und Behördenreform
1762	erstmalige Ausgabe von Papiergeld
1771	Gründung der Wiener Börse
1772	Erste polnische Teilung; Zips, Galizien und Lodomerien an Österreich
1775	Bukowina an Österreich
1776	Abschaffung der Folter
1778/79	Bayerischer Erbfolgekrieg, Innviertel an Österreich
1781	Toleranzpatent Kaiser Josephs II.
1785	Einrichtung der Bistümer Linz und St. Pölten
1787	Strafrechtsreform, Abschaffung der Todesstrafe
1788–1791	Krieg mit dem osmanischen Reich
1792–1797	Erster Koalitionskrieg gegen Frankreich
1795	Dritte polnische Teilung, Westgalizien an Österreich
1799–1801	Zweiter Koalitionskrieg gegen Frankreich
1803	Reichsdeputationshauptschluss; Fürstentümer Salzburg, Brixen und Trient an Österreich
1804	Franz II. als Franz I. »Kaiser von Österreich«
1805	Dritter Koalitionskrieg gegen Frankreich, Napoleon zieht in Wien ein
1806	Ende des Heiligen Römischen Reiches
1809	Tiroler Freiheitskampf; Krieg gegen Frankreich; Fürst Metternich übernimmt die Leitung der österreichischen Außenpolitik
1811	Staatsbankrott Allgemeines Bürgerliches Gesetzbuch
1813	Teilnahme Österreichs am Sechsten Koalitionskrieg gegen Frankreich, Völkerschlacht bei Leipzig
1814–1815	Wiener Kongress, Neuordnung Europas, territoriale Abrundung der Habsburgermonarchie; Gründung des Deutschen Bunds
1816	Gründung der Österreichischen Nationalbank
1819	Karlsbader Beschlüsse, Repression gegen die liberale Opposition
1830	Pariser Julirevolution, verschärfte Überwachung der Opposition

1848	Märzrevolution, Sturz Metternichs, Zusage einer Verfassung, Flucht des Hofs, Wahl eines Reichsrats, Aufhebung der bäuerlichen Untertänigkeitsverhältnisse; die Deutsche Nationalversammlung wählt Erzherzog Johann zum Reichsverweser Oktoberrevolution, Kampfhandlungen in Wien, als Truppen gegen die Revolution in Ungarn ausrücken, Ermordung des Kriegsministers, neuerliche Flucht des Hofs, blutige Niederschlagung der Erhebung; Abdankung Kaiser Ferdinands zugunsten seines Neffen Franz Joseph
1849	Oktroyierte Verfassung, Auflösung des Reichsrats, Kapitulation Ungarns; Schaffung der Gendarmerie
1851	»Silvesterpatent«, Aufhebung der Verfassung; Aufhebung der Zollgrenze zwischen Österreich und Ungarn
1855	Konkordat
1857	Beginn der baulichen Umgestaltung Wiens, Ringstraßenbau
1858	Währungsreform
1859	Niederlage gegen Frankreich und Piemont, Verlust der Lombardei
1860	»Oktoberdiplom«
1861	»Februarpatent«, Schaffung eines Reichsrats und von Landtagen
1864	Dänischer Krieg
1866	Krieg gegen Preußen, Niederlage bei Königgrätz, Verlust Venetiens, Ende des Deutschen Bunds
1867	»Ausgleich« mit Ungarn; »Dezemberverfassung« für Cisleithanien
1868	»Maigesetze«
1871	Scheitern der Ausgleichsverhandlungen mit den Tschechen
1873	Wahlrechtsreform, direkte Wahlen zum Reichsrat
1873	Börsenkrach
1878	Berliner Kongress, Besetzung Bosniens und der Herzegowina
1879	»Zweibund« mit dem Deutschen Reich
1882	Beitritt Italiens zum »Zweibund«: »Dreibund«
1887	Gründung der Christlichsozialen Partei (»Christlichsozialer Volksverein«)
1888/89	Einigung der Sozialisten in der »Sozialdemokratischen Arbeiterpartei«
1892	Einführung der Kronenwährung
1897	Badenische Sprachenverordnung
1906	allgemeines, gleiches, direktes und geheimes Männerwahlrecht
1908	Annexion Bosniens und der Herzegowina
1914	am 28. Juni Ermordung des Thronfolgers Erzherzog Franz Ferdinand in Sarajewo
1914–1918	Erster Weltkrieg
1916	Kaiser Franz Joseph stirbt, Kaiser Karl folgt ihm nach
1917	»Sixtus-Affäre«
1918	12. November: Ausrufung der Republik Deutsch-Österreich
1919	Wahl zur konstituierenden Nationalversammlung, an der erstmals auch die Frauen teilnehmen dürfen; Friedensvertrag von St. Germain
1920	Beschluss der Verfassung; Volksabstimmung in Kärnten
1921	Burgenland österreichisches Bundesland
1922	Genfer Protokolle, Völkerbundanleihe

1925	Einführung der Schillingwährung; Verfassungsreform
1927	Unruhen, Brand des Justizpalasts
1932	Vertrag von Lausanne, Völkerbundanleihe
1933	»Selbstausschaltung« der Parlaments, autoritäres Regime Dollfuß; »Tausend-Mark-Sperre«
1934	12.–15. Februar: Bürgerkrieg, Verbot der Sozialdemokratischen Partei; 1. Mai: ständestaatliche Verfassung; 25. Juli: nationalsozialistischer Putschversuch, Ermordung von Bundeskanzler Dollfuß
1936	»Juliabkommen« mit dem Deutschen Reich
1938	12. Februar: Treffen Hitler-Schuschnigg; Regierungsbeteiligung der Nationalsozialisten; 11. März: deutsches Ultimatum an Österreich, Rücktritt von Kanzler Schuschnigg; 12. März: Einmarsch der deutschen Wehrmacht; 13. März: Gesetz »über die Wiedervereinigung Österreichs mit dem Deutschen Reich«; 10. April: Volksabstimmung über den »Anschluss« 9./10. November: Novemberpogrom
1939–1945	Zweiter Weltkrieg
1941	Beginn der Deportation der Juden
1943	Moskauer Deklaration über die Wiederherstellung Österreichs
ab 1943	alliierte Luftangriffe
1945	29. März: sowjetische Truppen erreichen österreichisches Gebiet; April: Gründung der Österreichischen Volkspartei (ÖVP), der Sozialistischen Partei Österreichs (SPÖ) und der Kommunistischen Partei Österreichs (KPÖ); 27. April: Proklamation der Unabhängigkeit Österreichs; 8. Mai: Kapitulation des Deutschen Reichs; Juli: Erstes Kontrollabkommen der Alliierten, Einteilung der Besatzungszonen; 20. Oktober: Anerkennung der Provisorischen Staatsregierung; 25. November: erste Nationalratswahlen der Zweiten Republik
1945/46	Nationalsozialistengesetze
1946	Zweites Kontrollabkommen der Alliierten; Lieferung von UNRRA-Hilfsgütern
1947	Einbeziehung Österreichs in die Marshallplan-Hilfe; Währungsreform
1948	Amnestie für minderbelastete Nationalsozialisten
1949	Gründung des Verbands der Unabhängigen, ab 1955/56 Freiheitliche Partei Österreichs (FPÖ)
1950	Kommunistische Streikbewegung
1955	15. Mai: Unterzeichnung des Staatsvertrags; 26. Oktober: Neutralitätsgesetz; Aufnahme in die UNO
1956	Beitritt zum Europarat; Ungarnkrise
1957	Schaffung der »Paritätischen Kommission für Lohn- und Preisfragen« als Kern der »Sozialpartnerschaft«
1960	Gründung der EFTA

1968	Flüchtlingswelle aus der Tschechoslowakei
1969	»Südtirol-Paket«
1970–1983	»Ära Kreisky«
1973	Erdölkrise
1978	Volksabstimmung über das Atomkraftwerk Zwentendorf
1984	Bürgerproteste verhindern das Donaukraftwerk Hainburg
1986	Einzug der »Grünen Alternative« ins Parlament; »Waldheim-Affäre«
ab 1986	Sanierung der Verstaatlichten Industrie
1989	Aufnahmeantrag in die Europäische Union
1994	Teilnahme am Europäischen Wirtschaftsraum; Volksabstimmung über den Beitritt zur Europäischen Union, 66,6 Prozent Ja-Stimmen
1995	1. Januar: Beitritt zur Europäischen Union; Beitritt zum Schengener Abkommen
1998	Aufnahme in die Euro-Zone
2002	1. Januar: Einführung des Euro als Zahlungsmittel; »Sanktionen« der übrigen EU-Länder sowie Proteste im Inland wegen der Regierungsbeteiligung der FPÖ
2006	»BAWAG-Skandal«

Die Babenberger
(vereinfachter Auszug)

Leopold I.
*Markgraf von
Österreich 976–994*
⚭ Richardis (?)

Stammtafel 1

Heinrich I.
*Markgraf von
Österreich 994–1018*

Ernst
*Herzog von Schwaben
1012–1015*

Adalbert
*Markgraf von
Österreich 1018–1055*
⚭ Frowiza

Ernst
*Markgraf von
Österreich 1055–1075*
⚭ Adelheid von Meißen

Leopold II.
*Markgraf von
Österreich 1075–1095*
⚭ Itha

Leopold III.
*Markgraf von
Österreich 1095–1136*
2.⚭ Agnes
*[Tochter Kaiser Heinrichs IV.,
Witwe Friedrichs von Staufen,
Mutter Kaiser Konrads III.]*

Heinrich II.
*Pfalzgraf am Rhein 1140
Markgraf von Österreich
1141–1156
Herzog von Bayern
1143–1156
Herzog von Österreich
1156–1177*
1.⚭ Gertrud
[Tochter Kaiser Lothars III.]
2.⚭ Theodora Komnena

Leopold IV.
*Markgraf von
Österreich 1136–1141
Herzog von Bayern
1139–1141*
⚭ Maria
*[Tochter Sobieslaws
von Böhmen]*

Otto
*Bischof von Freising
1138–1158*

Konrad
*Bischof von
Passau
1148–1164
Erzbischof
von Salzburg
1164–1168*

Leopold V.
*Herzog von Österreich
1177–1194
Herzog von Steiermark
1192–1194*
⚭ Helene
*[Tochter König Geisas II.
von Ungarn]*

Friedrich I.
*Herzog von Österreich
1195–1198*

Leopold VI.
*Herzog von Steiermark 1195–1230
Herzog von Österreich 1198–1230*
⚭ Theodora
*[Enkelin Isaac Angelos II.
von Byzanz]*

Margarete († 1266)
1.⚭ König Heinrich (VII.)
2.⚭ König Přemysl
Otakar II. von Böhmen

Heinrich († 1227)
⚭ Agnes von Thüringen

Friedrich II.
*Herzog von Österreich
und Steiermark 1230–1246*
1.⚭ Sophie Laskaris von Byzanz
2.⚭ Agnes von Andechs-Meranien

Gertrud († 1288)
1.⚭ Wladislaw von Mähren
2.⚭ Markgraf Hermann von Baden
3.⚭ Roman von Halicz

Von Rudolf I. bis Maximilian I.
(vereinfachter Auszug)

Stammtafel 2

Rudolf I.
1218–1291
König 1273–1291
1. ⚭ Gertrud (Anna)
v. Hohenberg († 1218)
2. ⚭ Agnes (Isabella)
v. Burgund († 1323)

Albrecht I.
1255–1308
König 1298–1308
⚭ Elisabeth
v. Görz-Tirol († 1313)

Hartmann
1263–1281

Rudolf II.
um 1270–1290
⚭ Agnes
v. Böhmen († 1296)

Agnes
1280–1364
⚭ Andreas III.
König v. Ungarn
(† 1301)

Rudolf III.
um 1282–1307
König v. Böhmen 1306

Friedrich der Schöne
1289–1330
König 1314 bis 1322/30
⚭ Elisabeth
v. Aragon († 1330)

Leopold I.
1290–1326

Albrecht II.
1298–1358
Herzog 1330–1358
⚭ Johanna
v. Pfirt († 1351)

Heinrich
1299–1327

Otto
1301–1339

Johann Parricida
1290–1313
Mörder v. Kg. Albrecht I.

Rudolf IV.
1339–1365
Herzog 1358–1365
⚭ Katharina
v. Luxemburg († 1395)

Friedrich III.
1347–1362

Albrecht III.
1348–1395
Herzog 1365–1395
2. ⚭ Beatrix
v. Nürnberg († 1414)

Leopold III.
1351–1386
Herzog 1365–1386
⚭ Viridis Visconti
(† 1414)

Albrecht IV.
1377–1404
Herzog 1395–1404
⚭ Johanna
v. Bayern († 1410)

Wilhelm
1370–1406
Herzog
1386–1406

Leopold IV.
1371–1411
Herzog (1386)–
1395–1411

Ernst I.
1377–1424
Herzog/Erzherzog
(1386)–1402–1424
2. ⚭ Cimburgis
v. Masowien († 1429)

Friedrich IV.
1382–1439
Herzog (1386)–
1402–1439
2. ⚭ Anna
v. Braunschweig-Göttingen († 1432)

Albrecht (V.) II.
1397–1439
König 1438–1439
⚭ Elisabeth
v. Luxemburg († 1442)

Friedrich (V.) III.
1415–1493
König 1440
Kaiser 1452–1493
⚭ Eleonore
v. Portugal († 1468)

Albrecht VI.
1418–1463

Sigmund
1427–1496
Herzog
Abdankung 1490

Ladislaus Postumus
1440–1457
Herzog 1452–1457
König von Böhmen und Ungarn

Maximilian I.
1459–1519
König 1486
Kaiser 1508–1519
1. ⚭ Maria
v. Burgund († 1482)
2. ⚭ Bianca Maria
Sforza († 1510)

Die österreichische Linie der Habsburger (16.–18. Jahrhundert)
(vereinfachter Auszug)

Maximilian I.
1459–1519
röm. König 1486
dt. König 1493
Kaiser 1508
∞ Maria
v. Burgund († 1482)

Stammtafel 3

Philipp I. der Schöne
1478–1506
Hz. v. Burgund 1482
Kg. v. Kastilien 1504
∞ Juana v. Kastilien
u. Aragon (1479–1555)

Margarete
1480–1530
∞ Juan
v. Kastilien u. Aragon
(† 1497)

Karl V.
1500–1558
Hz. v. Burgund 1506–1556
Kg. (Karl I.) v. Spanien 1516–1556
Kaiser 1519–1556
∞ Isabella v. Portugal
(1503–1539)

SPANISCHE LINIE

Ferdinand I.
1503–1564
Kg. v. Ungarn u. Böhmen 1526
röm. Kg. 1531
Kaiser 1556
∞ Anna v. Ungarn
u. Böhmen (1503–1547)

ÖSTERREICHISCHE LINIE

Maria
1505–1558
∞ Ludwig II.
Kg. v. Ungarn u.
Böhmen († 1526)

Maximilian II.
1527–1576
Kg. v. Böhmen 1562
Kg. v. Ungarn 1563
röm. Kg. 1562, *Kaiser* 1564
∞ Maria v. Spanien († 1603)

Ferdinand v. Tirol
1529–1595

Karl v. Innerösterreich
1540–1590
∞ Maria v. Bayern († 1608)

Rudolf II.
1552–1612
Kg. v. Ungarn u.
Böhmen
1575–1608/11
röm. Kg. 1575
Kaiser 1576

Ernst
1553–1595

Matthias
1557–1619
Kg. v. Ungarn 1608
Kg. v. Böhmen 1611,
Kaiser 1611
∞ Anna v. Tirol († 1611)

Maximilian
1558–1618
Hochmeister
d. Deutschen
Ordens

Ferdinand II.
1578–1637
Kg. v. Ungarn u.
Böhmen 1618
Kaiser 1619
∞ Maria Anna
v. Bayern (1574–1616)

Leopold
1586–1632
Bischof v.
Passau 1605
Bischof v.
Straßburg 1607
Landesherr
v. Tirol 1625

Ferdinand III.
1608–1657
Kg. v. Ungarn 1625,
Kg. v. Böhmen 1627
röm. Kg. 1636, *Kaiser* 1637
∞ Maria An(n)a v. Spanien († 1646)

Ferdinand IV.
1633–1654
Kg. v. Böhmen 1646
Kg. v. Ungarn 1647
röm. Kg. 1653

Leopold I.
1640–1705
Kg. v. Ungarn 1655
Kg. v. Böhmen 1656, *Kaiser* 1658
3. ∞ Eleonore
v. Pfalz-Neuburg (1655–1720)

Joseph I.
1678–1711
Kg. v. Ungarn 1687
Kg. v. Böhmen 1705
röm. Kg. 1690, *Kaiser* 1705
∞ Wilhelmine Amalie
v. Braunschweig-Lüneburg
(1673–1742)

Karl VI.
1685–1740
Kg. Karl »III« v. Spanien 1706–1711
Kg. v. Ungarn 1711
Kg. v. Böhmen 1712, *Kaiser* 1711
∞ Elisabeth Christine
v. Braunschweig-Wolfenbüttel
(1691–1750)

Das Haus Habsburg-Lothringen
(vereinfachter Auszug)

Stammtafel 4

Maria Theresia ⚭ Franz Stephan
1717–1780	1708–1765
Königin v. Böhmen und Ungarn 1740	*Herzog v. Lothringen* 1729 *Großherzog d. Toskana* 1737 **Kaiser Franz I.** 1745

Joseph II.
1741–1790
röm. Kg. 1764
Kaiser 1765
Kg. v. Böhmen u. Ungarn 1780

Leopold II.
1747–1792
Ghz. d. Toskana 1765–1790
Kg. v. Ungarn 1790
Kg. v. Böhmen 1791
Kaiser 1790
⚭ Marie Luise
v. Spanien (1745–1792)

Ferdinand Karl
1754–1806
⚭ Beatrix
v. Este-Modena († 1829)

HAUS HABSBURG-ESTE

Maria Antonia
(Marie Antoinette)
1755–1793
⚭ Ludwig XVI.
Kg. v. Frankreich
(† 1793)

Franz II./I.
1768–1835
Kg. v. Böhmen u. Ungarn 1792
Kaiser 1792–1806
Kaiser v. Österreich 1804

KAISERLICHER ZWEIG DES HAUSES HABSBURG

Ferdinand III.
1769–1824
Ghz. d. Toskana 1790–1801 u. ab 1815
Kf. v. Salzburg 1803–1805
Ghz. v. Würzburg 1806–1814

HAUS HABSBURG-TOSKANA

Karl
1771–1847

Albrecht
1817–1898

Johann
1782–1859
dt. Reichsverweser 1848/49

Rainer
1783–1853

Ludwig
1784–1864

Der kaiserliche Zweig des Hauses Habsburg-Lothringen   Stammtafel 5
(vereinfachter Auszug)

Franz I. ⚭ Marie Therese
1768–1835 | v. Neapel-Sizilien
Kaiser v. Österreich | (1772–1807)
1804–1835

Ferdinand I. (d. »Gütige«)
1793–1875
Kaiser v. Österreich 1835–1848
⚭ Maria Anna
v. Savoyen (1803–1884)

Franz Karl
1802–1878
⚭ Sophie
v. Bayern (1805–1872)

Franz Joseph I.
1830–1916
Kaiser v. Österreich
1848–1916
⚭ Elisabeth (»Sisi«)
v. Bayern (1837–1898)

Ferdinand Maximilian
1832–1867
Kaiser v. Mexiko 1864
⚭ Charlotte
v. Belgien (1840–1927)

Karl Ludwig
1833–1896
⚭ Maria Annunciata
v. Neapel (1843–1871)

Rudolf
1858–1886
⚭ Stephanie
v. Belgien (1864–1945)

Franz Ferdinand
1863–1914
⚭ Sophie Gräfin Chotek
Herzogin v. Hohenberg (1868–1914)

Otto Franz Joseph
1865–1906
⚭ Maria Josepha
v. Sachsen (1867–1944)

Karl I. 1887–1922
Kaiser v. Österreich
1916–1918
⚭ Zita v. Bourbon-
Parma (1892–1989)

Personenregister

Abkürzungen: B. = Bischof, Bay. = Bayern, Bö. = Böhmen, dt. = deutsch, Eb. = Erzbischof, Ehg. = Erzherzog, Fam. = Familie, Gf. = Graf, Hg.= Herzog, K. = Kaiser, Kf. = Kurfürst, Kg. = König, Mgf. = Markgraf, Ö. = Österreich, Pr. = Preußen, Sbg. = Salzburg, Ung. = Ungarn, v. = von

Adalbero, Hg. v. Kärnten 35
Adalbert I., Mgf. v. Ö. 29
– v. Bamberg 27
Adler, Alfred 231;
–, Friedrich 215;
–, Victor 194, 215
Adolf v. Nassau, Kg. 43, 49
Aehrenthal, Alois v. 199
Agilolfinger 18 f., 21 f., 75
Agnes v. Ung. 45;
– v. Bö. 45
Aichinger, Ilse 244
Albrecht I., Kg., Hg. v. Ö. 42–44, 47 f., 58
Albrecht II. Hg. v. Ö. 48–50, 55, 87
– III. 56, 59, 94
– IV. 59
– V. (II.), Kg. 59 f., 65, 99, 149
– VI. 60–62, 91
–, Ehg. v. Ö. 192
– III. v. Tirol 38
Aldringen, Fam. 151
Alexander I., Zar 168, 171
Ali Pascha 132
Alt, Rudolf 178;
–, Salome 127
Altdorfer, Albrecht 100 f.
Altenberg, Peter 212
Altomonte, Bartolomeo 161
Amerling, Friedrich 178
Andechs, v. 37, 78
Andrássy, Gyula 188, 192
Androsch, Hannes 252
Anna v. Ö. 113
– v. Ung. 99, 103 f.
– Katharina v. Mantua 112
Anzengruber, Ludwig 211
Arafat, Jassir 252
Arcimboldo, Giuseppe 111
Aribo, Gf. 23 f.

Aribonen 25
Arn, Eb. v. Sbg. 20, 22
Arneth, Alfred 208
Arnsteiner, Fam. 176
Arnulf, K. 23 f.
–, Bay. hg. 25
Artmann, H. C. 245
Auersperg 150
–, Anton Alexander 178
–, Karl 191
Augustinus, hl. 86, 89
Augustus, K. 11 f.
Ava 91

Babenberger 27, 29–34, 36, 39, 41, 78, 89, 93
Bach, Alexander 184
Bachmann, Ingeborg 244
Badeni, Kasimir 195 f., 205
Bahr, Hermann 211
Bárány, Robert 207
Bartenstein, Joh. Christoph 130, 132
Batthyány 150
–, Lajos 180, 182
Battisti, Cesare 217
Bauer, Otto 218, 223, 226
–, Wolfgang 250
Baumann, Oskar 208
Baumkircher, Andreas 61
Beauharnaise, Joséphine 168
Beck, Max Vladimir 197
Beckenschlager, Joh. 69
Beer, Fam. 160
Beethoven, Ludwig van 177, 209, 211
Belá IV., Kg. v. Ung. 39
Belcredi, Richard 187 f.
Bem, Jos. 181
Benedek, Ludwig 187

Berchtold, Leopold 199, 201
Berg, Alban 230
Bernhard v. Spanheim 35
Bernhard, Thomas 249
Berthold, Eb. v. Mainz 100
–, Bay. hg. 25
– v. Andechs 38
Bessel, Gottfried 155
Bethlen, Gabriel 113 f.
Beust, Ferdinand 188
Bianca Maria Sforza 95, 98
Biber, Heinrich 157
Biedermeier, Gottfried 175
Billroth, Theodor 207
Bismarck, Otto 186 f., 192
Blecha, Karl 256
Blum, Robert 181
Bocskay, Stefan 110 f.
Boeckl, Herbert 230
Böhler, Lorenz 231
Boltzmann, Ludwig 207
Bonifaz, hl. 20
Borsita, Jaroslav 113
Bosch, Hieronymus 112
Bourbonen 126, 131, 166, 173,
Brahe, Tycho de 111
Brahms, Johannes 211
Brandis, Franz Adam 155
Brauer, Arik 245
Broch, Hermann 229, 232
Broda, Christian 250
Bruck, Karl Ludwig 184
Bruckner, Anton 211
Brueghel, Pieter 112
Brussilow, General 214
Buol-Schauenstein, Karl Ferd. 185
Burchard, Mgf. 27
Bürckel, Jos. 233
Burgkmair, Hans 100
Busek, Erhard 258

Caesar, C. Julius 11, 51
Caligula, K. 12
Calvin, Johannes 106
Canetti, Elias 230, 232
Canon, Hans 209
Carlone, Carlo Antonio 159
Cavour, Camilio 185
Celtis, Konrad 101
Chotek, Sophie, Gf.in 201

Churchill, John of Marlborough 124, 126
Cilli, Gf. en 64
Claudius, K. 12
Clemenceau, Georges 216
Clemens XI., Papst 126
Colloredo 151
–, Hieronymus 142, 157
Columban, hl. 20
Cuspinian, Johannes 101
Czernin, Ottokar 215
Czimburga v. Masowien 60

Dagobert I., Kg. 19
Damid Ali 131
Daun, Leopold Joseph 136 f.
–, Wirich Philipp 126
Deák, Ferenc 188
Defregger, Franz 209
Desiderius, Kg. 21
Deutsch, Julius 226
Dietrichstein, Fam. 150
Dinghofer, Franz 220
Diocletian, K. 15
Dobelhoff-Dier, Anton 180, 183
Doderer, Heimito 229, 244
Dollfuß, Engelbert 224 f., 227
Donner, Georg Raphael 160
Dopsch, Alfons 231
Drusus 11
Duino, Herren v. 56
Dürer, Albrecht 100, 112

Ebendorfer, Thomas 90
Eberhard II., Eb. v. Sbg. 37
Ebner-Eschenbach, Marie 211
Eggenberg 151;
–, Hans Ulrich 158
Egger-Lienz, Albin 210
Eichmann, Adolf 234
Einem, Gottfried 246
Eisenhower, Dwight D. 246
Eleonore v. Portugal 62, 97
Elisabeth (Sisi) v. Bay. 183, 188, 197;
– v. Bö. 45
– v. Tirol-Görz 45
–, Zarin 137
Elisabeth Christine v. Braunschweig 130
Elmas Mehmed Pascha 122

Ems, Rudolf v. 92
Ender, Otto 226
Enikel, Jans 89
Enzmiller, Joachim 151
Eppensteiner 35f.
Erentrudis, hl. 20
Ernst, Mgf. v. Ö. 29
–, Hg. v. Ö. 52, 60, 64, 68, 83
–, Ehg. v. Ö. 110
Esterházy 150, 157
–, Nikolaus 157
Eugen, Prinz v. Savoyen 122–124, 126, 131f., 151, 154, 159
Eugippius 16
Exner, Franz Serafin 184

Fadinger, Stefan 115
Faistauer, Anton 230
Ferdinand I., K., Ehg. v. Ö. 98f., 102, 104, 106, 112;
– II., 110, 113, 114–116, 118, 149, 159
– III. 118, 120
– I., K. v. Ö. 174f., 180, 183
– II., Ehg. v. Ö. 106, 112f., 158
– III., Großhg. 164, 165
–, Kg. v. Aragon 98
Ferdinand Karl, Ehg. v. Ö. 112
Ferrabosco, Pietro 158
Ferstel, Heinrich 209
Fey, Emil 223, 225
Figl, Leopold 240, 243f., 247
Fink, Jodok 220
Firmian, Leopold Anton v. 129
Firnberg, Herta 251
Fischer, Heinz 260f.
Fischer v. Erlach, Bernhard 159;
–, Jos. Emanuel 159
Florian, hl. 15
Fohnsdorf, Konrad v. 67
Formbach-Pitten, Gf. en 35
Formosus, Papst 24
Franz I., K. 131, 133f., 139; II. (I.) 162165, 167f., 170, 174
Franz Ferdinand, Thronfolger 197, 200f.
Franz Joseph I., K. v. Ö. 174, 183, 187, 190, 196, 201, 206, 208, 215
– Karl, Ehg. v. Ö. 174
– v. Retz 91

Freud, Sigmund 207, 231f.
Friedell, Egon 212
Friedrich I., K. 31, 35f.
– II., K. 33f., 37
– I., Hg. v. Ö. 33
– II., Hg. v. Ö. 33f., 39
– »der Schöne«, Kg., Hg. v. Ö. 44–48, 87
– III. 49
– IV. 59f., 64f., 72
– V. (III.), K., 30, 52, 54, 60–62, 6466, 68f., 95, 97
–, Hg. v. Schwaben 30
– II., Kg. v. Pr. 133–140
– V., Kf. v. der Pfalz 113f.
(Friedrich) August II. (I.), Kg. v. Polen 131; (–) August III. (II)., 133
– Wilhelm I., Kg. v. Pr. 129, 133;
– Wilhelm III. 168
Fries, Fam. 176
Fuchs, Ernst 245
–, Neidhard 92
Fuchsmagen, Johannes 101
Fugger, Fam. 98, 108
Fux, Joh. Christoph 156

Gaismair, Michael 105
Gallus, hl. 20
Garibald, Bay.hg. 18
Gauermann, Friedrich 178
Gebhard I., Eb. v. Sbg. 37
Gentz, Friedrich 175
Georg v. Podiebrad, Kg. v. Bö. 62
Gerhaert van Leyden, Niclas 95
Gerold, Ostlandpräfekt 22
Gerstl, Richard 210
Gertrud v. Ö. 34, 39
Geymüller, Fam. 176
Géza, Kg. v. Ung. 27
Ghega, Karl 176
Glaise-Horstenau, Edmund 228
Glöckel, Otto 230
Gluck, Christoph Willibald 157
Gorbach, Alfons 248
–, Hubert 260
Gorbatschow, Michail 257
Göring, Hermann 233
Görz, Gf. en 36, 40, 64
Gossembrot, Fam. 98
Graman, Gf. 22

292

Gran, Daniel 161
Grasser, Karl-Heinz 260
Gratz, Leopold 254, 256
Gregor IX., Papst 33
Grillparzer, Franz 110, 178, 181
Gumpp, Georg Anton 160
Gusenbauer, Alfred 259, 261
Gustav II. Adolf, Kg. v. Schweden 116
Guta, Tochter Kg. Rudolfs I. 42
Gütersloh, Albert Paris 245

Habsburg-Lothringen, Otto 248
Haider, Jörg 255, 257, 260
Hanak, Anton 230
Handke, Peter 249
Hans v. Aachen 111
Hansen, Theophil 209
Hardegg, Gf. en 49
Harrach, Fam. 150, 160
Hartwig, Eb. v. Sbg. 93
Hasenauer, Carl 209
Hassan Pascha 111
Haugwitz, Friedr. Wilh. 136, 138
Haupt, Herbert 260
Hausner, Robert 245
Haydn, Joseph 157
Hayek, August 231
Heinbuche v. Langenstein, Heinrich 91
Heinrich I., Kg. 25;
– V., K. 30;
– VI., K. 32, 33;
– VII., Kg. 45;
– (VII.), Kg. 33
– I., Mgf. v. Ö. 27
– II., Mgf. bzw. Hg. v. Ö. 30–32
–, Hg. v. Ö. 46f.
–, Hg. v. Bay. 25;
– d. Zänker 27;
– d. Stolze 31;
– d. Löwe 31f., 35
– III., Hg. v. Kärnten 36
– v. Andechs 38
– v. Tirol-Görz, Hg. v. Kärnten 44f., 48, 54
Heinz, Joseph 111
Helfert, Jos. Alex. 208
Herberstorff, Adam 115
Herbst, Eduard 193

Hermann, Mgf. v. Baden 39
Herzl, Theodor 198
Hess, Viktor 231
Heunburg, Gf. en 36
Hevesi, Ludwig 212
Hildebrandt, Joh. Lucas 159f.
Himmler, Heinrich 234
Hitler, Adolf 224, 227f., 232
Hofer, Andreas 166f.
Hofmannsthal, Hugo 211, 229
Höger, Joseph 178
Hoheneck, Rudolf v. 67
Hohenegg, Herren 80
Hohenems, Gf. en 158;
–, Markus Sittikus 128, 156, 158
Hohenwart, Karl 191
Hohenzollern 191
Holzmeister, Clemens 230, 232
Hönig, Israel 150
Hörmann, Theodor 209
Hormayr, Joseph 166, 168
Hörnigk, Philipp Wilhelm 155
Horváth, Ödön 230, 232
Hötzendorf, Franz Conrad 200
Huber, Alfons 208;
–, Wolf 101
Hueber, Jos. 160
Hundertwasser, Friedensreich 245
Hunfrid, Gf. 22
Hutter, Jakob 105;
–, Wolfgang 245
Hyrtl, Jos. 207

Innitzer, Theodor 225
Innozenz IV., Papst 34
– VI. 54
– XI. 121

Jägerstätter, Franz 236
Jagiello, Haus 104
Jandl, Ernst 245
Jelinek, Elfriede 259
Jellačič, Josip 181
Johann Ribi B. 50, 55
– v. Viktring 89
–, Ehg. v. Ö. 166, 168, 175, 180
– »Parricida« 44
–, Kg. v. Bö. 45, 46, 47
– III. Sobieski, Kg. v. Polen 121
Johann Heinrich v. Luxemburg 48, 54

293

Johanna v. Pfirt 49
Johannes XXII., Papst 47; (XXIII.) 64
Jonas v. Susa 20
Jonas, Franz 253
Joseph I., K., Ehg. v. Ö. 124, 126, 159;
– II., K., Ehg. v. Ö. 135, 138, 144, 146, 150, 152, 156, 162, 179, 251
–, Kg. v. Spanien 166
Joseph Ferdinand, Kurprinz v. Bay. 123

Josias v. Sachsen-Coburg 163
Juan u. Juana v. Kastilien u. Aragón 98

Kafka, Franz 212
Kaltenbrunner, Ernst 242
Kamitz, Reinhard 244
Kara Mustafa 121
Karadjordjeviç, Petar, Kg. v. Serbien 199
Karajan, Herbert 245
Karl d. Große, K. 21f., 25
– III., K. 23f.
– IV., 47, 49f., 5256, 68
– V., K., Ehg. v. Ö. 66, 98, 100, 102
– VI. 123f., 126, 130, 132f., 149, 155f., 161
– VII., K. 134
– I., K. v. Ö. 201, 215, 217, 220
–, Ehg. v. Ö. (Innerö.) 106f., 109, 111
–, Ehg. v. Ö. 163, 166, 168, 175
– II., Kg. v. Spanien 123
– XI., Kg. v. Schweden 123
– »der Kühne«, Hg. v. Burgund 65, 97
– V., Hg. von Lothringen 121, 137
Karl Alexander, Hg. v. Lothringen 134
– II. August, Hg. v. Pfalz-Zweibrücken 140
– Friedrich, Hg. v. Schleswig-Holstein 138
– Ludwig, Ehg v. Ö. 197
– Martell 20, 21
– Theodor, Kf. von der Pfalz 140
Karlmann, Hausmeier 21
–, Kg. 23
Karolinger 20, 24

Katharina II., Zarin 138
– v. Bö. 49f.
Kaunitz, Wenzel Anton 135, 138
Kelsen, Hans 231
Kepler, Johannes 111, 153
Khevenhüller, Ludwig Andreas 134
Khlesl, Melchior 109f., 112f.
Khuen-Belasy, Joh. Jakob v. 127
Kielmansegg, Erich 195
Kinsky, Fam. 150, 160
Kirchschläger, Rudolf 253f.
Klaus, Jos. 248f., 253
Klestil, Thomas 258
Klima, Viktor 258f.
Klimt, Gustav 210
Koerber, Erenst 196f.
Kohl, Helmut 257
Kokoschka, Oskar 210
Kölderer, Jörg 100
Kolig, Anton 230
Kolowrat 150;
–, Franz Anton 174, 175
Konrad I., Kg. 25, 37;
– II. 29, 37;
– III., Kg. 30f.;
– IV. 34
– I., Eb. v. Sbg. 37;
– II., 31, 37;
– III. 93
–, Bay.hg. 25
Köprülü Ahmed 120;
– Mustafa 122
Koren, Stephan 248, 252
Körner, Theodor 248
Kossuth, Lajos 179, 182
Kotzebue, August 172
Kraus, Karl 212
Kreisky, Bruno 250253, 255
Krones, Franz 208
Kübeck, Karl Friedrich 184
Kudlich, Hans 180
Kuen, Fam. 160
Kuenburg, Max. Gandolf v. 128, 157
Kuenring, Fam. 76
Kuhn, Richard 231
Kunigunde v. Ö. 62
– v. Ung. 39

Ladislaus, Hg. v. Ö. 61f.
Laibach/Ljubljana 107, 173, 214

Lammasch, Heinrich 217
Landsteiner, Karl 207
Lang, Matthäus 105, 127
Lanner, Jos. 177
Lantfried, Alamannenhg. 21
Lassnig, Maria 245
Latour, Theodor 181
Laudon, Ernst Gideon 137
Lefèbre, Marschall 167
Léhar, Franz 210
Lehmden, Anton 245
Leibnitz, Friedrich 68
Lenau, Nikolaus 178
Leodolter, Ingrid 251
Leopold I., K., Ehg. v. Ö. 120, 124, 150, 155, 157
– II. 144, 162, 164
– I., Mgf. v. Ö. 27
– II. 30, 89
– III. 30, 54; IV. 30f.
– V., Hg. v. Ö. 32, 33
– VI., 33, 94
– I. Hg. v. Ö. 44, 46f., 50
– III., 56, 58f.
– IV. 59f.
–, Ehg. v. Ö. 110, 112
–, Mgf. v. Steyr 35
– v. Wien 90
Liechtenstein 76
–, Ulrich v. 92
Liechtenstein, Fst.en 76, 150, 161
–, Aloys 194
–, Hans Adam 159
–, Jos. Wenzel 135
Lobkowitz, Fam. 150
Lodron, Paris v. 128, 154
Loewi, Otto 231
Loos, Adolf 210
Losenstein, Hans Wilh. v. 153, 158
Lothar III., K. 30
Louis Philippe, Kg. der Franzosen 173, 179
Lucchese, Filiberto 159
Ludovico Moro 98
Ludwig »der Deutsche«, Kg. 23
– »der Jüngere«, 23
– »das Kind« 24
– »der Bayer«, K. 45, 49, 54
– II., Kg. v. Ung. und Bö. 99, 104
– XIV. Kg. v. Frankreich 121–123

– XV. 131
– XVI. 162
–, Mgf. v. Brandenburg 54f.
–, Mgf. v. Baden 122
–, Ehg. v. Ö. 174
Lueger, Karl 194, 197, 199
Luitpold, Mgf. 24f.
Luitpoldinger 25, 36
Lurn, Gf.en 36
Luther, Martin 106f., 142, 172
Luxemburger 45, 49, 54, 61, 99

Mach, Ernst 207
Mahler, Gustav 211
Makart, Hans 209
Marcus, Siegfried 208
Margarete, Tochter Leopolds VI. v. Ö. 33
–, Schwester Friedrichs II. 39
–, Tochter Albrechts II. 55
–, Tochter K. Maximilians I. 98f.
– »Maultasch« v. Tirol-Görz 48, 54f.
Margarita Teresa v. Spanien 123
Maria v. Ö. 99
– v. Burgund 97
Maria Amalie v. Ö. 130, 134
– Antonia v. Ö. 162
– Isabella v. Bourbon-Parma 144
– Josepha v. Ö.. 130
– Josepha v. Bay. 144
– Luise v. Ö 123
– Theresia, Erzherzogin v. Ö., Kg.in v. Bö. und Ung. 130f., 133, 141, 146, 154, 156, 161, 209
Marx, Karl 194, 223, 230
Matthias Hunyadi, Kg. v. Ung. 62f., 68, 69
Matthias, K., Ehg. v. Ö. 110f., 113
Maulbertsch, Franz Anton 161
Maximilian I., K., Ehg. v. Ö. 62, 65, 90, 92, 97, 103, 107, 122, 127, 149, 153, 155, 158
– II., 106f., 109, 112, 149
–, Ehg. v. Ö., Deutschmeister 112f.
–, Hg u. Kf. v. Bay. 113, 115, 127
Maximilian II. Emanuel, Kf. v. Bay. 123f.
– Joseph, Hg. in Bay. 183
Mayr-Melnhof, Fam. 205
Mayr, Michael 221

Mayröcker, Friederike 245
Medici 131
–, Claudia v. 112
Megerle, Ulrich 156
Mehmed III., Sultan 111
– IV. 121
Meinhard I. v. Tirol-Görz 38
– II. 38, 42, 44, 72
– III. 55
Meitner, Lise 231
Mennel, Jakob 101
Mensdorff-Pouilly, Alex. 187
Meranien, Hg. e v. 38
Merowinger 18, 20
Merz, Carl 250
Messenhauser, Cäsar 181
Metternich, Clemens Fst. 168 f., 170, 172, 175, 179
Meynert, Theodor 207
Meytens, Martin 161
Michaelermeister 95
Miklas, Wilhelm 224 f., 232
Mises, Ludwig 230, 232
Mock, Alois 253, 255, 257 f.
Molterer, Wilhelm 261
Moltke, Helmuth 187
Mönch v. Sbg. 92
Montecúccoli, Raimondo 120
Monteverdi, Claudio 156
Montfort, Gf. en 38
–, Hugo 38
Montgelas, Maximilian Joseph 166
Moosbrugger, Fam. 160
Mosen, Julius 167
Mozart, Leopold 157
–, Maria Anna 157
–, Wolfgang Amadeus 157 f.
Munggenast, Jos. 160
Musil, Robert 229, 232
Mussolini, Benito 223, 225, 228
Mustafa II., Sultan 122
– , Pascha 132

Napoleon I., K. der Franzosen 163–166, 168, 170, 171
– III., 192
Nero, K. 51
Nestroy, Joh. 178
Neuhaus, Eberhard v. 68
Nikolaus II., Zar 216

– v. Dinkelsbühl 91
– v. Verdun 94
Nitsch, Hermann 249
Nüll, Eduard van der 209

Odilo, Bay. hg. 20 f.
Odoakar 16, 18
Oettingen, Fam. 150
Olah, Franz 248
Oppenheimer, Samuel 150
Ortenburg, Gf. en 36
Osterwitz, Gregor Schenk v. 68
Otachar, Gf. 22
Otakar I., Mgf. v. Steyr 35
– II. 35
– III. 35
– IV., Hg. v. Steyr 32, 36
–, Kg. v. Bö. 3941, 67
Otto I., K. 27
– II. 27
– III. 27
– IV. 33
–, B. v. Freising, 27, 30, 89 f.
–, Hg. v. Ö. 48, 92
–, Ehg. v. Ö. 201
–, Hg. v. Bay. 25
– v. Andechs 38
Ottokar oûz der Geul 89
Ottonen 25, 36
Ovid 99

Pacher, Michael 95
Palacký, František 180
Pálffy, Fam. 150
Pappenheim, Gottfried Heinrich 115
Passauer Anonymus 85
Pauli, Wolfgang 231
Payer, Julius 208
Peter III., Zar 137
Peter, Friedrich 250
Petrarca, Francesco 51
Pettau v. 76
Pez, Bernhard 155
–, Hieronymus 155
Philipp, Kg. 38
– I., Kg. v. Kastilien, Ehg. v. Ö. 98
– II., Kg. v. Spanien 102
– III. 123
– IV. 123
– V. 123, 126

- II., Kg. v. Frankreich 32
- v. Schwaben 33
- , Pfalzgf. bei Rhein 104
Piccolomini, Aeneas Silvius 90
Pillersdorf, Franz 180
Pippin, Hausmeier 21
- , Kg. 21
- , Kg. v. Italien 93
Pirquet, Clemens 207
Pittermann, Bruno 248
Pius II., Papst 90
- IV. 143, 158
Polgar, Alfred 212
Pomis, Giovanni Pietro de 159
Popper, Karl 231 f.
Pozzo, Andreas 161
Prandtauer, Jakob 160
Pregl, Fritz 231
Preuenhuber, Valentin 155
Princip, Gavrilo 201
Puchheim, Pilgrim v. 68, 92

Qualtinger, Helmut 250

Raab, Julius 244, 246, 248
Radetzky, Jos. Wenzel 170, 179, 181
Raiffeisen, Friedr. Wilh. 203
Raimund, Ferdinand 178
Rainer, Arnulf 245
Rainer, Ehg. v. Ö. 168
Raitenau, Wolf Dietrich v. 127 f., 153
Rákóczi, Georg II. 120
Ramek, Rudolf 222, 225
Rastislav 23
Ratpot 23
Rechberg und Rothenlöwen, Bernhard 186 f.
Redl, Alfred 214
Regensberg, Eberhard v. 67
Rehor, Grete 248
Reinhardt, Max 229
Reinmar v. Hagenau 92
Renner, Karl 220, 225, 233, 240
Rettenbacher, Simon 156
Richard II., Kg. v. England 32 f.
Riegler, Jos. 258
Riess-Passer, Susanne 259 f.
Rilke, Rainer Maria 212

Rintelen, Anton 227
Rohr, Bernhard v. 68, 69
Rokitansky, Carl 207
Romulus Augustulus, K. 16
Rosegger, Peter 211
Roth, Joseph 229, 232
Rothschild, Fam. 176
Rottmayr, Joh. Michael 161
Rubens, Peter Paul 209
Rudolf I., Kg. 40, 42, 47, 49, 67
- II., K., Ehg. v. Ö. 94 f., 109, 112, 149, 164
- II., Hg. v. Ö. 42, 45
- IV., Hg. v. Ö. 49, 56, 66, 80
- III., Kg. v. Bö., 44 f.
- , Ehg. v. Ö., Thronfolger 197
- , Gf. v. Bregenz 38
Rupert, hl. 20

Saar, Ferdinand 211
Salamanca, Gabriel 103
Salier 36, 40
Salm, 150
- , Niklas v. 104
Salten, Felix 212
Samo 19
Sand, Karl Ludwig 172
Schärf, Adolf 240, 244, 248
Schaunberg, Gf. en 49, 58, 75
- , Friedrich 69
Schiele, Egon 210
Schikaneder, Emanuel 158
Schleinzer, Karl 253
Schlick, Moritz 231
Schmerling, Anton 186 f.
Schmidt, Friedrich 209
- , Guido 228
- , Heide 257
- , Joh. Martin 161
Schneider, Anton 167
Schnitzler, Arthur 211
Schober, Joh. 221, 231
Schoch, Kaspar 151
Schönberg, Arnold 211, 230, 232
Schönborn, Fam. 150
Schönerer, Georg 193 f., 198
Schrödinger, Erwin 231
Schubert, Franz 177
Schuschnigg, Kurt 227, 228
Schüssel, Wolfgang 259 261

297

Schwanthaler, Fam. 160
Schwarzenberg 150, 160
–, Felix 183
–, Karl Philipp 168, 170
Seipel, Ignaz 221, 223
Semper, Gottfried 209
Septimius Severus, K. 14
Severin, hl. 16
Seyß-Inquart, Arthur 228, 232f., 242
Siebenbürger, Martin 102
Sighardinger 25
Sigismund, K. 60f., 99
Sigmund, Hg. v. Ö. 60, 62, 65
– Franz, Ehg. v. Ö. 112
Simony, Friedrich 208
Sinowatz, Fred 252, 255
Sinzendorf 150
–, Philipp Ludwig 130
Sixtus v. Bourbon-Parma 215
Slavata, Vilem 113
Solari, Santino 128, 158
Sonnenfels, Joseph 139, 143, 150
Sophie v. Bay. 183
–, Frau Mgf. Leopolds v. Steyr 35
Soyfer, Jura 230, 232
Spanheimer 36, 42
Spranger, Bartholomäus 111
Srbik, Heinrich 231
Stadion, Joh. Philipp 165, 167, 172
Stalin, Jos. 246
Stammel, Jos. Thaddäus 161
Stanislaus II. Aug., Kg. v. Polen 139
– Leszczynski 131
Starhemberg 150
–, Ernst Rüdiger 121
–, Ernst Rüdiger 223, 227f.
–, Gundacker Thomas 124
Staufer 30, 34, 36, 40
Steger, Norbert 252, 255
Steidle, Richard 223
Steiner, Fam. 176
Stephan I., Kg. v. Ung. 27
Steyrer, Kurt 254
Stifter, Adalbert 178
Strache, Heinz-Christian 260
Straffner, Sepp 225
Stranitzky, Jos. Anton 156
Strauß, Joh., Sohn 210f.
–, Vater 177

Strauss, Richard 211
Strigel, Bernhard 100
Stubenberg v. 83
Stürckh, Karl 199, 215
Süleyman I., Sultan 104, 107
Sunthaym, Ladislaus 101
Suworow, General 163
Swieten, Gerard van 139, 154
Szapolyai, Joh. 104

Taaffe, Eduard 193, 195
Tannhäuser 92
Tassilo III., Bay.hg. 21, 22
Taus, Jos. 253
Tegetthoff, Wilhelm 187
Theoderich d. Große 18
Theodo, Bay.hg. 20
Theodora v. Byzanz 33
– Komnena 31
Theotmar, Eb. v. Sbg. 24
Theudebert II., Kg. 20
Thiemo, Eb. v. Sbg. 37
Thököly, Imre 120f.
Thonet, Michael 178
Thumb, Fam. 160
Thun-Hohenstein, Guidobald 128
–, Joh. Ernst 128
–, Leopold 184, 208
Tiberius, K. 11f.
Tilly, Joh. t'Serclaes 114, 116
Tirol, Gf.en 38
Totting v. Oyta, Heinrich 91
Trakl, Georg 212
Trauttmansdorff, Max. 119
Troger, Paul 161
Tschernembl, Georg Erasmus 110, 114
Tübingen, Hugo Pfalzgf. v. 38
Turrini, Peter 250
Udalrich II., B. v. Trient 78
Udalrichinger 38

Ulrich III., Hg. v. Kärnten 39
Ulrich v. Eitzing 61
Ulten, Gf.en 38
Unrest, Jakob 90

Valois, Haus 97
Vaugoin, Carl 222
Vetsera, Mary 197

Viktoriden 19
Virgil, B. v. Sbg. 20, 89, 93
Vogelsang, Karl 194
Vranitzky, Franz 255, 258
Vries, Adrian de 111

Wagenseil, Georg Christoph 157
Waggerl, Karl Heinrich 230
Wagner, Franz 155
–, Otto 210
– – Jauregg, Julius 207
Walchen, Friedrich v. 67
Waldheim, Kurt 254 f.
Waldmüller, Ferd. 178
Waldstein, Fam. 150
Wallenstein, Albrecht v. 116, 118
Walther v. d. Vogelweide 92
Watt, Joachim 101
Weber, Constanze 157
Weikhard v. Valvasor, Joh. 155
Weinheber, Jos. 230
Weißeneck, Ortolf v., Eb. 68, 85
–, Ulrich, B. 85
Welfen 31 f., 40
Welsbach, Carl Auer 208
Welser, Philippine 112 f.
Welzenbacher, Lois 230
Wenzel II., Kg. v. Bö. 42, 44
– III. 44 f.
Werdenberg, Gf. en 38
Werfel, Franz 229, 232
Wernher d. Gärtner 84, 92

Wertheimer, Samson 150
Westenthaler, Peter 261
Wilhelm I., dt. K. 191
– II., 200
–, Hg. v. Ö. 59
– v. Oranien 123
Wilhelminer 23
Wilson, Woodrow 217
Windisch-Graetz 150
–, Alfred I. 181
–, Alfred III. 195
Withalm, Hermann 253
Wittelsbacher 32, 36, 45 f.,
   68, 55, 123, 127, 134, 170,
   183
Wittgenstein, Karl 203
–, Ludwig 231
Wolf, Hugo 211
–, Karl Hermann 205
Wolkenstein, Oswald v. 92
Wotruba, Fritz 245

Xaver v. Bourbon-Parma 215

Zeller, Carl 210
–, Christoph 115
Zita v. Bourbon-Parma 215 f.
Zsigmondy, Richard 231
Zumbusch, Caspar 209
Zürn, Fam. 160
Zweig, Stefan 229, 232
Zwentibald, Mährerfst. 23

Fachliteratur Geschichte

Klaus Herbers

Geschichte Spaniens im Mittelalter
Vom Westgotenreich bis zum Ende des 15. Jahrhunderts

2006. 384 Seiten
Fester Einband € 32,–
ISBN 978-3-17-018871-6

Der Autor bietet eine kenntnisreiche und fundierte Einführung in die mittelalterliche Geschichte Spaniens, die wie keine zweite in Europa von Wechselwirkungen zwischen muslimischen, jüdischen und christlichen Einflüssen geprägt wurde. Kulturelle Transferprozesse bestimmten nicht nur maßgeblich die Beziehungen der verschiedenen iberischen Reiche untereinander, auch nach außen hin wirkte Spanien vermittelnd als „Drehscheibe" für neue Ideen. Diese Phänomene des kulturellen Austauschs stehen im Mittelpunkt eines breit angelegten historischen Überblicks von der Westgotenzeit, über die verschiedenen Reiche des Mittelalters bis hin zur Epoche der Katholischen Könige, in der sich Spanien mit der Eroberung Granadas oder den Fahrten des Kolumbus eine herausragende Position in einem neuen Weltsystem schuf.

Walter L. Bernecker
Horst Pietschmann

Geschichte Spaniens
Von der frühen Neuzeit bis zur Gegenwart

4., überarb. u. aktual. Auflage 2005
536 Seiten. Fester Einband € 44,–
ISBN 978-3-17-018766-5

Diese inzwischen als führendes Standardwerk etablierte Darstellung führt den Leser von der Einigung Spaniens unter den Katholischen Königen und der gleichzeitig einsetzenden imperialen Überdehnung der spanischen Machtstellung im Verlauf der Frühen Neuzeit, über die vom Gegensatz zwischen Tradition und Fortschritt gekennzeichneten inneren Auseinandersetzungen des 19. und 20. Jahrhunderts, den Bürgerkrieg und die lange Diktatur Francos zur Entwicklung der liberal-demokratischen Monarchie im Rahmen der Europäischen Union.
Die zahlreichen neuen Forschungsergebnisse, die sich im Gefolge der großen Jubiläen der letzten Jahre – Christoph Kolumbus 1992, Philipp II. 1998, Karl V. 2000 – zu neuen Sichtweisen verdichtet haben, zwangen vor allem im frühneuzeitlichen Teil zu umfangreichen Überarbeitungen. Fortgeschrieben wurde die Darstellung bis in die jüngste Gegenwart.

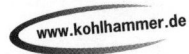
www.kohlhammer.de

W. Kohlhammer GmbH · 70549 Stuttgart
Tel. 0711/7863 - 7280 · Fax 0711/7863 - 8430